구조와 논증으로서의 법

울프리드 노이만 지음
윤 재 왕 옮김

세창출판사

이 도서의 국립중앙도서관 출판시도서목록(CIP)은 e-CIP 홈페이지(http://www.nl.go.kr/ecip)에서 이용하실 수 있습니다. (CIP제어번호: CIP2013024565)

Vorwort zur koreanischen Übersetzung

Die in diesem Band versammelten Beiträge zur juristischen Argumentationstheorie und zur Strukturtheorie des Rechts basieren auf einem integrativen rechtstheoretischen Konzept, dem zufolge zwischen dem jeweils anerkannten Modell der Rechtsordnung einerseits, den jeweils geltenden Regeln juristischen Argumentierens andererseits ein enger Zusammenhang besteht. Wie man als Jurist in einer bestimmten Rechtsgemeinschaft argumentieren kann, hängt entscheidend davon ab, welches Bild der Rechtsordnung in dieser Gemeinschaft dominiert. Das liegt bei der klassischen Alternative von Rechtpositivismus und Rechtsmoralismus (Naturrecht) auf der Hand. Die Konsequenzen einer bestimmten Strukturtheorie des Rechts für Theorie und Praxis der juristischen Argumentation reichen aber weit darüber hinaus. So hat, beispielsweise, die Frage, ob wir von dem Modell einer "geschlossenen" Rechtsordnung ausgehen können, ob es auf jede Rechtsfrage nur eine richtige Antwort gibt, Konsequenzen für das Problem der Zulässigkeit rückwirkender Änderungen der Rechtsprechung (dazu Beitrag 11). Die Beiträge des vorliegenden Bandes ergänzen und fundieren in diesem Sinne meine "Juristische Argumentationslehre", die gleichfalls in koreanischer Sprache vorliegt (unter dem koreanischen Titel 'Recht und Argumentationetheorie', 2009).

Meinem von mir hoch geschätzten Schüler Prof. Dr. Zai-Wang

Yoon, der wiederum der Mühe der Übersetzung auf sich genommen hat, bin ich dafür sehr verbunden. Ich sehe in der Übersetzung dieser Texte einen weiteren Beitrag zu dem Dialog, der sich in den letzten Jahrzehnten zwischen der koreanischen und der deutschen Rechtsphilosophie in höchst fruchtbarer Weise entwickelt hat.

Frankfurt am Main, im August 2013

Prof. Dr. h.c. Ulfrid Neumann

한국어판 서문

이 책에 실린 법적 논증이론과 법의 구조이론에 관한 논문들은 하나의 통합적인 법이론적 구상에 기초하고 있다. 이 구상은 일반적으로 승인된 법질서 모델과 법적 논증과 관련된 타당한 규칙들 사이에는 밀접한 관계가 있다고 본다. 즉, 특정한 법공동체에서 법률가들이 어떤 식으로 논증을 하는지는 그 공동체에서 법질서에 관해 어떠한 사고가 지배하는지에 의존한다. 이 점은 법실증주의와 법도덕주의(자연법) 사이의 고전적 대립을 생각해보면 분명하게 드러난다. 하지만 법에 관한 특정한 구조이론을 선택할 경우 그것이 이론과 실무에 미치는 결과는 여기에서 그치지 않는다. 예를 들어 우리가 '완결된' 법질서라는 모델을 출발점으로 삼을 수 있는지, 즉 모든 법적 물음에 대해 유일하게 정당한 대답이 있는지의 문제는 판례의 소급적 변경의 허용 여부(이에 관해서는 논문 11 참고)에 대해 결정적인 의미를 갖게 된다. 이런 의미에서 이 책에 실린 논문들은 나의 저작 '법적 논증이론(Juristische Argumentationstheorie; 한국어판은 '법과 논증이론'이라는 제목으로 2009년에 출간되었다)'을 보충하고 심화한 것들이다.

나의 제자 윤재왕 교수가 다시 한 번 나의 책을 번역하는 수고로움을 맡아주었다. 이 자리를 빌려 윤 교수의 노고에 고마움을 전한다. 나는 이 책의 번역이 지금까지 한국의 법철학과 독일의 법철학이 매우 풍성하게 발전시켜 온 상호간의 대화를 더욱 발전시키는 계기가 되었으면 한다.

2013년 8월 프랑크푸르트에서

울프리드 노이만

서 문

이 책은 약 20년에 걸쳐 세 개의 주제영역에 관해 쓴 글들을 모은 것이다. 첫 번째 주제영역(논리, 언어, 논증)은 법적 결정에 대한 합리적 정당화에 대한 물음을 그 중심으로 삼고 있다. 이 물음에 답하기 위해 법적 논증의 특수한 구조(논문 2와 6), 논리학과 논증의 기본적 관계(논문 4) 그리고 법적 논증에 대한 언어이론적(언어비판적) 분석 가능성(논문 1, 3, 5)을 밝히고자 시도했다. 이 물음에 대한 나의 테제는, 합리적인 법적 논증이 가능하다는 것이다(이 점에서 나는 포스트모던 법이론 계열의 비합리주의적 견해에 반대한다). 하지만 합리적인 법적 논증이 가능하기 위해서는 법학이 존재론적이고 이데올로기적인 개념구성의 함정에 빠지지 않아야 하고 논리규칙을 관념적으로 이해하는 위험을 피해야 한다. 합리성은 현실성을 전제한다. 다시 말해, 법적 규칙과 언어규칙은 모두 관념적 규칙이 아니라, 반드시 사회적으로 존재하는 사실로 이해해야 한다. 따라서 논리규칙은 이 규칙들이 합리적 논증의 기준으로 입증되는 한(예컨대 "모순명제로부터는 무엇이든 추론할 수 있다"는 정리는 여기에 해당하지 않는다. 논문 4 참고), 구속력을 갖긴 하지만, 법적 논증과 관련하여 단지 형식적이고 또한 상당히 넓은 범위의 경계선만을 확정할 수 있을 뿐이다.

두 번째 주제영역은 법질서의 효력과 구조에 관한 것이다. 법효력에 대한 논문들(논문 7, 10, 16)은 이를 이념적으로 해석하는 입장이든 아니면 사회학적으로 해석하는 입장이든 모두 법의 효력(Geltung)이라는 현상(또는 사유형식)을 제대로 이해하지 못한다는 테제에 기초하고 있다. 다시 말해 법은 결코 '이념적 존재'로 이해할 수 없으며, 그렇다고 단순한 사실로 축소시킬 수도 없다. 법은 ―전통적 표현을 따른다면― 당위에 상응하는 존재이다. 이 점은 새로운 언어이론(제도적 사실로서의 법)을 도구로 삼아 더욱 정확하게 포착할 수 있다. 이러한 해석에 따르면 법은 전적으로 사회적 존재이지만, 규범성이라는 요소를 포함하고 있는 사회적 존재이다. 법의 이념적 존재를 거부한다면, 법질서를 다루는 실천적 문제와 관련해서도 다른 결론에 도달한다. 법도덕주의적(자연법적) 입장은 한 법질서 내부의 관점에서는 얼마든지 주장할 수 있는 입장이다. 이 경우 법도덕주의는 시민과 법적용자에게 현저하게 부정의한 법률에 대해서는 복종을 거부하라는 요청을 뜻한다. 그렇지만 법도덕주의는 과거의 법질서의 내용을 서술 ―이는 필연적으로 외재적 관점을 취할 수밖에 없다― 할 때에는 원용할 수 없다. 이로부터 정치적 체제변화 이후에 '체제불법'을 형법적으로 처리하는 법치국가적 가능성과 관련하여 일정한 결론이 도출된다(논문 13). 이 밖에도 법에 대한 현실주의적 고찰방식은 지속적 판례의 변경을 ―다수의 견해가 주장하듯이― 고정불변의 규율체계에 대한 '더 정확한' 인식으로 이해할 것이 아니라, 법질서의 규율상태 자체의 변화로 파악할 것을 요구한다. 이는 소급적 판례변경의 허용여부에 대한 물음과 관련해서도 특정한 결론을 낳는다(논문 11). 논문 15는 구스타프 라드브루흐(Gustav Radbruch)의 법개념과 이에 대한 랄프 드라이어(Ralf Dreier)의 해석을 다루고 있다. 논문 10은 법질서의 구조를 이루는 요소들과 이 요소들의 상호관계를 주제로 삼는다. 논문 9와 14는 문학과 법의 역사에서 등장하는 보기를 통해 올바른 책임귀속의 구조를 밝히고자 했다.

세 번째 주제영역은 법학의 학문이론과 학문사의 문제를 대상으로 한다. 그 첫 번째 텍스트(논문 17)는 법이론과 일반 학문이론의 관계에 대한 논의로서 특정한 학문이론 모델(반증이론)을 보기로 삼아 법학에서의 규칙형성은 자연과학에서 법칙가설을 제기하는 것과 유사한 점이 있음에도 불구하고 이와는 전혀 다른 기준을 따른다는 점을 밝히고자 했다. 이 점에서 비판적 합리주의를 표방하는 학자들이 법학과 신학의 유사성을 주장하는 것에 대해 비판적인 분석을 가했다(논문 20). 한스 켈젠(Hans Kelsen)과 구스타프 라드브루흐의 법이론에서 법학의 학문이론에 대한 이해를 주제로 삼은 텍스트(논문 19)는 법학이 순수한 규범과학인지 아니면 문화과학인지를 둘러싼 신칸트주의 법철학에서의 논쟁을 재구성하고, 이 두 가지 해석을 통합하는 에밀 라스크(Emil Lask)의 법철학을 옹호하는 입장을 피력했다. 1994년에 출간된 '1945년 이후의 법철학'(논문 18)은 독일 법철학의 당대사를 다루었다.

각 주제 영역 내에 있는 논문들은 시간순서로 배열했다. 논문들은 원래의 형태 그대로 실었지만, 몇몇 명백한 편집상의 실수들을 바로잡았다. 원문에 충실하려는 의도에서 나는 새로운 문헌을 추가하거나 중복된 부분을 제거하는 일을 의도적으로 단념했다. 기념논문집에 기고된 논문인 경우, 헌사는 그것이 텍스트 자체에 들어 있는 한, 그대로 놔두었다.

이 논문집을 발간하는 데 커다란 도움을 준 사샤 찌만(Sascha Ziemann), 나디네 이쉬도나트(Nadine Ischdonat), 아가타 파블루키비츠(Agata Pawlukiewicz), 비잔 타바콜리(Bijan Tavakoli)에게 깊이 감사한다.

2007년 10월 크론베르크(Kronberg)에서

울프리드 노이만(Ulfrid Neumann)

차 례

I. 논리, 언어, 논증

II. 법질서의 효력과 구조

III. 법학의 학문이론과 학문사

I

논리, 언어, 논증

1. 법적 전문언어와 일상언어

(1) 언어체계의 독립성

법적 언어와 일상언어는 많은 측면에서 서로 다른 규칙에 따른다. 뮐러 부인이 마이어 부인에게서 나중에 갚겠다고 하면서 달걀 6개를 얻어왔다면, 두 사람이 이 상황을 '뮐러 부인이 마이어 부인에게서 달걀을 빌렸다'라고 서술하는 건 정확한 서술일 수 있다. 하지만 만일 마이어 부인이 달걀 6개를 갚는 걸 거부할 경우, 법원은 이 상황을 단순히 '빌렸다'라고 하지 않고, 마이어 부인의 '소비대차'라고 확인한다. 왜냐하면 '빌리다'에 해당하는 독일어 leihen은 독일 민법상(제604조 제1항) 빌렸던 물건 그 자체를 그대로 반환하는 것(사용대차)을 말하고, 이에 반해 동일한 성질과 양을 갖는 물건을 반환할 때에는 '소비대차'를 뜻하는 darlehen이라는 용어를 사용(독일민법 제607조 제1항)하기 때문이다.

이 보기에서 중요한 측면은 뮐러 부인과 마이어 부인이 달걀 6개에 관한 이 사건을 '빌렸다'라는 말로 서술한다고 해서 이들이 결코 표현상의 오류를 범한 것은 아니라는 점이다. 오류는 오로지 특정한 규칙과 관련을 시킬 때에만 확인할 수 있다. 뮐러 부인과 마이어 부인 사이의 커뮤니케이션에서 의미를 갖는, 일상언어의 묵시적 규칙[1]에 따른다면, 마이어 부인이 뮐러 부인에게 달걀 6개의 '소비대차'를 부탁한다고 말하는 것이 오히려 언어표현의 오류일 것이고, 만일 마이어 부인이 실제로 그렇게 말한다면 아마도 뮐러 부인에게 조롱을 당하는 '제재'를 받을 수도 있다. 이와는 반대로 재판부가 두 부인 사이의 약정을 '사용대차'로 판단한다면, 이 재판부는 법적으로 매우 기본적인 것도 파악하지 못한 오류를 범하는 것이 된다. 이렇게 본다면, 일상언어는 결코 법적 전문언어의 '부정확한' 변형으로서 어떤 흠결을 가진 언어가 아니다. 오히려 일상언어와 법적 전문언어는 원칙적으로 똑같이 타당성을 갖는, 서로 다른 규칙에 따를 뿐이다. 물론 각각의 규칙이 똑같은 가치를 갖는다고 해서 위 사례에서 법적 언어가 일상언어에 비해 훨씬 더 섬세하게 구성되어 있다는 사실을 부정할 수는 없다. 과연 어느 정도까지 그러한 섬세한 구성이 적절하다고 여겨질 것인지는 다시 상황과 관련된 규칙에 의해 결정된다. 그렇기 때문에 과도하게 섬세한 구별(반환해야 할 물건의 동일성 여부를 기준으로 사용대차와 소비대차를 구별하는 것)은 잘못된 구별(법적 전문언어의 영역에서 두 법제도를 구별하지 않는 것)과 마찬가지로 오류일 수 있다. 이와 같이 일상언어와 전문언어는 한쪽을 다른 한쪽의 결핍된 형태로 볼 필요가 없이 그저 서로 다른 규칙을 지시하고 있을 뿐이기 때문에, 양자는 각각 부분적으로 독립성을 갖는 언어체계에 해당한다.

이러한 사정을 감안하여 법적 언어의 성격을 '전문언어'로 규정할 것인지 아니면 '전문적 일상언어' 또는 심지어 '신분계층의 언어'로 규정하는 것이 타당한지에 대해서는 논란이 있다.[2] 나는 아래의 서술

---

1) 이 개념에 관해서는 *H.L.A. Hart,* The Concept of Law, Oxford 1961, S. 54ff., 99ff. 참고.

을 통해 법적 언어는 엄격한 의미에서 전문언어에 해당하고, 다만 거의 대부분의 경우 일상언어의 어휘들을 사용할 뿐이라는 점을 밝히려고 시도하겠다. 이 글에서 내가 말하는 '법적 언어'란 법률, 법도그마틱의 규칙 및 여타의 법적 텍스트가 실제로 표현될 때 사용되는 언어를 뜻한다. 다시 말해 법적 언어라는 개념을 전적으로 경험적 의미에서 사용한다.

(2) 일상언어와 법적 전문언어의 엄격한 분리의 문제점

일상적인 경험뿐만 아니라 법이론적 성찰에 비추어 볼 때에도 법적 언어가 구사하는 개념과 일상언어의 개념을 마치 완전히 다른 사전에 속하는 것처럼 엄격히 분리할 수는 없다. 우리의 일상적 경험에 따르면 법률, 법규명령, 법원의 판결 등이 거의 대부분의 경우 일상언어에서 익숙한 개념들을 사용한다는 것을 알 수 있다. 물론 '원인에 있어서 자유로운 행위', '적극적 채권침해', '계약 체결상의 과실' 등과 같이 일상언어에서는 매우 생소하고 또한 일반인들로 하여금 법률가들의 언어구사방식이 법적 결정을 누구나 이해할 수 있게 설명하기보다는 무언가 주술적인 언어의 의식(儀式)을 수행하는 것 같다는 인상을 불러일으키는 전문용어들이 있긴 하다. 그렇지만 이러한 개념들은 법도그마틱이 특정한 귀속의 문제를 해결하기 위해 내용의 범위를 매우 좁게 한정해 놓은, 특수한 법적 개념을 발전시킨 결과일 뿐이다. 따라서 그와 같은 특수한 법개념이 곧 법률과 판결의 언어를 대표하는 것은 아니다.

법이론의 관점에서 볼 때, 법적 언어의 '전문언어' 어휘와 일상언어

---

2) 이에 관해서는 *R. Wassermann,* Der soziale Zivilprozeß, Neuwied 1978, S. 160 참고.

의 어휘를 엄격하게 분리하는 것은 일상언어를 통해서만 표현할 수 있는 사회생활의 사안들을 법적 규칙과 관련을 시켜야 한다는 필연성 때문에도 불가능하다. 이 문제는 여러 측면에서 논란이 많은 법적 삼단논법[3]에 비추어 보면 뚜렷하게 알 수 있다. 이 모델에 따르면 하나의 법적 결정이 법률, 사안에 대한 서술 그리고 (경우에 따라서는) 여타의 일반명제(예컨대 도그마틱의 규칙)로부터 논리적으로 도출되는 경우에 정당화된다고 한다.[4] 이를 위해서는 당연히 사안서술에서 사용된 개념들이 법률(또는 다른 대전제들)의 개념들과 일치한다는 것을 전제해야 한다. 다음과 같은 보기를 들어보자.

① 모든 살인자는 종신형에 처한다.
② 타인을 사악한 방식으로 살해한 자는 살인자이다.
③ A는 사람을 사악한 방식으로 살해했다.
A는 종신형에 처한다.

이 추론에서 '사악한 방식으로'와 '살해'라는 단어는 일상언어로 표현된 사안서술 ③뿐만 아니라, 법적 규칙 ②에서도 등장한다. 만일 그렇지 않다면 논리적 추론은 불가능하다.[5] 물론 이 개념들이 같은

---

3) 이에 관해서는 *U. Neumann*, Juristische Argumentationslehre, Darmstadt 1986, S. 19ff. 참고.

4) 이에 관해서는 *R. Alexy*, Theorie der juristischen Argumentation, 2. Aufl., Frankfurt am Main 1991, S. 273ff.; *H.J. Koch*/H. Rüßmann, Juristische Begründungslehre, München 1982, S. 48ff. 참고.

5) 이에 관해서는 *H. Rüßmann*, Zur Abgrenzung von Rechts- und Tatfrage, in: H. J. Koch(Hrsg.), Juristische Methodenlehre und analytische Philosophie, Kronberg/Ts. 1976, S. 242-270, S. 255ff.; *U. Neumann*, Die Abgrenzung von Rechts- und Tatfrage und das Problem des revisionsgerichtlichen Augenscheinsbeweises, in: GA 1988, S. 387-402, 1988, S. 391f. 참고.

의미로 사용되어야 한다는 것, 다시 말해 한 번은 일상언어적 의미로 사용하다가 다음 번에는 전문언어적 의미로 사용해서는 안 된다는 것도 전제되어야 한다.

앞에서 보기로 든 '사용대차'의 경우와 관련하여 다음과 같은 추론을 구성해 보자.

① 차주(借主)는 대주(貸主; Entleiher)에게 차용물을 반환해야 할 의무가 있다.
② 뮐러 부인은 달걀 여섯 개를 빌렸다(entleihen).
③ 뮐러 부인은 빌린 달걀 여섯 개를 반환할 의무가 있다.

이 추론은 논리적으로 타당하지 않게 된다. 왜냐하면 이 추론에서는 '빌리다'라는 개념(그리고 이 개념을 통한 추론)이 서로 다른 의미로 사용되고 있기 때문이다(이러한 경우를 보통 동음이의어라고 한다).

앞에서의 논의에 따르면, 법적 언어의 개념들과 일상언어의 개념들을 사전적 의미에서 엄격하게 분리하여 법률과 도그마틱 규칙에서 사용되는 모든 개념들이 특수한 법적 전문언어에만 해당한다고 생각해서는 안 된다는 것을 알 수 있다. 물론 전적으로 법적 언어에서만 사용되는 용어들이 존재하고, 그 점에서 그러한 용어들을 전문언어적 표현이라고 부를 수 있다는 점에 대해서는 다른 반론이 있을 수 없다. 결정적인 물음은 과연 이러한 용어들을 전적으로 법적 전문언어에만 속한다고 보아야 할 것인지 아니면 법적 언어 내에서 전문언어의 표현이면서도 동시에 일상언어의 용어로 사용될 수도 있는 단어들이 존재하는가이다.

이 물음을 감안한다면 지금까지 상당부분 피상적 설득력을 감안하여 이루어져 왔던, 전문언어와 일상언어의 구별을 훨씬 더 섬세하게 구성하지 않을 수 없다. 지금까지는 단지 오로지 법적 언어에서만 등장하는 용어들은 어떠한 경우든 전문용어이고, 사안을 서술할 때 같은 의미로 사용되는 법적 언어의 개념들은 어쨌든 일상언어의 용어들이라는 점만을 확인했을 뿐이다.

'전문언어'의 개념이 구속력을 갖는 개념정의를 통해 확정되는 것은 아니기 때문에,[6] 전문언어와 일상언어의 경계설정은 결단주의적 요소를 갖지 않을 수 없다. 그렇지만 나는 아래에서 제안하는 기준을 선택하는 결정이 충분한 근거를 갖고 있다고 생각한다. 나의 제안과 관련하여 중요한 측면은 과연 개념의 의미에 대해서는 오로지 '모국어 구사자(native speaker)'의 언어능력에 기초하여 결정을 내려야 하는지 아니면 법적 규칙에 대한 지식까지도 감안하여 결정을 내려야 하는지의 문제이다. 만일 법적 규칙에 대한 지식이 중요하다면, '법적 의미' 또는 '법률적 의미'에 따른 개념의 의미를 묻게 된다. 이에 반해 개념의 의미를 확인하기 위해 전적으로 일반적 언어규칙만을 원용하게 된다면, 그때에는 일상언어적 개념을 대상으로 한다. 이러한 기준을 토대로 삼는다면, 법적 언어의 특정한 개념들은 각각의 맥락에 따라 일상언어적 개념으로뿐만 아니라, 전문언어적 개념으로도 사용될 수 있다. 예를 들어 법원이 판결이유에서 다음과 같은 명제를 서술했다고 하자. "피고인은 범행 직후 피해자의 시신을 자신의 정원에 매장했다." 이 경우 '시신'이라는 개념은 일상언어의 의미로 사용된다. 다만 그 전제는 듣는 사람이든 말하는 사람이든 '시신'이라는 단어의 의미를 이해하는 언어능력을 갖추고 있어야 한다는 것이다. 이에 반해 이집트 미이라가 사자(死者)의 평온을 방해하는 행위를 처벌하는 구성요건(형법 제168조)에서 의미하는 시신에 해당하는지 여부가 문제된다면, 이 개념의 전문언어적 의미를 다루게 된다. 즉, 이 경우 문

---

6) 이와 관련된 여러 가지 제안에 대해서는 *J.S. Petöfi/A. Podlech/E.v. Savigny*(Hrsg.), Fachsprache — Umgangssprache, Kronberg/Ts. 1975에 실린 논문들을 참고.

제는 시신이란 무엇인가가 아니라, 형법 제168조에서 의미하는 시신이 무엇인가이다. 동일한 단어의 전문언어적 의미와 일상언어적 의미는 커다란 차이가 있을 수 있다. "산타클로스도 법률의 의미에서는 부활절토끼가 될 수 있다."

내가 여기서 제안하는 구별기준에 대해서는 언어 바깥의 규칙을 원용해야 할 필요성 자체가 기준이 아니라, 하나의 개념이 갖고 있는 전문언어적 성격에 따른 결론일 뿐이라고 반론을 제기할 수 있다. 즉, 하나의 용어는 모국어 구사자의 일반적 언어능력에 기초하여 그 의미를 결정할 수 있기 때문에 일상언어적 성격을 갖게 되는 것이 아니라, 거꾸로 그 용어가 이미 일상언어적 개념이기 때문에 일반적 언어능력에 기초하여 의미를 결정할 수 있는 것이라고 비판한다. 하지만 나는 이러한 반론이 별로 타당하지 않다고 생각한다. 왜냐하면 이 반론은 전문언어적 개념 및 일상언어적 개념이 그 자체로(즉, 일정한 기준을 확정하는 것과는 관계없이) 존재한다는 것을 전제하기 때문이다. 하지만 이 반론은 구체적 사례에서 일반적 언어능력에 기초하여 의미의 확정이 이루어져야 하는지 아니면 법적 규칙에 대한 지식에 기초하여 이루어져야 하는지를 누가 결정해야 하는가에 대해 주의를 환기시켜주는 장점이 있다.

이 물음은 어떤 개념이 법적 맥락에서 하나의 생활사실을 서술하는 데 사용될 때에는 어려운 물음이 아니다. 자연적 사실 또는 사회적 사실에 대한 서술은 전문언어의 용어가 아니라, 일상언어의 용어를 사용하여 이루어진다. 법원이 민사판결의 이른바 '사안(즉, 사실상으로 발생한 사건을 서술한 부분)'에서 당사자들이 1kg의 바나나에 대한 매매계약을 체결했다고 확인한 경우, '매매계약'이라는 개념은 일상언어의 개념으로 사용된다. 이에 반해 어떤 기업이 도심에 위치한 부동산을 1,000원이라는 상징적인 가격을 지불하고 취득한 경우, 그것이 매매계약인지 아니면 증여인지를 법원이 재판해야 하는 때에는 단순히 서술이 아니라, 법적 해석, 즉 사회적 사안에 대한 해석의 문제가 된다. 따라서 "당사자들이 단지 상징적인 매매대금만을 약정한 경우는 매매계약이 성립하지 않는다"는 명제는 매매계약이라는 개념을 법적 전문언어의 개념으로 사용한다.

이에 반해 일반적인 법규칙(법률, 법도그마틱의 명제)에서 사용되는 개념을 일상언어와 전문언어 가운데 어느 쪽에 귀속시켜야 할 것인지를 결정하는 것은 훨씬 더 어렵다. 기물손괴라는 구성요건(형법 제303조)에 등장하는 물건이라는 개념은 전문언어의 용어인가 아니면 일상언어의 용어인가? 이 물음에 대해서는 물건을 '유체물'로 개념정의하고 있는 민법 제90조가 대답해 준다. 이렇게 형법 제303조의 물건개념의 의미를 확정하기 위해서는 법적 규칙에 대한 지식(민법 제90조의 법률개념규정에 대한 지식)이 필요하기 때문에, 이 경우 물건은 법적 전문언어의 개념이다. 그렇다면 '유체물'이라는 개념은 어떨까? 이 지점에서는 법적 개념정의가 보여줄 수 있는 능력의 한계를 의식하면서, 유체물의 개념을 일상언어의 개념으로 해석하고 싶어 할 것이다. 그러나 액체나 기체도 민법 제90조에서 의미하는 유체물의 개념에 속하는지 또는 살아 있는 사람의 육체도 여기에 해당하는지에 대해 답하기 위해서는 법학과 법실무에서 표명된 규칙에 대한 지식이 전제되어야 한다. 다시 말해 유체물이라는 개념도 "유체물만이 물건이다"는 명제의 구성부분으로서 법적 전문언어의 개념이다.

물음은 계속 이어갈 수 있다. 즉, '액체', '기체', '살아 있는 사람'은 일상언어일까 아니면 전문언어일까? 이 물음에 대한 확실한 대답은 "각각의 경우에 따라 다르다"이다. 사후에 자신의 시신을 대학병원의 실험용으로 기증한다고 약정했지만, 현재는 최상의 건강상태를 유지하고 있는 사람에 대해서는 이러한 사정과 일상언어의 규칙만을 알고 있더라고 곧 바로 그 사람이 살아 있는 사람이라는 것을 알 수 있다. 이 경우 '살아 있는 사람'이라는 개념은 일상언어의 의미로 사용된다. 이에 반해 생명기능의 일부만이 유지되고 있을 뿐, 거의 대부분의 기능이 소멸한 경우, 그 사람의 육체가 살아 있는 사람의 육체에 해당하는지에 대해 결정을 내릴 때에는 추가적인 지식이 필요하다. 예컨대 구속력 있는 법적 기준에 비추어 사람의 사망시기가 심장사를 기준으로 하는지 아니면 뇌사를 기준으로 하는지가 중요하게 된다. 이러한 한계사례에서는 민법 제90조의 의미에서 살아 있는 사람이라는 개념은 전적으로 법적 전문언어의 개념을 대상으로 한다.

이러한 측면들을 고려해 볼 때, 동일한 개념일지라도 어떤 맥락에서는 일상언어로, 다른 맥락에서는 전문언어로 사용될 수 있다는, 앞에서 제기한 테제가 타당하다는 사실이 확인된다. 하지만 이러한 확인을 훨씬 뛰어넘는 더 중요한 의미가 있다. 왜냐하면 마지막 보기에서 알 수 있듯이, 동일한 표현이 일상언어적으로 사용될 수도 있고, 전문언어적으로 사용될 수도 있다는 주장을 뛰어넘어, 하나의 동일한 법규칙 내에서도 하나의 표현이 때로는 전문언어적 의미를, 때로는 일상언어적 의미를 가질 수도 있기 때문이다. 이와 같은 상대성은 아주 넓은 범위에 걸쳐 있다. 왜냐하면 법적 전문언어와 일상언어의 경계는 규칙을 적용하는 각각의 상황에 의존하기 때문이다. 다시 말해 사안을 직접 전문적 개념에 포섭할 수 있는 경우에는 일상언어의 개념이고, 이에 반해 '규칙이 의미하는' 개념이 무엇을 뜻하는지를 더욱 섬세하게 만들 필요가 있을 때에는 전문언어적 용어에 해당한다.

하나의 개념을 사안에 적용할 수 있는지에 대해 결정하기 위해 모국어 사용자의 언어능력만으로 충분한가 아니면 법적 규칙에 대한 지식까지 필요한가라는 물음에 답하기 위해 법규칙의 적용상황과 관련시키는 경우, 위에서 설명한 결론은 언어능력이라는 기준을 적용하는 데에 따른 당연한 결과이다. 이렇게 되면 앞에서 보기로 든 사례와 관련하여 두 경우 가운데 어느 한 경우에만 문제의 육체가 살아 있는 사람의 육체인지를 일반적 언어능력에 기초하여 결정할 수 있을 뿐이다. 하지만 기준을 반드시 이런 식으로만 적용해야 할 필연적인 이유는 없다. 그 대신 법적 규칙에서 사용된 하나의 개념과 관련하여 모든 경우에 법적 규칙에 대한 지식을 원용하지 않고서도 그 개념의 적용 여부를 결정할 수 있는 때에만 그 개념이 일상언어에 속한다고 기준을 설정할 수도 있다. 하지만 그와 같이 일상언어만으로 개념을 사용하는 경우는 극히 드물기 때문에, 언어능력이라는 기준을 이런 식으로 이해할 때에는 결과적으로 법적 규칙에서 사용되는 거의 모든 용어는 전문언어적 성격을 갖는다는 결론에 도달하게 된다. 이러한 논증은 이를 확장시켜 더욱 첨예하게 만들 수도 있다. 왜냐하면 문제되는 개념을 사안에 포섭시키는 것이 오로지 일상언어의 규칙만을 기초로 이루어질 수 있는지 여부 자체는 다시 특수한 법적 규칙에 대한 지식에 기초할 때에만 결정할 수 있기 때문이다. 예를 들어 법률에서 의미하는 '부활절 토끼'는 사실상 부활절 토끼에만 국한될지도 모른다. 하지만 실제로 그러한지는 법률상의 용어를 구체화하는 법적 규칙에 기초하여 판단된다. 그렇기 때문에 전문언어와 일상언어를 구별할 때에는 법적 규칙이 일상적 언어능력의 상위에 있는 능력이 된다. 이런 의미에서 법률과 법률을 구체화하는 법도그마틱의 규칙에서 등장하는 모든 개념은 법적 전문언어의 개념이라고 주장할 수 있다.[7)]

여기서 다시 한 번 다음과 같은 물음이 제기된다. 즉, 이와 같은 상황에서 법률, 법률을 구체화하는 규칙 그리고 일상언어로 표현된 사안서술로부터 결정을 도출하는 것이 어떻게 가능한지를 묻게 된다. 앞에서 보기로 제시했던 '대차'의 경우, 법적 전제하에서 이 용어를 전문언어적으로 사용하면서, 사안서술에서는 일상언어적으로 이 용

7) 법률상의 모든 개념들이 (사실개념과는 구별되는) 법개념이라는 테제에 대해서는 *K. Engisch*, Logische Studien zur Gesetzesanwendung, 3. Aufl., Heidelberg 1963, S. 99 참고.

어를 사용하는 것은 이미 필연적으로 잘못된 논리적 추론이 될 수밖에 없다는 사실을 보여주는 것은 아닐까?

나는 이 문제를 두 가지 방법으로 해결할 수 있다고 생각한다. 첫째, 한 개념의 의미에 대한 물음과 이 개념을 전문언어 또는 일상언어에 귀속시키는 물음을 구별해야 한다. 양자를 구별하면 포섭의 논리적 일관성의 문제와 관련해서는 법규칙과 사안서술에서 사용된 개념을 통일적으로 일상언어에 귀속시키는 문제는 중요하지 않게 된다. 왜냐하면 개념은 이를 전문언어적으로 사용할 때와 일상언어적으로 사용할 때 같은 의미를 가질 수 있기 때문이다. 둘째, 전문언어적 개념과 일상언어적 개념 사이의 간극은 전문언어와 일상언어를 결합시키는 '귀속규칙'을 도입하여 극복할 수 있다.[8] 물론 이러한 귀속규칙은 법적 규칙에서 사용되는 모든 개념이 법적 전문언어의 개념이라고 주장한다는 의미의 법적 규칙이 아니다.

(3) 법적 전문언어의 필연성

법적 언어의 개념들이 특수한 전문언어적 의미로 사용되는 경우에는 일반 시민은 일종의 언어장벽을 겪게 되고, 이는 사회화과정에서 습득된, 관료적 행정기관에 대한 거부감과 결합하여 사법제도를 효율적으로 이용하는 길을 차단하는 결과를 낳는다. 이러한 문제점을 감안하면, 과연 법적 전문용어들을 일상언어의 개념으로 대체하는 것이 가능한지 그리고 그것이 가능하다면 어느 정도까지 가능한지를 고려해 보지 않을 수 없다.

---

8) 이에 관해서는 *K. Volk*, Strafrechtsdogmatik, Theorie und Wirklichkeit, in: Festschrift für Paul Bockelmann zum 70. Geburtstag; München 1979, S. 75-87, S. 77ff. 참고.

일단 소송당사자들에게 권리구제수단을 알려줄 때에는 이해하기 쉬운 표현을 사용할 수 있고 또한 그렇게 해야 한다는 점에 대해서는 거의 다툼이 없다.[9] 이와는 별개로 법률규정에서 전문언어의 사용을 상당부분 포기하면 일반조항(Generalklausel)의 인플레이션을 낳을 것이라는 우려가 제기되기도 한다.[10]

하지만 무엇보다 중요한 문제는 전문언어의 개념을 일상언어로 대체할 경우 과연 법체계의 기능 자체를 유지할 수 있는가이다. 나는 그럴 수 없다고 생각한다. 왜냐하면 법적 언어의 수많은 개념들은 법질서의 규율체계에서 갖고 있는 기능을 통해 개념이 정의되고, 또한 그러한 방법을 통해서만 개념정의가 가능하기 때문이다.[11] 그렇다면 개념의 적용가능성 여부는 법적 규칙에 대한 지식이 없이는 결정할 수 없다는 결론에 도달한다. 따라서 맨 앞에서 예로 든 사례에서 마이어 부인과 뮐러 부인 사이의 약속은 사용대차계약의 경우 빌린 물건 그 자체를 반환해야 할 의무가 있다는 사실(그리고 소비대차라는 법제도가 결코 금전거래에만 국한되지 않는다는 사실)을 알 때에만 비로소 법적으로 적절하게 평가할 수 있다. 그러한 지식에 기초해서 두 부인 사이의 약정을 법적으로는 소비대차로 해석할 수 있게 된다.

조금 더 일반적으로 표현하면 이렇다. 즉, 법은 사회적 행위를 특정한 방식에서 법적 의미를 갖는다고 그 성격을 규정할 수 있게 해주

---

9) *H. Menne*, Sprachbarrieren — Rationalisierung im Zivilprozeß, in: Zeitschrift für Zivilprozeß(ZZP) 88(1975), S. 263-285, S. 263; *G. Bäumgärtel*, Gleicher Zugang zum Recht für alle, Neuwied 1976, S. 117 참고. 법적 언어에 대한 이해가능성의 문제에 대해서는 *R. Wassermann/J. Petersen*(Hrsg.), Recht und Sprache, Heidelberg 1983과 T. Öhlinger, Recht und Sprache, Wien 1986 참고.

10) 예컨대 B*äumgärtel*, a.a.O., S. 115 참고.

11) 이에 관해서는 *F. Müller*, Juristische Methodik, 4. Aufl. Berlin 1990, S. 96; *R. Wank*, Die juristische Begriffsbildung, München 1985, S. 87ff. 참고.

는 해석도식을 마련한다. 이러한 법적 성격규정에 비추어 갈등상황에서 분쟁에 대한 결정이 이루어진다. 또 다른 보기를 들자면, 예컨대 건축가와 장래의 건물주 사이의 약정이 고용계약인지 도급계약인지는 당사자들의 약정의 문제가 아니라, 약정해 대한 해석의 문제이다. 즉, 계약당사자들이 계약서에 "서명을 통해 본 계약은 고용계약이다"라고 명시했을지라도, 법적 해석이 미리부터 이 표현에 구속되는 것은 아니다. 이는 마치 누군가가 "내가 지금 너를 모욕한다"라고 표현했다고 해서, 이 표현의 사회적 의미를 확정할 수 없는 것과 마찬가지이다. 당사자들이 의욕한 것 또는 —조금 덜 주관적으로 표현하자면— 당사자들의 행위가 갖는 사회적 의미는 단지 법적 해석의 소재가 될 뿐이다.

사회적 행위에 대한 법적 해석은 특정한 해석도식들과 이들 도식들의 구조적 연관성을 표현할 수 있는, 일상언어와는 다른 언어가 존재한다는 것을 전제한다. 다시 말해, 법적 적문언어의 필연성은 사회적 행위에 대한 해석도식을 마련한다는, 법의 기능에 따른 당연한 결론이다. 이러한 측면에서 보면 법적 전문언어의 필연성에 상응하여 당사자들의 특정한 평가를 배제하는 것[12]은 양자의 기능적 공통점에 따른 것이다. 즉, 사회적 행위에 대한 추상적 해석은 전문언어를 통해서만 가능하며, 당사자들의 특정한 가치평가를 배제할 때에만 이루어질 수 있다. 사회적 행위에 대한 법적 해석은 유형화를 통해 이루어진다. 즉, 법적 결정을 위해 특정한 관점들은 중요하지 않다고 선언해야 한다. 이렇게 되면 하나의 사례를 법적으로 다룬다는 것은 관련된 시민에게는 두 가지 의미에서 제대로 이해할 수 없는 상황이 발생할 위험이 있다. 즉, 일반 시민은 해당하는 법적 규율에 표현되

---

12) *A. Podlech,* Die juristische Fachsprache und die Umgangssprache, in: J.S. Petöfi/A. Podlech/E. v. Savigny(Hrsg.), Fachsprache — Umgangssprache, Kronberg/Ts. 1975, S. 161-189, S. 169ff.

어 있는 코드를 제대로 다루지 못할 뿐만 아니라, 자신들의 법적 감각에 따를 때에는 중요한 관점들이 법적으로는 전혀 의미가 없고, 오히려 다른 측면들이 결정적인 비중을 갖게 되는 것을 이해할 수 없게 된다.

행위의 사회적 의미와 그에 대한 법적 해석의 차이가 특히 뚜렷하게 드러나는 영역은 민사소송법이다. 예를 들어 민사소송법 제138조 제3항은 "명시적으로 다툼이 되지 않는 사실은 … 이를 다투고자 하는 의도가 당사자의 여타의 진술로부터 드러나지 않는 한, 인정한 사실로 본다"라고 규정하고 있다. 이 규율은 "인정한 사실로 본다"라는 표현 때문에 하나의 허구(의제)이다. 그러나 어떤 표현을 의제한다는 것은 그 표현이 갖고 있는 직접적인 커뮤니케이션상의 가치를 뛰어넘는 의미를 그 표현에 부여할 때에만 의미가 있다. 따라서 남편이 저녁에 산책을 나가기 전에 부인에게 아무 말도 하지 않고 나갔는데도, "개와 산책 갈게!"라고 말했다고 법적으로 의제하는 것은 아무런 의미가 없다.

법에서 의제는 의제된 행위에 의해 야기되는 법적 효과를 야기하기 위한 기술적 도구이다. 어떤 표현이 의제되는 경우, 그 표현은 그 사회적 의미에서가 아니라, 이와는 구별되는 법적 의미에서 중요성을 갖는다. 앞에서 제시한 보기에서 법적 의미는 한 당사자의 상대방이 인정한 주장은 증명을 필요로 하지 않는다는 민사소송법 제288조 제1항으로부터 도출된다. 이른바 소송행위들은 모두 사회적 의미와 법적 의미의 이러한 차이를 공통점으로 갖고 있다. 달리 표현하자면, 하나의 커뮤니케이션 행위를 '소송행위'로 규정하는 것은 소송행위를 그에 대한 일상언어적 이해방식과는 현저하게 다른 커뮤니케이션 기준에 따르도록 만드는 것이다. 이 점에서도 —그 기능의 측면에서 이해되는— 법적 언어의 필연성이 확인된다.

2. 위르겐 하버마스의 법철학에서 법정논의가 갖는 의미에 대한 해석에 관하여

(하버마스의) 논의이론(Diskurstheorie)이 법적 사고를 다룬 과거의 글들과 비교해 볼 때, 하버마스의 법철학 대작 「사실성과 타당성」[1]에서는 법의 제도적 독자성과 법적 논증이 갖는 나름의 법칙성을 훨씬 더 폭넓게 인정하고 있다. 논의원칙을 도덕에 특수한 보편화원칙과 법에 특수한 민주주의원칙으로 구별함으로써 하버마스는 논의이론적 입장이 빠지기 쉬운 유혹, 즉 법의 영역을 도덕의 후견 아래 있게 만들거나 또는 법의 영역을 사회적 규율체계 가운데 결핍된 발현형식으로서 논의를 통해 심사할 수 있는 규범들의 영역으로부터 배제하려는 유혹으로부터 벗어났다. 이렇게 법을 도덕으로부터 상당부분 벗어나 있지만, 그럼에도 논의이론적 해석으로 접근할 수 있는 규범복합체로 인정함으로써 절차에 지향된 법이해를 위한 길이 열리게 되었다. 하버마스는 이러한 절차지향적 법이해를 절차적 법패러다임으로 파악하여, 이 패러다임을 자유주의적 패러다임 및 사회국가적

1) *Jürgen Habermas*, Faktizität und Geltung, Beiträge zur Diskurstheorie des Rechts und des demokratischen Rechtsstaats, 1992, S. 138ff.

패러다임과 대비시키고 있다.

이와 함께 법제정 절차('규범정당화논의')뿐만 아니라, 행정과 사법에서 이루어지는 법적용절차('규범적용논의')[2]도 논의모델의 범위 내에서 재구성된다. 아래에서 펼쳐질 사고는 법정절차의 영역에서 이루어지는 법획득절차에만 국한시키도록 한다.

(1)

하버마스는 법정에서의 논증과 도덕적-실천적 논증 사이의 관계를 여러 측면에서 새롭게 설정했다. 초기 이론(1971년)에서는 법정에서의 다툼의 형태로 이루어지는 법적 논증을 논의와는 대립되는 것으로 파악했다. 즉, 상호협력을 통해 진리를 추구한다는 요청을 제기하는 논의(Diskurs)와 법정에서 당사자들이 각자의 이익을 지향하는 전략적 상호작용을 하는 것은 합치할 수 없다는 입장이었다. "소송당사자들은 전략적인 게임에서와 마찬가지로 이득을 추구하고 손해를 피하려고 한다. 당사자들의 목표는 진리발견이 아니라, 다툼의 대상이 되는 사례가 자신들에게 유리한 방향으로 결정되는 것이다."[3] 그리하여 진리와 정의를 추구해야 하는 법관의 행동마저도 논의모델의 범위 내에서는 적절하게 포착될 수 없다고 한다. "법관마저도 제도적으로 진리추구라는 목표보다는 기일에 맞추어 결정에 도달해야 한다

2) 규범정당화논의와 규범적용논의의 구별에 대한 기본적인 내용은 *K. Günther*, Der Sinn für Angemessenheit. Anwendungsdiskurse in Moral und Recht, 1988 참고.

3) *J. Habermas*, Theorie der Gesellschaft oder Sozialtechnologie? Eine Auseinandersetzung mit Niklas Luhmann, in: J. Habermas/N. Luhmann, Theorie der Gesellschaft oder Sozialtechnologie, 1971, S. 1971, S. 142ff., 201.

는 필연성, 즉 적절한 기한 내에 판결을 선고해야 한다는 필연성에 구속된다."[4] 따라서 법적-제도적 상호작용을 논의모델의 범위 내에서 재구성할 가능성은 원칙적으로 부정된다. "논의는 제도가 아니라, 제도에 대항하는 제도(Gegeninstitution)이다."[5]

그러나 하버마스는 로버트 알렉시(Robert Alexy)의 '법적 논증이론'[6]의 영향을 받아 '의사소통행위이론(1981)'에서는 법적 논증에 대한 기존의 평가를 포기하고, 이제는 법적 논증이 "그 모든 제도적 특성에 비추어 볼 때, 실천적 논의의 특수한 경우"에 해당한다고 본다.[7] 이제 하버마스는 법정에서의 논증이 다른 종류의 법적 논증과 마찬가지로 그것이 갖는 특수한 조건 때문에 일반적인 실천적 논의와 구별될 뿐이라는 점에 대해 반론을 제기하지 않는다. 그리하여 법률구속 이외에도 "권위적 결정을 필요로 하고, 분쟁당사자들의 성공지향을 감안하여 마련된 소송법상의 특수한 제한"이 그와 같은 특수한 조건에 해당한다고 한다. 그럼에도 불구하고 법정에서의 논증 역시 "도덕적 논증모델, 즉 규범적 언명의 정당성에 대한 논의모델에 따라서만 파악할 수 있는 본질적 요소를 포함하고 있다"고 한다. 이로부터 하버마스는 다음과 같은 결론을 도출한다. "그러므로 모든 논증은 그것이 법에 관한 것이든 도덕에 관한 것이든 또는 과학의 가설이나 예술작품에 관한 것이든 상호협력을 통한 진리추구라는, 똑같은 원칙적 조직형식을 필요로 하며, 이러한 조직형식은 논쟁기술이라는 수단이 더 좋은 논거의 힘을 빌려 상호주관적 확신을 형성한다는 목

---

4) Ebd., S. 202.

5) Ebd., S. 202.

6) *R. Alexy,* Theorie der juristischen Argumentation, 1978 (2. Aufl. 1991). 이 '특수경우테제(Sonderfallthese)'에 관해서는 S. 32ff., 263ff. 및 제2판의 후기 S. 426ff. 참고.

7) *Habermas*, Theorie des kommunikativen Handelns, 1981, Bd. 1, S. 62 및 각주 63.

표에 기여하도록 만든다."[8]

「사실성과 타당성」에서 하버마스는 논의원칙을 도덕원칙과 정치적-법적 영역에서 타당성을 갖는 민주주의원칙으로 구별해야 한다는 제안에 기초하여 특수경우테제를 다시 거부하게 된다.[9] 그렇지만 논의와 법정절차를 엄격한 대립관계로 파악하던 초기 입장과는 달리 이제는 소송규칙이 자유로운 의사소통과정을 위한 제도적 틀을 만들어 내는 기능을 갖고 있다는 점을 강조한다. "전체 소송절차의 핵심적 의미는 소송과정을 구속하는 실질적 제한의 측면에서 뚜렷하게 드러난다. 즉, 이 실질적 제한은 적용논의에서 근거들이 자유로운 절차 속에서 떠돌 수 있도록 내부 영역의 경계를 제도적으로 초월하는 데 기여한다."[10]

법적 논증과 일반적-실천적 논의의 관계를 이와 같이 파악한다는 점에서 나는 기본적으로 하버마스와 같은 생각을 갖고 있다.[11] 그렇기 때문에 나는 아래의 서술에서 나와 하버마스의 생각의 차이에 집중하도록 하겠다. 즉, 특수경우테제를 거부하는 근거와 관련된 차이점(II) 그리고 소송상의 규칙 및 법정절차에 따른 결정을 논증적으로 정당화하는 것 사이의 관계를 정확히 규정하는 문제와 관련된 차이점(III)에 집중하여 서술하도록 하겠다.

(2)

특수경우테제에 대해서는 당사자들이 협력을 통해 진리를 추구할

8) *Habermas*(각주 1), S. 62.

9) *Habermas*(각주 1), S. 242, 272.

10) Ebd., S. 289.

11) 특수경우테제에 대해서는 *U. Neumann*, Juristische Argumentationslehre, 1989, S. 84ff.; 또한 *Alexy*(각주 6), S. 427ff., 434f. 참고.

의무가 있는 것이 아니라, "겉으로는 얼마든지 합의할 수 있는 논거를 내세우지만 실제로는 자신의 이익만을 추구하는 능숙한 전략을 구사"[12]할 수도 있다는 반대논거를 제기할 수 있지만, 하버마스는 이러한 반대논거가 설득력이 없다고 본다. 즉, 이 반대논거에 대해서는 "모든 소송관계인들이 어떠한 동기를 지침으로 삼고 있든 관계없이 법관의 관점에서 공정하게 판결을 발견하기 위한 논의에 일정한 기여를 한다는 점을 들어 다시 설득력 있게 반박할 수 있다"고 한다. 따라서 오로지 법관의 관점만이 '결정의 정당화를 구성'하는 의미를 갖는다는 것이다.[13]

나는 하버마스의 이 입장이 법관의 관점을 적절하게 서술한다고 보지만, 법(그리고 법정절차)에 대한 논의이론을 옹호하는 데에는 충분하지 않다고 생각한다. 왜냐하면 결정의 정당화와 법관의 관점에 집중하는 것은 결정발견에 관한 독백적(monologisch) 모델에만 부합하기 때문이다. 즉, 소송당사자들이 기여하는 바는 단순히 법관이 결정발견과 결정정당화와 관련된 독백적 과정에서 고려해야 하는 정보로서만 의미를 가질 뿐이다. 그렇기 때문에 정당화는 얼마든지 독백적으로 수행될 수 있다는, 논의모델에 대해 흔히 제기되는 반론[14]은 법정절차의 영역에서도 타당한 반론이다. 왜냐하면 소송참여자들 사이의 의사소통이 아니라, 단지 법관의 행위만이 진리발견이라는 명령에 구속된다면(이는 곧 협력적이 아니라, 독백적이라는 의미이다), 소송당사자들은 고작해야 정보의 원천(따라서 얼마든지 다른 정보로 교체될 수 있다)이 되거나, 최악의 경우에는 '정당한' 결정의 획득이라는 목표달

---

12) *Neumann*(각주 11), S. 85.

13) *Habermas*(각주 1), S. 283. 여기서 하버마스는 알렉시를 원용한다.

14) 예컨대 *E. Tugendhat*, Probleme der Ethik, 1984, S. 108ff.; 이에 관해서는 Habermas, Moralbewußtsein und kommunikatives Handeln, 1983, S. 78ff. 참고.

성을 위태롭게 만드는 장애요인에 불과하기 때문이다.

물론 당사자들이 자신들의 이익을 추구하기 위해 논증을 한다는 반론에 대항하여 법관의 관점을 원용하지 않고, 그 대신 당사자들 스스로의 논증행태를 특수하게 해석함으로써 특수경우테제를 옹호하는 대안 역시 별로 설득력이 없다. 로버트 알렉시에 따르면 전략적으로 논증하는 당사자들도 어쨌든 자신들이 이성적으로 논증한다는 주장을 제기한다는 사실이 결정적이라고 한다. "당사자들은 최소한 자신들의 논거가 이상적인 조건하에서 모든 사람의 동의를 얻을 수 있는 성격의 것이라고 위장하기라도 한다. 바로 이 점이 왜 당사자들의 논증을 일반적-실천적 논의의 특수경우로 파악해야 하는가에 대한 근거이다."[15)]

법정에서도 법정 밖에서와 마찬가지로 어쨌든 논증을 하는 한, 제시된 논거가 정당화의 대상이 되는 주장 또는 내려질 결정과 관련하여 중요한 의미를 갖는다고 주장하는 것이라는 점은 옳다. 그렇지 않을 경우, 예컨대 피고가 그저 가벼운 처벌을 부탁하는 경우에는 논증이라고 말하지 않는다. 그렇기 때문에 논거가 주장이나 결정과 관련하여 의미를 갖게 되는 것은 해당하는 언어행위를 논증으로 해석한 결과이다. 그렇기 때문에 그러한 해석이 가능한 한, 논거로서의 의미는 논증을 하는 사람의 동기나 정직성과는 관계가 없다. 따라서 모든 당사자들에게 공통된 상황이해에 비추어 볼 때, 제시된 논거들이 공동의 진리추구라는 목표가 아니라, 오로지 전략적으로 투입된다고 할지라도 이들 논거의 논거로서의 의미를 부정할 수는 없다. 하지만 모든 사람들이 논증의 전략적 성격을 인식하고 있다고 할지라도, 얼마든지 논거의 정당성주장과 합치할 수 있다는 사실만으로는 법정에서의 논증을 도덕적 논증의 특수경우로 입증하기에는 충분하지 않

15) *Alexy*(각주 6), S. 434.

다. 왜냐하면 결정의 정당성이 특정한 절차에 구속된다는 논의이론의 핵심내용은 이 절차가 실제로 관련 당사자들이 '정당한' 결과를 찾아내기 위해 공정하고 개방된 관점을 취하도록 보장하고 있을 것을 전제하기 때문이다. 예를 들어 민사소송의 당사자들에게 그러한 개방성과 공정성이라는 전제가 충족되어 있지 않는 한, 토론의 절차와 정당성주장 사이의 연결고리는 단절되고 만다. 그렇게 되면 당사자들의 공통의 지향점은 기껏해야 공정한 협상을 거친 결과로서의 공정한 타협(화해)일 뿐이다.

법정절차는 법정에서의 논증이 갖는 제도적 특수성에 비추어 볼 때에도 일반적-실천적 논의로 보기 어렵다. 소제기, 상소제기 등과 같은 소송행위뿐만 아니라, 특정한 사실주장 역시 이를 수행 또는 제기하거나 포기하는 경우 일정한 소송상의 결과가 발생하는, 일종의 게임규칙에 따른 활동으로서의 성격을 갖고 있다. 예를 들어 민사소송에서 한 당사자의 사실주장을 상대방이 다투지 않는다면, 법원은 결정을 내릴 때 이 주장이 진실이라는 전제에서 출발해야 한다. 즉, 관련된 사실은 상대방이 인정한 것으로 간주된다(민사소송법 제138조 제3항). 따라서 이때에는 언어행위의 수행적 성격에 고정된 언어적 규약이 아니라, 소송법적 규율이 우선한다. 다시 말해 사실주장에 대응하지 않는 것은 모든 일상언어적 규약과는 반대로 단순히 무관심의 표현이 아니라, '인정'으로 간주된다. 이와 같이 하나의 사실주장을 다투지 않는 것이 갖는 특수한 수행적 의미는 사실주장에 반론을 제기할 수 있는 규칙과 관련해서도 다른 결론을 낳는다. 법정 바깥에서 이루어지는 토론에서 토론상대방이 제기한 주장의 정당성을 반박하는 사람은 상대방의 주장이 틀렸다는 자신의 생각의 근거를 제시할 의무를 부담한다. 이는 토론상대방 역시 자신의 주장이 왜 정당한지에 대한 근거를 제시했을 때에만 가능하다. 이에 반해 민사소송의 당사자는 상대방이 주장한 사안에 대한 아무런 정보도 갖고 있지 않은 경우에조차도 상대방의 주장을 반박할 수 있다.

이와 같은 '무지상태에서의 반박'은 당사자가 상대방 주장의 정당성을 어느 정도 확신하고 있는 경우에도 허용된다. 아마도 상당히 법기술적으로 여겨질 이 보기를 통해 설명하고자 하는 테제를 일반적으로 표현하면 다음과 같다. 즉, 법정에서의 논증은 일반적인 언어규칙과 논증규칙이 아니라, 소송법 규범에 의해 확정되는, 특수한 수행적 의미를 갖는다. 만일 이 테제가 옳다면, 소송절차에서 법적 절차와 논증적 절차의 상호결합에 비추어 볼 때 "법적 논의와 관련된 소송법적 제도는 그 내재적 논증의 논리를 침해해서는 안 된다(S. 288; S. 219에서도 비슷한 표현이 등장한다)"는 하버마스의 평가는 보충할 필요가 있다. 특히 '특수경우테제'와 관련하여, 당사자들의 논증에서 중요한 의미를 갖는 소송규범의 일부는 일반적인 실천적 논의의 기본규칙을 배제하고 있다는 사실을 감안해야 한다. 예컨대 논의규칙에 관한 알렉시의 기본규칙(1.2)에 따르면 모든 화자(話者)는 자기 스스로 믿고 있는 것만을 주장해야 한다.[16] 그러나 아마도 타당하리라고 여기는 상대방 주장까지도 반박할 수 있는 가능성(실제로는 거의 강요에 가깝다)은 결코 이 기본규칙과 합치할 수 없다.

증거신청과 관련해서도 비슷하게 말할 수 있다. 즉, 신청인이 증거를 조사해야 할 사안이 그저 가능할 뿐이라거나 거의 개연성이 없다고 여길지라도 신청인은 입증사실이 확정적이라고 주장해야만 한다. 만일 해당하는 사안의 존재를 막연히 추측할 따름이라고 솔직하게 말하면, 그 신청은 (단순한) 증거확인신청으로 단계가 강등되어, 소송상의 지위를 상실하게 된다.

하버마스는 논의절차가 명확하지 않다는, 논의이론에 대해 일반적

16) *Alexy*(각주 6), S. 234f. *Habermas*, Diskursethik — Notizen zu einem Begründungsprogramm, in: ders., Moralbewußtsein und kommunikatives Handeln, 1983, S. 53ff., 97에서는 알렉시의 논의규칙들을 수용하고 있다.

으로 제기되는 반론이 특수경우테제에 대한 반론에도 해당한다고 본다. 법학의 관점에서 특히 아르투어 카우프만(Arthur Kaufmann)은, 하버마스의 이론에서 말하듯이 논의를 통해 타당성을 갖게 되는 더 좋은 논거의 힘은 논거들 사이의 서열이 정해져 있지 않는 한, 결코 결정을 명확하게 규정할 수 없다는 점을 여러 번에 걸쳐 지적했다.[17] 이러한 비판은 다음과 같은 방식으로 특수경우테제에 대한 반론으로 재구성할 수 있다. 즉, 법적 논증 및 그 형식과 관련하여 알렉시가 제시한 특수한 규칙들은 법의 영역에서는 무엇보다 일반적인 실천적 논의의 규칙과 형식에 비추어 논의가 가능한 영역들을 제한하는 기능을 갖는다.[18] 이 점에서 법적 논증규칙과 논증형식을 감안한다면, 논의의 불명확성이라는 반론은 적어도 법적 논의의 영역에서는 상당 부분 설득력이 없다. 그렇지만 이 점은 특수한 논증규칙과 논증형식들이 일반적인 실천적 논의의 규칙과 형식의 특수한 형태로 입증될 수 있을 때에만 타당하다. 그렇기 때문에 법적 논의가 기본적으로 일반적인 실천적 논의에 속한다는 특수경우테제[19]에 대해 의문을 제기하게 되면, 이러한 의문은 간접적으로는 법적 논의의 (불)명확성의 문제에도 영향을 미친다. "불명확성테제를 반박하기 위해 알렉시는 실무에서 추출되고 또한 법학방법론을 통해 체계화되는 이러한 절차원칙들이 도덕적-실천적 논의의 일반적 절차조건들을 현행법에 대한 구속에 비추어 특수화한 것일 뿐이라는 사실을 밝혔어야 했다." 하버마스는 알렉시가 이에 대한 입증을 아직 제시하지 않았다고 생각한다.[20]

---

17) *Arthur Kaufmann*, Recht und Rationalität(1988), in: *ders.*, Über Gerechtigkeit, 1993, S. 301ff., 320.

18) *Alexy*(각주 6), S. 349f.

19) Ebd., S. 352ff.

20) *Habermas*(각주 1), S. 284.

여기서 문제는 '현행법에 대한 구속'이라는 제한조건이다. 권위에 지향되지 않은 '개방적인' 법적 논증과 관련하여 알렉시는 법적 논증이 일반적인 실천적 논의의 규칙과 형식에 원칙적으로 합치한다는 점을 밝혔다.[21] 그러나 '구속된', 다시 말해 권위에 지향된 논증과 관련해서는 그러한 합치를 증명할 수 없다. 왜냐하면 권위에 지향된 논증은 결코 실천적 논의모델에 통합될 수 없기 때문이다. 법률의 문언(의미론적 해석)[22]이나 입법자의 의사 또는 목표(발생론적 해석)[23]에 지향된 논거는 실천적 논의의 범위에서 완전히 벗어난다. 왜냐하면 이러한 논거는 법적 사례에 대한 이성적 결정이 아니라, 미리 주어져 있는 지침에 따른 결정을 목표로 하기 때문이다.

따라서 법적 논의가 결정을 완전히 규정할 수 없다는 방향으로 재구성된 논거는 하나의 비합리적 법률과 관련된 논증의 합리성이 결코 더 낮은 합리성이 아니라, 합리적인 실천적 논의의 규칙에 따라 찾아낸 결정의 실질적 합리성과는 전혀 다른 성격을 갖는다는 반론과 맞물리게 된다. 하버마스는 이러한 반론이 원칙적으로 타당하다고 본다. 즉, 이러한 반론을 피하기 위해서는 "드워킨처럼 현행법에 대한 합리적 재구성을 과제로 삼아야 한다"고 말한다.[24] 이러한 합리적 재구성은 존재하고 있는 (비합리적) 법률과 아직 존재하지는 않지만, 논의윤리를 통해 정당화할 수 있는 규범을 융합하여 하나의 타당한 정합적 법체계를 구성하는 과제를 담당한다.

이 모델은 매우 강력한 전제를 담고 있는데, 이 전제에 대해서는 여러 측면에서 분석이 이루어졌지만, 여기서는 구체적으로 서술할 수 없다. 내가 보기에 이 모델에 대한 반론의 핵심은 이 모델이 실정

---

21) *Alexy*(각주 6), S. 352ff.

22) *Alexy*(각주 6), S. 289f.(규칙 J.3.1 - J.3.3).

23) Ebd., S. 291ff.(규칙 J.4.1과 J.4.2).

24) *Habermas*(각주 1), S. 285.

법의 우연성을 과소평가하는 반면, 합리적 논증이 결정을 규정하는 힘을 과대평가한다는 사실로부터 도출된다. 물론 개별사례에서 결정과 관련하여 중요한 의미가 있는 법규칙들과 법원칙들을 사유과정을 거쳐 규범들이 서로 밀고 당기는 힘의 관계("규범의 평행사변형")의 형태로 서열을 정하고, 이 서열로부터 '사례규범(Fallnorm)'의 형태로 결론을 도출하는 것은 결정을 발견하기 위한 수단으로서는 얼마든지 생산적일 수 있다. 그러나 이 모델이 지지하는, 유일하게 정당한 결정이라는 전제[25]는 규범들의 평행사변형의 벡터가 정확하게 규정될 수 있다는 반사실적(kontrafaktisch) 전제에 기초한다. 즉, 개별 규범들의 방향과 비중을 산술적으로 제시할 수 있다고 전제한다. 그런 식의 산술적 제시가 불가능하다는 점은 드워킨의 판사 헤라클레스가 상징하고 있듯이, 법관의 인식능력의 흠결이 아니라, 법적 규율시스템의 객관적 명확성이 떨어진다는 사정에 기인한다.

(3)

하버마스는 「사실성과 타당성」에서 그 이전과는 달리 특수경우테제를 거부하며, 그에 따라 도덕적 논증과 법적 논의의 관계를 새롭게 규정하게 된다. 하버마스의 새로운 구상은 법적 논의의 독자성, 특히 법적 논의의 법적 제도화를 감안한다. 그리하여 절차와 결과의 정당성 사이의 관계를 상당부분 새롭게 규정한다. 즉, 도덕적 논의의 영역에서는 이상적 논의의 규칙들이 더 좋은 논거가 갖는 힘을 자유롭게 발산하도록 함으로써 정당한 결과를 구성하는 의미를 갖는 반면, 법적 논의의 영역에서는 절차규칙과 절차의 결과 사이의 관계가 훨

---

25) 이에 대해서는 *R. Dworkin*, Bürgerrechte ernstgenommen, 1984, S. 144ff., 448ff., 529ff. 참고.

씬 더 복잡하게 형성된다고 한다. 입법과 관련해서는 민주주의원칙이 전면에 등장한다. 민주주의원칙은 민주적으로 제정된 법이 합리적으로 인정할 수 있는 법이라는 추정을 통해 실질적 정당성과의 관련성을 유지하지만,[26] 단순히 여기에 그치지 않고 참여를 통한 정당화라는 사고까지도 표현한다. 법정절차와 관련하여 하버마스는 제도화된 절차가 논증적 과정이 서로 밀접하게 맞물려 있다고 진단하면서,[27] 양자의 관계를 특히 자유로운 의사소통과정이 펼쳐지는 공간을 제도적으로 보장한다는 관점에서 분석한다. 나는 아래에서 법정절차에 국한시켜 법정절차와 판결의 정당성 사이의 관계를 양자가 서로 다른 모델이라는 분석의 관점에서 재구성하고자 한다.

1) 하나의 결정의 실질적 정당성이 절차에 의존한다는 사고에서 출발하면, 절차규칙들을 이러한 목표에 지향하도록 하는 것은 당연한 일이다. 그렇다면 소송규범들은 원칙적으로 이 규범들이 실질적으로 정당한 결정을 가능하게 만드는 방향으로 형성되어야 한다. 이러한 사고는 실체법과 절차법의 관계에 대한 전통적인 구상과도 합치한다. 즉, 절차는 진리에 기초한 정당한 결정이라는 목표의 도달에 기여하며, 그에 따라 소송법은 실체법의 실현에 봉사하는 합목적적 규범이라고 생각한다.[28] 하지만 소송규범이 절대적으로 진실발견의 최적화라는 명령에만 구속된다는 뜻은 아니다. 법정에서 이루어지는 진리추구는 소송관계인들의 이익을 침해하는 것이 전형적이기 때문에, 소송관계인들의 이익과 진리에 기초한 정당한 결정이라는 목표를 서로 비교하여 저울질해야만 한다. 형사소송에서도 어떠한 대가

---

26) *Habermas*(각주 1), S. 51.

27) Ebd., S. 219, 288ff.

28) 이에 관해서는 *U. Neumann*, Materiale und prozedurale Gerechtigkeit im Strafverfahren, in: ZStW 101(1989), S. 52ff., 53 참고.

를 치르더라도 진리를 탐문해야 한다는 내용의 원칙은 존재하지 않는다.[29] [그렇기 때문에 피고인은 자신의 건강을 해치는 신체검사를 받아야 할 의무가 없다(형사소송법 제81조a).]

물론 소송관계인 또는 소송당사자들의 정당한 이익을 고려하여 진리탐구를 제한할지라도, 이 모델에서는 결정의 정의(정당성)가 오로지 적절하게 확인된 사안에 실체법을 구체적으로 적용하는 관점에 따라서만 규정된다는 사실에는 변화가 없다. 진리발견을 제한하는 규칙들을 고려하는 것은 그 자체 어떠한 정의가치도 갖지 않는다. 오히려 소송 외적인 이익을 위해 부정당한 결정의 가능성을 감수해야 한다.

2) 이에 반해 절차의 정당성과 결과의 정당성의 관계에 관한 반대되는 모델에서는 절차규칙의 정확한 준수 —그리고 그것만이— 가 결정의 정당성(정의)을 구성한다. 다시 말해 절차와 무관한 외적 척도는 결정의 정당성 척도로 인정되지 않는다. 이 경우 결과는 그것이 공정한 절차의 결과일 때에만 정당하다. 이러한 '순수한 절차적 정의'[30]는 예컨대 추첨이나 복권을 통한 결과의 정의이다. 이러한 순수한 절차적 정의를 법정절차의 정의를 확보하기 위한 형태로 고려하는 것은 판결을 실체법을 통해 프로그램화할 수 있는 가능성과 관련하여 극단적인 규칙회의주의적 관점을 표방할 때에만 가능하다.

3) 논의이론은 결과의 정당성을 합의의 근거가 되는 논거 및 논의의 절차에 기초하게 함으로써 앞에서 서술한 두 가지 모델의 구성요소들을 결합시키고 있다. 그리하여 법에 대한 논의이론은 "법관의 판

---

29) Ebd., S. 62.

30) 이에 관해서는 *J. Rawls*, Eine Theorie der Gerechtigkeit, 1975, S. 105ff., 344ff. 참고.

결에 대한 합리적 인정가능성을 논의의 질뿐만 아니라, 논증절차의 구조에도 의존하게 만든다."[31] 이 서로 다른 구성요소들이 어떠한 관계에 있는지를 둘러싸고 벌어지는 논쟁[32]에 관해서는 여기서 자세히 다루지 않겠다. 어쨌든 법에 대한 논의이론의 범위 내에서 법정절차를 재구성하는 문제와 관련해서는 하버마스가 절차의 정당화역량을 진리추구라는 목표에 관련시킨다는 사실이 결정적인 의미를 갖는다. "개개의 실질적 근거가 단순히 설득력을 발휘하는 힘을 갖고 있고 또한 논거들이 언제나 기본적으로 불완전한 결과를 낳는다는 사실과 '유일하게 정당한' 결정을 무조건적으로 주장해야 한다는 사실 사이에 존재하는 합리성의 흠결은 상호협력을 거쳐 진리를 추구하는 논증절차를 통해 이념적으로 메우게 된다."[33] 논증절차의 의미를 이런 식으로 해석함으로써 절차규범의 '정의가치'는 절차규범이 '유일하게 정당한' 결정 —하버마스는 이를 하나의 규제이념으로 고수한다(S. 277과 다른 여러 곳)— 을 확인하기 위해 어떠한 기여를 하는가라는 관점에 국한되게 된다. 그에 따라 "절차를 정확히 준수한 결정의 결과의 타당성을 보장"하는 절차원칙들의 정당화는 법적 논증이론의 과제가 된다(S. 275). 그러나 예컨대 피고인의 묵비권 또는 거짓말할 권리, 노골적으로 거짓말을 하는 피고인의 법적 청문권 등과 같이 이를 행사하게 되면 상호협력을 통해 진리를 추구하는 절차를 파괴하는 결과를 낳는 소송상의 권리는 이 모델의 범위 내에서는 결코 정당화될 수 없다.

4) 바로 이 측면에서 절차적 규범이 갖는 '정의가치'를 축소시키고,

---

31) *Habermas*(각주 1), S. 277.

32) 법철학적 관점에서 이 물음을 다루고 있는 대표적인 문헌으로는 *A. Kaufmann*, Prozedurale Theorie der Gerechtigkeit, 1989, S. 16ff. 참고.

33) *Habermas*(각주 1), S. 279.

그리하여 법에 대한 논의이론이 소송상의 절차규칙을 특이할 정도로 무비판적으로 평가하는 결과를 낳는 것 같다.

하버마스가 간과하고 있는 것은 소송규칙이 고유한 규범적 비중을 갖고 있다는 사실이다. 즉, 소송규칙이 갖고 있는 고유한 규범적 비중은 (실체적으로) 정당한 결정을 보장한다는 관점이나 절차관계인들이 갖고 있는 소송 이외의 이익을 보호한다는 관점으로 축소시킬 수 없다. 예를 들어 소송규칙을 위반하면서 제시된 증거는 판결에서 증거로 평가되어서는 안 된다는 금지규칙(증거평가금지)은 판결의 실질적 정당성의 관점에서는 역기능적이다. 절차관계인의 소송 이외의 이익을 침해한다는 관점에서 볼 때에는 이러한 금지는 공허한 것이 되고 만다. 왜냐하면 이러한 침해(예컨대 허용되지 않는 전화감청, 자백의 강요)는 판결발견 시점에서는 이미 종료되었고, 더 이상 되돌릴 수 없기 때문이다. 따라서 (특정한 경우에는) 위법하게 수집된 증거방법에 기초한 유죄판결을 금지하는 이유는 특수한 절차적 정의라는 관점 때문이다.

형사소송의 피의자나 민사소송의 당사자에게 일정한 참여권을 인정하는 절차규정들 역시 절차적 정의의 규칙들에 속한다고 보아야 한다. 법적 청문의 원칙 역시 규범적인 절차원칙으로서 실체적 정의와는 관계가 없다. 따라서 이 원칙은 법정에서 '상호협력을 통해 진리를 추구'하는 것과 관련을 맺을 수 없다. 즉, 피고인의 진술이 진리를 밝히는 데 기여하는지 아니면 진리를 은폐하는 데 기여하는지는 이 원칙의 적용범위나 효력근거와 관련해서는 아무런 의미도 없다.

그렇기 때문에 하버마스가 소송규칙의 기능을 "적용논의에서 근거들이 자유로운 절차 속에서 떠돌 수 있도록 내부 영역의 경계를 제도적으로 초월하도록 만드는"[34] 기능으로 축소시키는 것은 단견이다.

---

34) *Habermas*(각주 1), S. 289.

만일 절차관계인들에 의해 그들의 이익을 중심으로 영향을 미칠 것으로 예상되는 때에는 절차관계인들로부터 이러한 보호영역을 차단해야 한다는 것이 하버마스의 해석에 따른 결론이다. 그리하여 피고인과 그 변호인이 증거평가절차와 법적 평가를 위한 절차에서 배제된다는 사실마저도 하버마스는 법적 평가에 관해서는 얼마든지 동의할 수 있다고 단정한다. 또한 증거평가와 관련해서는 법적 논의가 본래적 의미의 소송절차로부터 벗어남으로써 외부의 영향으로부터 벗어나야 한다는 근거로 이를 정당한 것으로 본다.[35] 이 점에서 법에 대한 논의이론은 법관 이외의 소송관계인을 '외부자'로 규정하고, 법정에서의 논의를 기본적으로 '재판부의 논의'로 파악하며, 재판부가 그 내부에서 찾아낸 판결을 설득력 있게 정당화해야 할 의무를 부담한다는 정도에서 만족한다. 이렇게 되면 논의이론은 법정절차의 형성과 관련하여 당사자들의 참여권을 강조하는 절차적 법패러다임으로부터 도출될 수 있는 비판적 잠재력을 위협하는 결과를 낳는다. 만일 비판적 잠재력을 유지하고자 한다면, 상호협력을 통한 진리추구라는 이념 대신, 결정으로부터 영향을 받는 모든 사람들이 법정절차의 형성에 포괄적으로 참여하고, 이들의 참여가 진리발견이라는 관점에 의해 상대화되지 않는 방향으로 모델을 전환할 때에만 비판적 잠재력을 유지할 수 있다. 만일 이런 식으로 해석한다면, 법에 대한 논의이론으로서는 공판절차에서 관련된 법적 문제에 대한 토론('법적 대화')에 피고인도 참여할 수 있는 권리 —오늘날 거의 대부분의 이론은 이러한 권리를 부정한다— 를 결코 부정할 수 없을 것이다. 결정의 내용 가운데 일부를 일반대중이나 법률전문가들에 의해 사후적으로 통제할 수 있는 가능성만으로는 직접적인 당사자들이 법원의 법적 견해를 비판적으로 논의할 수 있는 권리를 대체할 수는 없다.

35) Ebd., S. 291.

3. 인간의 부담으로서의 인간의 존엄 — 또는 '권리를 갖고 있는 자에 대항하는 법'

(1) 의무론적 논거로서의 '인간의 존엄'

인간의 유전자에 의도적이고 전혀 위험이 없는 방식으로 개입하여 특정한 고통으로부터 인류를 해방시키는 것이 가능하다고 전제해 보자. 이러한 개입이 왜 허용되지 않아야 하는 것일까? 오히려 인간적인 관점에서 볼 때 적극적으로 그러한 개입을 해야 할 의무가 있는 것은 아닐까? 물론 그러한 개입으로 인해 직접적인 영향을 받는 사람의 동의를 전제하고서 말이다.

이는 결코 수사학적 물음이 아니다. 이 물음은 현재 국제적으로 활발한 논의의 대상이지만, 이에 대한 확실한 대답이 이루어지지 않고 있다. 인간유전자에 대한 개입은 생명의학에 대한 유럽위원회의 인권협약(이른바 '생명윤리협약')[1]에서든 유네스코의 「인간 유전자와 인

---

1) "Convention for the protection of human rights and dignity of the human being with regard to the application of biology and medicine: Convention on human rights and biomedicine"(1997년 4월 4일). 이에 대해서는 예컨대

권에 대한 일반협약」[2]에서든 명시적으로 배제되어 있지 않다. 이에 반해 생식세포치료는 독일 국내법에서 단행 법률규정의 차원[3]에서뿐만 아니라, 압도적 다수의 견해에 따를 경우 헌법에 의해서도 금지된다고 한다. 즉, 체세포에 대한 유전자치료와는 달리 인간의 생식세포에 대한 개입은 기본법에서 보장하고 있는 인간존엄의 원칙에 반한다고 한다.[4] 기본법에 따라 인간존엄의 원칙에 저해되는 헌법개정은 금지되기 때문에,[5] 이러한 압도적 다수의 견해에 의하면 인간의 생식세포에 대한 개입의 형태로 이루어지는 유전자치료행위는 영원히 금지된다고 보아야 한다.

인간존엄의 원칙에 기초한 이러한 논증에서 결정적인 측면은 이 논증이 어떠한 형태의 효용계산도 완전히 배제하는 가운데 특정한 조치를 금지하는 입장을 정당화한다는 점이다. 다시 말해 인간존엄의 원칙은 손해보다는 이익이 훨씬 더 많은 개입뿐만 아니라, 심지어 아무런 손해도 발생하지 않는 개입마저도 철저히 금지한다. 따라서 인간유전자에 대해 아무런 위험도 없는 방식으로 개입하여 인류를 특정한 질병으로부터 해방시킬 수 있다는, 서두에서 제기한 물음의 반사실적 전제는 인간존엄을 동원한 논증에서는 아무런 역할도 하지 못한다. 인간존엄이라는 논거는 결과에 대해서는 관심이 없다. 따라서 이 논거는 인간의 존엄을 본질적 가치로 규정하며, 인간존엄의 원용은 곧 의무론적(deontologisch) 논증으로 파악한다.

A. Laufs, NJW 1997, S. 776f. 참고.

2) Frankfurter Allgemeiner Zeitung 1997년 11월 10일자 기사 참고.

3) 배아보호법(ESchG) 제5조 제1항.

4) *Chr. Flämig*, Die genetische Manipulation der Menschen, 1985, S. 57; *P. Häberle*, Die Menschenwürde als Grundlage der staatlichen Gemeinschaft, in: Isensee/P. Kirchhof(Hrsg.), Handbuch des Staatsrechts der Bundesrepublik Deutschland, Bd. 1, 1987, S. 815ff., 857.

5) 독일 기본법(GG) 제79조 제3항.

의무론적 논증은 이를 정당화하기 위해 엄청난 부담을 안게 된다. 왜냐하면 의무론적 논증은 하나의 결정에 의해 영향을 받는 당사자에게 가장 중요한 것이 무엇인지는 전혀 의미가 없다고 선언하기 때문이다. 다시 말해 그 결정이 당사자들의 이익(육체, 생명, 자유, 재산 등)에 어떠한 결과를 낳는지의 문제는 아무런 의미도 없다. 인간의 존엄을 내세워 논증을 할 때에는 인간의 존엄에 해당되는 모든 경우에 인간존엄은 이에 대립되는 모든 관점과 모든 논거보다 절대적으로 우선한다고 보는 것이 일반적인 견해이다.[6] 결과적으로 인간의 존엄은 이 원칙의 적용범위 내에서는 절대적이고 유일한 지배자라고 주장하는 셈이다. 이 원칙의 적용범위가 적절하게 제한되는 경우, 즉 핵심영역에 제한되는 경우에는 그러한 주장을 얼마든지 인정할 수 있다. 실제로 여러 측면에서 그러한 제한이 필요하다고 경고하고 있다.[7] 태아[8]뿐만 아니라, 수정이 이루어지지 않은 난자[9]에 대해서까지 인간의 존엄을 인정하고, 또한 동물보호를 헌법에 명시해야 한다는 요구를 정당화하기 위해 인간의 존엄을 원용[10]하며, 낙태의 가벌

---

6) *Chr. Starck*, in: H.v. Mangoldt/F. Klein/Chr. Starck, GG, Bd. 1, 1985, Art. 1 I Rn. 20; *Kunig*, in: I.v. Münch/Ph. Kunig, GG, Bd. 1, 1992, Art. 1 Rn. 4. 이와는 다른 입장으로는 *R. Alexy*, Theorie der Grundrechte, S. 96 참고.

7) 대표적으로는 *A. Kaufmann*, Rechtsphilosophische Reflexionen über Biotechnologie und Bioethik an der Schwelle zum dritten Jahrtausend(1987), in: ders., Über Gerechtigkeit, 1993, S. 383ff., 392. 참고.

8) Entscheidungen des Bundesverfassungsgerichts, Bd. 39, S. 1ff.(BVerfGE 39, 1).

9) *Ch. Starck*, Die künstliche Befruchtung beim Menschen — Zulässigkeit und zivilrechtliche Folgen, I. Teilgutachten, Verfassungsrechtliche Probleme, Gutachten A für den 56. Deutschen Juristentag, 1986, S. 17.

10) *R. Dreier/Chr. Starck*, Tierschutz als Schranke der Wissenschaftsfreiheit, in: U. Händel(Hrsg.), Tierschutz — Testfall unserer Menschlichkeit, 1984, S. 103ff., 104, 106.

성을 둘러싼 논쟁에서 모든 논쟁당사자들이 인간의 존엄을 부르짖고 있는[11] 오늘날의 논의상황을 감안할 때 그러한 경고는 여전히 중요한 의미를 갖는다.

인간존엄 논거의 의무론적 성격에 기인하는 정당화압박은 인간존엄은 결코 형량의 대상이 될 수 없다는 주장 자체와 특정한 논의영역에서 이 논거를 지나치게 확대하여 투입함으로써 더욱더 커진다. 그리하여 인간존엄에 대한 존재론적 모델을 통해 이러한 압박을 흡수하게 된다. 이 존재론적 모델은 도덕적으로(법의 영역에서는 법윤리적으로) 정당한 것이 무엇인가라는 물음을 이미 주어져 있는 존재의 구조가 무엇인가라는 물음으로 대체한다. 아래에서는 인간존엄 논거의 논증논리와 그 존재론적 전제 사이의 관계를 밝히겠다.

(2) 생명윤리 논의에서 등장하는 인간존엄 논거

1) 인간존엄 논거의 인플레이션

인간존엄의 원칙이 인간 유전자에 대한 개입에 어떠한 한계를 설정하는가의 문제는 그러한 개입을 가능하게 만든 기술만큼이나 오래된 문제이다. 독일에서 '인간의 존엄과 유전공학'이라는 주제에 대한 논의는 1980년대 중반에 연방의회가 설치한 '유전공학의 기회와 위험'이라는 의회조사위원회[12]의 작업과 맞물려 첫 번째 절정기를 맞이했다. 국제적 차원에서 이 논의는 특히 유럽위원회와 유네스코의 결의[13]를 둘러싼 논쟁을 통해 촉발되었다. 이러한 논의와 결의를 통

---

11) 이에 관해서는 *A. Kaufmann*, Rechtsphilosophie, 2. Aufl. 1997, S. 183 참고.

12) 이에 관해서는 독일 연방의회가 1987년에 발간한 같은 이름의 조사결과 보고서를 참고.

해 제시된 모든 결론은 상당히 실망스럽다. 즉, 인간존엄의 보호를 위해 유전공학의 모든 개입에 대해 일정한 경계를 설정해야 한다는 점에 대해서는 견해가 일치하지만, 과연 어디에서 그러한 경계를 설정해야 하는지는 커다란 다툼의 대상이 되고 있다.

이러한 불확실성은 유전자공학과 생식의학의 영역에서 인간존엄의 원칙이 아무런 통제도 받지 않고 극도로 확장되는 결과를 낳았다. 이는 두 가지 이유에서 문제가 있다. 첫째, 유전자연구와 유전자공학이 아무런 심각한 도덕적 및 법적 문제가 없이 투입될 수 있는 영역에서조차 이를 차단할 위험이 있다. 이는 특히 인간존엄의 원칙을 전혀 형량이 불가능한 절대적 원칙으로 이해하는 경우에 더욱 그렇다.[14]

둘째, 인간존엄 논거의 인플레이션은 현재 독일에서 진행되는 유전자공학과 생명윤리에 관한 논의를 보더라도 알 수 있듯이, 인간존엄 논거 자체의 가치를 떨어트릴 위험이 있다. 수정된 난자나 심지어 수정이 이루어지지 않는 난자에까지 인간의 존엄을 인정하고,[15] 식용작물의 유전자를 유전공학을 이용하여 변경하는 것을 인간의 자연환경의 보존이라는 관점에서 인간존엄에 대한 위반으로 낙인찍게 되면, 인간의 존엄이라는 원칙의 윤곽이 흐릿해질 뿐만 아니라, 이 원칙이 갖는 무게마저도 상실하게 된다. 인간의 존엄이 이런 식으로 사소한 고려의 대상으로 전락하게 되면, 특히 인간존엄 원칙은 사실상 더 이상 유지가 불가능하다. 왜냐하면 당연히 '난자의 존엄'이 다른 권리나 이익을 위해 뒤로 물러서야 하는 상황이 있기 때문이다.[16] 따

13) 앞의 각주 1과 2 참고.

14) 앞의 각주 6 참고.

15) 앞의 각주 9 참고.

16) 이 점에서 헌법학 문헌에서는 태아의 존엄과 관련하여 형량 가능성을 인정하는 경우가 있다. 예컨대 *Häberle*(각주 4), S. 855 참고.

라서 생명과학을 둘러싸고 인간존엄 논거를 투입하는 오늘날의 일반적 경향을 비판적으로 검토할 충분한 이유가 있다.

2) 인간존엄의 생물학화

인간 생식세포에 대한 치료목적의 개입을 금지하는 것을 인간존엄으로 정당화하거나 이 원칙을 원용하여 요구하는 경우에는 인간의 본성(자연)에 대한 개입을 인간존엄의 침해로 보게 된다. 이런 식의 입장에서 전형적으로 제시되는 논거에 따르면 "인간 유전자에 대한 개입은 곧 인간의 본성에 대한 개입이고, 이러한 개입은 인간의 존엄의 한 부분인 인간의 본성을 부정하는 것"[17)]이라고 한다. 이런 식의 논증은 여러 가지 측면에서 의문을 갖게 만든다. 무엇보다 유전자치료를 위해 생식세포를 조작함으로써 과연 누구의 존엄이 침해되는가? 환자의 존엄인가, 환자의 후손의 존엄인가 아니면 인류 자체의 존엄인가? 그리고 인간의 생물학적 본성에 대한 개입이 과연 인간의 이성적-윤리적 본성에 근거해야 할 인간의 존엄을 침해하는 것인가?

a) 침해된 인간존엄의 주체

유전자치료에 의해 침해된다고 주장하는 인간존엄의 주체가 누구인지를 밝히려고 하면, 일단 치료대상인 환자는 이 주체의 범위에서 곧바로 배제된다. 개입이 환자의 동의에 기초해서 이루어지는 한, 환자에 대해 유전공학적 '조작'이 행해졌다고 말할 수 없다.[18)] 더 나아

---

17) *Flämig*(각주 4), S. 57. 이에 대한 비판으로는 *U. Neumann*, Die "Würde des Menschen" in der Diskussion um Gentechnologie und Befruchtungstechnologien, in: U. KLug/M. Kriele(Hrsg.), Menschen-und Bürgerrechte, ARSP-Beiheft 1988, S. 139ff., 148; *Kaufmann*(각주 7), S. 391 참고.

18) 따라서 인간존엄의 침해가 그 주체의 동의를 통해 정당화되는가라는 물음 자체가 제기되지 않는다.

가 유전자에 대한 개입은 그 다음 세대에 비로소 결과가 나타나는 것이 일반적이다. 그렇기 때문에 다음 세대에 속하는 사람의 인간존엄에 초점을 맞추어야 한다. 예컨대 유네스코 생명윤리위원회의 독일 대표이고 연방헌법재판소 소장이었던 에른스트 벤다(Ernst Benda)는 이러한 의미로 논증을 한다. 즉, 우리가 지금 인간 유전자에 대해 되돌릴 수 없는 변경을 가한다면, 미래의 개인의 존엄이 침해된다고 한다.[19] 이런 의미에서 개인은 유전적 정체성에 대한 권리가 있고, 인간유전자에 대한 개입에 의해 이 정체성이 침해된다고 말한다. 그러나 이러한 주장은 거의 설득력이 없다. 왜냐하면 미래의 개인의 유전적 정체성은 침해될 수 없기 때문이다. 즉, 미래에 태어나게 될 개인은 어떤 시점에서도 생식세포에 대한 과거의 개입을 통해 획득된 유전적 정체성 이외에는 어떤 다른 정체성도 가질 수 없다.[20]

물론 인류 전체의 유전자구조에 대한 개입이 이루어지는 것은 분명하다.[21] 아마도 이 측면이 유전자개입에 대한 거부감과 인간 생식세포의 조작에 대한 국내외의 반감을 자극하는 것 같다. 유네스코 생명윤리위원회 역시 원래 인류의 유전자구조 보존이라는 의미에서 인간 유전자를 보호하는 것을 위원회의 과제로 정했었다.[22] 이 측면

---

19) Frankfurter Rundschau 1997년 11월 1일자 기사.

20) 설령 하버마스처럼 '유전적 정체성에 대한 권리'를 '자연발생적 육체'에 따른 —'만들어졌다는 관점에서' 침해된— 의식을 가질 권리(이에 대해서는 *J. Habermas*, Auf dem Weg zu einer liberalen Eugenik? Der Streit um das ethische Selbstverständnis der Gattung, in: ders., Die Zukunft der menschlichen Natur. Auf dem Weg zu einer liberalen Eugenik?, 2001, S. 94)로 이해한다 할지라도, 질병예방을 위해 생식세포에 대한 치료적 개입을 할 때에는 당사자(나중에 태어날 후손)의 추정적 동의에서 출발해야 한다(이 점에 대해서는 *Habermas*, a.a.O. 참고).

21) 이로부터 도출되는 도덕적 문제에 관해서는 *M. Lappe*, Ethical Issues in Manipulating the Human Germ Line, in: H. Kuhse/P. Singer(Hrsg.), Bioethics: an Anthology, London(Blackwell) 2000, S. 155ff. 참고.

에서 출발하면 인간 유전자에 대한 유전공학적 개입은 개인의 존엄에 대한 침해가 아니라, 인류 전체의 존엄에 대한 침해로 문제 삼게 된다.

개개의 구체적 인간에 대한 행위를 통해 인류 전체의 존엄이 침해될 수 있다는 생각은 철학적 논의나 헌법적 논의에서도 자주 등장한다. 예를 들어 칸트는 「도덕형이상학」의 한 절에서 범죄자뿐만 아니라, 인류(인간성) 자체의 명예를 더럽히는 형벌을 반대하는 이유를 인상 깊게 서술하고 있다. 칸트에 따르면, 범죄자가 설령 그의 범죄행위를 통해 자신의 인간존재에 대한 존중을 무시했다고 할지라도, "형벌집행을 구경하는 사람들에게 자신들이 그렇게도 처참한 형벌을 집행해도 좋다고 여기는 종족에 속하고 있다는 수치심을 불러일으키는" 형벌은 허용되지 않는다고 한다.[23]

물론 이러한 논증을 인류의 존엄에 대한 침해의 문제에 적용하는 것은 제한된 범위 내에서만 가능하다. 왜냐하면 잔혹한 신체형의 집행은 그 형벌을 받는 개인의 존엄도 침해하기 때문이다. 여기서 말하는 '인류의 존엄'이란 단지 아무리 '큰 죄를 지은' 사람일지라도 인간이라면 누구나 갖고 있고, 결코 상실할 수 없는 최소한의 존엄을 뜻한다.

이에 반해 헌법적 논의에서는 기본법 제1조 제1항(인간존엄)을 개인의 인격에 국한시키는 것을 포기하고 인간 그 자체를 인간존엄의 보장에 포함시켜야 한다는 주장이 '인간의 존엄과 유전공학'의 맥락에서 제기되고 있다.[24] 이런 식으로 인간존엄의 주체를 확장하는 것

22) Frankfurter Allgemeine Zeitung 1997년 11월 10일자 기사.

23) *Kant*, Metaphysik der Sitten, Tugendlehre, § 39.

24) 이에 대한 세분된 논의로는 *E. Benda*, Erprobung der Menschenwürde am Beispiel der Humangenetik, in: R. Flöhl(Hrsg.), Genforschung — Fluch oder Segen?, 1985, S. 205ff., 210 참고.

은 얼핏 보기에는 인간존엄 원칙을 강화하는, 환영할 계기로 여겨질지 모른다. 그러나 이러한 확장은 인류의 존엄이 개인의 권리와 이익을 위협하는 방향으로 나갈 때에는 상당히 문제가 많다. 인류의 존엄과 개인의 권리 사이의 충돌은 유전자공학에서는 빈번히 발생한다. 즉, 생명과 건강에 대한 개인의 권리가 인류의 존엄을 근거로 특정한 유전자치료를 금지하는 규범과 충돌할 수 있다. 일반적으로 볼 때, '인류의 존엄'이 모든 개별적 인간의 존엄이 갖는 필수불가결한 핵심이 아니라, 독립된 집단적 주체의 속성으로 이해되는 경우, 즉 이 집단적 인간존엄의 침해가 직접적 당사자인 개인의 존엄에 대한 침해와는 별개의 것이 되어야 하는 경우에는 인간존엄의 원칙은 더 이상 인격의 도덕적 및 법적 자율을 보장하는 것이 아니라, 이를 제한하게 된다. 이러한 전도현상은 독일의 헌법적 논의에서 유전자공학 이외의 영역에서도 자주 등장한다. 예컨대 '실질적 책임원칙'이 갖는 헌법적 지위에 대한 근거를 제시하면서 인간존엄의 원칙을 끌어들여, 책임원칙이 형벌을 책임에 상응한 정도에 국한시키도록 보장할 뿐만 아니라, 범죄에 대한 처벌을 요구하기도 한다[25]고 하거나 또는 생존에 필요한 장기를 '거래'를 통해 조달하여 이를 이식받은 사람을 인간존엄의 원칙을 원용하여 처벌해야 한다고 주장하는 경우[26]에는 인간

---

25) BVerfGE 80, 367. 이에 대한 비판으로는 *W. Höfling*, Die Unantastbarkeit der Menschenwürde — Annährungen an einen schwierigen Verfassungssatz, JuS 1995, S. 857ff., 862 참고.

26) 문제의 형벌구성요건(1997년 12월 1일 발효한 장기이식법 제18조)을 정당화하기 위해 인간존엄을 끌어들이는 입장에 대한 타당한 비판으로는 *U. Schroth*, Die strafrechtlichen Tatbestände des Transplantationsgesetzes, JZ 1997, S. 1149ff., 1150 참고. 장기거래 금지를 정당화와 관련하여 인간존엄 논거의 역할이 갖는 문제점에 대해 자세히는 *ders.*, Das Organhandelsverbot, in: B. Schünemann u. a.(Hrsg.), Festschrift für Claus Roxin zum 70. Geburtstag, 2001, S. 869ff., 872ff. 참고.

존엄의 원칙과 개인의 자유권은 서로 대립관계에 놓이게 된다.

b) 인간의 생물학적 본성에 대한 개입이 인간존엄의 침해인가?

인간존엄의 주체의 문제와는 별개로 결정적인 의미가 있는 물음은 인간의 존엄이 과연 유전공학적 개입에 의해 침해될 수 있는지 여부 그리고 만일 침해된다면 어떠한 전제하에 침해될 수 있는가이다. 즉, 인간의 생물학적 본성에 대한 개입은 인간의 이성적 본성에 기초하는 존엄을 침해할 수 있는가?

인간에 대한 유전공학적 개입을 원칙적으로, 다시 말해 각각의 개입이 추구하는 목표와는 관계없이 금지시키고자 한다면, 이는 생물학적 연관성을 규범화하고 본성(자연)을 윤리화하는 것을 전제한다. 이렇게 자연적인 것을 도덕적 구속력을 갖는 기준으로 격상시키면, 유전공학적 개입은 반자연적이고, 따라서 도덕적으로 비난받아야 한다는 결론에 도달한다. 이런 식의 사고는 일상생활에 확산되어 있는 사고이다. 언어적 측면에서 볼 때에도 이런 사고방식은 '반자연적인 것'이라는, 상당히 도덕적 의미를 담고 있는 개념에서도 드러난다. 하지만 이 사고방식은 매우 강한 전제에 기초할 때에만 주장할 수 있다. 왜냐하면 무엇인가가 그러하다 또는 어떤 모습이라는 단순한 사실로부터 무엇인가가 그 모습대로 있어야 한다는 결론을 도출할 수는 없기 때문이다. 즉, 존재로부터 당위를 도출할 수는 없다. 그러한 추론을 무어(G.E. Moore) 이후 이른바 '자연주의적 오류(naturalistic fallacy)'라고 부른다.[27] 따라서 인간의 특정한 유전자구조라는 단순한

---

27) *G.E. Moore*, Principia Ethica, 1903. 이 자연주의적 오류의 추론구조 및 유전공학, 생식의학, 안락사에 대한 논의에서 이 오류가 갖는 성격에 관해 자세히는 *R. Merkel*, Früheuthanasie, 2001, S. 473ff. 참고. 또한 *ders.*, Grundrechte für frühe Embryonen?, in: G. Britz(Hrsg.), Grundfragen staatlichen Strafens, Festschrift für Heinz Müller-Dietz zum 70. Geburtstag,

사실로부터 인간의 윤리적 또는 법적 불가침성을 추론하는 사람은 그러한 오류에 빠지게 된다.[28)]

이와 관련해서는 '단순한 사실'이라는 표현에 특히 주의해야 한다. 왜냐하면 일정한 전제조건하에서는 자연적인 것의 규범적 구속력을 얼마든지 정당화할 수 있기 때문이다. 예를 들어 목적론적 자연이해의 범위 내에서는 자연적인 것을 규범적인 것과 동일시하는 것은 일관성을 갖는다.[29)] 그와 같은 자연이해와 관련하여 실천적으로 가장 중요한 모델은 자연의 구조와 법칙성을 계시적 창조행위의 결과로서 존중해야 한다는 사고에 기초한다. 이러한 고찰방식에 동의한다면, 인간이 그와 같은 구조와 법칙성에 개입하는 것은 잔악무도한 참칭이자 신이 의욕한 질서에 대한 저항으로 여겨진다. 그리하여 이와 같은 고찰방식으로부터 신이 인간에게 부여한 생물학적 구조의 통합성 역시 인간의 존엄에 속한다는 결론을 도출할 수 있다.

그러나 이와 같은 종교적 고찰방식은 합리적 윤리학이나 세속적 헌법질서가 취할 수 있는 관점일 수 없다. 설령 인간존엄의 원칙이 이념사적으로 볼 때에는 계몽철학뿐만 아니라, 기독교적 전통에도 뿌리박고 있다는 사실[30)]을 인정할지라도, 이 원칙의 내용은 신앙과 관련된 내용을 원용하지 않고서 규정되어야 한다. 그리하여 신의 창

2001, S. 493ff., 516f.도 참고.

28) 이에 관해서는 *Kaufmann*, Rechtsphilosophische Reflexionen(각주 7); *Neumann*, Die "Würde des Menschen"(각주 17) 참고.

29) 이에 관해서는 *R. Spaemann/R. Löw*, Die Frage Wozu? Geschichte und Wiederentdeckung des teleologischen Denkens, 1985 참고.

30) 특히 기독교 전통과 관련해서는 (매우 세분화된 관점을 제시하고 있는) *K. Hilpert*, Die Menschenwürde. Geschichte, Theologie, Aktualität, 1991, S. 94ff., 181ff. 참고. 오늘날 인간의 존엄으로부터 도출되는 인권에 대한 교회의 대립적 관점에 관해서는 *O. Höffe*, Vernunft und Recht. Bausteine zu einem interkulturellen Rechtsdiskurs, 1996, S. 83ff. 참고.

조라는 이념을 포기한다면, 적어도 의식적으로 형성된 세계질서라는 모델을 벗어나 목적론적 자연관의 가능성을 설득력 있게 서술하지 않는 한, 자연적인 것의 규범적 구속력을 정당화할 수는 없다.

인간의 존엄을 인간의 유전적 정체성에 적용함으로써 등장하는 생물학주의적(biologistisch) 해석과 마찬가지로 인간존엄의 원칙을 인간 개인의 생물학적 실존으로 바꾸어 해석하는 것 역시 비슷한 문제점을 안고 있다. 연방헌법재판소의 판결에 따르면 인간존엄의 원칙은 존엄 그 자체뿐만 아니라, 인간존엄의 생물학적 기초인 생명까지도 보호한다고 한다.[31] 연방헌법재판소는 아직 출생하지 않은 인간생명에 대해서도 기본법 제1조 제1항에 따른 보호를 인정하기 때문에, 태아의 생명은 헌법적으로 볼 때, 제한이 가능한 생명권(기본법 제2조 제2항 3문)을 통해서뿐만 아니라, 제한이 불가능한 인간존엄의 원칙을 통해서도 보호된다고 한다. 그러나 인간의 존엄을 이러한 형태로 생물학화하는 것은 타당하지 않다.[32] 왜냐하면 생명이라는 사실과 '기본권행사'라는 사실 사이의 경험적 연관성으로부터는 결코 생명권과 인간존엄에 대한 기본권의 법적 보장 사이의 규범적 연관성을 도출할 수 없기 때문이다. 하나의 권리를 보장한다는 것은 이 권리의 행사를 위한 경험적 전제의 보장까지 포함하지 않는다. 따라서 경험적인 인과적 연관성을 규범적 추론의 연관성으로 전환하는 연방헌법재판소의 논증은 자연주의적 오류의 고전적인 사례에 속한다. 재판소의 판결과는 반대로 존엄의 보장과 생명보호는 별개의 문제이다.[33]

---

31) BVerfGE 39, 1, 42 및 BVerfGE 88, 203.

32) 이에 관해서는 예컨대 *Höfling*(각주 5), S. 859 참고. 연방헌법재판소 판례에 의한 인간존엄의 생물학화라는 비난에 대한 반론으로는 예컨대 *E. Benda*, Verständigungsversuche über die Würde des Menschen, NJW 2001, S. 2147ff., 2147 참고.

33) 이에 대한 적절한 지적으로는 *H. Hofmann*, Die versprochene Menschenwürde, 1993, S. 20; *E. Schmidt-Jortzig,* Systematische Bedingungen der

따라서 '생명'이라는 법익에 대한 침해가 반드시 인간의 존엄에 대한 침해를 포함하지는 않는다.

인간존엄의 원칙을 생물학적으로 확장시키는 것 역시 개인의 자유권과 자유에 대한 이익을 축소시키는 경향을 갖는다. 이 점은 고통스럽게 죽어가는 사람에 대한 적극적 안락사의 허용 여부를 둘러싼 논의에서도 드러난다. 이에 대한 논의에서는 논거를 정반대로 뒤집는 기이한 방법을 동원하여 존엄하게 죽을 권리로부터 적극적 안락사를 허용하는 결론을 도출하는 것이 아니라,[34] 거꾸로 인간의 존엄을 존엄하게 죽을 권리를 부정하기 위한 논거로 투입한다. 이러한 논증방식은 적극적 안락사를 허용하게 되면 '개인의 존엄'이라는 법가치를 부정할 위험이 있다는 것이다.[35] 인간존엄의 '생물학적 기초'로서의 생명이 갖는 기능에 비추어 볼 때, 인간존엄의 원칙은 (존엄한 죽음에 대한 권리의 성격상) 생명에 대항해서까지 관철될 수는 없다고 한다.[36]

Garantie unbedingten Schutzes der Menschenwürde in Art. 1 GG, DÖV 2001, S. 925ff.; *H. Dreier* in: ders.(Hrsg.), GG, Bd. 1, 1996, Art. 1 I Rn. 48 참고.

34) 철학적-신학적 관점에서 적극적 안락사에 대한 권리를 포함하여 존엄한 죽음에 대한 권리를 옹호하는 입장으로는 *W. Jens/H. Küng*, Menschenwürdig sterben. Ein Plädoyer für Selbstverantwortung, 1995 참고. 또한 존엄한 죽음에 대한 권리가 헌법적으로 보장된 인간존엄에 속한다는 견해로는 예컨대 *E. Denninger*, Menschenrechte und Grundgesetz, 1994, S. 61(데닝어는 포들레흐 Podlech를 원용하고 있다) 참고.

35) *Ph. Kunig*, in: I.v. Münch/Ph. Kunig, Kommentar zum Grundgesetz, Bd. 1, 4. Aufl. 1992, Art. 1 Rn. 36('안락사').

36) *A. Paulduro*, Die Verfassungsgemäßtheit von Strafrechtsnormen, insbesondere der Normen des Strafgesetzbuches, 1992, S. 165. 이에 대한 상세한 비판으로는 *U. Neumann*, Strafrechtlicher Schutz der Menschenwürde zu Beginn und am Ende des Lebens, in: C. Prittwitz/I. Manoledakis(Hrsg.), Strafrecht und Menschenwürde, 1998, S. 51ff., 59ff. 참고.

3) 인간 도구화 금지

인간의 존엄에 대한 생물학적 해석을 거부한다고 해서 이 원칙이 생명공학적 개입의 윤리적 및 법적 한계에 대한 논의에서 아무런 의미도 갖지 못한다는 결론이 도출되지는 않는다. 이 원칙을 칸트의 전통에 따라 인간을 도구화해서는 안 된다는 금지의 의미로 해석하면,[37] 충분한 의미를 갖는 치료목적의 개입을 완전히 봉쇄하지 않으면서도 얼마든지 생명공학의 남용을 배제할 수 있다.

이러한 해석에서 인간존엄의 원칙은 "인간은 … 어떠한 인간에 의해서도 … 결코 일방적 수단으로서가 아니라 … 언제나 동시에 목적으로서 사용되어야" 한다는 것을 요구한다.[38] 이러한 입장은 인간의 존엄을 인간 실존의 생물학적 기초의 통합성으로 보는 자연주의적 이해와는 달리 행위의 사회적 의미를 핵심기준으로 파악한다. 이는 인간존엄의 측면에서 특히 문제가 많은 인간복제와 관련해서는 무엇보다 인간복제를 통해 추구하는 목적으로부터 출발해야 한다는 점을 뜻한다. 즉, 구체적인 사례에서 어떠한 동기가 배후에 있는지에 관계없이 인간복제는 어떠한 경우든 특정한 유전적 프로그램을 가진 인간을 만들어내는 것이다. 따라서 인간복제의 경우에는 장래에 태어나는 한 사람의 개인[39]에게 오로지 특정한 유전자구조에 비추어서만 생명가치를 인정한다. 다시 말해 한 사람의 전체 실존 자체가 특정한 유전자구조를 가진 사람을 필요로 하는 다른 사람의 이익에 봉사하

---

37) 칸트의 도구화금지를 독일 헌법도그마틱에 도입한 기초적 문헌은 *G. Dürig*, in: Maunz-Dürig-Herzog, Grundgesetz-Kommentar, 1958이다.

38) *Kant*(각주 21), § 38.

39) 여기서 말하는 재생을 위한 복제의 경우 인간존엄의 주체는 장래에 태어날 인간이다. 이에 반해 치료를 위한 복제는 치료목적에서 유전구조가 동일한 장기를 생산하려는 것으로서 명백히 배아를 도구화하긴 하지만, 배아 자체가 인간존엄과 여타 기본권의 주체가 될 능력을 갖고 있는지는 의문이다. 이에 관해서는 아래의 각주 60 참고.

기 위한 것이 되고 만다. 그리하여 인간존재가 전적으로 다른 인간존재의 목적을 위한 수단으로 사용된다. 이는 칸트의 두 번째 정언명령에 비추어 볼 때 인간존엄에 대한 침해이다.[40] 여기서 일방적 수단으로 사용되는 타인이 윤리적으로 허용되지 않는 행위가 이루어지는 시점에는 아직 태어나지 않았다거나 아직 수정조차 이루어지지 않았다는 사정은 도구화금지와 관련하여 중요한 의미가 없다. 왜냐하면 그 행위는 사람이 태어난 이후에 특정한 목적으로 도구화되는 동료인간에 영향을 미치는, 태어나기 전의 행위이기 때문이다.

이러한 논증에 대해서는 다음과 같은 반론을 펼칠 수도 있을 것이다. 즉, 인간이 태어나도록 만드는 행위가 도대체 어떻게 인간의 존엄을 침해하는 것이 되는가라고 의문을 제기할 수 있다. 또는 조금 더 첨예하게 표현하자면, 과연 잠재적인 개인(즉, 아직 태어나지 않은 인간)의 존엄을 존중하고 보호해야 한다는 이유로 그 잠재적인 인간에게 존재(즉, 사람으로 태어나는 것) 가능성 자체를 유보해야만 하는 것인지 물을 수 있다. 이 물음에 '그렇다'라고 대답하는 것은 결코 역설이 아니다. 다만 두 가지 측면을 분명하게 할 필요가 있다. 첫째, 인간존엄의 권리와 생명에 대한 권리를 뚜렷이 구별해야 한다는 사실을 상기해야 한다. 인간을 살해하는 것 자체가 반드시 인간존엄의 침해를 뜻하지 않듯이, 인간을 태어나게 만드는 행위 자체가 반드시 인간존엄의 존중으로 이해될 수는 없다.[41] 바로 이 점에서 물리적 존

---

40) 같은 입장으로는 *Kaufmann*, Rechtsphilosophie(각주 11), S. 326 참고.

41) 인간을 태어나게 만드는 것 —특히 사회적으로 높이 평가되는 특정한 속성을 재생산할 목적으로 이루어지는 복제를 통해— 이 태어날 인간의 존엄을 침해할 수 없다(예컨대 *J. C. Joerden*, Wessen Rechte werden durch das Klonen eigentlich beeinträchtigt?, in: Jahrbuch für Recht und Ethik, Bd. 7 1999, S. 79ff., S. 84f.)고 주장한다면, 생명보호와 존엄보호가 지향하는 방향이 서로 다르다는 사실을 제대로 고려하지 못하게 된다. 어느 마피아 보스가 —외르덴 스스로 제시한 보기에 따라— 그의 경호원들 가운데 최고의

재가 인간존엄의 생물학적 기초를 뜻하기 때문에 살인은 언제나 인간존엄의 침해를 포함한다는 논증의 약점이 드러난다. 이러한 견해를 주장하는 사람은 인간복제가 허용되지 않는다는 입장을 취할 수 없다. 왜냐하면 이 견해를 따른다면 인간복제 자체가 비로소 인간존엄의 생물학적 기초를 마련하는 일이고, 따라서 인간존엄 논거의 시발점을 창출하는 것이기 때문이다.

둘째, 어떠한 전제조건하에서 인간존재의 권리 또는 이익이라고 말할 수 있는지를 명확히 밝혀야 한다. 이와 관련된 기준시점에 대한 물음은 도덕철학에서 논란의 대상이 되고 있다. 일부의 견해는 도덕적으로 중요한 이익과 권리를 가질 수 있는 능력은 출생에서부터 시작된다고 한다.[42] 이와는 달리 이미 배아단계부터 이익과 권리의 주체가 된다는 입장도 있다. 따라서 배아 이전의 단계에서는 이익이나 권리를 침해당할 수 있는 '어느 누구'가 존재하지 않는다. 그렇기 때문에 잠재적 인간을 창출하지 않는 행위는 결코 잠재적 인간의 이익과 권리를 침해할 수 없다. 이에 반해 인간을 창출하는 행위는 장래에 태어나 개인이 될 인간의 권리와 이익 및 인간으로서의 존엄을 침해할 수 있다.

능력을 갖춘 경호원을 복제하여 100명의 정예부대를 만든다면, 복제된 이 '고릴라' 각 개인의 존엄이 침해된다는 점에 대해서는 전혀 의문이 있을 수 없다. 이밖에도 사람을 태어나게 만드는 행위는 결코 인간존엄을 침해하지 않는다는 논증을 취하는 사람들은 키메라(인간과 동물의 잡종)를 제작하는 것 역시 인간의 존엄에 합치한다고 보아야 한다. 적어도 이 키메라라는 인간존재의 존엄이 문제되는 한에서는 말이다. 복제된 인간의 '정체성에 대한 위협'이라는 관점에서 인간복제가 인간의 존엄을 침해한다고 보는 문헌으로는 예컨대 *H.-L. Schreiber*, Recht als Grenze der Gentechnologie, Roxin-FS(각주 26), 2001, S. 891ff., 903 참고.

42) *N. Hoerster*, Neugeborene und das Recht auf Leben, 1995(여기서 회르스터는 생후 4주가 지난 이후부터 아이를 생명권의 주체로 인정해야 한다는 싱어 P. Singer의 견해를 비판한다), S. 29ff. 참고.

물론 그렇다고 해서 인간복제가 현실이 되었을 경우 복제를 통해 '만들어진' 인간들에 대해서는 어떤 식으로든 생명권과 인간존엄을 축소된 형태로 인정해야 한다는 뜻은 아니다. 인간존엄의 침해는 인간존엄의 말살과는 다르다. 한 인간으로부터 존엄을 박탈하는 일은 다른 인간의 손에 달려 있는 것이 아니다. 설령 그 인간을 만들어낸 행위 자체가 그의 존엄을 침해하는 것일지라도 그렇다. 인간의 존엄에 상응한 처우에 대한 권리라는 의미의 인간존엄은 멸시의 대상이 될 수는 있을지언정, 파괴의 대상이 될 수는 없다.[43]

인간생명체를 복제하는 것은 미래의 개인을 다른 목적을 위해 도구화하기 때문에 결국 그 개인의 존엄에 반한다는 논증에 대해서는 다른 형태의 반론도 가능하다. 왜냐하면 유전공학과 생식의학과는 전혀 관계없는 영역에서도 특정한 경우에는 오로지 이기적 목적에서 아이를 낳는 것(예를 들어 농가나 왕국을 이어받을 상속자가 필요해서 아이를 낳는 것)을 당연하게 여기기도 하기 때문이다. 하지만 이 경우 미래의 상속자를 도구화하는 것은 그의 사회적 삶의 일부에만 관련될 뿐이다. 인간을 부분적으로 도구화하는 것은 일상적이고 또한 필수불가결한 일이다. 사회적 역할이 쌍방적 도구화와 결합하는 것은 거의 피할 수 없는 일이다. 따라서 인간존엄의 원칙은 단지 타인을 일정한 목적을 위한 일방적 수단으로만 사용하는 것을 금지한다. 다시 말해 한 사람의 존재 전체를 타인의 이기적 이해관계에 봉사하게 만드는 것을 금지할 뿐이다. 만일 개인을 유전자 프로그램으로 축소시키고, 오로지 그가 갖고 있는 특수한 유전자구조 때문에 그에게 생명권을 인정하는 경우에는 그와 같은 일방적인 도구화가 발생한다.

인간복제에 해당하는 내용은 미래에 태어날 인간을 특정한 목적에

---

43) 이에 관해서는 예컨대 *H. Dreier*, Konsens und Dissens bei der Interpretation der Menschenwürde, in: Chr. Geyer(Hrsg.), Biopolitik, 2001, S. 232ff., 233(드라이어는 연방헌법재판소의 판례를 지적하고 있다) 참고.

서 도구화하기 위해 행해지는, 인간 유전자에 대한 모든 개입에도 해당한다. 따라서 특정한 능력을 갖춘 인간을 만들어내기 위한 목적에서 행해지는 개입 역시 금지된다. 유전공학을 동원하여 생산된 올림픽 금메달리스트는 공포영화의 한 장면이다. 이 경우 인간존엄의 침해는 유전공학적 개입 그 자체에 있는 것이 아니라, 이와 결부된 목적설정에 있다. 올림픽 금메달리스트를 유전공학을 이용하여 생산하는 것은 이른바 자연적인 방식으로 금메달리스트를 양육하는 것과 똑같이 문제가 있다. 즉, 결정적인 측면은 개인을 도구화하는 것이지, 자연적인 유전적 소질에 개입하는 것이 아니다.

이러한 생각이 옳다면, 유전공학적 개입 자체가 아니라 유전공학적 개입과 결합된 목적설정이 인간존엄에 대한 침해 여부에서 결정적인 물음이 된다. 다시 말해 이러한 개입이 장래에 태어날 인간의 도구화를 뜻하는지 아니면 장래의 인간의 인격성에 대한 존중 때문에 행해졌는지가 결정적인 측면이다. 그렇기 때문에 장래의 세대를 질병과 고통으로부터 해방시키기 위한 목적에서 행해진 유전자치료는 결코 인간존엄의 침해가 될 수 없다.[44] 인간의 존엄을 인간의 속성으로 해석하고자 한다면, 인간의 존엄은 인간의 이성적-윤리적 본성에 근거하는 것이지, 결코 생물학적 구조에 근거하는 것이 아니다. 인간존엄과 이에 대한 잠재적 침해의 논리적 위치는 인간의 인격적, 사회적 차원이지, 결코 생물학적 차원이 아니다.

4) '인간상'의 보호

앞에서 확인한 내용은 보충을 필요로 한다. 왜냐하면 인간존엄 원칙의 의미는 유전공학에 대한 논의가 보여주듯이, 생물학적 모델을 배제할지라도 장래에 태어날 개인의 도구화라는 관점으로만 축소되

44) 같은 입장에 있는 *Habermas*(각주 20), S. 109 참고.

지는 않기 때문이다. '인간의 존엄과 유전공학'이라는 주제와 관련해서는 분명 개개의 인간의 보호뿐만 아니라, 특정한 인간상(人間像)의 보호 역시 중요한 측면이 된다.45) 즉, 유전공학은 인간을 만들어낼 수 있고, 생물학적으로 규정할 수 있다는 선언이라는 점에서 커다란 위협이 된다. 이러한 선언은 단순히 유전자에 대한 개입에 성공하거나 특정한 기술을 개발할 때에 비로소 이루어지는 것이 아니라, 인간의 특정한 속성이 유전자구조에 의존한다는 사실을 정확히 인식할 때 이미 이루어진다. '유전자 코드 해독'은 기본법 제1조와는 다른 인간상에서 출발한다는 주장은 이런 의미로 이해할 수 있다.46) 유전자분석의 기술적 전환이 아니라, 유전자분석 자체가 이미 기존의 인간상을 침해한다.

인간존재가 상당부분 유전자에 의해 결정된다는 사실을 밝히는 것이 인간의 존엄을 위협한다는 이러한 견해를 인간에 대한 생물학적 이해라고 비난할 수는 없다. 오히려 정반대이다. 즉, 이 견해는 인간존재의 생물학적 요소를 강조하는 것에 반대한다. 인간존엄의 원칙을 통해 특정한 인간상을 보호하려는 시도는 다른 이유에서 문제가 있다.

첫째, 이러한 시도는 성공할 가능성이 거의 없다. 인간의 행동이 유전적 결정인자에 따른다는 사실을 밝히는 작업은 예컨대 경제나 충동구조와 관련된 요인이 갖는 결정력을 밝히는 작업과 마찬가지로 이를 봉쇄할 수는 없다. 즉, 이러한 결정요인을 부정하는 것이 과제가 아니다. 중요한 것은 유전적 행동결정인자와는 관계없이 인간의 존엄을 파악하는 인간상을 구성하는 작업이다.

둘째, 법적 금지를 동원하여 특정한 인간상을 보존하려는 시도는

45) 이 측면을 섬세하게 성찰하고 있는 *Habermas*(각주 20), 2001, S. 34ff. 참고.

46) *Benda*(각주 24), S. 208.

원칙적으로 문제가 많다. 기본권은 인간을 보호하는 것이지, 인간상을 보호하는 것이 아니다. 인간상의 보호는 후견으로 전락하기 쉽고, 심한 경우에는 이념적 테러로 전락한다. 따라서 인간상의 침해가 모든 사람들에게 도저히 용납될 수 없는 경우에만 인간존엄의 원칙을 원용해야 한다. 예컨대 키메라라고 불리는 인간과 동물의 잡종을 제작하는 것이 그와 같은 경우에 해당한다. 이러한 경우 또는 이와 유사한 극단적 경우에만 인간의 규범적 자기상을 보호하기 위해 인간존엄의 원칙을 원용하는 것이 허용된다.

(3) 인간존엄의 존재론화

인간의 존엄을 생물학적으로 오해할 가능성은 이 개념에 대한 존재론적 해석에 따른 결과이다. 이 존재론적 해석은 '인간의 존엄'이라는 개념을 하나의 실체로 파악하며, 더욱이 "인간의 존엄은 불가침이다"는 서술문 형식을 취하고 있는 기본법 제1조의 규정을 통해 조장되기도 한다. 이러한 존재론적 해석에 따르면 인간의 존엄이라는 법원칙의 의미는 그 규범적 규율내용에 국한되지 않는다. 즉, 이 원칙은 인간을 그 존엄에 반하여 취급해서는 안 된다는 금지, 그러한 취급으로부터 인간을 보호해야 한다는 명령 또는 인간의 실존조건을 보장하라는 명령에 그치지 않는다고 한다. 오히려 존재론적 해석모델에서는 인간존엄의 원칙에 이러한 규범적 요소와는 별개로 인식적 요소, 즉 하나의 사실주장으로서의 요소까지 포함되어 있다고 본다.[47] 이러한 인식적 요소와 그 윤곽 및 인간존엄원칙의 명령적 내용과의 관계를 둘러싼 광범위한 헌법적 논의를 여기에서 반복할 수는

47) 이에 관해서는 *Denninger*, Staatsrecht, Bd. 1, 1973, S. 19 참고.

없다.[48] 논증이론적 관점에서 결정적인 측면은 그러한 존재론적 해석이 기본법 제1조 제1항에 확정되어 있다고 보는 인간상이 결코 특정한 존중요구를 확정하는 데에서 끝나지 않는다는 사실이다. 즉, 이러한 해석에 따르면 인간은 특정한 방식으로 취급되어야 할 '어느 누구'가 아니다. 오히려 인간은 그의 존엄에 상응하여 취급하라는 요구의 근거가 되는 특정한 속성을 갖고 있다고 본다. 과연 그러한 속성에 상응하는 인간상이 법을 통해 확정될 수 있는지 여부 및 그 범위에 대한 물음을 여기서 상세히 논의할 수는 없다. 다만 인간존엄 원칙의 인식적 내용과 규범적 내용의 관계는 법적 논의맥락을 벗어난 영역에서도 똑같은 방식으로 제기되는 문제라는 점을 논의하고자 한다. 특히 인간의 존엄을 정당화한다고 하는 속성의 인식론적 지위(i)와 인간존엄의 인식적 요소로부터 규범적 요청을 도출하는 추론의 논리적 타당성 및 인간존엄의 인식적 기초에 대한 특정한 이해를 바탕으로 인간존엄의 규범적 원칙의 관점에서 제기되는 구체적 요구(ii)에 대해 물음을 제기하고자 한다.

(i) 개별 인간의 경험적 속성인 이성적 행위능력을 기준으로 삼는 것은 인식론적으로 전혀 문제가 없다. 이성을 단순히 행동할 능력으로만이 아니라, 통찰할 수 있는 도덕적 규범을 기준으로 삼을 수 있는 능력으로 보더라도 인식론적으로는 문제가 없다.[49] 이러한 능력 역시 일상적인 상호작용에서 직접 경험할 수 있다. 하지만 이러한 견해는 모든 인간의 존엄에 대한 포괄적 보호를 정당화하는 기초로서는 충분하지 않다. 왜냐하면 이 견해는 이성적이고 윤리적인 결정을

48) 인간존엄 원칙의 이념사에 대한 개관으로는 *H. Dreier* in: ders.(Hrsg.), Grundgesetz — Kommentar, 1996, Art. 1, Rn. 1ff. 참고.

49) '오로지 자기 스스로 정립한 법칙에만 복종하는 이성적 존재의 존엄의 이념'에 관해서는 *Kant*, Grundlegung zur Metaphysik der Sitten, BA 77 참고.

내릴 능력이 없는 개인까지 그러한 보호의 범위에 포함시키지 못하기 때문이다. 이성능력을 경험적 능력으로 이해하는 입장을 견지한다면, 중요한 것은 오로지 개별 인간의 능력이다. 그리하여 다른 인간들이 이성적으로 행동할 능력이 있기 때문에 이성능력이 없는 개인에게도 존엄을 인정해야 한다고 말하면, 인간의 존엄에 대한 경험적 모델을 벗어난다. 어린아이와 중증 정신장애인을 인간존엄의 보호범위에서 배제하는 결론에 도달할 수밖에 없다고 보이는 몇몇 견해[50]들을 감안해 볼 때, 경험적 이론을 인간의 존엄이라는 규범적 원칙을 정당화하기 위한 기초로 삼는 것이 얼마나 문제가 많은지를 알 수 있다.

이러한 경험적 모델과는 달리 인간존엄에 대한 형이상학적 모델에서는 이성능력이 없는 인간도 인간존엄의 보호범위에 포함시킬 수 있다. 이런 식의 논증을 분명하게 서술하고 있는 학자는 로버트 슈페만(Robert Spaemann)이다. 어린아이와 중증 정신장애인도 인간의 이성적-윤리적 능력에 기초한 존엄의 범위에 포함시키는 것에 대한 '고전적 존재론적 정당화'는 다음과 같이 이루어진다. "모든 경험적 성질은 자기 자신의 모습 자체를 드러내지 않는 하나의 실체가 바깥으로 표출된 발현형태일 따름이다."[51] 이에 따르면 정신장애인의 존엄

50) 예컨대 *H. v. Mangoldt/F. Klein*, Das Bonner Grundgesetz, 2. Aufl. 1996, Anm. III c zu Art. 1 참고. 여기서는 인간의 존엄을 '정신적 가치체험을 할 능력'이라고 설명하고 있다. 이 주석서의 개정판인 *v. Mangoldt/Klein/Starck*(각주 6) Art. 1 Rn. 14에서는 이러한 견해를 수정하고 있다.

51) *R. Spaemann*, Über den Begriff der Menschenwürde(1985), in: ders., Das Natürliche und das Vernünftige, 1987, S. 77ff., S. 93. 또한 *Spaemann*, Personen. Versuche über den Unterschied zwischen "etwas" und "jemand", 1996, S. 252(이에 대한 비판으로는 *N. Hoerster*, Frankfurter Allgemeine Zeitung 1997년 11월 27일자); *ders.*, Gezeugt, nicht gemacht. Die verbrauchende Embryonenforschung ist ein Anschlag auf die Menschenwürde, in: Ch. Geyer(Hrsg.), Biopolitik, 201, S. 41ff.도 참고.

은 그가 경험적으로 이성능력을 갖고 있지 않을지라도 그 개인에게 귀속되는 존재론적 이성능력에 기초한다고 본다. 이와 같이 인간의 존엄을 신인동형설에 근거하여 정당화하는 신학적 모델[52]에서 인간의 존엄은 인간이 신과 같은 모습을 갖추고 있는 피조물이라는 점에서 모든 인간에게 보편적으로 인정된다.

이 모델의 약점은 그 전제조건이 지나치게 강하다는 점이다. 즉, 신학적 이론은 신학적 전제에 구속당하지 않는 법철학적 및 도덕철학적 논의에서는 합의의 대상이 될 수 없다.[53] 신학에 지향된 '형이상학적 존재론'을 인간존엄 사상을 이론적으로 정당화하기 위해 유일하게 가능한 이론이라고 선언[54]하게 되면, 다원주의적 특징을 가진 토론문화에서는 신학적-형이상학적 입장의 장점으로 여겨질 수 있는 측면마저도 인간존엄 원칙의 토대를 약화시키는 결과를 낳는다. 명시적으로 신학적 관점에 구속되어 있지 않지만, 특정한 규범적 인간학에 대한 신앙고백을 전제하는 다른 형이상학적 입장 역시 원칙적으로 그와 같은 결론에 도달한다.

(ii) 인간존엄 원칙의 인식적 요소의 자세한 윤곽과 그 정당화에 대한 물음과는 별개로 이 원칙이 효력을 갖는 규범적 범위에 대해서 물음을 제기할 수 있다. 인간의 경험적 속성에 초점을 맞추는 한, 규범적 전제를 추가하여 자연주의적 오류의 위험을 피해야 한다. 예를 들어 인간은 선과 악이라는 카테고리에 따라 행위의 방향을 설정할 수 있는 능력을 갖고 있다는 사실로부터 곧바로 양심의 갈등을 겪는 상

---

52) 기독교적 전통에서 인간이 신과 같은 모습을 갖추고 있다는 신인동형설의 의미에 관해서는 예컨대 *K. Hilpert*, Die Menschenrechte. Geschichte, Theologie, Aktualität, 1991, S. 181ff. 참고.

53) 이에 관해서는 *Kaufmann*, Rechtsphilosophie(각주 11), S. 314 참고.

54) *Spaemann*, Über den Begriff(각주 51), S. 106 참고.

황에서도 현행법의 규칙을 준수하라고 국가가 명령하는 것은 허용되지 않는다는 결론이 도출되지는 않는다. 이러한 추론이 논리적 타당성을 갖기 위해서는 국가의 압력에 의해 개인이 양심상의 고통을 당해서는 안 된다는 —그 자체 충분한 설득력을 갖는— 요청을 추가해야 한다. 이에 반해 신학적 또는 형이상학적 전제를 끌어들이는 한, 규범적 결론의 도출은 결코 문제가 되지 않는다. 왜냐하면 이 경우에는 이미 규범적 내용을 담고 있는 존재개념에 기초하고 있고, 이러한 존재개념은 존재와 당위의 엄격한 이원론과 합치하지 않기 때문이다.[55)]

인간존엄의 규범적 보호를 정당화하는 문제와 관련하여 형이상학적 입장이 발휘하는 역량은 다른 관점에서도 문제가 있다. 즉, 인간의 존엄을 형이상학적 성질로 이해하게 되면, 경험적 주체에 대한 행위를 통해서는 그러한 존엄이 침해될 수 없다. 다시 말해 형이상학적 성질로서의 인간존엄이 말 그대로 사실상 침해할 수 없는 것이라면, 침해할 수 없는 존엄을 보호하라는 요구는 필연적으로 공허한 요구가 되고 만다. 인간이 신과 같은 모습을 갖고 있기 때문에 존엄을 갖는다면, 이런 식의 존엄은 개인에 대해 엄청난 사회적 경멸과 멸시를 가할지라도 결코 침해될 수 없게 된다. 기독교 학자들이 노예제도에 대해 상당히 관용적이었다는 사실을 바로 이러한 측면에서 파악할 수 있다는 주장[56)]은 상당히 설득력이 있다고 보인다. 인간존엄의 존재론화는 이 원칙의 탈규범화를 낳으며, 그로 인해 이 원칙의 보호작

---

55) 이에 관해서는 *G. Ellscheid*, Das Naturrechtsproblem. Eine systematische Orientierung, in: A. Kaufmann/W. Hassemer(Hrsg.), Einführung in Rechtsphilosophie und Rechtstheorie der Gegenwart, 6. Aufl. 1994, S. 179ff., 232ff. 참고.

56) 이에 관해서는 *Hilpert*(각주 45), S. 96f. 및 *O. Höffe*, Vernunft und Recht, 1996, S. 100 참고.

용이 상실된다. 특히 인간의 존엄을 신학적 관점에서 윤리적 본성으로 해석하고, 이로부터 인간의 존엄은 오로지 존엄의 주체 스스로에 의해서만 침해될 뿐, 결코 제3자에 의해 침해될 수 없다는 결론을 도출하는 것[57]은 이러한 형이상학적 모델을 극단적인 결론에까지 몰고 간 탓이다. 이러한 극단적 논증방식은 인간의 존엄을 인간의 속성, 즉 하나의 실체로 해석하는 이론들 모두에 내재하고 있는 경향이기도 하다. 특히 인간의 경험적 속성을 뛰어 넘는 형이상학적 모델은 그 정도가 더욱 심하다. 왜냐하면 이러한 모델들은 초월적 성질로서의 존엄을 인간의 현실적 고통과 경험적 욕구 그리고 사실상의 이익으로부터 단절시키기 때문이다. 인간의 존엄을 인간이라는 '피조물 자신의 현실'과 관련시켜야 한다는 요구[58]는 이러한 모델들에서는 결코 지지를 얻을 수 없다.

(4) 인간존엄의 침해가능성

존재론적 모델을 대체할 대안은 인간의 존엄을 실체적으로가 아니라, 관계적으로 이해하는 모델이다.[59] 즉, 인간존엄의 위치를 인간

57) 예컨대 *Schüller*, Die Personenwürde des Menschen als Beweisgrund in der normativen Ethik, in: Theologie und Philosophie 53(1978), S. 538ff. 이를 조금 더 세분된 관점에서 파악하고 동시에 상당부분 비판적인 태도를 표방하는 *Spaemann*, Über den Begriff der Menschenwürde(각주 44), S. 95ff. 참고.

58) 라드브루흐는 인간의 존엄을 이러한 방식으로 고찰한다. 이에 관해서는 *A. Kaufmann*, Demokratie —Rechtsstaat— Menschenwürde: Zur Rechtsphilosophie Gustav Radbruchs(1990), in: ders., Über Gerechtigkeit, 1993, S. 465ff., 477 참고.

59) 실체존재론적 사고를 관계의 존재론으로 대체하는 입장으로는 *A. Kaufmann*, Vorüberlegungen zu einer Ontologie der Relationen-Grundlegung

자체가 아니라, 인간 사이의 상호작용에서 찾으려는 이론이다.[60] 이 이론에 따르면 인간존엄의 보장은 인간의 특수한 속성에 대한 인정이 아니라, 공동의 약속으로 보아야 한다.[61] 그리하여 인간의 존엄이라는 규범적 원칙의 보호범위를 규정하기 위한 출발점은 이 존엄의 본질이 무엇인가라는 물음이 아니라, 무엇을 통해 인간의 존엄이 침해되고, 어떠한 행위가 다른 사람의 인간존엄을 말살하는 행위인가라는 전혀 다른 물음이다. 따라서 인간존엄과 관련된 핵심은 사회적 멸시라는 관점에서 인간의 존엄이 침해될 수 있다는 사실이다. 이에 대해서는 물론 다음과 같은 반론이 제기될 수 있다. 즉, 인간의 존엄이라는 규범적 원칙의 보호영역을 규정하기 위해서는 먼저 인간의 존엄이 무엇인지를 알아야 한다고 반론을 펼칠 수 있다. 그러나 이러한 반론은 그저 겉으로만 설득력을 가진 것처럼 보일 뿐이다. 인간존

einer personalen Rechtstheorie(1986)[각주 51], S. 281ff. 참고.

60) 이 이론을 자세히 밝히고 있는 *H. Hofmann*, Die versprochene Menschenwürde, 1993 참고. 인간 사이의 상호작용에 초점을 맞추어 인간의 존엄을 이해하면, 인간의 존엄을 인정하기 위한 기준시점과 관련해서는 다음과 같은 결론이 도출된다. 즉, 인간존엄보장을 통한 보호는 *늦어도* 사회적 상호작용이 시작하는 시점, 즉 출생시점부터 시작한다. 임신상태가 상당히 진척된 시점에서 과연 태아와의 상호작용이 가능한지 여부와 범위에 대해서는 여기서 확정할 수 있는 문제가 아니다. 착상전진단술(PID)와 오로지 연구목적으로 배아를 사용하는 배아연구에 대한 현재의 논의에서는 생식세포의 융합과 배반포(Blastozyste)단계 사이의 기간을 핵심기준으로 하는데, 상호작용을 중심으로 인간의 존엄을 파악하는 입장에 따른다면 이 기간 중에는 인간존엄의 전제조건이 충족되어 있지 않다. 이에 관해서는 *Kolleck*, Präimplantationsdiagnostik, 2000, S. 204ff.; *Schmidt-Jortzig*(각주 33); *Merkel*(각주 27), S. 328ff.; *Kuhlmann*, Politik des Lebens — Politik des Sterbens, 2001, S. 95ff., 106ff.; *Braun*, Menschenwürde und Biomedizin, 2000, S. 67ff. 및 Geyer(Hrsg.), Biopolitik, 2001에 실린 슈페만, 메르켈, 회페, 폰 르네세, 리델의 글을 참고.

61) 이에 관한 기본적 내용은 Hofmann(각주 53) 참고.

엄원칙을 구성하는 구체적인 금지와 명령은 인간의 존엄에 대한 극히 일반적인 개념규정에 비해 훨씬 더 쉽게 합의에 도달할 수 있고, 그에 대한 정당화도 훨씬 더 쉽게 이루어질 수 있다. 이 경우 인간의 특수한 존엄의 보호영역을 구성하는 인간의 특수한 능력은 특수한 역량을 발휘할 수 있는 속성('이성', '윤리')과 결부되는 것이 아니라, 인간이 ―그리고 인간만이― 침해될 수 있는 특수한 차원, 즉 경멸과 사회적 멸시라는 차원과 결부된다.

이와 같이 구체적 인간이 갖고 있는 현실적인 욕구와 이익에 대한 침해에서 출발하면, 한 사람이 경멸에서 벗어난 상태에 있고자 하는 (주관적) 이익을 더 이상 전개할 수 없는 경우, 다시 말해 경멸 그 자체를 체험할 수 없는 경우에는 문제가 발생한다. 예를 들어 오로지 배아의 생명을 보호할 목적에서 생명기능을 유지시키고 있는 뇌사상태의 임신부[62]의 인간존엄은 이 임신부가 아무런 감각도 갖고 있지 않기 때문에 침해되지 않는다고 해야 하는 것일까? 존엄에 대한 권리의 토대가 되는 이익을 '체험과 관련된' 이익이 아니라, '가치와 관련된' 이익으로 이해[63]하면, 위 사례에서는 인간의 존엄이 침해되지 않는다는 결론을 거부할 수 있다. 한 사람의 동의에 따라 이루어지는 침해로부터 그 사람의 존엄을 보호하는 후견주의적(paternalistisch) 개입 역시 배제되지 않는다. 따라서 거짓말탐지기를 사용하는 것은 설령 당사자가 동의를 할지라도 그의 인간으로서의 존엄을 침해하는 것이기 때문에 금지되어야 한다.[64] 물론 이와 같은 경우에도 어떤 행

62) 이른바 "에어랑엔 베이비(Erlanger Baby)"라고 불린 이 사건에 대해서는 *I. v. Münch*, Der praktische Fall ―Öffentliches Recht― Das Baby von Erlangen, JuS 1997, S. 248ff. 참고.

63) *R. Dworkin*, Die Grenzen des Lebens, 1994, S. 324ff.

64) 따라서 인간의 존엄을 당사자인 개인의 이익과 관련시켜, 이에 대한 멸시로부터 개인을 보호하는 것이라고 해석하는 모델이 인간존엄의 필수불가결성이라는 전제와 처음부터 합치하지 않는다고 생각해서는 안 된다.

위가 당사자의 동의에도 불구하고 '존엄에 상응한' 취급에 대해 당사자가 갖고 있는 이익에 반한다는 사실을 밝혀야 한다. 이에 반해 한 개인 자신의 행위와 그로 인한 결과로부터 보호하는 후견주의적 개입은 법원칙 또는 세속적 도덕원칙으로 이해되는 인간존엄원칙의 효력범위를 벗어난다. 인간존엄의 위치를 사회적 상호작용에서 찾으려는 이론으로서는 이러한 결론은 당연한 것이다. '스스로의 존엄을 해치는' 행동과 자신의 존엄을 무시하는 행동은 인간의 존엄을 존중하라는 어느 누구의 요구도 침해하지 않으며, 자기존중을 타인에게 약속할 수는 없기 때문이다. 물론 존엄의 존중에 대한 요구의 내용을 개인으로 하여금 자기 스스로를 존중할 능력을 계속 유지할 수 있는 조건들에 대한 요구까지 포함시키도록 규정하는 것은 얼마든지 가능하다.[65]

65) 존엄에 대한 권리를 '순수한 자기존중이 가능하거나 정당화되는 조건 속에서 살 수 있는 권리'로 해석하는 입장으로는 *Dworkin*(각주 56), S. 324 참고. 이와는 달리 예컨대 슈페만은 곤궁과 결핍상태에 있는 사람을 돕지 않는 행위는 이 행위가 당사자에 대한 경멸의 표현이라면 인간의 존엄을 침해한다고 한다[*Spaemann*(각주 50), S. 96].

4. "모순명제로부터는 무엇이든 추론할 수 있다 (Ex falso numquam quodlibet)!" — 논리학과 논증의 관계에 대한 단상

(1)

로타 필립스(Lothar Philipps)는 수십 년 전부터 논리학과 법적 논증의 관계를 다루어 왔다. 이 주제에 대한 그의 첫 번째 논문은 —내가 아는 한— 정확히 40년 전에 「법 및 사회철학 잡지」에 기고한 논문 "법적 규율과 형식논리학"[1]이었다. 이 논문은 그 당시 활발한 논의를 즐기는 자브뤼켄(Saarbrücken) 대학의 젊은 법률가들 가운데 한 사람이었던 아이케 폰 사비니(Eike von Savigny)로 하여금 상세한 반론[2]을 펼치게 만든 계기로 작용했다. 이 논문에서 로타 필립스는 고전논리

1) *Lothar Philipps*, Rechtliche Regelung und formale Logik, ARSP 50(1964), S. 317-329.

2) *Eike v. Savigny*, Die Phausnahme und die Phregel, oder Was die Logik im Recht nicht leisten will, in: Jahrbuch für Rechtssoziologie und Rechtstheorie, Bd. 2(1972), S. 231-253. 이와 관련해서는 *Georges Kalinowski*, L'institutionisme en logique deontique, Rechtstheorie 1(1970), S. 157-182; *ders.*, Einführung in die Normlogik, 1973, S. 114-121도 참고.

학이 매우 제한된 범위에서만 법적 논증의 도구로 이용될 수 있을 뿐이라는 점을 증명하려고 시도한다. 그리하여 특히 배중률이 논리적으로 타당하지 않다고 보는 이른바 직관주의 논리학(intutionistische Logik)이 훨씬 더 법적 논증에 적합하다고 한다. 이로써 필립스는 그의 분석대상인 형법도그마틱에 관한 한, 직관주의 논리학에서 도출되는 추론가능성들이 고전논리학에 비해 원칙과 예외의 관계에 대한 법적 논증의 기준에 훨씬 더 잘 부합한다는 점을 밝힌다.

그 이후 로타 필립스는 계속해서 고전논리학의 대안을 찾으려고 노력했고, 이 노력은 성공을 거두었다. 그의 노력은 대화논리학 모델을 구상하는 단계에 도달하여, 법적 입증책임의 분배의 문제를 명쾌하게 밝혔고,[3] 마지막 단계에서는 상당히 미래지향적인 퍼지 논리학(Fuzzy-Logic)의 영역으로까지 확대되었다.[4] 그렇지만 논리학과 논증의 관계에 비추어 관심을 가질 수 있는 한 가지 논리학 영역에 대해서는 ―적어도 내가 보기에는― 필립스가 아직까지 자세히 밝히고 있지 않다(물론 필립스가 이를 전혀 모른다는 뜻은 아니다). 그것은 바로 비일관성 논리학(parakonsistente Logik)이다. 나는 아래의 서술을 통해 필립스로 하여금 "거짓 명제로부터는 무엇이나 추론할 수 있다"는 고전논리학의 정리(定理)를 포기한다는 특징을 갖고 있는 이 모델에 대한 관심을 불러일으키고 싶다. 단순화해서 말하자면, 직관주의 논리

---

3) *Lothar Philipps*, Dialogische Logik und juristische Beweislastverteilung, in: Houritsu Kagaku Kenkyusho Nenpo(Annual Report of Institute for Legal Science of Meiki Gaku in University) 19(2003), S. 3-16.

4) 이에 관해서는 예컨대 *Lothar Philipps*, Kompensatorische Verknüpfungen in der Rechtsanwendung ― ein Fall für Fuzzy Logic, in: Vestigia Iuris. Festschrift für Günther Jahr zum 70. Geburtstag, 1993, S. 169-180; *Lothar Philipps/Giovanni Sartor*, From Legal Theories to Neural Networks and Fuzzy Reasoning, in: Artificial Intelligence and Law 7(1999), S. 115-128 참고.

학이 배중률의 논리적 타당성을 포기하는 특징을 갖고 있다면, 비일관성 논리학은 "거짓 명제로부터는 무엇이든 추론할 수 있다"는 정리를 포기한다는 특징을 갖고 있다.[5] 나는 다음과 같이 주장하고자 한다. 즉, 직관주의 논리학이 특정한 영역에서는 고전논리학보다 논증의 구조를 더 정확히 파악하듯이,[6] 비일관성 논리학도 우리의 법학적 논증이나 일상적 논증의 토대가 되는 논증기준들에 더 잘 부합한다는 점이다. 일단 한 가지 보기를 들어보자.

(2)

다음과 같은 사례를 가정해보자. 한 법과대학 학생이 형법시험을 보면서 (무슨 이유인지 모르지만) 한 곳에서는 이른바 '고의설'을 주장하고, 동시에 다른 곳에서는 '책임설'을 주장했다고 하자. 이 학생은 처음에는 "불법인식이 결여된 경우는 고의가 배제된다"는 주장 T1을 제기했다가, 나중에는 "불법인식이 결여된 경우는 고의가 아니라, (회피가능성이 없을 때에) 책임이 배제된다"는 주장 T2를 제기한 것이다. 더욱이 이 학생은 조건을 붙여 각 주장을 제한하지도 않았다. 즉, 예를 들어 질서위반법의 영역과 형사법의 영역을 구별하여 주장 T1과 주장 T2를 제한하지 않았다. 그리고 이 시험답안에서 금지착오의 문제는 그저 부수적인 역할만 할뿐, 나머지 사안해결 내용을 아주 탁월하게 서술했다고 가정하자. 하지만 이 답안지는 0점으로 처리되었다. 최하위점수를 받은 것이다. 고전논리학을 열렬히 지지하는 채점자는 다음과 같은 근거를 제시했다. "답안지에는 금지착오의 법률효과에

---

5) 탁월한 입문서로는 *Manuel Bremer*, Wahre Widersprüche. Eine Einführung in die parakonsistente Logik, 1998 참고.

6) 이에 관해서는 *Phillips*, Regelung(각주 1) 참고.

대한 물음과 관련하여 완전히 모순된 서술을 했다. 모순명제로부터는 어떠한 주장이든 멋대로 도출해낼 수 있다. 하나의 주장은 이 주장이 명시적으로 표현하는 것뿐만 아니라, 이 주장으로부터 논리적으로 도출되는 것까지 포함한다. 금지착오에 대한 답안지 작성자의 모순된 주장으로부터 어떠한 명제든지 도출할 수 있기 때문에, 답안지는 결국 모든 임의적 형태의 명제를 담고 있으며, 따라서 답안지에 명시적으로 표현된 주장을 부정하는 명제까지도 포함하고 있다. 그러므로 이 답안지는 한 가지 점에서만 모순인 것이 아니라, 모든 점에서 모순이다. 답안지는 모든 것을 말하면서 단 하나도 말하지 않은 셈이다. 따라서 점수는 0점이다."

답안지를 작성한 법과대학 학생이 공평하고 올바르게 생각하는 일반적 학생이라면, 이 학생은 채점결과뿐만 아니라, 그 근거도 납득하지 못할 것이다. 물론 이 학생은 자신이 한 가지 점에서 오류를 범했다는 사실을 인정할 것이다. 물론 고의설과 책임설 모두를 법과대학 형법시험에서 구속력을 갖는 학문적 기준으로 인정할 수 있다고 여길 것이다. 따라서 이 학생이 한 곳에서 고의설을 선택했다는 것 때문에 비난을 하거나, 다른 곳에서는 책임설을 선택했다는 것 때문에 이 학생을 비난할 수는 없다. 다만 고의설과 책임설 모두 얼마든지 인정할 수 있는 견해이지만,[7] 한 답안지 내에 ―비록 그 지점은 다를지라도― 불법인식의 결여를 고의를 배제하는 사유이자 동시에 책임을 배제하는 사유로 취급한 것은 모순이고, 따라서 잘못된 답안지 작성이라는 점을 깨달을 것이다.[8] 그렇지만 이 답안지가 이 한 가지 오

7) 불법을 행한다는 통찰의 (회피불가능한) 결여는 책임을 배제한다는 형법 제17조(1문)가 도입된 이후에도 여전히 고의설을 주장하는 학자가 있다. 예컨대 *Eberhard Schmidhäuser*, Strafrecht Allgemeiner Teil(Lehrbuch), 2. Aufl. 1975, 10/64ff.와 Strafrecht Allgemeiner Teil(Studienbuch), 2. Aufl. 1984, 7/87ff. 참고.

류로 인해 완전히 '맹탕'이고, 그래서 모든 점에서 모순이라는 채점자의 주장에 대해서는 결코 동의하지 않을 것이다.

건전한 상식에 따른다면 이 학생은 의심의 여지없이 옳다. 하지만 고전논리학은 이 학생에게 도움이 되지 않는다. 채점자가 근거로 삼는 논리적 추론관계를 —논리계산을 통한 전문적인 추론관계를 배제하고— 재구성해 보자.

이 보기를 선택한 이유는 추론의 출발점이 거짓명제가 아니라, 모순명제가 되는 경우를 고찰하기 위해서이다(이 점에서 "모순명제로부터는 무엇이든 추론할 수 있다 Ex contradictione quodlibet"은 "거짓명제로부터는 무엇이든 추론할 수 있다 Ex falso quodlibet"의 특수한 경우에 해당한다). 답안지에서는 명제 p(불법의식이 없는 경우에는 고의가 배제된다)와 명제 non p(불법의식이 없는 경우에도 고의가 배제되지 않는다)를 동시에, 그러니까 p와 non p의 연언(Konjunktion)을 주장하고 있다. 이 연언으로부터는 그 구성부분의 어느 것이나 결론으로 도출할 수 있고, 따라서 p도 결론으로 도출할 수 있다. p로부터는 'p 또는 q'를 도출할 수도 있다(이른바 함축규칙). 예를 들어 지구가 태양계의 행성이라는 명제가 참이라면, 지구는 행성 또는 태양이라는 명제도 참이다. 하지만 'p 또

8) 물론 답안지를 작성한 학생은 채점자와 토론을 벌일 수도 있다는 점에 주목할 필요가 있다. 즉, 학생은 배중률이 오로지 진리판단이 가능한 언명에 대해서만 타당하고, 따라서 법적 논증에서는 양상논리체계나 다치논리학이 더 맞다고 논증할 수도 있다. 즉, 두 가지 모순되는 언명(이 경우에는 한편으로는 고의설, 다른 한편으로는 이를 부정하는 —즉, 금지착오에 따른 고의배제를 부정하는— 책임설) 가운데 어느 것이나 인정이 가능한 경우에는, 배중률은 타당하지 않다고 논증할 수 있다. 이때에는 "a는 인정가능하다"라는 주장이 "non a는 인정가능하다"는 주장을 배제하지 않는다. 이와 같이 논증을 하게 되면, 과연 특수한 법적 논증기준들에 비추어 답안지 작성자는 반드시 하나의 이론을 선택해야 한다는 강제가 어느 정도까지 고전논리학의 규칙을 원용하여 정당화될 수 있는가라는, 매우 어려운 문제에 봉착하게 된다.

는 q'로부터는 non p(연언의 두 번째 구성부분)와 결합시켜 q를 도출할 수 있다(지구가 행성 또는 태양이고, 지구가 행성이 아니라면, 지구는 태양이다). 여기서 q는 무슨 명제든지 가능하기 때문에, 이 추론에 따르면 모순명제로부터는 무슨 주장이든지 결론으로 도출할 수 있다.

이러한 추론관계에 기초한 채점자가 옳은 것일까? 과연 "'거짓명제로부터는 무엇이든 추론할 수 있다'는 정리에 따라 모순명제로부터는 무엇이든 도출할 수 있기" 때문에 '이성적으로 생각하고 말하는 모든 상황'에서는 반드시 모순을 피해야 하는 것일까?[9] 아니면 건전한 상식을 이유로 고전논리학과 결별해야 하는 것일까?

첫 번째 대안은 상당히 문제가 많기 때문에 두 번째 대안을 진지하게 고려해야 할 것으로 보인다. 우리의 사례에서 법과대학 학생은 어쨌든 두 번째 대안을 옹호한다. 하지만 그럴 경우에는 곧바로 두 가지 물음이 제기된다. 첫째, 과연 구체적 경우에 따라 마치 몸에 맞지 않는 옷을 버리듯이 고전논리학과 결별해도 좋은 것일까? 둘째, 고전논리학과 결별함으로써 치르는 대가가 너무 크지는 않을까? 다시 말해 고전논리학과 결별하고 나면 나중에 다른 경우에 직면할 때에는 이 논리학에 따른 추론가능성들을 다시 뼈저리게 그리워하게 되는 것은 아닐까?

(3)

첫 번째 물음은 논리학과 논증의 관계라는 원칙적인 문제와 관련이 있다. 일상적인 논증에서뿐만 아니라, 학문적인 추론에서도 논리학의 규칙들은 모든 합리적인 논증에서 결코 포기할 수 없고, 결코

9) 이를 긍정하는 *Ilmmar Tammelo*, Theorie der Gerechtigkeit, 1972, S. 101 (하지만 S. 111에서는 다시 이를 약간 제한한다).

의문의 대상이 될 수 없는 기준으로 여겨진다. 이 점은 구체적인 상황에서 이 기준이 각각의 전문적 논증(또는 합리적인 논증 전체)과 관련하여 결코 의문의 대상이 될 수 없는 경우에는 아무런 문제가 없다. 예를 들어 고전논리학의 규칙인 모순율에 따라 법관은 "사유와 경험의 법칙에 구속된다"[10)]라고 주장하는 것은 아무런 문제가 없다. 하지만 학문적 논증과 일상적 논증에서 모순율을 존중해야 한다고 해서 고전논리학의 모든 정리와 공리까지 존중해야 한다고 생각하는 것은 성급한 결론이다. 왜냐하면 고전논리학은 논리학 전체를 대표하지 않기 때문이다. 특정한 논리학이 어떠한 합리적 의심의 대상도 될 수 없는, 완결된 규칙을 갖고 있다는 생각은 잘못된 생각이다.[11)] 실제로는 다수의 경합하는 논리체계가 존재하고, 각 논리체계의 규칙들이 상당한 차이가 나기도 한다. 앞에서 언급했던 직관주의 논리학과 비일관성 논리학은 단지 여러 가지 논리체계들 가운데 두 가지 보기에 불과할 따름이다. 이와 같이 여러 가지 논리체계가 공존한다는 사실을 감안하면, 각각의 학문분과는 학문분과 내에서 타당한 논증기준을 확정할 때 어떠한 논리학을 기초로 할 것인지를 결정해야 한다.

이러한 사실의 확인은 논리학과 논증의 관계와 관련하여 결정적인 의미를 갖는다. 왜냐하면 상이한 논리계산들 가운데 어느 하나를 선택하는 결정이 필요하다면, 단 하나의 논리계산의 규칙이 논증의 기준으로 확정되는 것이 아니라, 거꾸로 논증의 기준이 논리계산의 적절성을 결정하기 때문이다. 다시 말해 논증기준들이 한 논리계산의 공리와 정리에 우선한다. 물론 합리적으로 말하기 위한 보편적 기준들, 예컨대 '그리고' '또는' '모든'과 같은 계사(繫辭)의 사용과 관련된

---

10) BGHSt 6, 70, 72. 물론 소송법적(즉, 상고심과 관련된) 맥락에서 '사유법칙'을 '불문법규범'이라고 표현한 것은 잘못이다.

11) 이에 관해서는 *Ulfrid Neumann*, Juristische Argumentationslehre, 1986, S. 32f. 참고.

기준들이 보편적 구속력을 갖는 '언어논리'의 규칙이라고 규정하거나 이를 '당연한 추론의 논리계산'으로 재구성하는 것에 대해서는 반대할 이유가 없다. 중요한 것은 논증과 논리계산의 관계에서 주권은 논증이 장악한다는 사실이다. 다시 말해, 논리계산이 논증이론적으로 (그리고 현실에서 행해지는 논증의 관점에서) 관심의 대상이 되는 이유는 그 논리계산이 특정한 전문분과의 논증에서 인정되고 있는 기준들을 —또는 합리적으로 말하기 위한 보편적 기준들을— 재구성할 수 있기 때문이다. 그러므로 논증이 특정한 방식으로 구성된 논리계산의 강제에 복종할 이유는 전혀 없다. 따라서 고전논리학이 직관에 반하는 결론을 낳는다면, 얼마든지 —헤겔의 표현을 약간 바꾸어 말하자면— "그건 고전논리학에 더욱 나쁜 일이지"라고 말할 수 있다. 그리고 고전논리학의 실제적 결론과 관련해서는 —이번에는 브레히트의 작품에 등장하는 갈릴레이의 표현을 약간 바꾸어 표현하자면— "새로운 논리계산을 내놔!"라고 말할 수 있다. 즉, 형법도그마틱에서 원칙/예외의 특정한 관계가 갖는 비대칭적 측면을 처리하기 위해 로타 필립스의 제안에 따라 얼마든지 직관주의 논리학으로 대체할 수 있으며, "거짓명제로부터는 무엇이든 결론으로 도출할 수 있다"는, 직관에 반하는 정리를 제거하기 위해 비일관성 논리학이나 '최소논리적 논리계산'[12)]을 도입할 수도 있다.

이 지점에서 당연히 논리계산의 선택과 관련하여 논증과 논증이론에게 인정해야만 하는 자유가 혹시 무정부적인 방식으로 남용되는

12) 직관주의 논리학에서와는 달리 최소논리적 논리계산에서는 이 정리가 타당하지 않다[이에 관해서는 *Carl Friedrich Gethmann*, Die Logik der Wissenschaftstheorie, in: ders.(Hrsg.), Theorie des wissenschaftlichen Argumentierens, 1980, S. 14, 36 참고]. 법적 논증에서 이 정리의 타당성 여부는 적절한 논리계산을 선택하는 문제에 달려 있다는 점을 강조하는 *Ota Weinberger*, Ex falso quadlibet in der deskriptiven und in der präskriptiven Sprache, in: Rechtstheorie 6(1975), S. 17-32 참고.

것은 아닌가라고 묻게 된다. 즉, 때로는 이 논리계산의 요소들을 이용하고, 때로는 저 논리계산의 요소들을 이용하는 절충적인 방식을 허용해도 될 것인가? 아니면 과학이론은 특정한 대상영역과 관련하여 어쨌든 하나의 논리계산을 선택하여, 모든 점에서 선택한 논리계산에 구속되는 일관성을 가져야 하는 것은 아닐까? 이 물음은 앞에서 언급했던 다른 물음, 즉 고전논리학에 반대하는 결정을 내리면 특정한 논증지점에서 결코 포기할 수 없거나 포기하지 않고자 하는 논증형태까지도 포기하게 되는 것은 아닌가라는 물음과 직접 관련성이 있다. 왜냐하면 만일 필요에 따라(이는 물론 실질적 근거가 있다는 것을 전제한다) 어떤 논리계산의 특정한 추론가능성을 수용하고, 다른 논리계산의 추론가능성을 배제하거나, 하나의 추론가능성을 어떤 맥락에서는 수용하고 다른 어떤 맥락에서는 거부할 수만 있다면, 후자의 물음은 제기할 필요가 없기 때문이다.

일단 그와 같은 자유방임주의가 하나의 논리계산 내에서만 작동해야 한다는 요구에 합치하지 않는 것은 분명하다. 하지만 왜 법적 논증이 그러한 요구를 제기해야 하는지는 분명하지 않다. 논증이론적으로 중요한 것은 논리계산들이 일반적인 합리적 논증 또는 전문분과에 특수한 국지적 논증의 기준들을 체계화하려는 시도라는 점일 뿐이다. 각 논리계산의 유용성은 그러한 시도가 어느 정도 성공하는가에 달려 있다. 따라서 특정한 논리계산의 공리 또는 정리가 바로 그 논리계산의 공리와 정리라는 사실만으로 논증의 기준이 되는 것은 아니다. 이는 그 논리계산이 전반적으로 입증된 논리계산이라거나 그 작동규칙의 대부분이 특정 학문영역의 논증기준들에 합치한다고 할지라도 마찬가지이다. 왜냐하면 이러한 논증기준들은 설령 그 논리계산의 여타의 전환규칙들에 부합하는 다른 논증형태들을 인정하지 않을지라도 계속해서 이용할 수 있기 때문이다. 구체적으로 말하자면, 고전논리학 논리계산의 공리 또는 정리가 배중률뿐만 아니라 "거짓명제로부터는 무엇이든 도출할 수 있다"는 정리에도 부합한다는 사실이 곧바로 모순율을 논증기준으로 인정하면서도 후자의 정리를 거부하는 것을 가로막지는 않는다. 앞에서 지적했듯이 고전논리학의 논리계산에 따라 작동해야 한다는 주장을 제기할 수는 없다. 이 점을 받아들이는 것은 결코 유감스러운 일이 아니다. 특정한 논증을 하나의 논리계산에 비추어 재구성할 수 있는 가능성이 이 논증에 대해 더욱 높은 정당성을 부여하지는 않는다.

사정이 이렇다면, 왜 논증이론 그리고 구체적으로는 법적 논증이론은 여러 가지 논리계산들을 함께 다루어야 하는 것일까? 이 단상의 처음으로 되돌아가자면, 답안지 채점자에 대해서는 그저 "거짓명제로부터는 무엇이든 도출할 수 있다"는 정리는 이 정리가 어떤 논리계산에서 타당성을 갖는지 여부와는 관계없이 그 자체 시험답안지를 평가하는 기준이 될 수 없다고 반문하면 그만이지 않을까?

현실에서는 행정행위에 대한 이의제기를 관할하는 행정청이나 행정법원도 실질적으로 동일한 방식으로 논증할 수 있다. 즉, 고전논리학, 직관주의 논리학, 최소논리적 논리계산, 비일관성 논리학 등의 대안들을 자세히 검토하지는 않을지라도, 얼마든지 채점과 관련된 평가기준들을 오해했다는 근거를 들어 학생의 이의제기를 받아들일 수 있다. 그러한 결정은 당연한 것이다. 하지만 그렇다고 해서 법적 논증을 연구하는 이론가들까지 이러한 여러 가지 모델을 무시해도 좋다는 뜻은 아니다. 왜냐하면 이들 모델은 법적 논증의 이해와 관련하여 결코 간과할 수 없는 커다란 발견술적(heuristisch) 가치를 갖기 때문이다. 존경과 우정을 담아 이 단상을 헌정하고자 하는 로타 필립스는 그의 다양하고도 심오한 연구들을 통해 여러 논리모델들을 탐구한 모범적인 이론가이다.

5. 법에서 행해지는 이데올로기적 개념구성의 전략

(1) 서 론

독일 법관연수원 개원 10주년 기념논문집에 디터 시몬(Dieter Simon)은 이른바 프랑크푸르트 장애인판결에 대한 대중매체의 반응과 관련하여 명쾌하고도 상당히 용감한 논문[1)]을 기고하여, “현재의 연방독일공화국 사회는 법관들에 대해 어떠한 기대를 갖고 있는가?” 라는 물음을 다루었다.[2)] 그의 분석에 따른 한 가지 결론은, 사회는 법원의 판결이 (도덕적으로) 정당한 것이 무엇인지에 대한 사회의 확신을 그대로 반영해야 한다고 기대 ―당연히 이 기대는 규범적 기대

---

1) *Dieter Simon*, Erwartungen der Gesellschaft an die Justiz, in: Justiz und Recht. Festschrift aus Anlass des 10jährigen Bestehens der Deutschen Richterakademie in Trier, 1983, S. 3-17. 이 논문에 연결된 *Regina Ogorek*, Recht, Moral, Politik: Zum Richterbild in der Mediengesellschaft, in: KritV 1997, S. 5-18도 참고.

2) *Simon*, a.a.O., S. 3.

이다— 한다는 것이다. 다시 말해 사회는 사법부에 대한 기대와 관련하여 법적 결정프로그램이 사회의 지배적 도덕으로부터 벗어나 자율성을 확보하는 것을 거부하고, 따라서 사회구성원의 대부분은 법과 도덕의 분리를 적절하지 않다고 여기고 있는 상황이라고 한다.[3] '프랑크푸르트 장애인판결'이라는 이름으로 유명해진, 프랑크푸르트 지방법원의 판결은 법적 결정프로그램을 구체적 판결로 전환하면서 지배적인 사회도덕에 대한 인정을 포기했다는 이유로 거센 비판을 받았었다.

디터 시몬에 대한 존경과 우정을 담아 헌정하고자 하는 본 논문은 법적 결정프로그램과 사회의 정당성사고 사이의 관계를 다른 관점에서 주제로 삼고자 한다. 내가 다루고자 하는 것은 법체계와 사회도덕의 간극 및 이러한 간극이 반영된 판결에 대한 사회의 반응이 아니라, 거꾸로 사회적 가치관이 법적 결정프로그램에 통합되는 메커니즘이다. 한 사회의 복잡한 가치관의 총체를 사회의 이데올로기라고 부른다면, 나의 주제는 제정법 하위의 영역에서 규칙을 형성하는 차원, 즉 법도그마틱의 영역에서 이데올로기적 요소를 결정의 지침이 되는 법적 규율체계 속으로 편입시키는 전략에 관련된 것이다.[4]

(2) 법에서 이데올로기적으로 개념을 구성하는 보기

이데올로기적 요소를 법적 규율체계에 편입시키기 위해서는 다양한 논증방법이 동원된다. 즉, 제정법의 규범을 단순히 '해석'하는 방

---

3) A.a.O., S. 15.

4) 따라서 여기서 말하는 이데올로기 개념은 중립적인 지식사회학적 개념일 뿐, 일상적인 언어에서 이 개념이 포함하고 있는 부정적 의미로 사용되지 않는다는 사실을 특별히 강조할 필요는 없을 것이다.

법, 이를 '헌법합치적'으로 해석하는 방법 그리고 노골적으로 법관이 법을 발전적으로 형성하는 방법이 있다. 아래에서 이루어지는 고찰은 ―앞에서 지적한 중립적인 이데올로기개념의 의미에서― 이데올로기적 개념규정 전략이라고 볼 수 있는 논증전략에 국한시키도록 하겠다. 이러한 전략은 보편적으로 공유되는 사회적 가치관이나 특수한 사회적 가치관을 법적 결정프로그램에 편입시키기 위해 법률에 이미 존재하고 있는 개념에 대한 정의에 어떤 규범적 '전환장치'를 편입시킨다는 특징을 갖는다. 아래에서 다루고자 하는 논증전략의 특징을 이런 식으로 파악한다고 해서 이러한 전략을 긍정적 또는 부정적으로 평가한다는 뜻은 아니다. 그것은 이데올로기 개념을 사용하는 것과 마찬가지로 중립적인 관점에서 이루어지는 분석일 뿐이다. 법관 또는 해석자가 법률을 다룰 때에는 사회적 가치관도 함께 고려하게 된다는 사실은 오늘날의 방법론에서는 거의 보편화된 사고에 해당한다.[5]

그렇다고 해서 판례와 법학이 규범적 개념정의표지를 통해 사회적 가치관을 법개념에 곧바로 '쏟아 붓는' 것이 정당하다는 뜻은 아니다. 이데올로기적 요소를 법적 결정프로그램에 편입시키기 위해서는 논증을 통한 매개과정을 거쳐야 한다. 다시 말해 논리학과 법적 논증의 기준들을 준수해야 한다. 예를 들어 사회적 가치관을 법원칙, 특히 헌법원칙에 귀속시키고, 이를 다시 법률개념의 해석에 끌어들이는 매개과정을 거칠 수 있다. 이에 반해 법적 결정프로그램을 아무런 매개과정도 거치지 않고 오로지 사회적 가치관을 통해 수정하는 방식은 방법적으로 오류일 뿐만 아니라, 부정적 의미의 이데올로기라는 혐의까지 받게 된다. 이에 관한 몇 가지 보기를 들어보자.

---

5) 이에 관해서는 무엇보다 *B. Rüthers*, Wir denken die Rechtsbegriffe um…: Weltanschauung als Auslegungsprinzip, 1987, S. 30 참고.

1) 교회의 시계종소리 — '소음'인가 아니면 '인간의 시간성에 대한 지적'인가?

1991년에 자알루이(Saarlouis) 고등행정법원의 한 판결[6]에서는 인근주민들의 평온을 보호하기 위해 밤 10시부터 다음날 새벽 6시까지는 교회첨탑 시계의 작동을 중단시키도록 한 행정처분의 합법성이 쟁점이었다. 결정적인 물음은 교회의 시계종소리가 연방임미시온보호법에서 의미하는 '유해한 환경영향'에 해당하는지 여부였다. 이 법률의 제3조 제1항은 이 개념을 "그 종류, 방식 및 지속시간에 비추어 일반국민 또는 인근주민에게 위험, 중대한 불이익 또는 현저한 방해를 유발하기에 적합한 임미시온"이라고 정의하고 있다. 행정처분은 관련된 행정규칙에 확정되어 있는 소음 허용한계치를 기준으로 삼아, 야간의 교회종소리가 —당연히— 이 허용한계치를 초과한다고 함으로써, 교회종소리는 당해 법률상의 임미시온에 해당한다고 보았다.

1심을 담당했던 행정법원은 행정처분의 합법성을 확인한 반면, 고등행정법원의 판사들은 문세를 완전히 다르게 보았다. 물론 고등행정법원도 교회의 시계종소리가 임미시온보호법상의 일반적인 규정에 따라 감수할 수 있는 한계치를 넘어섰다는 점에 대해서는 의문을 제기하지 않았다. 그러나 고등행정법원은 이 법률규정을 전통을 고수하려는 교회와 평온을 필요로 하는 인근주민 사이의 갈등을 판단하는 기준으로 삼지 않았다. 즉, 교회의 시계탑 종소리는 다른 종류의 소음과 같은 차원의 것으로 볼 수 없다고 한다. 교회의 종소리는 —고등법원의 논증에 따르면— (통상의) 소음이 아니라, '교회의 존재와 인간의 시간성을 지적하는 것'이라고 한다.[7] 이러한 이유로 고등행정법원은 교회의 편을 들고, 다툼의 대상이었던 행정처분을

6) OVG Saarlouis NVwZ 1992, 72.

7) NVwZ 1992, 74.

파기했다.

상당수의 사람들에게 고등행정법원의 판결은 그 결과뿐만 아니라, 판결이유의 측면에서도 깊은 공감을 불러일으킬 것이다. 독실한 기독교 신자에게 교회의 시계종소리를 '인간의 시간성에 대한 지적'으로 해석하는 것은 커다란 설득력이 있을 것이며, 이를 '소음'으로 규정하는 것은 부적절하고, 심지어 병적이라고 여길 것이다. 조금 더 추상적으로 표현하자면, 교회와 교회신자의 내부적 관점에서는 교회종소리라는 물리적 현상이 사회문화적 해석도식에 의해 압도당한 상태에서, 이 해석도식이 물리적 현상에 특정한 의미, 즉 상징적 의미를 부여하고, 따라서 물리적 현상을 자연과학적 측면에 국한시키는 것을 금지하게 된다. 이 점은 특히 모든 상황을 전복하는 '악마적' 관점을 표방하는 메피스토에게 숭배감정을 표현하는 종소리가 언제나 역겹기 그지없는 딸랑거림(따라서 중립적인 의미의 소음이 아니다)으로 여겨지는 경우[8]에도 해당된다. 자알루이 고등행정법의 판결이 보여주고 있듯이, 교회 종탑의 '시계소리' 역시 특정한 사회문화적 해석도식에 비추어 그 의미가 달리 평가되었다.

과연 이 판결과 판결이유를 어떻게 보아야 할까? 일단 종교에 구속되지 않는 다른 시민들에게는 교회종소리는 아무런 상징적 의미가 없거나 또는 판례가 말하는 것과는 전혀 다른 상징적 의미를 갖는다고 반론을 제기할 수 있다. 예를 들어 신자가 아닌 사람에게 교회종소리는 인간의 시간성에 대한 지적이 아니라, 교회권력이 국가권력과의 투쟁(시청의 시계와 교회의 시계 사이의 투쟁) 속에서 일월연도의 구별에 대한 지배권(교회축제, 교회력)을 행사하려고 했던 과거의 역사를 상기하는 계기로 작용할 수 있다. 이러한 반론에 대해 이 판결을 옹호하는 사람은 아마도 판결에서 쟁점이 되는 것은 신앙과 관련된

8) *Goethe*, Faust 1부 5장의 장면 '궁전'.

특수한 내용이 아니라, 사회 전반의 특징에 해당하는 문화적 전통이라고 재반론을 펼칠 것이다. 교실에 걸린 십자가나 이슬람 히잡을 둘러싼 논쟁을 통해 우리에게 익숙해져 있듯이, 이러한 논증형태는 결국 한 종교의 상징을 교회나 종교의 영역을 넘어 전체 문화의 영역으로 이동시켜 놓고, 그것이 보편적 구속력을 갖도록 만들면서 동시에 다른 종교의 상징에 대해서는 부정적인 정치적 상징내용을 부여(억압의 상징으로서의 히잡)하여 이를 종교의 자유의 보호영역으로부터 배제하게 만드는 결과를 낳는다. 이 점에 대해서는 여기서 자세하게 서술하거나 비판할 필요가 없다. 왜냐하면 앞에서 언급한 판결이유에서 논증이론적으로 관심을 끄는 결정적인 문제는 다른 측면과 관련을 맺기 때문이다.

사회적 기준에 따른 해석도식에 의하면 교회종소리가 '인간의 시간성에 대한 지적'이라는 재판부의 입장에 설령 동의한다고 할지라도, 이러한 입장으로부터 반드시 판례와 같은 결론이 도출되지는 않는다. 왜냐하면 임미시온보호법상의 일반규정의 적용 여부와 관련하여 결정적인 것은 교회종소리의 상징적 내용이 아니라, 이것이 연방임미시온보호법에서 의미하는 '소음'에 해당하는지, 다시 말해 판결의 기준이 되는 행정규칙에서 의미하는 '소음'에 해당하는지 여부일 뿐이다. 따라서 두 가지 측면은 엄격하게 분리해야 한다. 왜냐하면 교회종소리가 통상의 소음이 아니라, 인간의 시간성에 대한 지적이라는 논증은 소음개념에 대한 일상언어의 이해를 따를 때에만 일관성이 있다. 소음개념은 일상언어에서 실제로 부정적인 의미를 담고 있다. 그렇기 때문에 일상언어적 의미만을 따른다면 예를 들어 스트라빈스키의 '봄의 제전(La sacre du Printemp)' 공연을 비판하면서 포르티시모 부분을 일상언어의 부정적 의미에서 '소음'이라고 지칭하는 것은 부적절하다. 설령 이 포르티시모 부분의 소음측정치가 기술지침상의 소음허용 한계치를 훨씬 넘어섰다고 할지라도, 공연비판에서 등장하는 '소음'이라는 단어는 다른 의미를 갖는다. 그렇다고 해서 계획 중인 야외음악공연을 허가할 것인지에 대해 행정청이 결정을 내릴 때, 기술지침상의 소음허용 한계치를 준수하는지를 심사하는 데에는 아무런 문제가 없다. 다시 말해 임미시온보호법에 관련된 결정을 내릴 때의 소음개념은 전문언어적 개념, 즉 법적 언어의 가치중립적 개념으로 사용되며, 이러한 전문적 개념은 소음과 소음유발요인을 미리부터 특정한 방식으로 평가하도록 조종하지 않는다. 사이먼 래틀(Simon Rattle)이 지휘하는 베를린 필하모니 오케스트라가 베를린 발트뷔네에서 '봄의 제전'을 연주한 공연이 비평가들과 청중들로부터 열렬한 찬사를 받았다고 할지라도 이 공연을 임미시온보호법의 규정에서 의미하는 소음으로 판단하는 데에는 아무런 문제가 없다.

교회시계탑의 종소리를 판단할 때에도 마찬가지이다. 교회종소리가 통상의 소음이 아니라, 인간의 시간성에 대한 지적이라는 논증은 카테고리를 혼동한 오류를 범하고 있다. 왜냐하면 소음에 대한 중립적 법개념을 이미 특정한 가치와 결부된 일상언어적 소음개념과 혼동하고 있기 때문이다. 이 논증은 논증구조의 측면에서 보자면, 어떤 물건이 한 조각 금속이 아니라, 훈장이라는 주장과 유사하다. 왜냐하면 '훈장'이라는 제도적 사실을 감안할지라도, 그것이 '금속조각'이라는 자연적 사실을 부정할 수 없듯이, 종소리를 사회문화적으로 해석할지라도 종소리가 소음을 유발한다는 물리적 사실에 변경을 가할 수는 없기 때문이다. 그리고 법개념은 물리적 사실을 지침으로 삼는다. 이 경우 자연과학적 고찰과 문화적 고찰은 함께 공존하는 별도의 고찰이다. 따라서 한쪽이 다른 한쪽을 대체할 수는 없다.

자알루이 고등행정법원의 판결을 옹호하려는 사람이 예리한 지성의 소유자라면 그는 판결에서 기준이 되는 소음개념은 법개념이기 때문에 바로 그래서도 소음개념이 규범적 개념정의요소에 개방되어 있어야 한다고 논증하면서, 이 개념이 오로지 경험적인 특성을 통해 정의되어야 한다는 주장을 순환논법(petitio principi)이라고 비판할 것이다. 이 논증은 입법자가 경험적 개념요소들을 규범적 개념요소로 대체하여, 경험적 요소를 배제할 수 있는 개념형성의 자유를 갖고 있다는 점에서는 옳다. 목욕탕관리인은 여탕에 들어갈 수 있다는 유명한 보기[9]에서 알 수 있듯이, 입법자는 의제(Fiktion)를 이용하여 자연과학적 연관성을 무시할 수 있다. 그러나 입법자에 해당하는 내용이 곧바로 법률해석자에게도 해당되지는 않는다. 입법자가 특정한 개념정의를 선택하는 것은 입법기술을 구사하는 행위이고, 입법기술은 얼마든지 다른 수단을 이용할 수도 있다. 목욕탕관리인의 보기에서 "목욕시설의 여탕은 여성과 목욕탕관리인만이 출입할 수 있다"는 규범은 아래 각주 9에 제시된 법률규정의 내용과 완벽하게 일치한다. 이에 반해 법관이 법률개념에 어떤 개념정의요소를 추가하는 것은 법률규정으로부터 도출할 수 있는 법규칙의 집합을 변경하여, 법규범의 내용을 바꾸게 된다. 이 점은 당연히 모든 법률해석행위에도 해당하며, 법원이 경험적-기술적 개념을 세계관에 기초하여 규범적으로 수정함으로써 다른 개념으로 전환할 때에는 특히 문제가 많다.

자알루이 고등행정법원의 판결은 바로 그러한 경우에 해당한다. 왜냐하면 기술지침상의 엄격한 소음허용치 기준에 따라 판단되는 '영업소음'과 이 기준이 적용되지 않는다고 하는 교회종소리를 구별하는 것[10]은 법률과 행정규칙에서 초점을 맞추고 있는 소음의 강도와는 전혀 관계가 없는 해석도식에 비추어 '소음'이라는 물리적 현상

---

9) "목욕시설의 여탕은 여성만이 출입할 수 있다. 다만 목욕탕관리인은 이 규정에서 의미하는 여성에 해당한다." 법이론적 관점에서 볼 때 이 규정에 반론을 제기할 수는 없다. 과연 이 규정이 법률기술적으로 탁월한 선택인지 또는 이 보기가 여전히 현재성을 갖고 있는지에 대해서는 여기서 자세히 논의할 수 없다.

10) NVwZ 1992, 72, 74에 실린 판례평석 참고.

을 구별하는 것이기 때문이다. 그래서 상고심인 연방행정법원이 고등행정법원의 이 판결을 파기한 것은 결과적으로 정당하다.[11)]

그렇지만 연방행정법원은 전심인 고등행정법원의 견해를 미온적으로 수정했을 뿐이다. 연방행정법원은 고등행정법원의 판결에서 제시된 잘못된 논증의 증상만을 보았지, 그 원인까지 보지는 못했다. 연방행정법원은 '유해한 환경영향'이 존재하는지를 심사할 때 이미 교회종소리의 사회문화적 의미를 고려한 전심 고등행정법원의 입장을 인정했다. 더 일반적으로 표현하자면, 어떤 임미시온을 (그 유해성에도 불구하고) 예외적으로 감수해야 하는지에 대한 결정이 아니라, 그보다 앞서 임미시온이 유해한지에 대해 결정을 내릴 때 이미 비교형량을 거쳐 문제의 시설이 갖는 유용성을 고려해야 한다고 판시하고 있다.[12)]

이렇게 법개념에 대한 해석단계에서 이데올로기적 요소를 편입시키는 입장은 구체적인 사례를 결정하는 법원의 논증부담뿐만 아니라, 세계관적 근거에서 임미시온보호를 제한할 수 있는 일반적 가능성과 관련해서도 심각한 결과를 낳게 된다. 즉, 이러한 입장을 표방하게 되면 교회종소리 사건에 대한 법원의 논증부담의 측면에서 볼 때, 연방행정법원은 어쩔 수 없이 비교형량을 둘러싸고 자알루이 고등행정법원과 지루한 논쟁을 벌여야 하는 상황에 봉착하게 된다. 그러한 비교형량 과정에서는 예컨대 교회종소리를 '인간의 시간성에 대한 지적'으로 해석하는 민감한 태도에 대항하여 "오늘날의 생활조건에서는 교회종소리가 시간을 알려주는 기능을 이미 상실했다"[13)]는 현실적 관점을 제기해야 하는가라는 물음이 중요한 역할을 하게

11) BVerwG DVBl 1992, 1234.

12) 이 판결에 대한 비판으로는 예컨대 *H.D. Jarass*, Zum Kampf um Kirchturmuhren und nächtens betriebene Tankstellen, JZ 1993, 601 참고.

13) BVerwG DVBl 1992, 1234, 1235.

된다.

이데올로기적 동기에서 건강을 침해하거나 현저한 장해를 유발하는 소음으로부터 인근주민을 보호하는 것을 일반적으로 제한하려는 논증방법은 더욱 심각한 결과를 낳는다. 즉, 소리를 통한 환경영향의 유해성을 판단할 때 "전통, 사회적 상당성 및 일반적 수용정도와 같은 가치평가적 요소도 함께 고려"[14]해야 한다고 봄으로써, 자연적 사실에 대한 판단에 이데올로기적 판단을 편입시키고 있다. 다시 말해 경험적 상태(연방임미시온보호법 제3조에서 언급하고 있는 결과를 야기하기에 적합한지 여부)를 관련된 시설의 유용성이라는 규범적 관점과 뒤섞게 되면, 당사자들에게 공공의 유용성이라는 상위의(정확히는 상위에 있다고 주장하는) 근거 때문에 유해한 영향을 감수하라는 요구를 명시적으로 입증하는 대신, 임미시온에 의해 야기된 손해라는 경험적 요소를 얼버무리듯 삭제할 수 있게 해준다.

2) "아이들 소음은 유해하지 않다."

이런 식의 이데올로기적 개념구성이 얼마나 기이한 꽃을 피우는지는 헤센주 의회에서 기독교민주당이 제안한 임미시온보호법 개정안에 잘 드러나 있다. 이 개정안에 따르면 연방임미시온보호법은 앞으로 "아이들 소음은 유해하지 않다"는 단서조항을 포함해야 한다고 한다.[15] 소음에 민감한 사람들이나 건강상의 이유로 평온을 필요로 하는 사람들이 이 법률안을 얼마나 기쁘게 받아들일 것인가? 이와 같은 규정은 당연히 얼마든지 그 범위를 확장할 수 있다. 법률을 발의한 기독교민주당은 법률개정을 통해 '가족친화적인 태도'를 강화하려는 생각을 갖고 있다.[16] 그렇다면 경제가 침체된 시기에는 연방공화국

14) BVerwG DVBl 1992, 1234, 1235.

15) Frankfurter Allgemeiner Zeitung 2005년 2월 16일자 기사.

16) Frankfurter Allgemeiner Zeitung 2005년 2월 16일자 기사.

의 '경제친화적 태도'를 향상시키기 위해 "산업임미시온은 유해하지 않다"는 조항을 추가하지 말라는 법이 어디 있겠는가? 최근 몇 년 동안 유명 정치인을 포함하여 여러 곳에서 맥주집 정원의 야간영업을 임미시온보호법에 따라 제한하는 것을 격렬히 비난하고 있는 바이에른주는 "맥주집 정원의 영업은 유해하지 않다"는 단서조항을 통해 개정하면 그만일 것이다. 헤센주 법률안의 제안이유서에 아이들 소음은 '미래를 기약하는 음악'이라는 표현[17] 역시 얼마든지 다른 맥락에서 써먹을 수 있다. 즉, 쉬지 않고 돌아가는 발동기 소리나 굴착기가 내는 망치소리는 경제성장에 의존하는 사회에서는 음악소리로 들리지 않겠는가?

앞서 인용한 법률안은 법적 규율을 형성할 때 이데올로기적 개념구성이 어떤 메커니즘을 갖고 작동하는지를 다시 한 번 뚜렷하게 보여준다. 당사자에게 미치는 영향과 관련하여 법률이 경험적으로 확인 가능하거나 예측 가능한 사실상의 결과(Realfolgen)를 통해 개념을 정의(연방임미시온보호법 제3조 제1항)하고 있는, 환경영향의 '유해성'이라는 개념은 특정한 사회적 가치평가가 표현되고 있는 규범적 요건을 추가함으로써 개념의 내용이 변경된다. 이와 같이 사실적 요소와 규범적 요소를 결합함으로써 만들어진 잡종개념은 서로 충돌하는 이익들과 서로 모순되는 가치평가들 사이의 형량을 공개적이고 명시적으로 수행하기보다는, 개념징의를 변경하여 형량을 은폐할 수 있게 해준다. 법률안의 목표는 소음의 영향을 받는 당사자들이 갖고 있는 평온에 대한 욕구를 희생시키고 아이들이 아무런 방해를 받지 않고, 다른 사람을 방해하면서 놀 수 있는 법적 여지를 확대하는 것이다. 이 법률안에 따르면 설령 의학적으로 확인된 건강손상일지라도 그것이 아이들의 소음으로 야기되었다면 감수해야 한다. 다시 말해 임미시

17) Frankfurter Allgemeiner Zeitung 2005년 2월 16일자 기사.

온보호법 개정안은 현행 법률과 비교해볼 때 관련 당사자들의 이해관계가 갖는 비중을 현저하게 변경시키는 내용을 담고 있다.

물론 입법자는 관련된 헌법적 한계를 넘지 않는 한, 그와 같은 변경을 기획할 자유가 있다. 즉, 헌법적 전제하에서 입법자는 일정한 이익형량에 근거하여 아이들이 놀면서 발생한 소음으로 인한 건강손상은 감수해야 한다고 규정할 수 있다. 법률안의 단서조항 역시 실질적으로는 그러한 자유에 속하지만, 그 방식은 잘못이다. 즉, 동일한 내용이긴 하지만, 내세운 기치가 잘못이다(그리고 이 점에서 부정적 의미의 이데올로기적 개념이다). 왜냐하면 계획하고 있는 단서조항의 표현은 이해관계의 갈등에 대한 결정이 아니라, 그러한 갈등의 존재 자체를 부정하고 있기 때문이다. 아이들 소음이 유해하지 않다면, 아무런 방해도 받지 않고 소음을 유발하는 이익과 형량을 해야 할 반대쪽 이익 자체가 존재하지 않게 된다. 더 중대한 반대이익이 존재하는 상황과 그러한 이익 자체가 없는 상황의 차이를 수사학적 표현을 동원하여 없애버렸고, 그리하여 이해관계의 갈등 자체를 개념정의를 통해 배제해 버렸다.

3) 손해로서의 아이?

사회적 가치평가가 아무런 매개과정 없이 곧바로 법개념에 흘러들어간 마지막 보기는 임신중절에 관한 연방헌법재판소 제2합의부의 판결(BVerfGE 88, 203)이 제공한다. 이 판결에 따르면 아이에 대한 부양의무를 민법상의 손해로 평가하는 것은 인간존엄의 원칙에 반한다고 확인하고 있다. 이와 관련하여 연방헌법재판소는 다음과 같이 판시했다. "아이의 존재를 법적 의미에서 손해의 원인으로 규정하는 것은 … 헌법(기본법 제1조 제1항)에 비추어 고려의 대상이 될 수 없다. 모든 인간 존재를 그 존재 자체를 위해 존중해야 하는 모든 국가권력의 의무에 비추어 볼 때, 아이에 대한 부양의무를 손해로 파악하는 것은 금지된다. 이 점에서 상담과정의 오류 또는 임신중절의 실패에 따른 의사의 책임에 대한 민사법원의 판결은 헌법적으로 심사할 필요가 있다."[18]

앞에서 서술했던 내용들을 감안하면 헌법재판소 판결의 논증에 대한 생각을 장황하게 이어갈 필요는 없다. 이 판결은 명백히 민사법원의 손해개념에 사회적 가치평가의 요소를 추가하고 있고, 그러한 요소가 개개의 '손해원인'에도 영향을 미쳐야 한다는 입장이다. 하지만 손해개념을 이렇게 규범적 내용으로 채우게 되면, 각각의 맥락에서 배상이 이루어지지 않은 재산상의 감소를 표현하기 위한 이 개념의 기능은 과부하상태에 빠지게 된다. 손해개념은 원래 법기술적 개념으로 기능하며, 교회시계탑의 종소리가 임미시온보호법상 허용되는지를 결정할 때의 소음의 일상언어적 의미와 마찬가지로 손해개념의 일상언어적 의미 역시 배제되어야 한다. 그러므로 부양의무가 손해인가를 둘러싼 논의에서 자주 사용되는, "아이의 출생은 손해가 아니라, '기쁜 사건'이다"는 표현은 법적인 맥락과는 전혀 관계가 없다. 아이의 출생이 사회의 공식적 해석도식이나 많은 부모들(결코 모든 부모가 아니다)의 관점에서 '기쁜 사건'이라고 해서 이를 법적으로 재산 감소의 원인으로 규정하는 것까지 배제되지는 않는다.

이 점에서 헌법재판소 제2합의부의 판결이 '손해로서의 부양의무'라는 주제에 대한 대다수의 문헌과 심지어 판례에서조차도 별로 지지를 받지 못하고 있다는 사실은 반겨야 할 일이다. 연방헌법재판소 제1합의부[19]와 마찬가지로 연방법원도 여러 판결[20]에서 연방헌법재판소 제2합의부의 입장에 뚜렷이 반대되는 입장을 보여주었다.

하지만 ―자알루이 고등행정법원의 판결을 수정한 연방행정법원

18) BVerfGE 88, 203, 296.

19) BVerfGE 96, 375, 400.

20) 상세한 논증은 BGHZ 124, 128 참고.

도 그랬듯이— 제2합의부의 판결을 비판하는 판결들 역시 제2합의부의 의심스러운 논증을 반박하면서도 의심스러운 논증형태를 별다른 의심 없이 그대로 수용하고 있다. 예를 들어 보자. 연방법원의 제6민사합의부(BGHZ 124, 128)는 전체적으로는 충분한 설득력을 갖고 있는 판결이유에서 원하지 않았던 아이를 부양해야 하는 부담으로 말미암아 부모들이 그 아이에 대해 부정적인 태도를 갖게 될 수 있다는 위험이 부양을 타인에게 부담시킬 가능성을 통해 더 높아지지는 않는다고 적절하게 판시하고 있다. "부모가 아이의 출생으로 인한 부담으로 인해 아이에게 부정적인 태도를 갖고 있는 한, 계약에 반하여 아이의 출생을 야기한 사람에게 아이의 부양을 함께 책임지게 하는 것을 법질서가 금지한다고 해서 부모의 그러한 태도가 개선되지는 않을 것이다." 이는 부양의무를 법적 의미의 손해로 규정하게 되면 아이에 대한 부정적 태도를 낳게 되고, 따라서 아이의 존엄을 침해하는 경향이 있다는 논증을 반박하기에 충분한 논거이다. 원하지 않았던 아이에 대한 부모의 부정적 태도는 법질서의 관점에서 부양부담을 손해로 보아야 한다는 사실과는 관계가 없다.

그러나 연방법원 제6민사합의부는 다음과 같은 추가논거를 통해 합의부가 비판하는 입장을 필요 이상으로 인정하고 있다. 즉, 의사의 의료과실로 말미암아 아이가 태어나게 되어 발생한 손해배상을 인정하면, 이를 통해 "아이의 경제적 지위가 개선되고 가족 내에서의 평가도 향상될 수 있을 것"이기 때문에 장애아의 가족 내 지위를 강화할 것이라고 판시한다. 그렇지만 장애아에 대한 가족 내의 평가가 장애아의 출생 및 그에 따른 부양부담과 관련된 손해배상을 받을 수 있다는 사실에 의존한다고 보는 것이 과연 궁극적으로 문제가 되는 아이의 존엄에 상응하는지는 커다란 의문이 아닐 수 없다. 토론당사자가 제시한 논거의 비중을 다른 곳으로 옮김으로써 논증을 '강화'하는 일은 대개는 위험한 전략이다. 이를 잘 보여주는 보기는 유대인의 농담을 모아 놓은 살치아 란트만(Salcia Landmann)의 책에 나와 있다. 나는 이 책에 있는 유대인 농담 하나를 조금은 자유로운 형태로 인용하면서, 학문적 진지함이 세상사에 대해 약간의 조롱을 섞어 경쾌한 관점으로 바라보는 일을 결코 가로막지 않는다고 생각하는 동료교수 디터 시몬에게 헌정하는 이 논문을 마감하고자 한다. "이그나츠가 아내 사라에게 말하기를 '사라, 아무래도 다이들은 내 아이가 아닌 것 같아.' 흥분한 사라가 이렇게 대꾸한다. '아니 당신 어떻게 그런 말을 할 수 있어! 다이들만은 틀림없는 당신 아이야!"

사족: 이 이야기와 관련된 친자확인의 문제는 최근의 민사판결과 형사입법논의에 비추어 볼 때 이데올로기와 법의 관계를 고찰하기에 아주 좋은 대상이다. 하지만 이는 별개의 논의대상이다.

6. 진리와 권위: 법에서 근거제시를 통한 정당화의 가능성과 한계

(1) 정당화로서의 근거제시

1) 정당화 필요성

회의주의자라면 도대체 무엇을 위해 법원의 결정이나 여타의 법적 결정이 근거제시를 필요로 하는지 물을 수 있다. 회의주의자는 아마도 이렇게 생각할 것이다. 즉, 만일 판결이 옳다면, 근거를 제시하는 일은 쓸데없는 장식품이자 시간과 재화의 낭비이자 그렇지 않아도 업무부담이 많은 사법부에게 더 부담을 지우는 일에 불과하다. 이에 반해 판결이 잘못이라면 근거제시 역시 잘못이거나 논리적 일관성이 없을 것이고, 심한 경우에는 잘못된 판결을 정당화하기 위한 위장술로서 결정 자체가 안고 있는 오류를 은폐하는 위선에 불과하다. 회의주의자는 여기서 한 걸음 더 나아가 법의 역사나 이념사까지 찾아보면서 독실한 신자는 최후의 심판에 대한 근거제시를 요구하지 않는다는, 자유법학의 대표자 가운데 한 사람의 유명한 격언[1]까지 원용할 수 있다. 과연 법원의 근거제시 실무를 옹호하고자 하는 사람은 이 회의주의자에게 어떤 식으로 반론을 제기할 수 있을까?

회의주의자는 아마도 결정의 정당성과 근거제시의 정당성을 극단적으로 분리하는 것이 과연 타당한지 의심하면서,[2] 일단은 최후의 심판에 관한 지적을 고맙게 받아들일지 모른다. 왜냐하면 신의 법정과 현세의 법정을 비교함으로써 회의주의자는 자신의 핵심적인 논거를 획득할 수 있기 때문이다. 이때 최후의 심판이 전지전능한 법관에 의해 내려지고, 따라서 판결이 정당한 것으로 입증될 필요가 없다는 사정은 크게 중요하지 않다. 중요한 것은 근거제시에 대한 기대, 즉 판결의 정당화에 대한 요구 자체가 이미 신성모독이 된다는 사실이다. 이 경우 근거제시의무라는 사고는 항소나 상고를 통해 판결에 불복할 수 있다는 생각만큼이나 어불성설이다. '최후의 심판 제2심'이라는 표현은 솔로몬 재판 제2심이라는 표현[3]과 마찬가지로 풍자에서나 등장할 수 있을 뿐이다.

최후의 심판이라는 보기를 통해 뚜렷이 알 수 있듯이, 결정에 대한 근거제시(Begründung)는 곧 결정의 정당화를 뜻한다. 영어와 불어에서는 용어 자체('justification'은 근거제시이기도 하고 정당화이기도 하다)에 이미 이러한 연관성이 반영되어 있다. 결정에 대한 근거제시는 결정자와 결정에 의해 직접 또는 간접적으로 이해관계에 영향을 받는 당사자 사이의 관계에서 등장하는 정당화 요구에 부응하는 것이다.

---

1) *Gnaeus Flavius*(= *Hermann Kantorowicz*), Der Kampf um die Rechtswissenschaft, Heidelberg 1906, S. 42.

2) 이에 관해 자세히는 *Ulfrid Neumann*, Theorie der juristischen Argumentation, in: Arthur Kaufmann/Winfried Hassemer/Ulfrid Neumann (Hrsg.), Einführung in Rechtsphilosophie und Rechtstheorie der Gegenwart, 7. Aufl., Heidelberg 2004, S. 333ff., 341f. 참고.

3) *Ephraim Kishon*, Salomos Urteil - zweite Instanz. Neue Satiren, 14. Aufl., München, 1990.

2) 민주적 법치국가와 근거제시의무

그렇다면 국가의 법제정 행위가 원칙적으로 근거제시를 통한 정당화를 필요로 한다는 점은 분명하다. 보편적 법제정(입법)뿐만 아니라, 개별적 법제정(법원의 판결, 행정행위)도 관련 당사자들의 이해관계에 개입하는 것이 보통이기 때문이다. 실제로 독일의 법원뿐만 아니라 대다수의 행정관청도 자신의 결정에 대해 근거를 제시할 의무가 있다(행정절차법 제39조). 하지만 그러한 근거제시의무가 결코 당연한 것만은 아니라는 사실은 이러한 의무가 특정한 기관에 국한되고, 또한 역사적으로 보편적인 현상이 아니라는 사실을 보면 알 수 있다. 무엇보다 입법자에게는 근거제시의무가 적용되지 않으며, 단지 입법자의 결정을 토대로 결정을 내리는 법원과 행정관청만 이 의무를 부담한다. 다시 말해 연방이나 주 의회가 제정하는 법률에 대해서는 근거를 제시할 공식적 의무가 없다. 다른 한편 법원의 결정에 대한 근거제시의무는 역사적으로 볼 때 비교적 최근부터 부과되는 의무이다(물론 행정기관의 결정도 마찬가지이다). 오늘날 독일의 법원이 부담하고 있는 포괄적인 근거제시의무는 19세기의 산물이다. 교회법은 카논법대전(Codex iuris canonici, 1918년)이 발효될 때까지 여전히 특별한 경우가 아닌 이상 법관의 결정에 대한 근거제시를 거부했다.[4)]

교회법의 경우처럼 근거제시의무에 대해 소극적인 태도를 보이는 이유는 교회법 제도 자체에 내재하는 하나의 긴장관계 때문이다. 즉, 권위와 논증 사이에 명백히 긴장관계가 존재하고, 권위에 기초하고 있는 관계에서는 근거제시의무를 상당부분 유보하는 것 역시 그 때

4) *Helmut Schnizer*, Die Entscheidungsbegründung im Kirchenrecht, in: Rainer Sprung/Bernhard König(Hrsg.), Die Entscheidungsbegründung in europäischen Verfahrensrechten und im Verfahren vor internationalen Gerichten, Wien 1974, S. 27ff., 27. 현재 효력을 갖고 있는 교회법은 1983년의 카논법대전이다.

문이다. 만일 '근거제시'가 곧 '정당화'를 의미한다면, 근거제시의무는 이 의무를 부담하는 사람이 근거를 제시받는 사람에게 정당화를 해야 할 책임이 있다는 것을 전제한다. 이와 같은 생각은 권위적으로 사고하는 영역, 즉 "네가 말하면 내가 심판하겠다(sic volo sic jubeo)"가 통용되는 영역에서는 인정되지 않는다. 국가기관이 국민의 의사에 의해 정당화되는(기본법 제20조 제2항 1문) 제도가 아니라, 신이 임명한 관헌으로 이해되던 과거에는, 당사자인 시민(정확히는 '신민')에 대해 근거를 제시할 의무가 있다는 식의 생각은 성립할 수 없었다. 이러한 상황에서 법관이 자신의 결정에 대해 근거를 제시해야 할 의무는 군주가 사법부를 통제하는 데 기여했을 뿐이다. 그렇기 때문에 근거제시에 적대적인 신학적 국가사상이 나치 독재시절에 칼 슈미트(Carl Schmitt)의 저작 속에서 시대에 적합한 형태로 부활한 것은 결코 우연이 아니다.[5)]

다른 한편, 오늘날 독일의 법질서에서 법관의 결정에 대한 근거제시와 관련하여 제기되는 구체적인 요구사항들을 살펴보면 근거제시의무와 각 (정치문화를 포함한) 법문화 사이의 연관성도 드러난다. 법관의 결정에 대한 근거제시의무와 관련된 포괄적인(하지만 모든 경우에 근거제시의무가 적용되는 것은 아니다[6)]) 법률규정들(민사소송법 제313조; 형사소송법 제267조; 행정법원법 제117조)은 오늘날의 판결과 법학의 관점에서 보면 단지 최소한의 프로그램에 불과하다. 그 때문에 상급법원과 연방헌법재판소가 제기하는 요구사항들[7)]은 법률규정을 훨씬

---

5) *Carl Schmitt*, Donoso Cortes in gesamteuropäischer Interpretation, Köln 1950. 이에 관해서는 *Martin Kriele*, Theorie der Rechtsgewinnung, 2. Aufl., Berlin 1976, S. 184 참고.

6) 예컨대 상고심 재판부가 상고 자체가 명백히 근거가 없다고 만장일치로 각하하는 결정을 내릴 경우, 이 결정에 대해서는 근거를 제시할 필요가 없다 (형사소송법 제349조 제2항).

7) 대표적으로는 BVerfGE 34, 269ff., 287(결정이 합리적 논증에 기초하도록

뛰어넘는 내용을 담고 있다.

이 내용은 사실 확인에도 해당한다. 즉, 형사소송법규정에 따르면 법원은 예컨대 피고인을 강도 살인범으로 여기게 된 이유와 같이 특정한 사실을 출발점으로 삼게 된 근거를 설명할 의무가 없다. 다만 간접증거를 원용할 때에는 해당하는 간접증거를 제시해야 한다(그러나 이 역시 필연적인 의무는 아니다, 형사소송법 제267조 제2항 2문). 하지만 이와 같은 규율은 오늘날의 압도적 다수의 견해에 따르면 불충분하고, 따라서 잘못된 것으로 여겨진다.[8] 그 때문에 판례는 형사소송법 제267조 제1항을 훨씬 뛰어넘어 포괄적인 증거평가를 요구한다.[9] 그 이유에 대한 설명은 결정과 논증 사이의 관계라는 관점에서는 상당히 많은 시사점을 던져주고 있다. 포괄적인 범위의 근거제시의무의 확립을 위해 자주 원용되는 법규정은 법원이 사실을 확인할 때에는 '전체 공판을 통해 획득한 확신'에 따라 자유롭게 결정한다고 말하고 있다(형사소송법 제261조). 여기에는 근거제시라는 말이 없다. 법관이 사실 확인과 관련된 확신을 형성하면서 그 기초로 삼은 평가를 판결이유에 서술해야 할 의무가 있다는 점은 오늘날의 법학과 법실무가 제기하는 요구이다. 이와 같이 구체적인 결정의 규준들(포괄적 증거평가)을 근거제시의무로 확대하는 것은 국가기관의 결정을 당사자나 일반대중 또는 다른 기관을 통해 더욱 강력하게 통제하려는 발전경향의 특징이다. 오늘날 정당한 결정을 위한 이론인 법학방법론에서 구제적인 법적 근거제시의 기준들을 포착하려는 분과인 법적 논증이론으로 관심이 옮겨가는 것 또한 이러한 발전경향의 표현이다.

하는 것은 헌법적 명령이다).

8) 이에 관해서는 무엇보다 *Calus Roxin*, Strafverfahrensrecht, 25. Aufl., München 1998, S. 401 참고.

9) 구체적인 내용은 *Lutz Meyer-Goßner*, StPO, 47. Aufl., München 2004, § 267 Rn. 12 참고.

이 밖에도 확인된 사안에 대한 법적 평가 역시 같은 과정을 겪고 있다. 이와 관련해서도 오늘날 법실무와 법학이 제시하는 기준들은 법률의 최소 프로그램을 훨씬 뛰어넘는 내용을 담고 있다. 예를 들어 형사소송법은 사안에 대한 법적 평가에 대해 근거를 제시해야 하는 법관의 의무를 해당하는 형법조항의 제시에 국한하고 있다(형사소송법 제267조 제3항 1문). 즉, 법률에 따른다면 법관이 어떠한 이유에서 피고인의 행위를 사기로 평가하는지를 설명할 의무가 없다. 설령 판례와 학설에서 문제되는 사안이 법적으로 사기에 해당하는지 아니면 절도에 해당하는지에 대해 다툼이 있다고 할지라도 법관은 자신의 법적 평가의 근거를 제시할 의무가 없다. 하지만 법실무는 이 지점에서도 다른 기준을 정립하고 있다. 즉, 논쟁의 대상이 되고 있는 법적 문제에 대해서는 자세하게 논의를 하며, 학술문헌에서 제기되는 비판을 반박하는 등 상당히 논증적으로 결정이 내려지고 있다.

(2) '정당성'을 통한 정당화 가능성과 그 한계

논증은 그것이 하나의 결정(또한 넓은 의미에서 사실주장까지 포함)이 정당하다고 입증한다는 주장을 제기하는 것이라는 점에서 정당화를 수행하는 작업이다. 따라서 (법관에 의한) 결정 또는 (변호인이나 검사에 의한) 결정의 제안에 대한 근거제시가 이루어지는 경우에는 권위(auctorita)가 아니라, 진리(veritas)를 지향한다.[10] 그렇기 때문에 법적 논증의 이념은 진리(정당성)를 통한 정당화를 추구한다. 물론 법정에서 펼쳐지는 실제 현실을 냉철하게 관찰해보면 이러한 주장에 대해 여러 가지 반론을 제기할 수 있다. 아래에서는 법적 논증이 갖는 수

10) 자세히는 *Ulfrid Neumann*, Wahrheit im Recht, Baden-Baden 2004, S. 41ff. 참고.

사학적 측면(1), 정당성기준의 다의성(2), 법적 논증이 결코 강제적 성격을 갖지 않는다는 사실(3), 결정발견과 결정에 대한 근거제시의 차이(4)를 중심으로 그러한 반론들을 검토해 보기로 한다.

1) 법적 수사학인가 아니면 법적 논증인가?

법적 결정이 전적으로 합리적 논증에 의해서만 영향을 받는 것은 아니다. 형사재판의 변호인이 법관의 동정심에 호소하고, 검사가 법관이 갖고 있는, 범죄에 대한 불안감에 호소하는 것은 얼마든지 있을 수 있는 일이다. 또한 변호인이나 검사 모두 각자의 입장에 유리한 측면을 유독 강조하고, 반대논거의 비중을 낮게 잡기 위해 수사학을 동원할 수 있고, 실제로도 그렇다. 그리하여 몇몇 논거들을 간단히 뒤집기만 해도 논거들을 저울질한 결과를 얼마든지 조작할 수 있다. 그리하여 "이 논거는 입법자의 의사에는 합치하지만, 법률에는 명시적으로 표현되어 있지 않다"는 표현과 "이 논거는 법률에는 명시적으로 표현되어 있지만, 입법자의 의사에 합치한다"는 표현은 논리적으로 완전히 일치하지만, 제시되는 논거의 맥락에 따라 서로 다른 비중을 갖게 된다.[11)]

법률가가 어느 정도까지 '수사학적' 수단을 이용할 수 있는지(또는 이용해야만 하는지)의 문제는 그 사이 문제중심적-수사학적(topisch-hetorisch) 진영[12)]과 비교적 전통적인 방법론을 표방하는 진영 사이에서 논란의 대상이 되고 있다. 법적 수사학 진영 내부에서 가장 극단적인 견해를 취하고 있는 입장은 법적 논증이 실질적인 정당성기준을 갖고 있다는 사고 자체를 부정하며, 특히 일정한 규칙들을 지향하

---

11) *Katharina* Sobota, Rhetorisches Seismogramm — eine neue Methode in der Rechtswissenschaft, JZ 1992, S. 231ff.

12) 이 진영에 대해 자세히는 *Ulfrid Neumann*, Juristische Argumentationslehre, Darmstadt, 1986, S. 54ff. 참고.

여 사례를 결정하고 그에 대해 근거를 제시할 가능성을 거부한다.[13)]

법적 수사학은 이 이론이 법적 논증이 갖고 있는 화용론적(pragmatisch) 차원을 다시 상기시키도록 해주었다는 점에서 커다란 기여를 했다고 자부할 수 있다. 논증은 특정한 대상뿐만 아니라, 특정한 사람들과도 관련되는 행위이다. 일반적으로 표현하자면, 말하기(Reden)는 언제나 무엇인가에 대한 말하기일 뿐만 아니라, 누군가와 서로 말하기이다. 법학방법론은 말하기와 논증이 갖고 있는 이러한 커뮤니케이션으로서의 측면, 즉 그 화용론적 차원[14)]을 오랫동안 무시해 왔다. 그렇기 때문에 법적 수사학은 화용론적 차원을 강조함으로써 논증의 과정, 구조 및 형태가 언제나 논증참여자들의 속성 및 참여자들 사이의 상호적 관계에 의존한다는 점을 감안하도록 해주었다. 이 점에서는 법적 수사학에 전적으로 동의할 수 있다.

그러나 법적 수사학이 모든 말하기와 논증이 화용론적 차원에 구속된다는 사실로부터 법적 논증을 오로지 그 성공만을 기준으로 판단해야 한다는 결론을 도출한다면,[15)] 그것은 지나친 과장이다. 왜냐하면 법적 논증은 필연적으로 실질적인 의미의 설득력, 다시 말해 논증을 수용하는 사람들의 개인적 선호도나 이해관계 또는 세계관적 입장과는 관계없이 논증의 내용 자체가 갖는 설득력을 주장하기 때

---

13) *Fritjof Haft*, Juristische Rhetorik, 5. Aufl., Freiburg in Bresgau 1995, S. 11f. 이에 대한 비판으로는 *Arthur Kaufmann*, Das Verfahren der Rechtsgewinnung, München 1999, S. 25 및 그 자신 수사학 진영에 속하는 *Wolfgang Gast*, Juristische Rhetorik, 3. Aufl., Heidelberg 1997, S. 55ff., 126ff. 참고.

14) 이에 관해서는 예컨대 *Charles W. Morris*, Grundlagen der Zeichentheorie, Ästhetik der Zeichentheorie, Frankfurt am Main 1988, S. 52ff.(영어원서는 1938년 출간) 참고.

15) 예컨대 정당성기준에 대한 사실상의 합의 가능성에 관한 *Fritjof Haft*, Strafrecht und Rhetorik, JuS 1981, S. 718ff., 719 참고.

문이다. 이처럼 논증을 수용하는 사람과는 전혀 관계없는 독자적인 설득력, 즉 실질적 정당성을 주장하지 않는다면 논증을 통해 여러 법원들 상호간의 관계, 법실무와 법학의 관계, 검찰과 변호인 사이의 관계를 설정한다는 생각 자체를 할 수 없다. 법적 논증은 적어도 그 이념상으로는 극도로 상이한 개인적 또는 제도적(예를 들어 소송대리인의 관점과 법관의 관점은 서로 다르다) 성격을 갖고 있는 사람들이 공통으로 사용하는 화폐이다.

논증은 원칙적으로 특정한 청중을 목표로 삼고 있다는, 수사학적 입장을 출발점으로 삼더라도, 법적 논증의 수용자는 특별하고 선별적인 수용능력을 갖고 있는 특수한 청중이 아니라, 오로지 합리적인 법적 논거에 의해서만 확신을 갖게 되는 이상적인 청중이라고 말할 수 있다. 벨기에의 철학자 페를만(Perelman)은 합리적인 논거에 의해서만 확신을 갖게 되는 청중을 '보편적 청중(universales Auditorium)'이라는 개념으로 표현한다.[16] 이에 따라 법적 논증은 구체적 청중이 아니라, 보편적인 법적 청중을 지향한다고 말할 수 있다. 물론 문제는 모든 문화를 포괄하는 보편적 합리성(여기에는 특수한 법적 합리성도 포함된다)이라는 사고에서 출발할 수 있는지 아니면 상이한 문화, 상이한 생활형식에 따라 합리적인 논증에 대해 독자적으로 개념을 규정할 권리를 인정해야만 하는가이다.[17] 실천철학의 영역에서는 '보편

---

16) *Chaim Perelman*, Juristische Logik als Argumentation, 1979, S. 141; *ders.*, Justice, Law and Argument, Dordrecht 1980, S. 71ff.

17) 이에 관해서는 문화적 상대성을 인정하는 *Aulis Aarnio*, Denkweisen der Rechtswissenschaft, Wien 1979, S. 157ff.; *ders.*, in: Aulis Aarnio/Robert Alexy/Aleksander Peczenik, The Foundation of Legal Reasoning, in: Rechtstheorie 12(1981), S. 423ff., 439ff.와 문화초월적 보편성을 표방하는 *Robert Alexy*, Aarnio, Perelman und Wittgenstein. Einige Bemerkungen zu Aulis Aarnios Begriff der Rationalität der juristischen Argumentation, in: Aleksander Peczenik/Jyrki Uusitalo(Hrsg.), Reasoning on Legal

주의와 공동체주의'라는 표제하에 논의되는 이 문제[18)]는 현재 특히 인권의 보편성을 둘러싼 논의에서 중요한 역할을 한다. 즉, 18세기 말에 유럽과 미국에서 처음으로 표명되었고, 그 이후 지속적인 발전을 거듭한 인권이 중국, 인도, 중앙아프리카와 같이 사상사적으로 전혀 다른 역사를 배경으로 삼고 있는 지역에서도 구속력을 갖는 것일까? 혹시 이러한 지역에 대해서도 원래 서구에 특수한 것일 뿐인 인권을 강요하는 것은 서구의 후기식민주의적인 오만과 편견에 불과한 것은 아닐까? 이는 상당히 어려운 문제이다. 여기서는 단지 다음과 같은 사실을 확인하는 데 만족하기로 하자. 즉, 특정한 법질서에 의해 구성되는 하나의 법공동체는 상당부분 공통의 합리성기준을 갖고 있다는 사실이다. 한 법공동체 내에서 접하게 되는 판결이유, 소송서면 또는 여타의 법적 논증에 관한 한, 법적 논증의 수용자로서의 보편청중이라는 모델은 충분한 설득력을 갖는다. 법원이 선고한 결정이나 당사자들이 신청한 결정은 논증이 이러한 의미의 보편청중에게 확신을 갖게 만드는지 여부에 달려 있다.

2) 법적 결정의 '정당성'이 갖고 있는 다차원성

물론 이상의 서술은 단지 정당성기준에 대한 형식적인 설명일 뿐이고, 이 점에서 충분한 정당성기준을 제시한 것이라 볼 수 없다. 왜냐하면 이러한 형식적 기준에 대한 설명에 뒤이어 과연 어떠한 전제조건하에서 하나의 결정 또는 그에 대한 근거제시가 보편적 청중에게 확신을 갖게 만드는가라는 물음이 제기되기 때문이다. '결정이 합리적인 근거에 기초할 때'라는 대답은 명백히 순환논법에 불과하다.

Reasoning, Helsinki 1979, S. 121ff. 참고.

18) 이에 관해서는 *Axel Honneth*(Hrsg.), Kommunitarismus. Eine Debatte über die moralischen Grundlagen moderner Gesellschaften, 3. Aufl., Frankfurt am Main 1995 참고.

따라서 정당성을 판단할 수 있는 실질적 기준이 제시되어야 한다. 실제로 그러한 실질적 기준이 존재한다. 실질적 정당성기준은 소극적 기준과 적극적 기준으로 나눌 수 있다. 소극적 기준은 일반적으로 인정되고 있는 반면, 적극적 기준에 대해서는 상당히 논란이 많다.

a) 소극적 전제조건은 결정과 논증의 객관성을 침해하는 장애요인이 없어야 한다는 사실이다. 다시 말해, 결정이 편파적이어서는 안 되고, 법과 관계없는 요인들, 특히 법관(또는 결정권한을 갖는 여타의 사람)의 개인적 친소관계에 의존해서는 안 된다. 따라서 결정은 특정한 법질서와 법문화에서 일반적으로 인정되지 않는, 법관 개인의 사적인 선호도나 확신을 반영해서는 안 된다. 이러한 중립성 요구는 결코 어느 시대에서나 당연한 것으로 이해되지는 않았다.[19] 이에 반해 개인과 직위를 엄격하게 분리한다는 전제에서 출발하는 현대의 법체계에서 중립성의무는 어떤 개인적 결속관계에 기초한 무조건적 헌신을 엄격히 거부한다.

중립성 요구는 개인적-제도적 측면과 논증이론적 측면을 갖고 있다. 결정을 내리는 사람 개인과 관련하여 공정성(불편부당성)은 개인적 태도나 심리적 성격 또는 굳이 표현하자면 법적 '미덕'으로서 요구된다. 그리하여 이러한 공정성이 위협당하고 있다고 여겨지는 예외적인 상황일 때에는 법관은 해당하는 사건을 다루지 못하도록 배제된다(법관의 제척과 기피). 그리고 독일에는 검찰공무원에 대한 연방법차원의 규정이 없긴 하지만, 법관에 관한 규정은 원칙적으로 검사에게도 적용된다고 본다. 이 점은 검사에게도 (제한적으로) 적용되는 공정성명령(예컨대 형사소송법 제160조 제2항)뿐만 아니라, 자기 자신에게 관련된 사안을 다루어서는 안 된다는 법치국가적 원칙으로부터도 도

---

19) 이에 관해서는 *Niklas Luhmann*, Rechtssoziologie, 2. Aufl., Opladen 1983, S. 177 참고.

출된다. 이에 반해 변호인은 (비록 법률은 변호인을 '사법기관'으로 규정하고 있지만) 국가권력을 행사하지 않기 때문에, 해당하는 규정의 적용대상이 아니다.

그렇다고 해서 변호인 —그리고 모든 변호사들— 에게는 법관이나 국가의 결정과정에 참여하는 여타의 법률가들과는 다른 논증규칙이 적용된다는 뜻은 아니다. 변호사는 당연히 의뢰인의 이익을 대변할 수 있고 또한 그래야 하지만, 결코 의뢰인의 이익만을 근거로 내세울 수는 없다. 피고인이 무죄선고를 받거나 또는 어떤 경우이든 자유형은 피해야 한다는 데 지대한 관심이 있다는 사실은 충분히 납득이 가긴 하지만, 그 자체만으로는 법원이 그런 방향으로 결정을 내려야 한다는 사실에 대한 논거가 되지는 못한다. 따라서 변호사는 그가 신청한 판결이 자신의 의뢰인의 이익에 부합한다는 사실이 아니라, 법에 부합한다는 사실을 설명해야 한다. 이때 변호사가 원용할 수 있는 논거는 법원이 판결의 근거를 제시할 때 사용할 수 있는 논거와 동일하다. 즉, 의뢰인의 이익이 법적 의미를 획득하기 위해서는 이를 법적 논거라는 공통의 화폐로 전환해야 한다. 그럴 때에만 원칙적으로 서로 화합할 수 없는 상이한 이익들이 원칙적으로 해결할 수 있는 법적 문제로 전환된다. 한 가지 보기를 들어보자. 부모 쌍방 모두 이혼 후에 자녀를 자신이 양육하기를 원하는 경우, 그에 대한 아버지의 이익이든 어머니의 이익이든 그 자체만으로는 친권을 인정받기 위한 논거가 될 수 없다. 법적으로 중요한 것은 오히려 부모 가운데 누구와 함께 살 때 아이가 가장 잘 성장할 수 있는가이다(아동의 복리; 민법 제1671조 제2항). 따라서 아버지 측 변호사와 어머니 측 변호사 모두 각자의 신청을 아이가 아버지(또는 어머니)와 함께 살 때에 더 좋은 성장환경을 누리게 될 것이라는 주장(물론 그에 대한 근거를 제시해야 한다)으로 뒷받침해야 하고, 이 점에서 변호사는 최소한 겉으로라도 공정한 입장을 취해야 한다. 그렇기 때문에 공정성과 실질적 타당성은 법

관의 미덕일 뿐만 아니라, 법률가의 '수사학적 기술'이기도 하다.[20]

b) 이러한 모델에 따르면 불편부당성(공정성)이라는 소극적 전제조건은 결정과 법적 논증이 오로지 결정의 정당성을 적극적으로 규정하는 기준에만 지향될 수 있는 가능성을 마련해준다. 하지만 언제 하나의 결정이 정당한가라는 물음은 법률가를 당황하게 만든다. 왜냐하면 결정은 기준이 되는 법적 규칙, 특히 법률과 합치할 때 정당하다는 상투적인 대답[21]은 틀린 대답은 아니지만, 결코 충분한 대답은 아니다. 그 이유는 두 가지인데, 하나는 너무나도 당연한 이유이고, 다른 하나는 꼭 당연하지만은 않은 이유이다. 우선 매우 당연한 이유는 이렇다. 익히 알려져 있듯이 법률규정에서 구속력을 갖는 규칙들 모두를 찾아낼 수는 없다. 왜냐하면 아무리 부지런한 입법자일지라도 현실에서 등장하는 모든 사례에 대해 미리부터 정확하게 규율하는 것은 불가능하기 때문이다. 그래서 법실무와 법학문헌에서 비로소 엄밀한 사례에 대한 엄밀한 규칙을 밝히게 된다. 이러한 규칙형성을 위한 기준들은 극히 다양하고 이질적이기 때문에, 이들을 조화롭게 해석('해석방법들'은 그 자체 독립성을 갖지 않고, 단지 전체 해석과정을 구성하는 부분적 요소일 뿐이다)하거나 명확한 서열관계를 만들어 일관성 있는 '총체적 기준'으로 결합하는 것은 불가능하다. 다시 말해, 특정한 해석규칙이 법질서에 부합하는지 여부에 대한 결정과 관련해서는 완벽하게 합의할 수 있는 기준이 존재하지 않는 것이 일반적이다.

---

20) *Katharina Sobota*, Sachlichkeit. Rhetorische Kunst der Juristen, Frankfurt am Main 1990.

21) 결정이 법률에 합치해야 한다는 점을 정당성기준으로 삼는 것에 관해서는 BVerfGE 54, 117ff., 125 참고. 이에 관해서는 *Dirk Looschelders/Wolfgang Loth*, Juristische Methodik im Prozess der Rechtsanwendung, Berlin 1996, S. 1 참고.

두 번째 이유는 법적 결정이 또 다른 정당성기준에 구속된다는 사정이다. 즉, 법적 결정은 법률에 합치해야 할 뿐만 아니라, 이성적이고 정당하기도 해야 한다. 간단히 말해 '실질적' 정당성을 가져야 한다. 이는 결코 당연한 것으로 여길 수는 없다. 왜냐하면 두 가지 정당성기준이 서로 모순될 수도 있기 때문이다. 법률에 따른 결정이 얼마든지 부정당하고, 실질적인 측면에서 커다란 잘못이거나 심지어 말도 안 되는 경우가 있다. 그렇게 되는 데에는 여러 가지 이유가 있을 수 있다. 즉, 법률이 입법기술적으로 잘못 처리된 나머지 처음부터 잘못인 경우가 있다. 아니면 제정된 법률이 기술발전으로 인해 진부한 것이 되는 경우도 있다. 또는 정당한 규율에 대한 현재의 사고에 더 이상 부합하지 않는 경우도 있을 수 있다. 이 모든 경우에 법률가는 자신이 법률을 따를 것인지 아니면 이성을 따를 것인지를 결정해야 한다. 더 정확히 표현하자면, 자신이 어느 정도까지 법률상의 기준에 따르고, 어느 정도까지 실질적 정당성이라는 기준(이 기준은 다시 정의나 결과에 대한 고려와 같이 여러 가지 관점들을 포괄한다)에 따를 것인지를 결정해야 한다. 여기서 이것 아니면 저것이라는 '양자택일'의 입장을 취하기를 원한다면 그건 순진한 생각이다. 법관이 법률의 충실한 시녀로서 당당한 태도를 취하고, 결정의 결과 따위에는 눈을 감을 수 있다는 생각은 우스꽝스러운 생각이다. 이와는 반대로 법관이 법률을 무시해도 좋은 것(quantite negligeable)으로 선언하고, 카디사법(Kadijustiz)의 스타일대로 법률을 무시한 채, 구체적으로 '가장 이성적인' 결정을 내려서도 안 된다. 오히려 결정의 합법성과 실질적 정당성이라는 두 가지 요청이 함께 법적 논증의 조합시스템을 구성한다고 생각해야 한다. 물론 이 두 가지 정당성기준 사이에 다리를 놓는 작업을 통해 양자를 서로 결합시키려는 시도[22]는 양자 사이의

22) 예를 들어 법률의 이성적 성격이라는 해석학적 전제와 객관적-목적론적 법률해석을 결합시키는 것(이에 관해서는 예컨대 *Ulrich Schroth*, Herme-

긴장을 순간적으로 완화시킬 수는 있지만, 이 긴장을 구조적으로 제거할 수는 없다.

3) 근거제시, 증명, 명증성

법학은 수학이 아니다. 다시 말해 법적 논증은 공리들의 집합으로부터 의심의 여지없는 결론을 엄격하게 도출하는 작업이 아니다(여기서 수학에 대한 이러한 성격규정이 이 분과의 모든 영역에 해당하는지는 자세히 다룰 수 없다). 그렇지 않다면 수없이 많은 쟁점들에 관해 도서관을 채우고 있는 그 많은 책들의 존재를 설명할 길이 없거나, 법학서적을 쓴 수많은 저자들의 전문적 능력의 흠결이 원인이라고 설명해야 할 것이다. 실제로 법적 논증은 증명이 아니라 근거제시이다. 증명과 근거제시의 차이는 추론이 갖는 힘의 차이와 관련이 있다. 증명의 경우에는 대전제로부터 결론이 필연적으로 도출되는 추론이라면, 하나의 테제에 대해 논증을 통해 근거를 제시하기 위해 제시되는 논거들은 단지 이 논거를 인정해야 할 좋은 근거들을 표현할 뿐이다.[23] 다시 말해 증명의 전제를 인정하면, 그에 따른 결론까지 인정해야 하는 반면, 논거의 실질적 정당성을 인정한다고 해서 반드시 논거가 지지하는 테제까지 인정해야 하는 것은 아니다. 즉, 누군가가 논거의 타당성을 인정하고 동시에 이 논거가 지지하는 주장까지 인정하는 단계로 넘어갈 것인지 여부는 전적으로 그 자신이 결정할 문제이다. 보기를 하나 들어보자. 페르마(Fermat)의 정리는 그 사이 이를 증명하는

---

neutik, Norminterpretation und richterliche Normanwendung, in: Kaufmann/Hassemer/Neumann[각주 2], S. 270, 284ff. 참고)은 이러한 시도에 속한다.

23) *Chaim Perelman*, Das Reich der Rhetorik. Rhetorik und Argumentation, München 1980, S. 56. 이에 관해서는 *Ulfrid Neumann*, Juristische Argumentationslehre(각주 12), S. 67 참고.

데 성공했기 때문에 더 이상 의문의 대상이 될 수 없다. 이에 반해 형법에서 정범과 공범의 구별은 주관적 기준이 아니라, 객관적 기준에 따라야 한다(즉, '행위자의 의사' 대신 '행위지배')는 이론에 대해서는 여러 가지 좋은 근거들이 있긴 하지만, 그렇다고 해서 이 이론이 증명될 수 있는 것은 아니다. 따라서 공범과 정범의 구별과 관련하여 주관설을 신봉하는 연방법원에 대해 잘못된 것으로 증명된 법적 견해를 고수하고 있다고 비난할 수는 없다.

법적 논증의 영역에서 '증명'이라는 단어를 쓸 때에는 대부분 법적 가치평가가 아니라, 사안의 확인에 관련된다. 특히 소송법은 증명의 개념을 거의 전적으로 이런 의미로 사용한다. 물론 이 맥락에서 증명이라는 개념은 수학적 증명이라는 의미로 이해되지 않는다. 경험의 영역에서는 수학적 확실성에 도달할 수 없기 때문이다. 피고인이 유전자 테스트를 거쳐 5백만분의 499만 9천 9백 99의 확률로 강간살인범으로 확인되었다 할지라도, 피고인이 무죄일 가능성은 여전히 남아 있다. 물론 유전자 테스트 결과 이외에는 다른 증거수단이 없고, ―통계학적으로 볼 때― 500만개의 판결 가운데 하나는 오판이라는 전제하에서.[24] 어떠한 법관도 자신이 결정을 내리는 사건이 이 5백만 건의 판결 가운데 하나인지를 확실하게 알 수 없다. 그리하여 법정에서 이루어지는 사실확인에서는 문제의 사안이 존재한다는 점에

24) 피고인에게 유죄를 선고하기 위해 일정한 비율로 계산된 확률을 요구하고 또한 이러한 확률만으로 충분하다고 생각하는 사람은 이러한 맥락을 분명하게 의식할 필요가 있다. 예를 들어 "최소한 96%의 유죄확률이 있는" 피고인에게만 유죄를 선고하자는 제안[*Andreas Hoyer*, ZStW 105(1993), S. 523f. 555]은 통계학적으로 볼 때 유죄선고를 받은 25명의 피고인 가운데 한 명은 사법착오의 희생자일 수 있다는 뜻이다. 이와 같이 유죄선고를 받은 모든 피고인들 가운데 오판의 확률이 균등하게 분포되어 있다는 전제에서 출발한다면, 독일의 행형시설에 수용되어 있는 수형자 50,000명당 2,000명은 무죄일 수 있다는 것을 뜻한다.

대해 합리적인 의심이 없고, 재판부가 이러한 사실확인의 정당성에 대해 주관적으로 확신하고 있는 것만으로 충분하다.

물론 증명이라는 개념은 사실확인에만 국한되는 것이 아니라, 사안에 대한 법적 평가를 정당화하는 맥락에서도 등장하는 경우가 있다. 이 맥락에서 사용되는 '증명'의 개념은 논리적으로 필연적인 연역추론(이는 수학적 증명과 비슷하다)을 의미한다. 이 점에서 법적 절차는 논리적 증명으로 이해해야 한다는 테제[25]는 앞에서 서술한 내용에 모순되는 것처럼 보이지만, 실제로는 겉으로만 그렇게 보일 뿐이다. 왜냐하면 법관은 당연히 사실확인을 거친 이후 그에 대한 법률효과를 논리적으로 추론하는 것을 가능하게 해주는 법적 규칙을 형성할 수 있다. 하지만 그렇게 할지라도 결정적인 단계, 즉 규칙의 형성과 사안의 확인은 증명의 형태로 수행되지 않는다. 보기를 들어보자. 법관이 스키 슬로프를 파괴하는 행위가 손괴죄(형법 제303조)에 해당한다고 확인했고 또한 피고인이 스키 슬로프를 파괴했다는 사실을 확인했다면, 이로부터 피고인이 손괴죄를 범했다는 결론이 논리적 연역을 통해 도출된다(이 점에서 논리적 증명이다). 물론 결정적인 문제는 이 연역추론의 대전제에 대해 근거를 제시하는 문제이다. 이 점에 대해서는 어느 누구도 반론을 제기하지 않는다. 따라서 소송이 논리적 증명의 구조를 갖고 있다는 주장이 틀린 것은 아니지만, 법적 결정과 근거제시 활동의 핵심을 은폐한다는 난점을 안고 있다. 특히 증명이라는 개념을 중립적으로 이해하여 논리적 증명의 결과는 확실하게 입증된 것이라고 생각한다면, 이는 오해이다. 실제로는 여러 가지 다른 결론뿐만 아니라, 서로 모순되는 결론들조차도 모두 '논리적으로

25) *Jürgen Rödig*, Theorie des gerichtlichen Erkenntnisverfahrens, 1973, S. 3; *Hajime Yoshino*, Zu Ansätzen der juristischen Logik, in: Ilmar Tammelo (Hrsg.), Strukturierungen und Entscheidungen im Rechtsdenken, Wien 1978, S. 277ff., 282.

증명'할 수 있다. 단지 결론에 맞게 전제를 바꾸기만 하면 된다.

4) 논증과 결정

법적 논증을 대표한다고 볼 수 있는 판결이유, 즉 판결에 대한 근거제시는 내려진 결정이 왜 '정당한'(그 정확한 의미가 무엇인지는 아래에서 구체적으로 서술한다) 결정인지를 설명해야 한다. 그러나 판결이유에 법관이 '정당한' 동기에서 결정을 내렸다는 사실을 입증해야 하는 것은 아니며, 또한 이를 입증할 수도 없다. 즉, 획스터(Höxter) 지방법원의 판사가 절대적 운전불능상태에 빠지는 혈중알코올농도의 한계치에 대해 판결[26]을 선고하면서 자신은 이와 관련된 연방법원의 판례가 잘못되었다고 여긴다거나 학자들이 자신이 일하는 지방법원에 관심을 갖도록 만들고자 한다는 이유 때문에 연방법원의 판례를 따르지 않았는지는 판결 자체의 성질과 관련해서는 아무런 의미도 없다. 논증이 희박한 판결이 결정자의 선한 의도를 통해 더 좋은 논증을 펼친 판결이 되지는 않으며, 충분한 설득력을 가진 판결이 이 판결을 내린 법관의 정치적 기회주의에 기인한다고 해서 나쁜 판결이 되는 것은 아니다. 다시 말해, 법적 논증은 결정의 동기나 결정과정을 밝히는 것이 아니라, 결정에 대한 설득력 있는 근거를 제시해야 한다.

따라서 논증이론의 관점에서 보면, 판결(법발견)의 형성과정과 그에 대한 설명(정당화)은 엄격히 구별해야 한다.[27] 하지만 두 영역을 완전히 분리할 수 있다는 뜻은 아니다. 왜냐하면 결정과정(판결형성)은 결정에 대한 근거제시와 이중적 방식으로 결합되어 있기 때문이

---

26) AG Höxter StV 1990, 268.

27) *Winfried Hassemer*, Rechtssystem und Kodifikation: Die Bindung des Richters an das Gesetz, in: Kaufmann/Hassemer/Neumann(각주 2), S. 251ff., 268 참고.

다. 무엇보다 근거제시 가능성의 한계는 동시에 가능한 결정의 한계이기도 하다. 근거제시가 이루어질 수 있는 경우에만 결정이 내려질 수 있다. 보기: 소급효금지(기본법 제103조 제2항)가 구동독 국경수비대의 '총격병'과 그들의 상관의 가벌성에 대한 근거제시를 시도할 때, 논증의 관점에서 도저히 극복할 수 없는 한계로 확인된다면, 설령 일반적인 법감정과 정의에 대한 요구가 아무리 그들에 대한 처벌을 요구할지라도, 결코 유죄를 선고할 수 없다. 가능한 결정의 범위는 근거제시 가능성이라는 유보에 따라 제한된다.

법적 결정의 형성과 설명 사이의 관계는 근거제시 가능성이라는 요건과 같은 외재적이고 소극적인 의미에 국한될 수 없다. 왜냐하면 결정의 형성은 결코 비합리적인 과정이 아니기 때문이다. 즉, 법적 논증은 비합리적 과정의 산물인 결정을 사후적으로 법적 합리성이라는 제한적 형식에 강제로 끼워 넣는 작업이 아니다.[28] 결정과정은 이미 판결에 대한 근거제시에서 결정의 정당화라는 과제를 담당하는 실질적 정당성 및 법적 규칙성이라는 관점까지도 지침으로 삼게 된다. 법관은 이미 결정형성의 단계에서부터 법적으로 중요한 기준들을 지침으로 삼아야 한다(물론 이것이 필연적 강제라는 뜻은 아니다).[29]

---

28) 그런데도 이른바 자유법학(Freirechtslehre)을 주장하는 학자들은 결정의 성립은 결코 합리적인 방식으로 수행될 수 없고, 오로지 결정에 대한 통제만이 합리적인 방식으로 가능할 뿐이라고 생각했다. 그리하여 결정의 성립은 (비합리적인) 법감정에 근거한다고 보았다. 이에 관해서는 *Hermann Isay*, Rechtsnorm und Entscheidung, Berlin 1929 참고.

29) 결정 자체가 어느 정도까지 통제된 과정의 산물인가라는 물음은 법학방법론과 논증이론에서 상당히 논란이 많은 주제이다. 이에 관해서는 회의적인 입장에 있는 *Josef Esser*, Vorverständnis und Methodenwahl, Frankfurt am Main 1970, S. 18f.; *Bernhard Schlink*, Bemerkungen zum Stand der Methodendiskussion in der Verfasssungsrechtswissenschaft, Der Staat 1980, S. 73ff., 91과 이를 긍정하는 입장에 있는 *Karl Larenz/Claus Wilhelm Canaris*, Methodenlehre der Rechtswissenschaft, 3. Aufl., Berlin 1995, S.

이는 결코 공허한 요구가 아니다. 왜냐하면 이러한 요구에서 출발할 때에만 법적 논증에서 등장하는 위장된 근거제시(Scheinbegründung)를 비판할 가능성이 열리기 때문이다. 만일 이자이(Isay)처럼 결정형성의 과정을 비합리적 행위로 이해한다면, 결정에 대한 모든 근거제시는 이미 개념정의상 위장된 근거제시일 뿐이다(왜냐하면 근거를 제시한다는 것은 곧 합리성을 주장하는 것이기 때문이다). 그리하여 근거제시라는 개념 자체를 통해 특정한 방식의 근거제시의 타당성을 부정하는 힘마저도 상실될 것이다. 이와는 달리 이미 결정의 단계에서부터 법적 정당성이라는 기준을 지침으로 삼아야 된다고 요구한다면 사정이 달라진다. 이 경우에는 '실질적 관점과는 무관한' 동기에서 내려진 결정은 비판을 받게 된다. 물론 논증이론으로부터 그러한 비판을 받는 것은 아니지만, 법적 결정에 대한 규범적 이론으로부터는 당연히 비판을 받게 된다.

(3) 결단인가 인식인가?

논란이 많은 법적 문제에 대해서는 순수한 인식행위만으로 결정을 내릴 수 없다. 인식은 대안이 없다. 더 정확하게는 인식과 같은 가치를 갖고 있는 대안이 없다. 인식의 대안은 착오뿐이다. 예를 들어 프톨레마이오스의 우주관을 지지하는 사람으로서 행성들이 지구를 돈다고 생각하는 사람은 소수설을 주장하는 것이 아니라, 착오에 빠진 것이다. 이에 반해 동물의 공격에 대해서도 정당방위(형법 제32조)가 가능하다고 주장하는 사람[30]은 착오에 빠진 것이 아니라, 소수설을

168ff.; *Looschelders/Roth*, Juristische Methodik(각주 21), S. 83 참고.

30) *Günter Spendel*, in: Leipziger Kommentar zum StGB, 11. Aufl., Berlin 1992, § 32 StGB, Rn. 38ff.

주장할 뿐이다. 이와 같이 논란이 많은 법적 문제는 인식의 문제가 아니라면, 이로부터 법학은 단지 (의지적) 결단에만 관련될 뿐이라는 결론을 도출해야 하는 것일까?

실제로 이러한 결론에 도달하는 입장이 있다.[31)] 이 입장에서는 논란의 대상이 되는 법적 견해의 정당성이라고 말하지 않고, 단지 특정한 견해를 사실상으로 인정하는 정도, 즉 인정의 빈도(Zertität)만이 중요할 뿐이다.[32)] 그렇다면 법적 논쟁은 빈도의 값을 둘러싼 투쟁일 따름이다. 즉, 자신의 견해를 인정하는 정도가 높아지면, 상대방의 견해를 인정하는 정도는 그만큼 줄어든다. 이러한 입장은 상당부분 현실에 부합하는 관점이다. 하지만 이 입장에 따라 법률가가 자신의 견해가 정당하다거나 또는 더 정당하고 더 좋은 근거를 가진 견해라고 주장하는 것이 금지될지라도, 과연 법률가는 어떠한 근거제시를 통해 더 높은 정도의 동의를 구할 수 있는가라는 물음은 여전히 남는다. 따라서 '그 자체 정당한 것'에 대한 단순한 인식이라는 사고에서 벗어날지라도 규범적 세분화('더 정당한', '더 좋은 근거를 가진')까지 포기할 수는 없는 일이다.

다른 한편 이 문제를 결단(결정)과 인식 사이의 경계선을 허물거나 특정한 법적 결정을 '창조적 인식활동'으로 규정[33)]하여 해결할 수는

---

31) *Klaus Adomeit*, Rechtstheorie für Studenten, 4. Aufl., Heidelberg 1998, S. 9. '인식적 중간단계'를 철저히 거부하면서 '인식 아니면 결단'이라는 엄격한 대립관계를 주장하는 이론으로는 예컨대 Franz Jürgen Säcker, in: Münchner Kommentar zum BGB, 4. Aufl., München 2001, Bd. 1, Einl., Rn. 94 참고. 이에 대한 비판으로는 *Hans-Martin Pawlowski*, Methodenlehre für Juristen, 3. Aufl., Heidelberg 1999, Rn. 184 각주 18 참고.

32) *Adomeit*, Rechtstheorie(각주 31), S. 23ff.

33) 이에 관해서는 "분석 또는 목적론적 축소를 통해 법률의 흠결을 처음으로 보충하는 경우"에 대한 *Larenz/Canaris*, Methodenlehre(각주 29), S. 222 참고.

없다. 논증이론의 입장에서 볼 때, 이 문제는 결정이 필연적으로 자의를 뜻하지는 않는다는 통찰을 통해 해결된다. 즉, 인식적 영역을 넘어서는 경우일지라도 법의 영역에서 중요한 것은 순수한 결단이 아니라, 근거가 제시된 결정이다. 특정한 법적 견해를 취한다는 결정은 더 좋은 논거나 덜 좋은 논거 또는 더 많은 논거나 더 적은 논거들에 의해 뒷받침된다. 따라서 특정한 견해를 옹호하는 사람은 명시적 또는 묵시적으로 자신이 옹호하는 견해가 경쟁관계에 있는 다른 견해에 비해 더 좋은 논거들에 기초하고 있고, 바로 그 점에서 '정당하다'고 주장하는 셈이다. 그러므로 정당성이라는 이념은 제도에 대항하는 약자(구체적으로 말하자면 법학자들)의 무기이다. 왜냐하면 제도는 자신들의 근거제시의무를 인정함으로써 (결정권한과 제도적 권위가 아니라) 정당성을 통한 결정의 정당화라는 이념까지 표방하게 되고, 이 점에서 약자는 제도가 주장하는 정당성에 대해 다시 의문을 제기할 수 있기 때문이다.[34] 그렇기 때문에 논증은 민주주의적으로 조직된 법공동체의 커뮤니케이션 형식이다.

34) 자세히는 *Neumann*, Wahrheit(각주 10), S. 48ff. 참고.

II

법질서의 효력과 구조

7. 법효력에 관한 이론들

(1)

상당히 시간적 제약을 받는 발표문 내에서 법효력에 관한 다양한 이론들을 설명하려고 시도하게 되면 두 가지 난관에 봉착하고, 이러한 시도가 다시 '하위문화와 법'이라는 전체주제를 내걸고 있는 학회에서 이루어져야 한다면 한 가지 난관이 더 추가된다. 첫째, 여러 가지 법효력 이론들을 하나의 강연에서 체계적으로 서술하는 것은 불가능하다. 둘째, 설령 그러한 체계적 설명이 가능하다고 할지라도 아마도 학회참석자들에게 별다른 흥미를 끌지 못할 것이다. 셋째, 법효력 이론들을 설명하면서 '대항문화와 법(Gegenkultur und Recht)'이라는 일반주제와 밀접한 연관성을 계속 유지하는 것은 불가능하다. 물론 법효력의 문제가 법규범과 비법적인 규범 사이의 관계에 대한 물음에서 당연히 중요한 의미가 있긴 하지만 말이다.

그렇기 때문에 나는 법효력의 이론들이 아니라, 법효력의 문제들에 지향하고, 법효력 이론들을 주로 법효력과 관련된 특정한 문제들을 해결하기 위한 시도로 설명함으로써 처음 두 가지 난관을 감안하도록 하겠다. 그리하여 나는 법효력의 문제들을 '법의 도덕적 구속력 —법효력의 독자성— 사회적 효력과 법적 효력의 관계'라는 삼각형 속에 배치하여 고찰하겠다. 이렇게 효력이론들을 효력의 문제의 관점에서 배치하게 되면, 오늘날에는 더 이상 문제를 해결하기 위한 제안으로 인정되지 않지만, 그 대신 특정한 문제를 매우 뚜렷하게 드러나게 만들 수 있는 이론들까지 함께 고려하게 되는 결과를 낳는다. 예를 들어 정신적 존재의 철학(Philosophie des geistigen Seins)에 지향된 효력이론들이 그와 같은 경우에 해당한다. 세 번째 난관을 감안하여 나는 먼저 법효력의 문제를 '대항문화와 법'이라는 주제에 비추어 설명해보도록 하겠다.

내가 이 발표에서 밝히려고 시도하는 내용에서는 학회주제가 담고 있는 두 가지 차원, 즉 '대항문화가 법에 대해 갖고 있는 의미'와 '법이 대항문화에 대해 갖고 있는 의미' 가운데 특히 첫 번째 차원이 중요하다. 대항문화가 법을 어떤 식으로 다루고, 또한 공식적 문화의 규범을 통한 위협에 대항하여 자신들의 (하위)문화적 정체성을 방어하기 위해 어떠한 전략을 개발하는가라는 물음은 법효력의 문제에 직접적인 관심을 보이지 않는다. 오히려 개별 규범 또는 규범복합체의 효력이 대항문화의 존재로 말미암아 어떤 식으로 침해되는지를 묻게 된다.

이 물음과 관련해서는 대항문화 또는 하위문화(Subkultur)[1]라는 개념 속에 항상 포함되어 있는 전제가 중요한 의미가 있다. 즉, 대항문

1) '하위문화'와 '대항문화'는 때로는 동의어로 사용되기도 하지만, 때로는 '대항문화'라는 개념을 더 넓은 의미로 이해하기도 한다. 이에 관해서는 *P. Koller*, Die Subkultur als Medium politischer Bewußtseinsbildung, ÖZS 4(1979), S. 68ff., S. 70[이 논문에서 콜러는 D.O. Arnold(Hrsg.), Subcultures, Berkley 1970에 실린 *Gordon, Miller, Cohen* 그리고 *Yinger*의 논문을 원용하고 있다].

화 또는 하위문화는 단순히 규범을 침해하는 행위를 통해 법규범의 존립을 위협하는 문화가 아니라는 전제이다. 물론 법효력을 최소한의 사회적 효력과 연결시키고, 또한 법규범이 수범자들의 행위를 구속하는 행위효력이 없는 상태를 법규범의 제재효력을 통해 상쇄하여 법의 효력을 유지할 수 있다는 생각을 거부한다면, 규범위반의 빈도가 높다는 사실은 그 규범이 효력을 갖지 않는다고 볼 수 있는 충분한 조건이 된다.[2)] 하지만 이는 결정적인 문제가 아니다. 하위문화의 존재가 법질서로 하여금 문제 앞에 서게 만들고, 아마도 어떤 식으로든 반응을 하도록 강제한다면, 그 이유는 하위문화에 의해 발생하는 일탈행동이 동시에 규범에 합치하는 행위이기도 하다는 사정 때문이다. 즉, 그러한 행위는 법질서의 관점에서는 일탈행동에 해당하지만, 어쨌든 하위문화의 규범에는 합치하는 행위이며, 더욱이 이러한 하위문화의 규범은 나름대로 효력주장을 제기하면서 전체 사회 내에서 일반적으로 통용되는 규범을 근거로 내세울 수도 있다. 따라서 법효력의 측면에서 보면 법이 다른 이질적, 즉 비법적 규범과 충돌하는 상황을 어떻게 처리할 것인지가 중요한 문제이다. 이 경우 하위문화라는 개념은 소수자에 특수한(partikulär) 규범[3)] 또는 규범복합체에 국한되어 있

---

2) 행위효력과 제재효력의 관계에 대해서는 *Popitz*, Die normative Konstruktion von Gesellschaft, 1980, S. 64 참고. 숨은 범죄의 빈도가 높다는 사실과 선별적 형사소추가 과연 형법규범의 효력을 부정하는 근거가 될 수 있는지에 대해서는 *K. Lüderssen*, Strafrecht und "Dunkelziffer", in: K. Lüderssen/F. Sack(Hrsg.), Seminar: Abweichendes Verhalten, Bd. I, 1975, S. 244ff., S. 250 참고. 뤼더센에 대한 반론으로는 *L. Kuhlen*, Normative Konsequenzen selektiver Strafverfolgung?, in: Lüderssen/Sack(Hrsg.), Seminar: Abweichendes Verhalten, Bd. IV, 1980, S. 26ff. 참고.

3) 여기서 (하위문화의) 특수한 규범과 (전체 사회의) 보편적 규범 사이의 구별은 비법적 규범의 영역 내에서 이루어진 구별이다. 넓은 의미에서는 모든 비법적 규범은 특수한 규범이라고 볼 수도 있다. 비법적 규범은 언제나 특정한 관련 집단에 구속되기 때문이다[이에 관해서는 막스 베버를 원용하

다는 것을 뜻한다.

그와 같은 갈등은 일단 법적 규율 메커니즘을 통해, 다시 말해 법내재적 방법으로 약화시킬 수 있다. 즉, 갈등관계에 있는 규범의 주장이 충분하다면 법규범이 완전히 물러나거나 또는 법규범의 효력주장을 무자비하게 관철하는 것을 포기한다. 두 가지 방법 가운데 어느 것을 선택할 것인지는 기본적으로 관련된 집단의 사회적 지위에 달려 있다. 이 점은 예를 들어 병역의무(병역의무법 제1조, 제3조)와 충돌하는 종교규범에 대한 법적 평가를 보면 알 수 있다. 성직자는 병역을 수행해서는 안 된다는, 개신교와 가톨릭교회의 규범에 대해서는 이들을 병역의무에서 면제(병역의무법 제11조 제1항 1호, 제2조)함으로써 특수한 집단의 규범을 전면적으로 감안하고 있다.[4] 이에 반해 여호와 신도들에게 효력을 갖는 병역금지는 법적으로 인정되는 하위문화의 규범이 아니다. 여호와 신도들에 대해서는 양심상의 이유에 따른 병역거부에 대한 일반적 기본권만이 인정된다. 즉, 개인의 양심규범을 고려하는 우회적 방법으로 하위문화의 규범을 존중하게 된다. 이러한 차이는 여호와 집단이 개신교나 가톨릭에 비해 사회적 통합정도가 더 낮다는 사실에 기인한다. 그렇지만 공익근무까지 거부하라는 명령은 그것이 특수한 사회적 규범이든 아니면 개인적 규범이든 어떠한 경우에도 법적으로 인정되지 않는다. 그렇다고 해서 그러한 명령이 법적으로 전혀 의미가 없는 것은 아니다. 이 경우 법은 자신의 규범이 우선한다고 주장한다. 그렇지만 갈등이 극단으로 치닫도록 만드는 일은 포기한다. 그 이유는 아마도 다원주의 사회에서 결

고 있는 *W. Hassemer*, Über nicht-juristische Normen im Recht, ZVglRW 18(1982), S. 84ff., S. 87 참고]. 그렇지만 하위문화가 포괄적인 사회구조 내에 편입되어 있다는 사정을 감안하여 특수한 비법적 규범과 보편적 비법적 규범으로 구별하는 것이 아무런 의미가 없는 것은 아니다.

4) 이 점은 다른 종교의 성직자에게도 해당한다.

속력이 강한 하위문화의 단호한 저항에 대항하여 법률을 관철하는 것이 거의 불가능하다는 점을 깨닫고 있기 때문일 것이다.[5)]

법질서는 원칙적으로 규범에 대한 반복된 침해에 대해 제재를 강화하는 방향으로 반응하지만, 병역거부자가 다시 민간봉사를 거부했다는 이유로 여러 번에 걸쳐 처벌하는 것은 기본적인 법원칙, 즉 이중처벌금지원칙(기본법 제103조 제3항)에 합치하지 않는다고 법질서 스스로 선언한다.[6)] 물론 이와 같이 제재를 완화한다 할지라도 규범충돌 자체는 여전히 존재한다. 그렇게 되면 법내재적 갈등해결의 영역을 떠나, 갈등의 법이론적 결과에 대한 물음과 함께 법효력의 문제가 제기되는 지점에 도달한다.

(2)

법규범과 비법적인 규범의 관계를 어떻게 처리할 것인지와 관련해서는 법효력의 관점에서 볼 때 기본적으로 다음과 같은 가능성들이 있다.

① 법은 법과 경합하는 비법적 규범에 대항하여 언제나 법을 관철한다.
② 법의 효력주장이 경합하는 규범에 의해 침해되지 않는다. 그렇지만 법적 당위와 예컨대 도덕적 당위와 같은 다른 형태의 당위 사이에 도저히 해결할 수 없는 갈등이 발생할 수 있다.
③ 법은 비실정법적 규범과 어느 정도 합치할 때에만 효력을 갖는

---

5) 이에 관해서는 *L. Friedmann*, Das Rechtsystem im Blickfeld der Sozialwissenschaften, 1981, S. 118 참고.

6) BVerfGE 23, 191ff.; 또한 BVerfGE 23, 127ff.도 참고.

다. 그러한 비실정법적 규범으로 고려할 수 있는 것으로는 도덕적 또는 초실정법적 규범이나 사회적 또는 개인적 규범이 있다(전자는 자연법론의 입장이고, 후자는 승인설의 입장이다).

이 세 가지 가능성들 가운데 어느 것을 선택할지는 다음의 두 가지 물음에 달려 있다. 첫째, 법효력의 기준은 무엇인가? 둘째, 법의 효력은 법을 준수하는 것이 법을 침해하는 것보다 도덕적으로 더 높은 가치를 갖는다는 의미의 구속력을 포함하는가?

만일 내적 구속력을 효력을 갖는다고 승인되는 법의 전제로 삼는다면 필연적으로 효력의 기준을 훨씬 더 좁게 선택해야 하기 때문에, 이 두 가지 물음은 서로 밀접하게 맞물려 있다. 양자의 연관성은 '승인설(Anerkennungstheorie)'이라는 개념으로 요약되는 견해들이 법효력에 관한 이른바 '권력설(Machttheorie)'에 가하는 비판의 출발점이다. 즉, 승인설은 법의 효력이 법을 관철할 권력을 가진 자의 명령에 기초할 수 없다고 비판하면서, 그 이유는 사실상의 권력은 필연을 낳을 수 있을 뿐, 결코 당위의 근거가 될 수는 없기 때문이라고 한다. 권력이 신성한 연원(신의 은총)에 기초한다는 사고를 거부하는 한, 실제로 의욕, 즉 명령이라는 사실 자체가 수범자의 의무의 근거가 된다는 식의 사고는 이해할 수 없다.[7] 구속력을 갖는 명령이라는 사고에 대항하여 승인설은 의무는 오로지 자율적인 의무, 다시 말해 자기구속적 의무로서만 가능하다고 주장한다. 그리하여 개인이 법의 요구가 구속력을

7) 이른바 강제설(Zwangstheorie) 또는 권력설이 실제로 존재로부터 당위로 '비약'하는 것을 정당화하고자 하는지는 또 다른 문제이다. 이에 대해 회의적인 입장으로는 *G. Otte*, Kritik des juristischen Geltungsbegriffs, in: Festschrift für Rudolf Gmüt zum 70. Geburtstag, 1983, S. 359ff., 367 참고. 이와 관련해서는 또한 *H.-L. Schreiber*, Der Begriff der Rechtspflicht, 1966, S. 70ff.도 참고.

갖는다고 승인할 때에만, 개인이 법을 통해 구속되고 그에 따른 의무를 부담하게 된다고 한다.

물론 최근에 특히 뤼더센(Lüderssen)의 연구[8)]를 통해 다시 르네상스를 맞이한 이 승인설의 입장을 일관되게 관철하게 되면 이미 승인설의 원조들조차도 깜짝 놀라 뒤로 물러서게 만들었던 결론에 도달한다. 왜냐하면 의무의 필연적 자율성이라는 사고는 하나의 규범이 내용적으로 승인될 것을 요구하고, 단순히 법을 제정하는 기관에 대한 승인[9)]만으로는 충분하지 않다고 보아야 하기 때문이다. 의무가 반드시 자율에 기초해야 한다는 이론의 대표적 학자로 원용되는 칸트마저도 "어느 누구도 자신의 동의가 아니고서는 의무를 부담하지 않는다"[10)]고 확인하긴 하지만, 특정한 요구에 대해 동의가 필연적이 아니라, 우연적일 수도 있다고 보충함으로써 자율적 구속의 필연

---

8) *K, Lüderssen*, Erfahrung als Rechtsquelle, 1972, S. 185, 194; *ders.*, Juristische Allgemeinbegriff und Demoskopie, in: Generalklauseln als Gegenstand der Sozialwissenschaften, 1978, S. 53ff.(S. 60ff.); *ders.*, Recht, Strafrecht und Sozialmoral, in: Analyse und Kritik, 1981, S. 194ff., 213f.; *ders.*, Juristische Topik und konsensorientierte Rechtsgeltung, in: Bergfeld(Hrsg.), Aspekte europäischer Rechtsgeschichte: Festgabe für Helmut Coing zum 70. Geburtstag, Bd. 1, S. 549ff.(554ff.). 승인을 도덕규범의 구속력의 전제로 이해하는 이론에 관해서는 *K.-H. Ilting*, Anerkennung. Zur Rechtfertigung praktischer Sätze, in: Riedel(Hrsg.), Rehabilitierung der praktischen Philosophie, Bd. II, 1974, S. 353ff.(일팅은 이 글에서 규범의 진리성을 거부하고 또한 규범이 승인과는 무관하게 정당화될 수 있는 가능성에 반대한다).

9) 개별 법규범에 대한 승인이 아니라, 법제정기관에 대한 승인을 강조하는 입장으로는 *K. Engisch*, Auf der Suche nach der Gerechtigkeit, 1971, S. 74; *ders.*, Die Einheit der Rechtsordnung, 1935, S. 11f. 참고. 이에 대한 비판으로는 *H. Hofmann*, Legitimität und Rechtsgeltung, 1977, S. 30f., 75f. 참고.

10) *Kant*, Reflexionen zur Moralphilosophie, 6645(Akademie-Ausgabe Bd. XIX, S. 123).

성을 축소하고 있다.[11] 그러나 필연적 승인이라는 사고는 법이론에 수용되지 않았다.[12] 승인설을 일관되게 관철할 경우에는 법의 구속력 여부에 대해 개인이 처분권을 갖는다고 보게 될 위험이 있기 때문이다.

이러한 난점을 피하기 위해 승인설은 법체계의 기본적 규범에 대한 승인만으로 만족하고자 한다. 비얼링(E. R. Bierling)에 따르면 헌법에 대한 승인으로부터 이 헌법에 따른, 법체계의 다른 규범들에 대한 '간접적 승인'이 도출된다고 한다.[13] 나비아브스키(H. Nawiawsky)도 비슷하게 설명한다. "체제를 승인함으로써 이 체제에 속하는 개별 규범들을 승인하게 된다. 다만 특정한 법규에 대해 명시적으로 반대한다는 사실이 입증될 때에는 그렇지 않다."[14] 그러나 이는 승인의 개념을 극단적으로 확장하여, 이 개념이 갖는 실질적 의미를 완전히 탈색시키는 것이며, 따라서 그와 같이 '간접적'으로 승인된 규범에 대해서까지 의무의 자율성을 전제하는 것은 분명 문제가 있다. 승인설이

---

11) 이에 관해서는 *H. Hofmann*, a.a.O., S. 41 참고. 이렇게 자율의 필연성을 축소하게 되면 사실상 자율원칙을 포기하는 것이라는 사실은 *R. Bittner*, Moralisches Gebot oder Autonomie, 1983, S. 166f.가 보여주고 있다. 물론 여기서 더 나아가 도덕규칙의 타당성이 자율원칙과는 합치할 수 없다는 비트너의 입장이 온당한지에 대해서는 여기서 자세히 논의할 수 없다. 의욕을 통한 의무는 결코 의무가 될 수 없다는 논거에 대한 비판으로는 예컨대 *G. Radbruch*, Rechtsphilosophie, 8. Aufl. 1973, S. 173f. 참고.

12) 벨커(K. Th. Welcker)와 라운(R. Laun)은 예외에 속한다. 벨커에 관해서는 *H. Welzel*, An den Grenzen des Rechts. Die Frage der Rechtsgeltung, 1966, S. 9; 라운에 관해서는 *Welzel*, Gesetz und Gewissen, in: ders., Abhandlungen zum Strafrecht und zur Rechtsphilosophie, 1975, S. 297ff.(S. 302ff.). 벨첼의 라운에 대한 비판에 비판적인 입장으로는 *H. Hofmann*, Legitimität und Rechtsgeltung, 1977, S. 44 각주 136 참고.

13) *E. R. Bierling*, Zur Kritik der juristischen Grundbegriffe, 1. Teil, Gotha 1877, S. 107ff.

14) *H. Nawiawsky*, Allgemeine Rechtslehre, 2. Auf. 1948, S. 21.

봉착하는 난관은 여기서 그치지 않는다. 즉, 승인설은 또 다른 결론까지도 인정하지 않을 수 없게 된다. 왜냐하면 승인개념을 앞에서 언급한 방식대로 제한할지라도 개인은 자신의 규범위반을 정당화하기 위해 그가 법질서 전체를 부정한다고 주장할 수 있기 때문이다. 실제로 승인설을 표방하는 몇몇 학자들은 이러한 결론을 도출하기도 한다. 예컨대 벨커(K. Th. Welcker)는 법질서 자체에 동의하지 않는 사회구성원들에게는 이민을 할 수 있는 가능성을 부여하여 문제를 해결하자고 제안한다.[15] 설령 이 기이한 제안을 인정하더라도, 여전히 문제는 남는다. 즉, 정신이상자와 같이 법을 승인할 능력 자체가 없는 사람과 관련해서는 법효력의 문제를 설명하기 어렵다. 승인을 할 능력이 없는 사람들에 대해서는 가장이 승인을 대리하면 된다는 비얼링의 견해[16]는 결국 개별적 승인설의 기반에서 완전히 떠나게 된다. 대리승인까지 인정한다면, 이는 개별적 승인설에서 일반적 승인설로 전환된다는 의미이다. 그리고 이 일반적 승인설은 ―승인의 내용을 여러 가지로 변용하여― 다수의 승인, 압도적 다수의 승인, 또는 사회주도층의 승인만으로 법의 구속력을 정당화하기에 충분하다고 본다. 하지만 이렇게 되면 승인설의 출발점, 즉 의무의 필연적 자율성이라는 출발점에서 완전히 벗어나게 된다. 그렇기 때문에 법의 구속력을 정당화하려는 개별적 승인설은 결코 견지될 수 없다. 다른 한편 일반적 승인설은 단지 사실적 법효력을 정당화할 뿐, 규범적 법효력을 정당화할 수 없다. 이렇게 볼 때, 법규범과 특수한 비법적 규범 사이의 갈등을 서로 충돌하는 사회적 또는 개인적 규범의 존재와 합치하지 않는 효력기준들을 도입하여 해결할 수 있는가라는, 우리가 서두에서 제기한 물음과 관련하여 승인설은 별다른 도움이 되지 못한다.

---

15) *K. Th. Welcker*, Die letzten Gründe von Recht, Staat und Strafe, Gießen 1813, S. 91.

16) *Bierling*, Zur Kritik der juristischen Grundbegriffe(각주 13), S. 92f.

그렇지만 승인설의 주창자들이 자신들의 이론을 구하기 위해 어쩔 수 없이 승인개념을 변경해야 했다는 사정이 반드시 지켜야 할 영역까지 포기한 것이라고 보아야 할지는 의문이다. 승인설이 안고 있는 문제점과 그에 따른 후퇴가 외연적 기준(현대사회에서는 대다수 실정법이 효력을 갖는다고 승인되어야 한다)과 내포적 기준(자율적 의무에 기초한 효력)을 하나로 묶어버린 데 기인한다는 지적[17]은 물론 옳다. 하지만 승인설이 '명백히' 효력을 갖는 법의 영역까지도 제대로 설명하지 못한다는 이유로 이를 완전히 거부하는 것은 성급한 태도이다. 왜냐하면 적어도 출발점에 비추어 볼 때에는, 승인설은 한 사회에서 효력을 갖는 법의 범위를 사실상으로 확정할 때 투입되는 기준들을 재구성하려는 것이 아니라, 법을 법복종자의 관점에서 정당화하는 것, 즉 현행법의 구속력을 설명하려는 시도이다. 그렇기 때문에 승인설은 제정법의 도덕적 구속력을 주장하는 법효력이론의 가장 약한 곳을 건드린다. 승인설은 타율적 의무의 가능성에 의문을 제기하기 때문이다. 하위문화가 국가법의 규범 또한 양심의 법정 앞에서 심사를 거쳐야 한다고 주장한다면, 하위문화는 일관된 승인설의 입장을 취하는 셈이다. 즉, 입법자의 규범제정행위는 그 내용을 심사하여, 합리적이고 또한 도덕적으로 문제가 없는 것으로 승인되거나 아니면 '규범참칭(Normanmaßung)'으로 거부되어야 한다.

그러나 그와 같은 견해에 따르는 효력개념은 법과 관련된 일상에서는 전혀 소용이 없다. 그리하여 두 가지 가능성만이 남아 있을 뿐이다. 즉, 승인설의 출발점과는 반대로 타율적 의무성립의 가능성을 인정하거나 아니면 '일상적'인 효력개념에서 의무의 요소를 배제하여 효력개념을 '법적 전문용어'에 따른 기술적 개념으로 축소시켜야 한다.

---

17) 이에 관해서는 *L. Kuhlen*, Normative Konsequenzen selektiver Strafverfolgung? In: Lüderssen/Sack(Hrsg.), Seminar: Abweichendes Verahtlen, Bd. IV, 1980, S. 26ff., S. 32f. 참고.

(3)

첫 번째 가능성을 선택한다면, 상당히 공세적인 방어전략을 구사할 수 있다. 즉, 타율에 근거한 당위를 결핍된 구속력형태로 정당화하는 가능성 정도에 만족하지 않고, 거꾸로 자율에 기초하여 의무 자체 또는 법의무를 정당화할 가능성을 전면적으로 거부할 수 있다. 이렇게 되면 법규범의 의무구속력은 오로지 "무조건적으로 객관적인 구속력을 통해서만 정당화가 가능하다"[18]고 하거나 '초개인적 질서를 통한 타율적 의무형성'[19]을 주장하거나 또는 진정한 의무가 성립하기 위해서는 '객관적 기관을 전제'해야 한다고 말하게 된다.[20] 이러한 입장이 요구하는 초개인적 질서는 니콜라이 하르트만(Nicolai Hartmann)의 철학에서 도출된다. 즉, 하르트만을 원용하면서, 법질서는 정신적 존재로서 구체적인 심리학적 의지활동과는 별개로 독자적으로 존재한다고 한다.[21] 여기서 실질적 가치의 철학에 대한 비판을 할 필요는 없을 것이다. 실질적 가치의 철학에 대해서는 이미 철학[22]과 법이론[23]에서 매우 설득력 있는 반론이 이루어졌다. 우리의 주목을

---

18) *H. Henkel*, Einführung in die Rechtsphilosophie, 2. Aufl. 1977, S. 560.

19) *Henkel*, a.a.O., S. 560.

20) *H. Welzel*, An den Grenzen des Rechts. Die Frage nach der Rechtsgeltung, 1966, S. 10.

21) 이와는 다른 입장에서 초개인적 질서를 주장하는 입장으로는 *Welzel*, a.a.O., S. 19f. 참고.

22) *W. Weischedel*, Recht und Ethik. Zur Anwendung ethischen Prinzipien in der Rechtsprechung des Bundesgerichtshofs, in: ders., Wirklichkeit und Wirklichkeiten, 1960, S. 230ff., S. 247ff.

23) *W. Krawietz*, Das positive Recht und seine Funktion, 1967, S. 90ff.; *A. Podlech*, Wertungen und Werte im Recht, AöR 95(1970), S. 184ff., 202ff. 또한 *H. Hofmann*, Legitimität und Rechtsgeltung, 1977, S. 40 각주 110에 제시된 문헌들도 참고.

끄는 측면은 오히려 이 실질적 가치의 철학이 법철학에 수용되는 방식이다. 즉, 법철학의 수용방식을 살펴보면 타율적 당위를 기초로 실정법의 구속력을 정당화하는 것이 어떠한 난점을 안게 되는지를 뚜렷하게 알 수 있다. 나는 코잉(H. Coing)의 책의 한 구절을 보기로 삼아 이 점을 밝히겠다. 물론 헨켈(H. Henkel)[24]이나 라렌츠(K. Larenz)[25]와 같은 다른 학자들에게서도 비슷한 측면이 발견된다.

"다시 말해 법질서는 '정신적 존재'이며, 특히 '객관화'되거나 또는 고정시킨 정신적 존재, 즉 하나의 텍스트로 표현된 정신적 존재이다. 그러므로 법질서는 그것이 특정한 인간의 구체적인 심리적 사고활동을 통해 파악되고, 사유되고, 수행되는지에 관계없이 그 자체로서 존재한다. 물론 여러 가지 종류의 정신적 존재가 있다. 예를 들어 하나의 예술작품은 과학적 이론이나 윤리적 명제와는 다르다. 정신적 존재로서의 법의 특징은 법이 구속력을 갖는 질서, 즉 당위라는 점이다. 다시 말해 법은 하나의 효력주장이라는 점이 곧 정신적 존재로서의 법의 특징이다. 이는 마치 가치를 실현하라는 요구가 곧 윤리적 가치의 본질에 속하는 것과 마찬가지이다. 이러한 특성 자체는 더 이상 논리적으로 도출되는 것이 아니다. 이 점에서 신칸트학파는 정확하게 문제를 포착했다. 왜냐하면 법질서에 당위의 성격을 부여하는 근본규범에 관한 켈젠의 이론도 기본적으로 법은 효력을 갖고, 그 자체 본질적이며 사실상의 승인과는 관계없이 존재한다는 사실 이상의 그 무엇을 확인하고 있지는 않기 때문이다."[26]

코잉의 이 서술에서 결정적인 측면은 법의 구속력을 정신적 존재의 철학과 켈젠의 근본규범 이론을 결합시켜 정당화해야 한다는 주장이다. 니콜라이 하르트만의 철학으로부터는 객관적 존재를 끌어오

24) *Henkel*, Einführung in die Rechtsphilosophie(각주 18), S. 542.

25) *K. Larenz*, Methodenlehre der Rechtswissenschaft, 5. Aufl. 1983, S. 246.

26) *H. Coing*, Grundzüge der Rechtsphilosophie, 3. Aufl. 1977, S. 287f.

고, 켈젠의 순수법학으로부터는 법의 규범성을 끌어온다. 이러한 결합의 결과는 규범적 실재라는 이념이지만, 이는 가치의 규범성과 정신적 존재의 사실성을 구별하는 정신적 존재의 철학에 부합하지 않을 뿐만 아니라, 켈젠의 이론에도 부합하지 않는다. 왜냐하면 켈젠은 법의 객관적 당위로서의 효력에 대한 믿음은 결코 실재하는 존재에 대한 믿음이 아니라, 사실적 행위의 의미에 대한 특정한 해석일 뿐이라는 점을 명백히 강조하기 때문이다.[27] 나는 여기서 정신적 존재로서의 법의 규범성을 고집하게 되면 궁극적으로는 법의 창조이론으로 빠져들 수밖에 없다는 점을 구체적으로 밝히지는 않겠다. 법의 타율적 구속력을 정당화하는 난점과 관련하여 더욱 중요한 측면은 법철학이 법의 타율적 구속력을 설명하기에 적합한 철학적 이론을 수용하는 정도에서 만족하지 않고, 완전히 다른 이론들을 결합하여 설명하지 않을 수 없었다는 사정이다. 법의 타율적 구속력을 정당화하려는 힘든 시도와 관련된 마지막 보기를 들어보자. 자율적 의무의 원칙을 옹호하는 루돌프 라운(Rudolf Laun)[28]에 대해서는 이 이론이 이미 그 객관적 의미에 비추어 특정한 행위를 해야 하거나 하지 말아야 한다는 요구를 제기하고 있는 법규범의 명령적 성격을 오해하고 있다는 반론[29]이 자주 제기된다. 하지만 법규범과 규범의 개념 속에 규범적인 요소가 이미 함께 포함되어 있다는 사실이 구속력의 근거가 될 수는 없다. 결정적인 측면은 규범이 구속력을 갖는다고 효력주장을 제기한다는 사실이 아니라, 그러한 주장이 충분한 근거를 갖고 있는

---

27) *H. Kelsen*, Reine Rechtslehre, 2. Aufl. 1960, S. 218.

28) *R. Laun*, Recht und Sittlichkeit, 3. Aufl. 1935, S. 5ff., S. 42ff.

29) *R. Zippelius*, Kollisionen des Rechts mit heterogenen Normen und Pflichten, in: Obermeyer(Hrsg.), Festschrift für Hans Liermann zum 70. Geburtstag, 1964, S. 305ff., 307; *ders.*, Das Wesen des Rechts, 4. Aufl. 1978, S. 45; ders., Rechtsphilosophie, 1982, S. 41.

가이다.[30] 이 점에서 올리버크로나(K. Olivercrona)의 신랄한 문장은 타당한 것처럼 보인다. "평범한 관점에서 보면 폭력으로부터 법이 탄생했다는 사실은 하나의 미스터리로 남아 있어야 하고, 이 미스터리는 불쌍하기 짝이 없는 철학자들을 영원히 불안과 혼란에 빠져들게 만든다."[31]

물론 법의 효력이 독자적 양태를 갖고 있다는 사실을 부정함으로써, 다시 말해 '법효력'을 사회적 사실이나 심리적 사실로 축소시킴으로써 그와 같은 미스터리를 피할 수는 있다. 그렇게 하면 법의 실효성이나 개인 또는 다수를 통한 승인은 독자적 법효력의 근거나 전제조건이 아니라, 그 자체 법효력과 동일하다. 이와 같이 법효력의 독자성을 부정하고 경험적 사실로 축소시키면, 결국 법효력의 문제는 전혀 문제가 되지 않는데도 문제로 만들어 놓은 가상의 문제일 뿐이라고 폭로하게 되고, 그런 가상의 문제는 기껏해야 이데올로기 비판적 관점에서나 관심을 끌 수 있을 것이다.[32]

물론 '현실주의적' 법이론 쪽에서 법효력의 개념에 대해 형이상학이나 주술일 뿐이라는 혐의를 제기하지만,[33] 이 혐의는 같은 동전의 다른 면에 불과하다. 왜냐하면 관념론적 법사상이든 '현실주의적' 법사상이든 모두 법의 효력을 하나의 속성으로 파악할 수 있을 뿐이라

---

30) 이를 정확히 지적하고 있는 *K. Engisch*, Auf der Suche nach der Gerechtigkeit, 1971, S. 57.

31) *K. Olivercrona*, Gesetz und Staat, 1940, S. 77. 이 문장을 의미에 걸맞게 인용하고 있는 *J. Bjarup*, Skandinavischer Realismus, 1978, S. 147 참고.

32) 이러한 측면을 강조하는 *H. Wagner*, Normbegründungen. Einführung in die spätbürgerliche Geltungsdiskussion, 1982 참고. 바그너의 입장에 대해서는 *U. Rühl*, Die spätbürgerliche Geltungsdiskussion, ARSP 69(1983), S. 266. 참고.

33) *Th. Geiger*, Vorstudien zu einer Soziologie des Rechts, 1964, S. 253ff. 또한 효력개념에 대한 헤거스트롬(Hägerstrom)의 비판에 대해서는 *Bjarup*, Skandinavischer Realismus(각주 31), S. 170 참고.

는 점에서 똑같고, 단지 한쪽은 사실적 성격을, 다른 한쪽은 이념적 성격을 귀속시킨다는 점에서만 차이가 있을 뿐이다. 따라서 이러한 토대 위에서 이루어지는 효력개념의 탈신비화는 곧 이 개념을 파괴하는 것과 동일하다. 그렇기 때문에 '실패한' 탈신비화라고 말하는 것은 전적으로 옳다.[34] 규범성, 즉 당위는 사회과학적 시각에서도 결코 규범으로부터 배제할 수 없다. 규범의 개념을 (제재에 기초한 행위규칙성이 아니라[35]) 행위기대(Verhaltenserwartung)[36]로 정의하는 것은 이러한 통찰을 감안한 것이다.

이와 같이 규범에서 규범적 요소를 확인하는 것은 그 자체 결코 놀라운 일이 아니다. 하지만 그렇다고 해서 법적 효력개념, 즉 '법기술적' 효력개념의 규범적 성질을 반드시 인정해야만 한다는 뜻은 아니다. 왜냐하면 규범과 규범적 요소를 사회적 차원으로 고정시키게 되면, 규범의 '존재방식'으로서의 효력이라는 사고로부터 거리를 둘 수 있고, 따라서 규범과 효력을 분리[37]하여, '효력을 갖는' 규범은 효력을 갖지 않는 법에 비해 더 많은 구속력을 갖는다는 식으로 생각하지 않아도 되기

---

34) *G. Dux*, Rechtssoziologie, 1978, S. 97. 가이거(Th. Geiger)의 '사회학적' 효력모델에 대한 비판으로는 *H. Rottleuthner*, Rechtstheorie und Rechtssoziologie, 1981, S. 97ff.도 참고.

35) 물론 *H. Popitz*, Die normative Konstruktion von Gesellschaft, 1980, S. 12는 규범을 그러한 행위규칙성으로 파악한다.

36) 이에 관해서는 *Dux*, Rechtssoziologie(각주 34), S. 30; *N. Luhmann*, Rechtssoziologie, Bd. 1, 1972, S. 40ff. 히르쉬(E. Hirsch)는 법규범을 "입법자가 품고 있고 또한 실현되기를 바라는 행위기대가 법적 명령의 형태로 전환된 것"이라고 한다(E. Hirsch, Die Steuerung menschlichen Verhaltens, JZ 1982, S. 41ff., 45).

37) 이러한 분리가 갖는 의미에 관해서는 *N. Luhmann*, Die juristische Rechtsquellenlehre aus soziologischer Sicht, in: ders., Ausdifferenzierung des Rechts, 1981, S. 308ff., 317ff.; *ders.*, Rechtstheorie im interdisziplinären Zusammenhang, a.a.O. S. 191ff., S. 220ff. 참고.

때문이다. 실제로 개인이 속한 관련 집단 또는 사회 전체의 행위기대가 효력을 갖는 현행법의 기준에 따르면 규범위반으로 평가될 수도 있는 행위를 선호할 수도 있다. 특정한 상황에서 법질서를 원용하는 사람은 오히려 사회적 비난에 봉착할 수 있다는 사실[38]은 이와 같은 맥락이다. 그러한 사회적 비난은 더 나아가 법으로 명령된 행위와 사회적으로 기대되는 행위 사이에 차이가 있을 수 있다는 점을 인정하긴 하지만, 기본적으로는 합법적 행위에 대한 일반적 기대를 전제하는 방식으로 법효력의 문제를 해결할 수 없다는 사실을 잘 보여준다. 왜냐하면 특정한 경우에는 법규범을 원용하는 것 자체가 이미 법규범의 내용과는 상관없이 도발적인 행동으로 여겨지기 때문이다. 그렇기 때문에 법효력의 문제를 해결하기 위해 규범적 요소, 즉 당위를 사회현실 속에서 파악할지라도 얻는 게 별로 없다고 보인다. 이를 통해 효력개념을 하나의 대상인 것처럼 해석할 위험이 완전히 불식되지는 않기 때문이다.

(4)

효력의 개념을 그것이 마치 존재하는 어떤 대상인 것처럼 해석하는 입장을 반박하면서 효력주장의 해석으로서의 성격(Deutungscharakter)을 강조한 것은 켈젠의 공적이다. "순수법학은 … '법이 객관적 효력을 갖는다'는 언명, 다시 말해 법제정행위의 주관적 의미가 곧 그 객관적 의미이기도 하다는 언명은 오로지 특정한 전제조건 하에서 법제정행위를 해석할 수 있는 한 가지 가능성일 뿐, 결코 그에 대한 필연적 해석이 아니라는 점을 뚜렷이 강조한다."[39] 이로써 효력의

38) 이에 관해서는 *V. Gessner/W. Hassemer*(Hrsg.), Gegenkultur und Recht, 1985에 실린 엘샤이트(G. Ellscheid)와 베젤(U. Wesel)의 논문을 참고.

개념을 적절하게 해석하기 위한 중요한 발걸음을 내딛게 된다. 물론 켈젠의 순수법학에서 이러한 해석은 결코 단순한 사회적 사실로 인정되지는 않는다. 오히려 이 해석은 해석행위를 조건과 결과(Wenn-Dann)의 관계로 만들도록 강제하는 논리적 규칙에 구속된다. 즉, 만일 법을 객관적으로 구속력을 갖는 규범들의 총체로 해석하고자 한다면(조건), 근본규범을 전제해야만 한다(결과). 그리고 이 근본규범은 실정법질서의 객관적 효력, 즉 대체적으로(im großen und ganzen) 실효성을 갖고 있는 강제질서에 속하는 제정법규범의 객관적 효력을 정당화하는 기능을 한다.[40] 근본규범은 결코 "윤리적-정치적 기능이 아니라, 인식론적 기능"만을 갖는다.[41] 이렇게 효력의 문제를 인식론적으로 전환함으로써 법효력이 어떤 식으로든 '내적' 구속력을 발휘해야 한다는 생각은 사라지고, 이와 함께 내적 구속력이라는 요소 자체가 상실되지 않을 수 없다. 규범의 당위는 기능적 관계를 의미할 뿐, 어떤 도덕적 의미가 있는 호소(Appel)가 아니다. 그리하여 법과 도덕의 분리라는 순수법학의 대전제는 이 두 규범질서의 효력양태와 관련해서도 관철되고 있다.

그러나 이렇게 효력의 양태를 엄격히 분리하게 되면 결과적으로는 효력개념 자체가 완전히 사라질 위험이 있다. 왜냐하면 만일 효력주장을 하나의 규범을 준수하라는 호소로 해석할 수 없다면, 과연 하나의 규범이 효력을 갖는다는 말이 무엇을 의미하는지를 묻지 않을 수 없기 때문이다. 이 물음에 대해 규범의 효력은 규범이 존재한다는 뜻이라고 대답하면, 이 대답은 해석을 필요로 하는 하나의 대상을 다른 대상으로 대체하는 것에 불과하며, 심지어는 형이상학이라는 혐의(Metaphysikverdacht)를 받는 위험스러운 영역에 빠지고 만다. 달리 표

---

39) *Kelsen*, Reine Rechtslehre(각주 27), S. 218.

40) *Kelsen*, a.a.O., S. 205.

41) A.a.O., S. 225.

현하자면, 효력개념은 그것이 하나의 실천적 물음, 즉 특정한 규정을 준수해야 하는지 여부와 관련될 때에만, 의미론적으로 해석이 가능하며, 그래야만 인식론적으로 혐의를 받지 않는다. 만일 효력개념을 그러한 실천적 물음과 분리해버리면, "X는 효력을 갖는 규범이다"는 술어를 번역할 수 없게 된다. 그리하여 '효력'이라는 개념은 규범의 속성을 표시하기 위한 물적 대상으로 변화하고, 규범이 그러한 속성을 갖게 된 원인이나 이 속성의 내용에 대해서는 막연한 추측만이 가능한 상태가 되고 만다.

물론 이러한 반론에 대해서는 다시 다음과 같이 재반론을 펼칠 수 있다. 즉, 하나의 규범이 효력을 갖는 법이라는 주장은 효력의 개념을 정의하기 위한 조건들을 충족시키는 특정한 요건들이 존재한다는 사실을 확인하는 것일 뿐이라고 반박할 수 있다. 이렇게 효력개념을 순수한 '기술적 개념'으로 파악하는 것[42]은 가능하긴 하지만, 효력의 문제를 이런 식으로 개념정의의 문제로 해석할 경우 결국 효력의 기준을 선택하는 일은 개인의 자의에 맡기고, 이에 대한 의미 있는 논의를 할 수 없게 될 위험이 있다는 난관에 봉착한다.

효력개념을 존재론적으로가 아니라, 기술적으로, 즉 전문용어의 측면에서 이해한다면, 효력의 개념정의와 관련하여 어느 정도 재량을 인정할 수 있다는 사실에 대해서는 반론을 제기할 이유가 없다. 이 점에서 예컨대 법규범의 효력을 모순율(Satz vom Widerspruch)에 구속시킬 것인지 여부, 다시 말해 서로 모순되는 두 가지 규범들 가운데 반드시 어느 하나는 효력이 없는가라는 질문에 긍정적으로 답할 것인지 아니면 부정적으로 답할 것인지는 개인적 선호에 달린 문제로 여길 수 있다.[43] 물론 법효력이 모순율에 구속당하지 않는다고 보면,

---

42) '법기술적' 효력개념과 '존재론적' 효력개념의 구별에 관해서는 *H. Rottleuthner*, Rechtstheorie und Rechtssoziologie, 1981, S. 36f. 참고.

43) 이 문제에 관해서는 논리적으로 서로 모순되는 두 가지 규범 모두가 효력

모든 실정법은 효력을 갖기 때문에 넓은 의미의 효력개념이 되고, 이에 반해 모순율이 법효력의 개념과 관련해서도 구속력을 갖는다고 보게 되면, 규범논리적으로 엄격한, 좁은 의미의 효력개념이 된다는 점에서 차이가 있다. 두 가지 대안 가운데 어느 것을 선택하느냐에 따라 규범논리적 추론의 가능성과 규범논리적 계산의 구조가 달라진다. 그렇지만 두 가지 견해 모두 '법효력'이라고 불러도 아무런 문제가 없는 영역 내부에 자리 잡고 있다는 점에서는 차이가 없다.

규범모순의 문제가 규범이론과 규범논리학에서 매우 중요한 문제이긴 하지만, 앞에서 지적했던 측면은 법의 주변영역에서 등장하는 불확실성에 해당할 뿐이다. 어떠한 규범과 어떠한 전체 규범을 효력을 갖는 법으로 고려할 것인지는 원용되는 개개의 효력이론과는 별개로 이미 대체적으로 확정되어 있다. 쿨렌(L. Kuhlen)이 지적한 바와 같이,[44] 개념의 외연(Extension)은 가능한 효력이론의 범위를 규정한다. 승인설이 이 이론을 떠받치고 있는 자율적 의무구속의 원칙을 원래의 모습을 전혀 알아볼 수 없을 정도로 변용시킨 것은 결과를 획득하는 방법보다 결과 자체가 우선한다는 사실을 보여주는 전형적인 사례에 속한다. 그렇다면 '기술적' 효력개념의 범위 내에서 특정한 효력기준을 확정하는 것 또한 결코 자의(恣意)의 문제가 아니다. 오히려 정반대로 '기술적 효력개념'의 본질적 기능은 법적 규범과 비법적 규범 또는 효력을 갖는 규범과 효력을 갖지 않는 규범 사이를 구별할 때 사실상으로 채용되는 사회적 규칙에 상응하여 법효력의 기준들을

을 가질 수 없다고 보는 *G. Otte*, Zum Problem der Rechtsgeltung in der juristischen Logik, in: Rechtstheorie-Beiheft 1, 1979, S. 253ff.와 두 규범 모두 효력을 가질 수 있다고 보는 *S. Paulson*, Zum Problem der Normenkonflikte, ARSP 66(1980), S. 487ff. 참고.

44) *L. Kuhlen*, Normative Konsequenzen selektiver Strafverfolgung? In: Lüderssen/ Sack(Hrsg.), Seminar: Abweichendes Verhalten, Bd. IV, 1980, S. 26ff., 32ff. 이와 관련해서는 앞의 각주 17도 참고.

표현하는 데 있다고 추측할 수 있다.

(5)

법효력의 기준을 정할 때 사회적 해석도식이 사실상 우선한다는 통찰로부터 한 걸음 더 나아가 이제는 법효력을 사회적 실천 속에 고정시킴으로써 효력의 문제를 해결할 수 있다. 이 측면에서 하트(H.L.A. Hart)는 근본규범을 인식규칙(rule of recognition)으로 대체하고, 그러한 인식규칙은 법원, 행정관청, 일반 개인들이 효력을 갖는 현행법을 확인하는 '복잡하긴 하지만, 보통의 경우 별 다른 문제없이 이루어지는 실천' 속에 자리 잡고 있다고 한다.[45] 즉, 인식규칙은 체계에 속한 다른 규칙들의 타당성에 대한 규칙이다.[46] 이러한 인식규칙 자체에 대해 묻는 것은 무의미하다. 인식규칙 자체는 타당하거나 타당하지 않거나 하는 것이 아니라, '이 규칙이 기여해야 할 목표를 위해 그저 전제'될 뿐이다.[47] 이러한 입장에 서게 되면, 하나의 규범이 효력을 갖는다고 주장하는 것이 무엇을 의미하는가라는 질문에 대한 대답은 명확하다. 즉, 이 규범이 사회의 인식규칙에 비추어 효력을 갖는다고 승인되고 있다는 뜻이다. 이렇게 되면 법효력의 개념을 사실적인 것, 즉 이해과정을 통해 파악해야 할 사회적 현실에 국한시키는 데 성공하게 된다.

효력의 개념을 그와 같이 해결하는 것에 대해서는 두 가지 점에서 반론을 제기할 수 있다. 첫째, 하트와 같이 효력주장을 해석하는 것은 사회에 대한 외부의 관찰자의 해석이다. 즉, 특정한 사회의 바깥에

45) *H.L.A. Hart*, Der Begriff des Rechts, 1973, S. 155.

46) *Hart,* a.a.O., S. 149.

47) A.a.O., S. 153.

서 사회에 참여하지 않은 채, 이 사회의 특정한 해석도식의 존재에 대한 언명을 하는 관찰자의 해석이다. 그러나 사회 속에 살면서 사회의 규범을 준수하거나 적용하는 사람에게 인식규칙은 사실이 아니라, 구속력을 갖는 규범이다. 외재적 관점과 내재적 관점의 구별은 바로 이러한 측면에 관계된다. 내재적 관점에서 볼 때, 법의 효력은 결코 사회적 해석도식이 존재한다는 사실로 축소될 수 없다.[48)]

둘째, 인식규칙은 효력을 갖는 법과 효력을 갖지 않는 법규범(또는 비법규범) 사이의 구별이 상호주관적으로 구속력을 가질 수 있게 만들 정도로 명확한 경계선을 제시하지 못한다. 하나의 사회 내에서 법공동체 구성원의 일부는 법규범이 어느 정도 도덕규범과 합치할 때에만 법이 효력을 갖는다고 보고, 다른 구성원들은 그러한 제한을 거부한다. 이러한 논쟁을 결정하기 위해서는 사회적 실천의 확인만으로는 가능하지 않으며, 이러한 확인을 뛰어넘지 않을 수 없다. 다시 말해 하트의 해결방안에 대해서는 다음과 같이 의문을 제기할 수 있다. 즉, 사회적 해석도식을 포함하여 사실상의 상태에 대해서는 전혀 의문이 없는데도 여전히 특정한 규칙이나 규범이 효력을 갖는 법인지 여부를 둘러싸고 다툼을 벌일 수 있는가? 그리고 법효력을 '제도적 사실(institutionelle Tatsache)'로 기꺼이 인정하는 것은 혹시 이데올

48) 그 때문에 이론적 논의에서는, 내재적 관점과 법체계의 규칙에 대한 승인을 동일시할 수 없다는 점을 지적한다. 이 측면에서 인식규칙(rule of recognition)을 습관적으로 지침으로 삼는 대신 실무가 이를 성찰의 대상으로 삼게 되면 곧바로 인식규칙을 '인정'할 수 있는가라는 물음이 제기된다 ['인정(to accept)'의 개념에 대해서는 *Hart*, Der Begriff des Rechts, 1973, S. 152 참고)]. 인식규칙을 지향하는 것 자체를 문제 삼게 되면 그것은 이미 내재적 관점을 떠난 것인지는 충분히 논의해볼 여지가 있긴 하지만, 결정적인 의미를 갖는 물음은 아니라고 보인다. 이보다 더 중요한 것은 법적용자가 특정한 인식규칙에 기초하여 법을 적용해야 하는가라는 법적용자 자신의 물음을 충분한 근거를 갖고 부정할 수 있는가이다.

로기의 혐의가 있는 해석도식에 대한 비판적 조명을 너무 성급하게 포기하는 것은 아닌가? 그리고 법효력에 관한 하트의 이론이 타당하다면, '신성한' 대상이라는 사고와 이를 지탱하는 종교적 또는 주술적 사고 역시 얼마든지 '제도적 사실'로서 인식론적 비판의 대상으로부터 벗어나게 만들 수 있지 않겠는가? 나는 여기서 이 물음들에 대해 대답하려는 시도를 포기하고, 그 보다는 법적 효력이 '사실적' 효력에 대해 유지하는 '규범적 거리'를 원칙적인 측면에서가 아니라, 구체적인 측면에서 문제 삼도록 하겠다.

(6)

먼저 법적 효력주장이 어느 정도까지 법규범에 대한 사실상의 준수를 무시할 수 있는가라는 물음을 제기해야 할 것이다. 규범적 효력과 사실적 효력의 관계에 대한 고전적 문제(즉, 최소한의 효율성이 법적 효력의 조건인가라는 물음)를 그 반대방향에서 고찰하는 것이라 할 수 있는 이 물음은 무엇보다 효력이 있다는 주장 또는 효력이 없다는 주장이 시간적으로 훨씬 더 과거에 있었던 '규범적 상황'과 관련될 때 등장한다. 이 물음은 위헌으로 선고된 법률규정은 처음부터 무효(ex-tunc-Nichtigkeit)였는가를 다룰 때에는 체계내재적으로 제기되는 물음이 되고, 이에 반해 법질서가 혁명적 격변을 겪은 이후에 과거의 법질서 속에서 이루어진 법적 행위를 평가할 때에는 이보다 훨씬 더 포괄적이고 근원적인 의미를 갖는 물음이 된다.

첫 번째 문제영역과 관련해서는, 위헌법률은 원천무효(ipso-iure-Nichtigkeit), 즉 해당하는 규범이 처음부터 무효(Nichtigkeit ab initio)[49)]

---

49) 이에 관해서는 *Chr. Böckenförde*, Die sogenannte Nichtigkeit verfassungswidriger Gesetze, 1966 참고.

였다는 가정에 대한 비판은 만일 해당하는 법률을 원천무효로 보게 되면 상당히 오랜 기간에 걸쳐 별다른 이의가 없이 준수되고 적용된 법률로부터 모든 법효력을 박탈해야 한다는 결론에 도달하지 않을 수 없다는 문제점을 지적하는 것 같다.[50] 이 문제는 헌법재판소의 판결이 원천무효를 단순히 확인하는 것인가 아니면 위헌으로 선고된 법률을 소급적으로 ―따라서 이는 확인이 아니라, 구성이다― 폐기하는 것인가라는 또 다른 물음에 어떻게 대답할 것인가라는 물음과는 관계가 없다. 어느 경우이든 효력주장은 규범의 사실적 효력, 즉 그 실효성을 넘어선 문제영역에 속한다. 물론 이와 같이 '사실적' 효력을 무시하는 것은 법이론적으로는 문제가 없다. 하나의 법질서가 법규범의 타당성 여부를 규정하는 기준과 결정절차를 갖고 있다면, 하나의 규범이 비록 처음부터 무효이긴 했지만, 거의 완벽하게 준수가 되었다는 사실의 확인은 그 자체로 얼마든지 의미가 있다. 그렇지만 법효력의 기준을 정형화하게 되면 개별 법규범과 관련하여 규범효력 자체와 효력에 대한 생각들을 엄격히 분리할 수 있다. 이 점에서 개별 법규범에 대한 무효선고는 문제의 규범이 헌법의 형식적 또는 실질적 요구에 부합하지 않으며, 장래의 법적 결정은 ―다른 법률규정이 없는 한― 문제의 규범이 마치 제정되지 않은 것처럼 전제하고 내려져야 한다는 사실을 말할 뿐이다. 여기서 '처럼(als ob)'은 인식론적 허구의 성격을 갖는 것이 아니라,[51] 지침의 성격을 갖는다. 이는 운전교습학원의 강사가 운전면허시험을 보는 학생에게 면허시험을 볼

50) 뵈켄푀르데처럼 사회학적 효력과 법적 효력의 분리를 거부(a.a.O., S. 119)하는 경우에는 이러한 결론은 용납할 수 없을 것이다. 이에 대한 비판으로는 *J. Ipsen*, Rechtsfolgen der Verfassungswidrigkeit von Norm und Einzelakt, 1980, S. 153ff. 참고.

51) 이와는 달리 *Böckenförde*, a.a.O(각주 49), S. 119는 이를 인식론적 허구로 본다. 이 점에 관한 한 뵈켄푀르데는 일관성을 유지하고 있다.

때 긴장하지 말고 평소 연습할 때처럼 운전을 하라고 충고하는 것과 마찬가지로 전혀 문제가 없다. 두 경우 모두 현실을 부정하는 것이 아니라, 단지 행위동기를 선별하는 것일 뿐이다.

이에 반해 위헌법률을 소급적으로 무효로 선고하는 것을 곧 그 법률이 처음부터 전혀 효력이 없었다는 구성적 의미로 이해할 경우에는 커다란 어려움에 부딪힌다. 왜냐하면 이렇게 되면 효력/비효력의 이항적 도식이 파괴될 위험이 있고, 결국은 시간의 차원을 다시 인위적으로 시간화(verzeitlichen)하지 않을 수 없기 때문이다. 즉, 한 규범의 효력은 '효력시점 T1'뿐만 아니라, 그 규범에 대한 '판단시점 T2'에 따라서도 상대적이 되기 때문이다. 다시 말해 규범은 시점 T1에서 효력을 갖고, 다시 시점 T2에 비추어 고찰된다. 이렇게 시간의 차원을 상대화 할 때 등장하는 문제점은 소급효의 영역에서는 전적으로 법적 효력의 영역에만 해당하긴 하지만, 얼마든지 '사실적' 법효력과 규범적 법효력의 관계의 문제로도 등장할 수 있다. 예를 들어 치펠리우스(R. Zippelius)는 혁명 이전의 법질서를 그 사실적 실효성에 비추어 효력을 갖는다고 인정하면서도, 혁명 이후의 법을 적용하는 경우에는 (혁명 이후의 관점에서) 과거의 법질서를 부정당한 법으로서 마치 처음부터 효력을 갖지 않았던 것처럼 판단하자고 제안한다. 이런 의미에서 치펠리우스는 나치 지배하에서 제정된 반유대인 예외법률을 그 당시에는 효력을 갖는 법으로 판단하고, 이는 1942년 7월 20일에 히틀러에 저항했던 백장미단(Weiße Rose)에 유죄를 선고하여 처형한 것 역시 마찬가지라고 한다. 그렇지만 현재의 법질서의 관점에서는 나치의 법률이 효력을 갖지 않았다고 가정할 수 있다고 한다.[52)]

이러한 가정 또는 허구를 동원해야 할 필요성은 두 가지 서로 다른 목표설정을 병존 또는 ―더 정확하게는― 대립시킨 데 원인이 있다.

---

52) *R. Zippelius*, Kollisionen des Rechts mit heterogenen Normen und Pflichten, in: Festschrift für Hans Liermann(각주 29), 1964, S. 322.

즉, 한편으로는 혁명 이후의 법질서가 혁명 이전의 법적 행위들을 평가하고, 이러한 평가에 일정한 법률효과를 연결시킬 가능성을 계속 유지해야 하며, 다른 한편으로는 법효력을 정의의 기초적인 요구에만 구속시키는 것을 피하도록 시도하기 때문이다. 나는 두 가지 목표설정을 '…처럼'이라는 판단을 도입하여 결합시키려는 이러한 시도는 실패할 뿐만 아니라, 처음부터 필연적으로 실패할 숙명을 타고났다고 생각한다. 법규범의 (규범적) 효력에 대한 주장은 이미 주어져 있는 사실에 대한 서술이 아니라, 특정한 해석을 표현한 것이라면, 이러한 해석을 허구를 동원하여 다시 배제하는 것은 완전히 부질없는 일이다.

내 생각으로는 단 두 가지 가능성밖에 없다. 첫 번째 가능성은 훗날의 법질서의 관점에서 과거의 법질서에서 있었던 법효력에 관해 언명을 하는 것을 아예 포기하는 것이다. 이 경우에는 나치의 인종법률에 대해서도 오늘날의 관점에서 볼 때 그 당시에는 전반적으로 효력을 갖는 것으로 여겨졌다고 말할 수 있을 뿐, 그 법률이 효력을 가졌다거나 효력을 갖지 않았다고 말할 수는 없다. 두 번째 가능성은 법의 효력이 법질서에 내재하는 기준에 따라서만 판단되지는 않는다는 견해에 동조하는 것이다.[53)]

53) 물론 제3의 가능성도 있을 수 있다. 즉, 특정한 규범적 요구를 충족했을 경우에는 '완벽한' 효력을 갖는다고 보고, 그렇지 않을 때에는 '감소된' 효력을 갖는다는 식으로 구별할 수 있다. 1967년부터 1974년까지 지속된 그리스의 독재체제를 형법적으로 처리하기 위해 안드룰라키스(N. Androulakis)와 스피넬리스(D. Spinellis)는 효력문제를 이러한 방식으로 해결하자고 제안한다. 이들에 따르면 법이 완전한 효력을 갖기 위해서는 법복종자들이 규범제정자들의 법제정권한을 승인해야 하고, 이러한 완전한 효력과는 별개로 법복종자의 승인과는 관계없이 국가생활과 사회생활의 지속을 위해 필요한 규범들의 감소된 효력도 인정해야 한다고 한다. 이에 관해서는 *D. Spinellis*, Problem des Hochverrats im Lichte der Erfahrungen aus der jüngsten griechischen Geschichte und Rechtsprechung, ZStW 94(1982), S.

(7)

이로써 우리는 법의 효력과 법의 도덕적 요구 사이의 관계에 대한 문제에 도달했다. 이 문제는 두 가지 차원을 갖고 있다. 하나는 법의 도덕적 전제조건이고, 다른 하나는 법의 도덕적 결과이다. 이 두 가지 물음은 직관적으로는 서로 밀접한 관련이 있다. 법효력의 개념을 전문용어상의 기술적 개념으로 이해하면, 법규칙의 효력은 장기나 축구의 경기규칙의 효력과 같은 의미가 되고, 그리하여 효력개념은 그 전제조건뿐만 아니라, 그 결과 역시 도덕적으로 중립적이다. 이와는 달리 법의 효력을 법을 준수해야 한다는 도덕적 구속력이라는 의미로 구성하게 되면, 법효력의 문제에 대해 도덕적 관점에 따라서도 결정해야 한다.[54)]

이에 반해 실증주의적 법개념을 기반으로 효력을 갖는 법을 준수해야 할 도덕적 의무를 정당화하려는 시도는 회르스터(Norbert

---

1080ff. 참고.

54) 이런 의미에서 오테(G. Otte)는 법의 규범적 효력이 반드시 윤리적으로 정당화되어야 한다고 강조한다[*G. Otte*, Kritik des juristischen Geltungsbegriffs, in: Gmür-Festschrift, 1983(각주 7), S. 359ff., 364.; M. Kriele, Recht und praktische Vernunft, 1979, S. 117 역시 같은 입장을 표방한다]. 도덕만이 법의 구속력을 정당화할 수 있다는 점은 라드브루흐(*G. Radbruch*, Rechtsphilosophie, S. 138)의 견해이기도 하다. 그렇지만 라드브루흐에 따르면 도덕은 '타자의 입법'에 복종하는 것이고, "법과 정의를 도덕적 과제로 삼도록 강제한다"고 한다(a.a.O., S. 139). 독자적인 법적 구속력을 인정해야 한다는 견해로는 예컨대 *N. Hoerster*, Zum begrifflichen Verhältnis von Recht und Moral, in: Neue Hefte für Philosophie, Heft 17, 1979, S. 77ff. 참고. 회르스터는 도덕 이외의 규범(법규범, 풍속, 에티켓 등)이 갖는 구속력이 규범을 제정하는 권위에 대한 승인에 근거한다고 본다. 이러한 견해에 대한 비판으로는 *K. Engisch*(각주 9) 참고. 풍속이나 윤리와 같은 규범의 경우에는 '규범을 제정하는 권위'를 확실하게 확인하는 것이 몹시 어렵다는 난점까지 추가된다.

Hoerster)에게서 찾아볼 수 있다.[55] 회르스터는 일단 공리주의적 입장에서 논증한다. 즉, 효력을 갖는 현행법을 위반하는 행위는 이 행위가 인간의 기본적인 이익을 침해한다면 잘못된 행위라고 한다.[56] 따라서 법질서의 유지 역시 그러한 기본적 이익을 뜻하는 것이기 때문에 법질서를 파괴하는 행위는 도덕적으로 잘못이라고 한다. 물론 개개의 위반행위가 그러한 결과를 낳는 것은 아니지만, 모든 사람이 현행법을 위반하면 법질서가 파괴되는 결과를 낳는다는 것이다. 회르스터는 개별적 행위의 판단과 관련하여 그러한 행위가 일반적인 행위방식이 되는 경우 어떠한 결과를 빚게 될 것인지를 순수한 공리주의의 관점에서는 고려할 가능성을 부정하기 때문에,[57] 또 다른 규범적 원칙을 도입하지 않을 수 없게 된다. 즉, 다른 사람이 법질서를 존중하리라고 기대하는 사람이 ―법질서가 존속하기 위한 전제조건으로서― 자신은 이 법질서의 준수로부터 배제할 권리가 없다는 원칙을 추가한다.[58] 이와 같이 공리주의적 출발점을 상호성원칙과 결합시켜 법복종에 대한 도덕적 의무를 전제하는 결론에 도달한다.

회르스터의 예리한 논증은 얼핏 보기에 설득력이 있는 것처럼 여겨진다. 하지만 이 논증은 적어도 한 가지 점에서는 문제가 있다. 타인의 행동에 대한 개인의 기대는 궁극적으로 그 자신의 의무를 구성할 뿐인데 어떻게 한 개인의 기대가 모든 사람이 효력을 갖는 법규범을 준수해야 한다는 기대로 확장될 수 있는지 의문이다. 어떤 법규정이 비합리적이라고 생각하기 때문에 이를 준수하지 않는 사람은 다른 사람도 이 규정을 준수하리라고 기대하지 않을 것이다. 그러므로

---

55) *N. Hoerster*, Die moralische Pflicht zum Rechtsgehorsam, in: ders.(Hrsg.), Recht und Moral. Texte zur Rechtsphilosophie, 1977, S. 111ff. 참고.

56) *Hoerster*, a.a.O., S. 112.

57) *Hoerster*, a.a.O., S. 114ff.

58) *Hoerster*, a.a.O., S. 116ff.

상호성기대를 일반화하여 모든 현행법의 준수로 확장하는 것은 전혀 근거가 없다.

법복종에 대한 도덕적 의무를 도출하려는 회르스터의 논증에 대한 이 간략한 비판이 타당하다고 전제한다면 다음과 같은 의문을 제기할 수 있다. 즉, 이러한 문제점을 감안하여 효력주장은 도덕적으로 중립적이라는 이유로 순수한 '기술적' 효력개념으로 후퇴하는 것이 가능한가? 다시 말해 법효력의 전제조건과 관련하여 도덕적 기준을 완전히 포기할 수 있는가? 왜냐하면 실제로 법이 효력을 갖는다는 주장은 모든 이론적 반론에도 불구하고 결코 배제할 수 없는 호소기능(Appelfunktion)을 갖고 있기 때문이다. 독일국민의 3분의 2가 설령 법률을 부정당하다고 여길지라도 법률을 준수해야 한다고 생각한다면,[59] 이러한 국민의식 속에 표출되어 있는, 법효력에 대한 사회적 이해를 법을 법으로서 준수해야 할 도덕적 구속력을 증명할 수 없다는 간단한 반론을 통해 무시할 수는 없는 일이다. 이 점은 특수한 비법적 규범과 관련하여 다음과 같은 결론을 낳게 한다. 즉, 특수한 비법적 규범이 법의 저항력을 피해 일반적인 사회적 승인을 얻는 일은 결코 쉽지 않다. 사회적 승인을 위한 투쟁은 필연적으로 법을 위한 투쟁이다. 그것이 미래의 법을 위한 투쟁이든 현재 효력을 갖고 있는 법을 둘러싼 투쟁이든. 이 투쟁에서는 특정한 행위를 합법성과 위법성이라는 관점에 따라 판단하는 것만이 문제가 아니라, 무엇보다 특정한 행위에 대한 해석도 중요한 문제가 된다. 따라서 결정적인 물음은 가축을 산 채로 도살하는 이슬람교의 도살방식이 독일에서 금지되는지 아니면 허용되는지 여부가 아니라, 이 행위가 동물학대에 해당하는가 아니면 종교적 의식의 한 부분인가이다. 이와 마찬가지로 주거점거의 가벌성 여부보다는 주거를 점거한 사람들이 범죄단체인

59) *Kaupen*, in: A. Podgorecki u. a. Knowledge and Opinion about Law, London, 1973, S. 43f.

지 아니면 적절한 방법을 동원하여 엄청난 사회적 문제에 대해 주의를 환기시키려는 집단인지의 물음이 훨씬 더 중요하다. 이러한 문제들에 대해 두 가지 해석방식이 서로 모순된 관계에 있기 때문에 둘 가운데 어느 하나를 선택해야 한다고 반론을 펴는 것은 설득력이 없다고 보인다. 물론 법적 평가가 사회적 해석을 사전에 완전히 규정하지는 않는다는 사실은 옳다. 하지만 법적 고찰방식과 비법적 고찰방식을 엄격히 대비시키는 것을 일관되게 유지할 수는 없다. 왜냐하면 법의 척도(여기서 말하는 척도는 법적 평가의 척도가 아니라, 법의 해석도식이다)는 사실상 행위에 대한 사회적 해석에서도 원용되기 때문이다.

특수한 (또는 보편적인) 비법적 규범을 법을 주장하는 형태로 표현할 수 있도록 해주는 논증구조에 대해서는 별도의 연구가 필요하다. 그렇지만 법효력의 개념에 어떤 도덕적 요소도 포함되어 있다는 사실을 확인했다고 해서 도덕적으로 의문이 있다고 여겨지는 모든 법규범으로부터 그 효력을 박탈해야 한다는 결론에 도달하지 않는다는 점에 대해서는 견해가 일치할 것이다. 다른 한편 법의 효력과 법을 준수할 도덕적 의무는 오로지 법이 대체적으로 도덕을 감안한다는 사실에만 의존하고,[60] 따라서 민주적 헌법국가에서 저항권은 법적으로는 인정되지 않으며, 도덕적으로는 극단적인 경우에만 인정될 수 있다[61]는 크릴레(M. Kriele)의 견해는 너무 지나친 견해이다. 물론 민주적 헌법국가에서는 법규범과 도덕규범 사이의 갈등이 상당부분 법적으로 규율되어 있다는 점은 옳다.[62] 왜냐하면 헌법의 대다수 영역은 사회적 도덕을 반영하고 있고, 이 영역 내에서 저항권은 이미 과

---

60) *M. Kriele*, Recht und praktische Vernunft, 1979, S. 117.

61) *Kriele,* a.a.O., S. 112. 이에 대한 비판으로는 *R. Dreier*, Recht und Moral, in: ders., Recht —Moral— Ideologie, 1981, S. 180ff., S. 198ff. 참고.

62) 이에 관해서는 *R. Dreier*, Recht und Moral, in: ders., Recht —Moral— Ideologie, 1981, S. 180ff., S. 193.

거의 유산에 불과하기 때문이다. 즉, 이미 법질서 자체의 내부규칙에 따라 도덕에 반하는 규범이 법으로서 효력을 갖지 못하도록 장치를 마련하고 있다. 하지만 이러한 사실로부터 법질서가 포괄하지 않는 특수한 도덕규범(예컨대 여호와교의 도덕)은 법효력의 문제와 관련하여 의미가 없는 것인지 여부는 여전히 남아 있는 물음이다. 어떠한 경우든 여전히 거부감이 존재한다. 만일 지금까지 설명한 내용이 타당하다면, 법효력에 대한 모든 개념정의는 필연적으로 설득적 개념정의(Persuasivdefinition)[63]일 수밖에 없다. 왜냐하면 효력기준에 대한 상이한 개념규정과는 관계없이 효력주장의 호소기능은 일관되게 유지되고 있기 때문이다.

63) 설득적 개념정의의 개념에 대해서는 *Ch. L. Strawson*, Ethics and Language, 1944, S. 210 참고.

8. 법의 도덕: 법과 도덕에서 의무론적 논증과 결과론적 논증

(1) 서 론

얼핏 보기에 도덕적으로 나쁜 행동을 정당화하는 문제와 관련하여 존 메키(J. J. Mackie)는 다른 논의에서도 그렇듯이 이 경우에도 윤리학은 '법학의 가난한 사촌'에 불과하다고 주장한 적이 있다.[1] 나는 법학이 풍부한 논거와 사례집단의 구성 그리고 다양한 구별기준들을 갖고 있다는 점에서 메키의 진단이 옳다고 생각한다. 이 점에 관한 한, 법학은 윤리학에 비해 훨씬 더 많은 자산을 갖고 있고, 윤리학은 친척이 나누어주는 재산으로부터 커다란 혜택을 얻고 있다. 이에 반해 법학은 재산관리의 측면에서는 자신의 가난한 사촌에게서 몇 가지를 배워야 할 것 같다. 논거들의 체계화와 평가와 관련해서는 도덕철학

1) *J. J. Mackie*, Ethics. Inventing Right and Wrong, 1977, S. 164: 원문은 "여기서나 다른 곳에서나 도덕철학은 법의 가난한 친척이다"라고 되어 있다(독일어판 Ethik. Auf der Suche nach dem Richtigen und Falschen, 1983, S. 210).

이 훨씬 더 앞서 있기 때문이다.[2] 나는 재산이 더 많긴 하지만, 경영학적으로는 썩 숙련되지 못한 집안의 일원으로서 가난한 친척의 체계화역량을 배우고 싶다. 구체적으로 말하자면, 의무론적(deontologisch) 도덕체계와 결과론적(konsequentialistisch) 도덕체계를 구별하는 분석윤리학의 이론인데, 이 구별은 법적 논증에 대한 분석과 그 비중[3]과 관련하여 커다란 도움이 될 것 같다.

(2) 결과론과 의무론

나는 결과론적 논증이란 하나의 행위에 대한 도덕적 판단을 할 때 행위의 결과를 중심으로 판단하는 견해라고 이해한다.[4] 이러한 견해

---

2) 이에 관해서는 *U. Neumann*, Moralphilosophie und Strafrechtsdogmatik, in: R. Alexy/R, Dreier/U. Neumann(Hrsg.), Rerchts- und Sozialphilosophie in Deutschland heute, ARSP-Beiheft Nr. 44(1991), S. 248 참고.

3) 이에 관해서는 *J. Hruschka*, Strafrecht nach logisch-analytischer Methode, 2. Aufl., 1988, S. 112f.; *J.C. Joerden*, § 34 Satz 2 StGB und das Prinzip der Verallgemeinerung, GA 1991, S. 411ff.; *A. Meißner*, Die Interessenabwägungsformel in der Vorschrift über den rechtfertigenden Notstand(§ 34 StGB), 1990; *U. Neumann*, Deontologische und teleologische Positionen in der rechtlichen Beurteilung von Sterbehilfe und Suizidteilnahme, in: H. Jung/H. Müller-Dietz/U. Neumann(Hrsg.), Recht und Moral. Beiträge zu einer Standortbestimmung, 1991, S. 393-400 참고.

4) 이 점에서 하나의 도덕적/법적 논증이 문제된 행위의 결과에 대한 평가에 기초하고 있을 때에는 그 논증은 결과론적 논증이다. 따라서 이러한 개념 정의에 따를 때에는 과연 행위의 가치가 "최소한 그리고 1차적으로 그 결과에 의해 규정된다"는 견해만으로 결과론적 입장이 되기에 충분한가(*Rainer Trapp,* "Nicht-klassischer" Utilitarismus. Eine Theorie der Gerechtigkeit, 1988, S. 212/213에서는 이 물음을 제기한다)라는 물음은 제기되지 않는다.

에 따르면 거짓말의 결과가 솔직함의 결과보다 '더 좋다'면, 거짓말은 도덕적으로 선하다. 이에 반해 의무론적 관점에서는 하나의 행위의 도덕적 성질은 오로지 행위유형 및 이 행위유형이 규칙에 합치하는지 여부에 따라 판단되어야 한다. 브로드(C.D. Broad)의 고전적 표현에 의하면 "의무론적 이론은 윤리적 주장에 대해 '이러이러한 행위는 이러이러한 상황에서 그것이 어떠한 결과를 야기했는지에 관계없이 항상 옳다'라는 형식을 부여한다"[5]라는 견해를 갖고 있다. 법적 맥락에서 이러한 구별에 관심을 갖게 만드는 측면은 법적 결정규범의 엄격성과 탄력성, 즉 법의 규율체계에서 일반화와 개별화의 엄격성과 탄력성의 측면이다. 물론 의무론적 모델과 결과론적 모델을 원용하는 것은 이 문제를 분석하기 위한 한 가지 가능성일 뿐이다. 즉, 조건적 결정프로그램과 목적적 결정프로그램의 대비,[6] 규범정당화와 규범적용의 구별[7] 및 법과 도덕에서 형량을 통한 결정의 의미를 주제로 삼는 방법[8] 등 다른 가능성도 얼마든지 있다.

의무론적 입장을 일관되게 유지하면 직관에 반하는 결론에 도달하는 경우가 자주 있다. 가장 유명한 —그리고 가장 악명 높은— 보기는 인간애 때문에 거짓말을 할 수 있다는 잘못된 주장에 관한 텍스트이다.[9] 거짓말을 해서 죄 없이 살인자에게 쫓기는 사람을 구해야 하

5) *C.D. Broad*, Five Types of Ethical Theory, 9. Aufl. 1967, S. 206.

6) 이에 대한 기본적인 내용은 *N. Luhmann*, Rechtssystem und Rechtsdogmatik, 1974 참고.

7) *Klaus Günther*, Der Sinn für Angemessenheit. Anwendungsdiskurse in Moral und Recht, 1988.

8) *Wolfgang Enderlein*, Abwägung in Recht und Moral, 1992.

9) *Kant*, Über ein vermeintes Recht, aus Menschenliebe zu lügen, Kant-Werke Bd. 7(hrsg. von W. Weischedel), S. 637ff. 이에 대한 최근의 논의에 관해서는 *K. Günther*, Der Sinn für Angemessenheit. Anwendungsdiskurse in Moral und Recht, 1988, S. 12ff.; *Thomas Nisters*, Kants kategorischer Imperativ als Leitfaden humaner Praxis, 1989, S. 55ff. 참고.

는지 아니면 진실을 말하여 그 사람을 살인자의 피해자로 만들어야 하는지를 선택해야 하는 상황에서 칸트는 진실을 말해야 한다고 한다. 그리하여 특정한 방식의 행위수행(거짓말)을 금지하는 것은 구체적 행위의 결과를 지향한 예외를 결코 인정하지 않는다.

안락사의 허용 여부를 둘러싼 오늘날의 도덕철학 및 형법도그마틱의 논의에서 칸트의 해결방법과 구조적으로 똑같은 견해가 등장하는데, 이러한 견해는 당사자들에게 미치는 결과의 측면에서 볼 때, 칸트의 엄격성에 조금도 뒤지지 않는다. 예를 들어 사고가 나서 불에 타는 화물차에 갇혀 전혀 빠져나올 수 없는 상태에서 이미 불에 타고 있는 운전사가 불에 타죽는 고통을 줄이기 위해 조수에게 자신을 총으로 쏴서 죽여 달라고 요구한 실제 사건이 있었다. 이 사건에 대해 예컨대 가톨릭 도덕신학자들처럼 적극적이고 의도적인 안락사는 어떠한 경우에도 도덕적으로 비난받아야 한다고 생각하는 사람은,[10] 화물차 운전사가 불에 그대로 타 죽도록 가만히 있는 행동만이 도덕적으로 유일하게 정당화되는 행위라고 생각해야 한다. 법의 관점에서도 절대 다수의 형법학자들은 현재의 독일 법질서에서 사람을 적극적이고 의도적으로 죽이는 행위는 정당방위상황이나 전쟁이 아닌 한, 위법하다고 한다.

이러한 의무론적 견해에 극단적으로 반대되는 입장인 행위공리주의에서는 '거짓말'과 '화물차 운전사' 사례와 관련하여 의무론과는 전혀 다른 결론에 도달할 뿐만 아니라, 이미 처음부터 다른 방식으로 논증을 한다. 거짓말의 경우 극단적인 공리주의자는 의무론적 논증의 출발점, 즉 거짓말 금지(물론 일견 이 금지가 타당하다고 할지라도)라는 규범을 전제하는 것 자체를 인정하지 않는다. 피터 싱어(Peter Singer)의 표현을 빌리자면, "공리주의자는 각각의 결과에 따라 어떤 상

10) 이러한 입장을 표방하는 *Schüller*, Direkte Tötung — indirekte Tötung, in: Theologie und Philosophie, 1972, S. 341ff. 참고.

황에서는 거짓말이 좋고, 또 어떤 상황에서는 나쁘다고 판단한다."[11] 그리하여 거짓말이 일반적으로 도덕적으로 나쁘다는 규칙은 거짓말이 통계학적으로 볼 때 다수의 사례에서 불이익한 결과를 낳는다는 사실이 확인될 때에만 형성될 수 있다고 한다. 이 점에서 공리주의자가 관심을 갖는 규칙은 규범적 규칙이 아니라, 경험적 규칙이다. 다시 말해 개개의 구체적 사례를 더 정확히 알아야 한다는 유보조건이 붙어 있는, 불확실한 규칙일 뿐이다. 화물차 운전사의 사례에서도 그와 같은 불확실한 규칙을 형성할 수 있을 것이다. 왜냐하면 사람을 죽이는 행위는 결과론적 기준에 따르더라도 일반적으로 도덕적으로 나쁘기 때문이다. 그렇지만 이러한 규칙은 단지 여러 구체적 사례들에 대한 평가를 요약한 것에 불과하기 때문에, 하나의 개별사례를 판단할 때 결코 독자적인 규범적 비중을 갖지 못한다.

따라서 행위공리주의의 입장에서는 조수(B)의 행동에 대한 도덕적 평가가 오로지 각 행위대안(운전자를 죽이는 것/죽이는 행위를 하지 않는 것)이 당사자에게 낳는 결과의 평가에 의존한다. 운전자(F)는 시점 T1에서 총을 맞아 고통 없이 죽는 것과 몇 분 후의 시점 T2에 엄청난 고통 속에 죽는 것 사이에 하나만을 선택할 수밖에 없어서 고통을 당하지 않게끔 죽여 달라고 사정하는 것이기 때문에 결과를 지향하는 경우 그 결론은 명백하다. 결과론적 고찰에서 당사자의 객관적 이익이 결정적인지 아니면 (주관적) 선호(Präferänz)가 결정적인지는 이 사례에서는 객관적 이익과 주관적 선호가 거의 일치하기 때문에 중요한 의미가 없다. 여기서 유일하게 중요한 문제는 B가 F를 죽일 도덕적 권한이 있는지 여부이기 때문에 B가 자신의 행위선택과 관련하여 가질 수도 있는 이익은 고려의 대상이 아니다(물론 B가 F를 죽여주어야 할 도덕적 의무가 있는지는 별개의 물음이다).

11) *P. Singer*, Praktische Ethik, 1984, S. 11.

(3) 법질서에서 의무론적 입장과 결과론적 입장

만일 독일의 법질서가 행위공리주의의 평가기준에 따라 도덕적으로 허용된(또는 심지어 도덕적으로 명령된) 행위를 오히려 금지한다면, 독일의 법질서는 도덕적으로 하자가 있거나, 아니면 사례에 대한 도덕적 결정에서 오로지 행위공리주의적 기준만을 원용해서는 안 되는 충분한 근거를 제시할 수 있어야 한다. 나는 여기서 행위공리주의 및 이와 경합하는 이론들, 특히 규칙공리주의와 의무론적 이론을 추상적으로 대비시켜 설명하지는 않겠다. 그 대신 앞에서 언급했던 사례에서 행위공리주의적 논증과 그 결과가 상당한 설득력이 있다는 전제에서 출발하겠다. 화물차 운전자가 얼마든지 다른 가능성이 있는데도 무조건 엄청난 고통을 당하며 천천히 죽어가게 해야 하는지를 이해하기는 쉽지 않다. 따라서 법질서의 규율체계가 갖고 있는 어떠한 구조가 이러한 직관적 평가를 차단하는지를 묻지 않을 수 없다.

나는 아래에서 법질서는 매우 복잡한 방법으로 의무론적 요소와 결과론적 요소를 조합해야 하지만, 화물차 운전자의 사례에 대한 적절한 해결을 가로막는 의무론적 논증이 결코 합리적인 정당화를 거쳐 의무론적 관점을 선택하여 도출된 결론이 아니라는 나의 테제에 대해 근거를 제시하도록 시도하겠다.

1) 제정법질서의 의무론적 기본구조

일단 제정된 법체계에서 규칙(규범)은 행위공리주의의 도덕이론에서와는 다른 역할을 한다는 사실에서 출발해야 한다. 행위공리주의에서 규칙은 늘 불확실한 규칙이다. 이 규칙들은 귀납적으로 형성되고, 개개의 사례와 관련하여 도덕적으로 적절한 다수의 해결책들을 산술적 또는 통계적 측면에서 집약한다는 것 이상의 의미를 갖지 않는다. 따라서 이 불확실한 규칙은 개별사례에 대한 도덕적 평가에서 논증적 가치를 갖지 못한다. 예를 들어 중부유럽의 가을은 일반적으로 쌀쌀하다는 불확실한 규칙이 10월의 어느 따뜻한 날에도 두터운 모피외투를 걸쳐야 한다는 주장의 근거가 되지 못하듯이, 다른 사람의 외투를 훔치는 행위는 일반적으로 도덕적으로 금지된다는 불확실한 규칙은 행위공리주의의 기준에 따르면 결코 이 금지가 특정한 구체적 사례에서도 타당하다는 주장의 근거가 되지 못한다.

이에 반해 제정법질서에서 규칙은 명백히 이와는 전혀 다른 역할을 한다. 즉, 제정법질서에서는 규범으로부터 구체적 사례에 대한 결정으로 향하는 뚜렷한 길을 걷게 된다. 그 반대방향으로 나가는 길은 처음부터 차단되어 있다. 법질서의 명령과 금지가 특정한 유형의 행위(살인, 타인의 물건의 절취, 타인의 물건의 손괴)와 관련을 맺는다. 그리하여 행위수행에 속하지 않는 행위결과는 고려의 대상이 아니다. 예컨대 법정에서의 허위진술을 금지하는 규범은 증인이 법정에 있는 피고인으로부터 나중에 어떤 피해를 입을지 두려운 나머지 거짓을 말하는 경우에 대한 예외조항을 마련해두고 있지 않다. 이 점에서 형법은 그 금지의 실질에 비추어 볼 때 원칙적으로 의무론적 체계이다. 구체적 행위가 금지되는 이유는 그 행위를 수행할 경우 나쁜 결과가 발생하기 때문이 아니라, 그와 같은 유형의 행위를 하는 것 자체를 금지하는 규범이 존재하기 때문이다.

2) 결과론적-의무론적 제도로서의 형법적 긴급피난

이 내용이 법질서의 최후통첩이라면, 법질서는 칸트가 거짓말을 절대적으로 금지하는 것과 똑같은 결론에 도달하지 않을 수 없다. 그러나 현대의 법질서는 결과론적 수정 장치를 장착하여 법체계의 의무론적 기본구조가 낳는 가혹한 결과를 약화시킴으로써 그러한 결론을 피하는 방법을 마련해 놓고 있다. 그 대표적 보기는 정당화적 긴급피난에 관한 형법규정이다. 즉, 긴급피난 규정은 행위의 위법성에 대한 결정이 구체적 사례에서 행위가 야기하는 결과에 의존하도록 명시적으로 규정하고 있다. 이 점에서 독일형법 제34조는 다음과 같이 규정하고 있다. "생명, 신체, 명예, 재산 또는 기타 법익에 대한 현재의 긴급한 위난상태에서 자신 또는 타인의 위난을 피하기 위해 저지른 행위는 서로 대립되는 이익들, 즉 해당하는 법익들과 각 법익들에 대한 위난의 정도를 비교형량하여 행위를 통해 보호되는 이익이 이를 통해 침해되는 이익보다 본질적으로 더 중요한 경우에는 위법하지 아니하다. 단 긴급피난 행위가 위난을 방지하기 위한 적절한 수단이 아닌 경우에는 그러하지 아니하다."

형법 제34조 1문은 형법각칙에 비추어 얼핏 보기에는 위법한 행위일지라도 그것이 이익계산에 비추어 긍정적인 행위에 해당하는 경우에는 정당하다고 선언함으로써, 이 규정의 핵심이 결과론적 규칙임을 알 수 있다. 즉, 이 규정은 구체적 행위를 수행했을 때의 결과와 수행하지 않았을 때의 결과를 비교형량하는 것만을 요구하고 있기 때문에, 행위공리주의적 규율로 이해해야 한다.

형법 제34조의 형태에 따라 일반적인 긴급피난규정을 법질서에 편입시키게 되면 법체계가 안고 있는 경직성의 문제가 해결된다. 그러나 상당히 높은 대가를 치러야 한다. 왜냐하면 이러한 공리주의적 일반조항을 도입함으로써 형법은 규범에 지향된 행위지침의 체계에서 결과에 지향된 행위지침의 체계로 구조를 전환해야 하는 위험에 빠지기 때문이다. 형법 제34조와 같은 규율들은 형법적 금지규범을 행위에 대한 확실한 평가를 공리주의적 계산에 맡겨버리는 임시규칙(prima facie-Regel)[12]으로 전락시키는 경향이 있다.

---

12) '임시규칙'의 개념에 관해서는 *W. Enderlein*, Abwägung in Recht und Moral, 1992, S. 45ff. 참고. 순전히 귀납적인 방법으로 획득되고, 그 점에서 규범적으로 전혀 의미가 없는 불확실한 규칙과는 달리 엔더라인이 선택한 용어사용(S. 52)에 따르자면 행위에 대한 평가에서 독자적인 기준들을 제

형법 제34조는 의무론적 규율요소를 추가하여 이러한 위험에 대처한다. 최소한 두 가지 지점에서 이 규정은 의무론적 모델을 고수한다. 즉, 긴급피난 행위를 통해 보호되는 이익이 '본질적으로' 중대해야 한다는 조건을 달고 있고, 2문의 규정에 따르면 이익계산에 비추어 긴급피난 행위를 긍정해야 할 경우일지라도 이 행위가 위난을 방지하기 위한 적절한 수단일 때에만 정당화가 가능하다. 그렇기 때문에 형법상의 긴급피난 규정 전체를 결과론적 규율로 이해하려는 시도는 이러한 구조를 오인하는 것이고, 그리하여 두 가지 전제조건을 잘못 해석하는 결과를 낳는다.

이익형량을 하면서 오로지 더 높은 효용이라는 관점만을 지향하게 되면, 왜 긴급피난 행위를 통해 보호되어야 할 이익이 단순히 더 높은 효용을 갖는 것만으로는 정당화가 되지 않아야 하는지를 설명할 수 없다. 만일 긴급피난의 관점에서 행위의 정당화와 관련하여 궁극적으로 보호되는 이익이 더 높은 가치를 갖는다는 사정만이 중요하다면, 보호되는 이익이 더 높은 가치를 갖는 것만으로 충분히 정당화가 가능할 것이다.[13] 그렇게 되면 '본질적'이라는 표지는 단지 의문의 여지없이 더 중대해야 한다는 요건일 뿐, 특별한 정도로 더 중대하다는 요건으로 이해되지 않게 된다. 공리주의적 관점에서는 이와 다른 견해를 고려하지 않는다. 왜냐하면 공리주의와 다른 견해를 취하게 되면, 보존이익이 단순히 더 높은 가치를 갖는 경우에는 덜 중한 이익에 우선권을 부여하게 될 것이기 때문이다. 이는 공리주의의 입장에서는 완전히 역설적인 결론이 된다.

그렇긴 하지만 긴급피난 행위를 정당화하기 위해서는 보호되는 이익이 특별한 정도로 더 중대해야 한다고 요구하는 반대의견이 훨씬 더 설득력이 있다. 공리주의적 관점은 이익형량의 결과를 평가하는

시한다.

13) *Th. Lenckenr*, in: Schönke/Schröder, StGB, 24. Aufl. 1991, § 34 Rn. 45.

단계에서부터 이미 불충분한 이론이다. 왜냐하면 이익형량은 규범적으로 이미 구성되어 있는 세계 속에서 이루어지고, 그러한 세계에서 우선적으로 선호되는 것에 따라 좌우될 수 있기 때문이다. 이러한 구조화는 이익을 주관적 권리로 전환함으로써 이루어진다.[14] 타인의 소유권을 침해하는 것은 타인의 이익뿐만 아니라, 동시에 타인의 권리도 침해한다. 권리를 인정한다는 것은 그 권리에 상응하는 이익을 임의적인 계산으로부터 배제한다는 것을 뜻한다. 이렇게 이익을 법적으로 보장하게 되면, 이 이익에 대한 침해를 감수하도록 요청하는 것은 연대성에 따른 행위의 성격을 갖게 된다. 그렇지만 이 연대성은 연대성의무를 부담하는 사람의 이익보다 다른 사람의 본질적으로 더 중요한 이익이 걸려 있을 때에만 요구할 수 있다. 그와 같은 연대성의무를 인정하는 것이 개인주의적 사회모델과 합치하는지 또는 연대성의무가 집단 속의 개인이라는 집단주의적 구상을 전제하는지는 별도의 연구대상이다.

긴급피난 행위가 위험을 방지하기 위한 적절한 수단이어야 한다는 제34조 2문의 단서조항 역시 의무론적 관점에서만 해석이 가능하다. 이익의 개념을 넓게 파악하여 이익형량을 형법상의 정당화적 긴급피난의 유일한 원칙으로 삼는 관점에서는 제34조 2문의 규정은 쓸데없는 규정으로 보일 것이다. 이 적절성조항이 갖는 차단기능을 잘 보여주는 보기들은 이익형량의 결과가 법질서와 사회질서의 규범적 구조에 부합해야 한다는 사실을 잘 보여준다.

이 점은 법질서가 위난상태에 있는 이익의 주체에 대해 해당하는

---

14) 공리주의적 입장과 권리에 대한 사고의 관계에 대해서는 *R.M. Hare*, Moral Thinking: Its Level, Method and Point, 1981, 제9장(독일어판: Moralisches Denken: seine Ebenen, seine Methode, sein Witz, 1992); *D. Lyons*, Utility and Rights, in: J. Waldron(Ed.), Theories of Rights, 1984, S. 110ff.; *R.G. Frey*(Ed.), Utility and Rights, 1984 참고.

이익을 보호하기 위해 특정한 조치를 취할 수 있도록 보장하고, 그 조치가 형량을 필요로 하지 않는 종국적인 조치로 여겨지기 때문에 제34조 2문에 기초하여 정당한 긴급피난을 인정하지 않는 경우에 해당한다(보기: 형사법원의 유죄판결에 대해 법적 권리구제 수단을 명시적으로 규정한 경우). 더 나아가 위난상태에 있는 이익의 소유자가 특수한 위험부담의무를 부담하고 있는 경우에도 마찬가지이다. 소방공무원이 특정한 상황에서는 타인의 건강을 침해해서라도 자신의 생명을 구할 수 있다는 사실은 재화형량과 이익형량의 결과가 아니라, 규범적으로 의미가 있는 법적 및 사회적 역할분배의 소산일 따름이다. 끝으로 타인의 생명을 구하기 위해 헌혈을 강요하는 것이 금지된다고 보는 경우[15] 원용되는 인간존엄이라는 관점 역시 의무론적 모델에 따른 결론이다.

적절성조항을 이와 같이 결과론에 대한 의무론적 수정으로 해석하는 것에 대해 최근 외르덴(J. Joerden)은 제34조 2문을 결과론적으로 해석하는 입장을 대비시키고 있다. 외르덴의 견해에 따르면 강제로 헌혈을 하는 경우에도 행위결과에 관련된 문제라고 한다.[16] 다만 구체적인 하나의 행위에 따른 결과가 아니라, 그와 관련된 일반적 행위의 문제라는 점에서만 차이가 있다고 본다. 즉, 제34조 1문과는 달리 법률은 2문을 통해 행위공리주의적 기준이 아니라, 규칙공리주의적 기준을 정립했다는 것이다. 규칙공리주의의 입장에 따르면 하나의 행위에 대한 도덕적 평가에서 결정적인 측면은 문제되는 유형의 행

15) 보기: 병원 응급실에 실려 온 교통사고 환자 한 명이 급히 수혈을 받아야 한다. 환자의 혈액형과 맞는 혈액이 병원에는 없다. 담당의사가 이 환자의 생명을 구하기 위해 이 환자와는 아무런 관계도 없지만 우연히 같은 혈액형을 갖고 있는 제3자에게 그의 의사에 반하여, 심지어 폭력을 사용해서 채혈을 할 수 있는가?

16) *J. C. Joerden*, GA 1991, S. 411ff.

위를 일반적으로 수행할 경우 어떠한 결과를 낳는가 하는 점이다.[17)]

나는 외르덴과 마찬가지로 정당화적 긴급피난에 대한 도그마틱이 일정한 측면에서는 규칙공리주의적 모델에 따르고 있다고 생각한다. 하지만 적절성조항 전체가 이 모델에 속한다고 보는 것은 설득력이 없다. 규칙공리주의적 요소는 통설이 제34조를 원용할 수 없다고 보는 이른바 사회적 긴급피난[18)]에 대한 평가에서는 의미가 있을 수 있다. 이 사회적 긴급피난에 해당하는 사례들은 일회적인 구조행위는 그렇지 않지만, 그러한 행위가 일반적인 관행이 될 때에는 최소한 그와 동일한 가치를 갖는 이익이 침해되는 결과를 낳는다는 특징을 갖는다. 이러한 사례들에 대한 규율의 토대는 어느 누구도 자신의 행위가 설령 순간적으로는 이익이 될지라도 만일 이 행위가 일반화할 경우 도저히 참을 수 없는 결과를 낳게 된다면, 그러한 일회적 행위 자체를 통해 얻게 될 이익을 주장할 수 없다는 원칙이다. 따라서 여기서 결정적인 것은 정의에 대한 고려와 개별행위를 합산하여 계산하는 가설적인 결과예측을 결합시키는 규칙공리주의의 특징이다.

이에 반해 강제헌혈의 보기에서 중요한 것은 만일 모든 의사가 잠재적인 헌혈자들을 사냥하는 상황이 펼쳐질 경우 나타날 결과가 아니라, 단 한 사람에 대해서라도 그의 의사에 반하여 심지어 폭력까지 동원하여 수혈을 목적으로 채혈하는 행위는 법윤리적으로 문제가 있다는 생각이다. 이러한 경우에도 제34조 2문에 따른 정당화를 배제하는 근거는 이 규정에 대한 결과론적 해석이 아니라, 의무론적 해석이다.

---

17) 이 점 및 규칙공리주의를 이와는 다른 방식으로 이해하는 대안에 관해서는 *N. Hoerster*, Utilitaristische Ethik und Verallgemeinerung, 2. Aufl. 1977, S. 29ff. 참고.

18) 보기: 식료품이 절대적으로 부족한 전반적 위기상황에서는 수많은 사람들이 영양실조에 걸릴 위험이 있는 경우.

지금까지 펼친 생각들이 옳다면, 독일 법질서의 긴급피난규정은 두 가지 점에서 의무론적 수정을 가한 결과론적 규정이라고 볼 수 있다. 두 가지 지점(즉, '본질적'이라는 요건과 적절성조항)에서 의무론적 수정이 정당화되고 있다. 적어도 주관적 권리를 제도로 인정할 용의가 있는 한, 주관적 권리는 권리로까지 강화되지 못한 이익과 임의적으로 비교형량을 해도 좋은 대상이 되어서는 안 된다. 이익이 본질적으로 더 중요한 경우에 제한하는 것은 이러한 사정을 감안한 것이다. 적절성조항 역시 상당 부분 관련 당사자들의 이익에 비해 독자적인 규범적 비중을 갖고 있는 법적 및 사회적 제도(권리구제수단, 특수한 위험부담의무를 가진 직업)와 관련되어 있다. 특정한 경우(강제헌혈)에는 인간을 '대체부품창고'로 남용하여 인간의 존엄을 말살하지 못하도록 보호하는 것이 훨씬 더 중요하다.

이익형량 원칙에 대한 의무론적 수정은 충분한 이유도 없이 형량 자체를 차단하는 경우, 다시 말해 완전히 잘못된 저울로 저울질을 하는 경우에는 상당히 문제가 있다. 압도적인 다수의 견해는 일정한 핵심적 지점에서는 이익형량을 제한한다. 즉, 지배적인 견해에 따르면 생명법익은 '최고의 가치'로서 어떠한 형태의 계산이나 형량으로부터도 완전히 배제된다고 한다. 이러한 견해가 서두에서 언급한 적극적, 직접적 안락사의 허용과 관련하여 어떠한 결과를 낳는지는 이미 서술했다. 도저히 참을 수 없는 고통에 휩싸인 화물차 운전자에 대해서도 제34조에 따른 안락사의 정당화는 고려될 수 없다는 것이 통설의 입장이다. 생명이라는 법익은 어떠한 경우에도 형량의 대상이 될 수 없다는 이유 때문이다.

이 통설의 견해에서는 이익형량의 범위 내에서 의무론적 요소가 아무런 매개과정 없이 곧바로 투입된다. 생명을 형량의 대상이 될 수 없는 '최고가치'로 규정하는 것은 생명의 신성함이라는 도그마[19]를 세속화한 버전이다. 어느 경우에나 생명은 그 자체로 '내재적 가치'를 갖는다고 이해되고, 그 결과 당사자에게 생명이 어떠한 성질을 갖고 있는지는 중요하지 않다고 한다. 나는 이와 같이 의무론적 요소를 이익형량에 은밀하게 도입하는 것은 결코 정당화할 수 없다고 생각한다. 화물차 운전자가 '최고의 가치'를 위해 고통스럽게 죽어가야 한다는 주장은 결코 이해할 수 없다. '최고의 가치 생명'이라는 공식이 구체적 사례를 인간적이고 적절하게 해결하는 것을 가로막고 있는 셈이다. 왜냐하면 이 공식은 당사자의 이익과 선호를 자의적으로 방해하기 때문이다.

그렇다고 해서 '최고의 가치 생명'이라는 논점이 모든 논증 맥락에서 부적절한 결과를 낳는다는 뜻은 아니다. 이 논점의 핵심에만 국한시킨다면, 이 논점은 제34조를 통해 실정법으로 제정된 연대성이라는 법원칙이 개인에게 특정한 이익을 희생할 의무를 부과할 수는 있지만, 개인 자신의 존재까지 희생할 의무까지 부과하는 것은 원칙적으로 불가능하다는 사실을 뜻한다. 이는 무엇보다 다른 사람의 생명을 구하기 위해 그와는 전혀 관계가 없는 사람의 생명을 빼앗는 행위는 어떠한 경우에도 제34조에 따라 정당화될 수 없다는 뜻이다. 그렇기 때문에 이른바 '선로변경사건(Weichenstellerfall)'[20]에서 전철수의 행위가 정당화되지 않는다는 것이 압도적 다수의 견해이다. 이 사건에서 위험은 오로지 기차가 현재 달리고 있는 선로로 질주하여 덮치게 될 사람에게만 해당된다. 그들과는 전혀 다른 사람들을 위협하게 되는 상황은 이 숙명적인 사건에 인간이 개입할 때에만 발생할 수 있

19) 이에 대한 기본적 내용은 *H. Kuhse*, The Sancity-of-Life Doctrine. A Critique, 1987; *dies.*, Die Lehre von der "Heiligkeit des Lebens", in: Anton Leist(Hrsg.), Um Leben und Tod, 1990, S. 75-106 참고.

20) 이 사건의 내용은 이렇다. 화물열차 한 대가 운전자가 없는 상태에서 만원 객차를 향해 돌진하고 있다. 많은 사람들의 생명을 구하기 위해 한 철도공무원이 보수공사를 하고 있는 노동자들이 있는 그 옆 선로로 화물열차의 진행방향을 변경했다.

다. 따라서 이 숙명적 사건과는 무관한 사람들을 위험에 빠지게 하는 행위는 단순히 재화의 침해가 아니라, 법적으로 보장된 지위를 침해하는 행위이다. 즉, 단순한 불행이 아니라, 권리침해이다.

어떤 사건을 통해 이익이 침해되는 것과 인간의 행위를 통해 법익을 침해하는 것의 차이는 인간이 운명을 어찌 할 수는 없다는 원칙의 소산이고, 다수의 견해 역시 선로를 변경한 공무원의 행위에 대한 정당화를 거부하는 근거 역시 이 원칙이다. 하지만 이 원칙은 성스러운 권력이 부과한 숙명을 경건하게 받아들이라는 원칙이 아니라, 법질서가 개인들을 타인의 침해로부터 보호할 수는 있지만(또한 보호해야 하지만), '숙명적인' 사건에 의한 침해로부터까지 보호할 수는 없다는 원칙이다. 그렇기 때문에 생명과 생명이 충돌하는 상황을 해결하는 데에는 생명의 위험 또는 생명의 침해가 어느 정도까지 숙명적인 사건의 결과이고 어느 정도까지 인간의 행위의 결과인지를 공통분모로 삼아야 할 것이다.

'선로변경사건'에 대한 법적 평가에서는 만일 어느 누구도 사건에 개입하지 않았다면 다른 쪽 선로에서 보수작업을 하고 있던 노동자들이 전혀 위험에 빠지지 않았을 것이라는 사실이 결정적인 의미를 갖는다. 그렇기 때문에 모든 사람들이 위험한 상태에 빠져 있고, 그 가운데 몇몇 사람들만이 구출될 수 있는 경우와는 사정이 완전히 다르다. 그와 같은 경우에는 구조행위를 통해 위험에 처한 사람들 가운데 어느 누구도 구조가능성의 측면에서 아무런 구조행위도 이루어지지 않는 때보다 더 나쁜 지위에 놓이게 되지 않는다고 논증할 수도 있다.[21] 그러나 '구조행위'는 구조되지 못하는 희생자들에게는 —비록 시간적 관점에서는 경미한 것에 불과하지만— 어쨌든 생명의 단축을 뜻하기 때문에, 인간 생명의 보호가 예상되는 수명의 관점에서 상대

---

21) "타인의 구조가능성을 박탈한다"는 기준에 관해서는 *H. Otto*, Pflichtenkollision und Rechtswidrigkeitsurteil, 3. Aufl. 1988 참고.

화되어서는 안 된다는 반론이 여전히 가능하다.

이 반론은 다른 사람의 희생하에 몇몇 사람만을 구출하는 경우에 구출행위를 정당하기 위해 모든 사람의 지위가 더 나빠지지 않는다는 논거만으로는 충분하지 않다는 점에 대해 주목할 수 있게 해준다. 왜냐하면 이 논거는 위험에 처한 모든 사람들을 전반적으로 고려할 때에만 타당하기 때문이다. 따라서 위험과 구조가능성의 숙명적인 분배와 그에 대한 인간의 조종 사이의 관계라는 관점에서 볼 때, 애당초 모든 사람의 생명을 구할 수 없는 사례(예컨대 등산객 사례)[22]와 위험과 구조가능성이 완전히 평등하게 분배되어 있는 사례(예컨대 뱃사공 사례)[23]는 구별하는 것이 타당하다. 전자의 상황에서는 구조가능성은 이미 숙명에 의해 정해져 있다. 즉, 구조행위를 수행하는 사람은 누구를 구조해야 하는지를 결정하는 것이 아니라, 몇 사람만을 구조할 것인지 아니면 전부를 희생시킬 것인지를 결정해야 한다. 따라서 이러한 상황에서는 구조행위의 정당성을 인정해야 한다.

이에 반해 위험과 구조가능성이 평등하게 분배되어 있는 경우에는 구조될 사람을 선택하는 행위는 개인의 삶과 죽음에 대한 자의적인 결정이고, 따라서 이러한 결정에 의해 불이익을 입는 사람의 권리영역에 대한 침해를 수반한다. 따라서 이 경우에는 구조행위가 정당화될 수 없다. 바로 이와 같은 경우에 비로소 이익의 계산은 한계에 부딪히게 된다. 오로지 몇 명만이 구조될 수 있기 때문에 차라리 모든 사람이 희생되어야 한다고 말한다면 순수한 결과론적 관점에서는 어

22) A와 B는 함께 등산을 하다가 조난을 당하여 높은 절벽 아래 자일에 매달려 있다. 자일을 붙들고 있는 T로서는 두 사람 모두를 끌어 올릴 수는 없는 상황이어서 자일을 잘라 밑쪽에 매달려 있는 B는 추락하여 사망했다.

23) 뱃사공 사례: 사람을 가득 태운 배가 바다 한 가운데서 풍랑을 맞아, 승객 전원이 사망할 위험에 처해 있다. 유일한 구조가능성은 뱃사공이 승객들 가운데 몇 명을 바다로 던져서 배를 가볍게 만드는 방법뿐이다.

불성설로 여겨질 것이다. 하지만 그것은 구조행위의 정당화를 제3자에게 부과된 연대성의무의 관점에서 고찰하는 긴급피난 모델에 따른 어쩔 수 없는 결론이다.

공리주의적 이익계산을 다른 관점들까지 고려하여 변형 또는 대체할 수 있는가라는 물음은 행위자가 특수한 의무에 구속되어 있는 경우에 제기된다. 예컨대 아들의 생명을 구해야 하는 아버지의 의무 때문에 제3자를 죽이는 것은 정당한가? 극단적으로 물음을 제기한다면, 한 정형외과 의사가 자기 아들의 생명을 구하기 위해 노숙자를 죽여 그 장기를 적출하는 행위는 정당화되는가?

이러한 사례와 관련하여 일부에서는 법질서의 의지에 비추어 볼 때에도 자식은 부모에게 다른 어떤 제3자보다도 더 가까운 사람이라는 근거로 행위자의 행동이 의무를 위반한 것이 아니라고 주장한다.[24] 그러나 그런 식으로 논증하는 사람은 비공리주의적 요소를 끌어들여 이익형량이라는 대전제로서의 명령을 묵살하는 것이다. 나는 이런 식의 주장이 결과의 측면에서 도저히 수긍할 수 없을 뿐만 아니라, 그 논증구조의 측면에서도 몹시 의심스럽다고 생각한다. 제34조에 명문으로 규정되어 있는 연대성의무는 원칙적으로 스스로의 생명을 희생할 의무로까지 확장되지 않는다. 이러한 의무가 행위자와 위난에 처한 자 사이의 특수한 관계에 의해 확장될 수는 없다.

이에 반해 두 개의 행위의무가 충돌하는 경우 오로지 이익상황의 구조에 따라야 하는지 아니면 의무상황의 구조도 고려해야 하는지는 결정하기가 더 어려운 문제이다. 예를 들어 자기 자식의 생명을 구하는 것이 다른 사람의 생명을 구하는 것보다 더 우선하는 것일까?[25]

---

24) H. Otto, Pflichtenkollision und Rechtswidrigkeitsurteil, 3. Aufl. 1988, S. 100.

25) 도덕철학적 측면에서 이 문제는 '보편주의(Universalismus)'와 '헌신주의(Loyalismus)' 사이의 대안에 관련된 문제이다(이 용어에 관해서는 *J.-C.*

이 문제와 관련해서도 일단 출발점은 어떠한 경우든 형법의 영역에서 모든 의무는 법적으로 보호되는 특정한 이익에 구속되고, 그 때문에 모든 의무충돌은 동시에 이익충돌을 포함한다는 사고이다. 그러므로 의무충돌의 경우에도 형량은 1차적으로 관련된 이익의 비중에 따라 이루어져야 한다.

이 점은 범죄를 의무위반[26]이 아니라, 법익침해로 해석하는 법질서에서는 의무가 오로지 이익의 보호를 위해 수립되었다는 사실, 즉 의무는 부수적 기능만을 갖고 있다는 사실에 따른 당연한 결론이다. 형법적 의무를 확정한다는 것은 곧 특정한 사람이 특정한 이익 또는 법익을 보존할 책임이 있음을 확정하는 것이다. 따라서 서로 충돌하는 의무들이 동일한 비중을 갖고 있는 한(예컨대 동일한 비중을 갖는 보증인적 의무의 충돌 또는 형법 제323조c에 따른 보편적 부조의무의 충돌), 직접 이익형량을 원용할 수 있다. 그렇다면 이른바 '의무의 충돌'에 대한 규칙은 다음과 같이 표현할 수 있다. "행위자가 구조를 해야 할 의무가 있는 두 가지 이익들이 위난에 처해 있는 상태에서 하나의 이익만을 구할 수 있다면, 그 가운데 더 중대한 이익 또는 두 가지 이익의 비중이 동일하다면, 위난에 처한 이익들 가운데 어느 하나만을 구하는 행위는 위법하지 않다."

이 경우에는 구해야 할 이익이 '본질적으로' 더 중요하다는 요건이 필요하지 않다. 이 점은 행위의무가 충돌하는 긴급피난상황의 특수한 가치론적 구조 때문에 정당화된다. 법적으로 보호되는 타인의 이

Wolf, John Stuart Mills "Utilitarismus", 1992, S. 91 참고). 공리주의는 결과적으로 개인에게 도덕적 '전권'을 부여한다는 비판에 관해서는 예컨대 *B. Williams*, Kritik des Utilitarismus, 1979 참고. 이와 같은 경우 자식을 구조해야 할 의무가 있다는 입장으로는 예컨대 *R. Spaemann*, Glück und Wohlwollen, 1989, S. 147 참고.

26) 범죄를 의무위반으로 해석하는 입장에 대한 개관으로는 *G. Jakobs*, Strafrecht Allgemeiner Teil, 2. Aufl. 1991, 2. Abschn. Rn. 18 참고.

익에 대한 적극적 침해는 권리의 불가침성에 대한 법질서의 보장을 건드리고, 따라서 적극적 침해를 하지 않고서는 훨씬 더 커다란 손해가 발생할 위험이 있을 때에만 허용되는 반면, 행위의무들이 충돌할 때에는 이익과 권리가 대립하는 것이 아니라, 이익과 이익(또는 권리와 권리)이 대립한다. 이 상황에서는 결국 위난에 처한 이익들 가운데 어느 것도 규범적으로 더 우선할 가치가 있는 것이 아니기 때문에, 오로지 충돌하는 이익들의 비중만이 중요할 뿐이다. 그러므로 두 이익들 가운데 어느 하나가 더 큰 비중을 갖고 있다면 곧 바로 해당하는 이익에 유리한 방향으로 결정이 내려져야 한다.

관련된 이익들이 똑같은 비중을 갖고 있는 경우에도 단순한 이익평가만을 근거로 정당화의 근거를 제시할 수 있다. 이때에는 해당하는 사람들 가운데 어느 누구도 자신의 이익이 더 우월하다고 주장할 수 없기 때문에, 누구나 구조자의 결정을 인정해야 한다. 제34조와 의무충돌의 결정적 차이는 이익에 대해서와 의무에 대해서 서로 다른 형량규칙이 적용된다는 점에 있지 않다. 규범적 측면에서 결정적 차이는 위험에 처한 이익을 구조하지 않는 것과 법적으로 보호되는 이익을 적극적으로 침해하는 것 사이의 차이이다. 구조행위를 하는 사람이 다수의 구조행위들 가운데 어느 하나를 선택해야만 하는 경우에 형법은 이 갈등을 오로지 의무충돌의 관점에서만 주제로 삼는다는 사실은 갈등의 가치론적 구조에 따른 결과가 아니다. 오히려 형법은 애당초 형법적 의미의 구조의무가 존재할 때에만 여러 가지 구조가능성의 대안들을 감안한다는, 형법 특유의 특수한 문제처리방식에 따른 결과일 뿐이다. 구조의무가 존재하는 것이 아니라(또한 도덕적으로도 구조의무가 존재하지 않는다), 구조행위 자체가 행위자의 영웅적인 행위인 경우에도 결정의 문제는 똑같은 방식으로 제기된다.

서로 다른 비중을 갖는 의무들이 경합하는 경우(예컨대 보증인적 의무와 형법 제323조c에 따른 일반적 부조의무의 경합)에도 의무충돌의 범위 내에서 이루어지는 형량이 오로지 서로 대립하는 이익들의 비중에 따라 이루어져야 하는지는 여전히 문제일 뿐만 아니라, 이를 둘러싸고 견해가 대립하고 있다. 다수의 견해는 형량의 범위 내에서는 의무구속의 강도에 규범적 의미를 부여하는 반면, 소수의 견해는 이 경우에도 충돌하는 이익들의 비중에만 초점을 맞추고자 한다.[27] 이 물음에 대한 대답은 제34조의 규율범위에 속하는 유사한 문제에 대한 결정으로부터 영향을 받지 않는다. 왜냐하면 두 가지 행위의무의 충돌은 적극적 행위의무와 소극적 부작위의무 사이의 충돌과는 다른 규범적 구조를 갖고 있기 때문이다. 보증인적 의무가 있는 자의 특수한 의무구속 때문에 전혀 관계가 없는 제3자의 권리를 침해할 권한이 확대될 수는 없다(다시 말해 보증인적 의무가 전혀 관계가 없는 제3자의 부담으로 이루어져서는 안 된다). 이에 반해 구조의무가 충돌할 경우에는 보증인적 의무의 수혜자를 구조하는 행위를 통해 제3자의 권리영역이 침해당하지 않는다. 가장 중요한 물음은 구조행위를 하는 자의 결정이 전적으로 관련 당사자의 이익 또는 선호만을 지향해야 하는가(만일 그렇게 되면 이러한 이익 및 선호가 동일한 가치를 갖는 경우 구조행위자의 선택권을 인정해야 한다) 아니면 의무구속이 자식을 구조해야 하는 결정적 근거인가 하는 점이다. 나로서는 이 경우 아버지의 의무에 상응하는 자식의 법적 지위 때문에 순전히 이익형량을 통해서만 결론을 도출하는 것은 부적절하다고 생각한다.

---

27) 논쟁상황에 대해서는 *Th. Lenckner*, in: Schönke-Schröder, StGB, 24. Aufl. 1991, Rdnr. 75 vor § 32ff. 참고.

9. 보상적 부정의를 통한 정의 — 프리드리히 뒤렌마트의 작품에 나타난 '부정의 부정'의 법원칙 *

(1)

"법과 정의에 대한 괴팍한 강연 — 엘베시우스 식 간막극과 함께"에서 뒤렌마트(F. Dürrenmatt)는 극작가들이 정의와 법을 중시한다는 생각을 철저히 배격한 적이 있다. 뒤렌마트에 따르면 극작가는 범죄자들과 마찬가지로 정의와 법 따위에 대해서는 전혀 관심이 없다고 한다. 그리하여 극작가와 범죄자 모두 법률가들로 하여금 법과 정의에 대해 성찰할 계기를 마련해 주는 것에 만족할 뿐이라고 단정한다. 하인츠 뮐러-디츠(Heinz Müller-Dietz)는 뒤렌마트의 이 관점을 "문학작품은 법률가들이 부여잡고 있는 것과는 다른 법칙에 따른다는 오랜 경험을 아이러니컬하게 표현한 것"이라고 말한다.[1] 어쨌든 뒤렌마트

---

* 이 글은 하인츠 뮐러-디츠(Heinz Müller-Dietz) 교수의 65세 생일을 기념하기 위해 열린 콜로키움에서 발표한 논문이다. 이 주제와 관련된 수많은 2차 문헌들은 대부분 인용하지 않았다. 뒤렌마트의 저작에 나타난 법과 정의에 관해서는 *E. Bauer*, Die Gerichtsthematik im Werke von Friedrich Dürrenmatt, 1990; *B. Losch*, Friedrich Dürrenmatt — "Die Gerechtigkeit ist

가 암시하고자 했던 내용은 법률가들로서는 얼마든지 편안하게 받아들여도 무방하다. 왜냐하면 법과 정의의 문제에 대한 뒤렌마트의 상상력을 함께 즐기면 그만일 뿐, 뒤렌마트나 법률가 자신을 어떤 학문적 '이론'의 틀에 얽매이게 할 필요가 없기 때문이다. 나 역시 이런 편안한 상황을 십분 활용하고자 하며, 뒤렌마트가 그의 "괴팍한 강연"의 서두를 장식한, 천일야화의 이야기 하나를 출발점으로 삼도록 하겠다. 이 이야기는 —뒤렌마트에 따르면— 아주 이상적이고 긍정적인 이야기이며, 정의에 대한 뒤렌마트의 사유방식에서 매우 중요한 역할을 하는 이야기이다. 나는 이 이야기를 뒤렌마트가 서술한 내용 그대로 인용하겠다.

"선지자 모하멧은 어느 외진 마을의 언덕에 앉아 있었다. 언덕 아래편에는 작은 개천이 흐르고 있었다. 기사 한 명이 개천가로 왔다. 이 기사가 말에게 물을 먹이는 사이에, 말의 안장에 있는 돈주머니가 바닥에 떨어졌다. 기사는 돈주머니가 떨어진 줄도 모르고, 말을 타고 가버렸다. 또 다른 기사가 개울가로 와서 돈주머니를 발견하고 주어서 얼른 개울가를 떠났다. 세 번째 기사가 와서 말에게 물을 먹였다. 그 사이 첫 번째 기사가 자기 돈주머니가 없어진 것을 알고 다시 개울가로 되돌아왔다. 첫 번째 기사는 세 번째 기사가 자기 돈주머니를

---

etwas Fürchterliches", NJW 1989, S. 343ff.; *E. Schmidhäuser*, Verbrechen, Gerechtigkeit, Strafe —ganz subjektiv als Liebesverrat und vergeltende Erneuerung eines Liebestraums: Friedrich Dürrenmatt, Der Besuch der alten Dame, in: ders., Verbrechen und Strafe 1995, S. 186ff.; *ders.*, Verbrechen und Strafe heute:— nur noch Reflexe des Phantoms "Gerechtigkeit"? Friedrich Dürrenmatt, Die Panne, a.a.O., S. 209ff.; *P. Schneider*, Die Fragwürdigkeit des Rechts im Werk von Friedrich Dürrenmatt, 1967; *ders.*, "… ein einzig Volk von Brüdern". Recht und Staat in der Literatur, 1987(뒤렌마트에 관해서는 S. 326ff.).

1) *Müller-Dietz*, Grenzüberschreitungen. Beiträge zur Beziehung zwischen Literatur und Recht, 1990, S. 174.

훔쳤다고 생각하고, 두 기사 사이에 다툼이 벌어졌다. 결국 첫 번째 기사가 세 번째 기사를 죽였지만, 돈주머니를 찾지 못하고 먼지를 내면서 말을 타고 사라졌다. 언덕 위에서 이 장면들을 줄곧 지켜본 선지자 모하멧이 한탄한다. '알라신이시여! 세상은 참 부정의합니다. 도둑은 아무런 벌도 받지 않았고, 아무 죄 없는 자만 죽지 않았습니까?'라고 외쳤다. 그러자 보통 때는 아무런 말도 하지 않던 알라신이 이렇게 대답했다. '이 바보 같은 녀석아! 네가 나의 정의에 대해 제대로 알고 있는 게 도대체 뭐냐? 첫 번째 기사가 잃어버린 돈은 두 번째 기사의 아버지에게서 훔친 것이었다. 그러니 두 번째 기사는 원래 자기 것이었던 돈을 되찾은 셈이다. 세 번째 기사는 첫 번째 기사의 부인을 욕보인 녀석이었다. 그러니 첫 번째 기사는 세 번째 기사를 때려 죽여서, 자기 부인의 복수를 한 셈이다.' 그 말을 하고 알라신은 다시 침묵했다. 알라신의 목소리를 듣고 난 이후 선지자 모하멧은 알라신의 정의를 찬양했다."(VII, 621 이하)[2)]

앞에서 언급했듯이 뒤렌마트는 이 이야기를 이상적이고 긍정적인 이야기라고 부른다. 즉, 알라신의 설명을 통해 부도덕한 이야기가 도덕적인 이야기로 여겨지게 되었다는 것이다.

전문직업에 푹 빠져 있는 순진한 법률가는 이 이야기의 내용에 다음과 같이 반론을 제기할 것이다. 도대체 이 이야기에서 무엇이 도덕적인가? 설령 —'의심스러울 때는 피고인의 이익으로(in dubio pro reo)'라는 원칙에 따라— 첫 번째 기사가 잃어버린 돈주머니가 두 번째 기사의 아버지에게서 훔친 돈주머니와 일치한다고 가정할지라도, 두 번째 기사의 행위는 최소한 절도미수에 해당한다. 첫 번째 기사가 세 번째 기사를 살해한 행위 역시 세 번째 기사의 범죄 —첫 번째 기사의 부인을 강간한 행위— 를 이유로 정당화될 수는 없다. 법률가는

2) 본문 괄호안의 인용은 *Friedrich Dürrenmatt*, Gesammelte Werke, 1996에 따른다(로마숫자는 권수를, 아라비아 숫자는 페이지).

분명 알라신과는 다르게 이 사안을 평가한다. 과거의 행위와 그 이후의 행위 사이의 인과적 연관성은 양자를 상쇄시키는 역할을 하는 것이 아니라, 다수의 범죄가 병렬적으로 존재한다고 보는 것이 법의 관점이다. 따라서 법률가의 입장에서 보면 모하멧이 알라신을 찬양할 하등의 이유가 없다.

하지만 직업적 순수성을 간직한 법률가일지라도 오늘날의 법질서가 내포하고 있는 정의기준에 비추어 천일야화에 나온 이 이야기를 평가할 정도로 자신의 전문적 순수성을 과장해서는 안 될 것이다. 이제 천일야화처럼 먼 옛날 어느 제국에서 벌어진 이야기 대신에 현대 중유럽의 어느 조그마한 중립국가에서 벌어진 다른 이야기[3]를 중심으로 생각해 보자. 형사반장 베를라하(Bärlach)는 자신의 부하 가운데 가장 능력이 좋은 형사 울리히 슈미트(Ulrich Schmied)에 대한 살인사건을 조사하게 된다. 여러 정황증거에 비추어 기업가이자 예술애호가인 가스트만(Gastmann)이 유력한 용의자로 떠오르지만, 실제로 가스트만은 슈미트 살인과는 아무런 관련이 없다. 가스트만이 형사 챤츠(Tschanz)의 체포에 저항하는 사이 정당방위상황에서 챤츠가 가스트만을 총으로 쏘는 바람에 가스트만은 숨을 거둔다. 조금 후에 형사 챤츠도 달리는 기차바퀴에 깔려 죽는다. 이 사건을 보고 현대의 모하멧 —예컨대 방송기자나 신문기자— 는 "세상은 부정의하다! 죄 있는 자는 벌을 받지 않고, 두 명의 무고한 사람이 목숨을 잃고 말았구나!" 라고 한탄할지 모른다. 알라신의 역할을 맡은 형사반장 베를라하는 이렇게 대꾸할 것이다. "이 바보같은 녀석아! 네가 나의 정의에 대해 제대로 알고 있는 게 도대체 뭐냐? 가스트만은 옛날 아무 죄 없는 장사꾼을 제 멋대로 죽인 적이 있으니, 가스트만을 쏴 죽인 챤츠가 그 장사꾼을 대신해 복수한 셈이다. 챤츠라는 녀석은 슈미트를 죽인 놈

3) *Dürrenmatt*, Der Richter und seine Henker(1950).

이다. 챤츠의 죽음은 그 대가이니라." 이 말을 하고 베를라하는 침묵할 것이며, 아마도 아주 오랫동안 다시는 입을 열지 않을 것이다. 왜냐하면 베를라하는 중병을 앓고 있고, 그가 죽을 날이 얼마 남지 않았기 때문이다.

베를라하는 당연히 자기 나름의 정의를 내세울 수 있을 것이다. 베를라하는 알라신처럼 모든 것을 잘 알고 있는 관찰자에 그치는 것이 아니라, 사건의 전말이 그렇게 진행되도록 조종한 자이기도 하기 때문이다. 가스트만의 죽음은 치밀한 계획에 따른 결과이다. 베를라하는 가스트만에게 이렇게 말한다. "난 네가 저지른 범죄를 낱낱이 밝혀 그 죗값을 치르도록 하는 데 실패했다. 이젠 네가 저지르지 않은 범죄로 인해 네가 죗값을 치르게 만들어 주겠다."(IV, 99) 베를라하는 가스트만의 무죄가 밝혀져서 혐의가 자신에게 돌아오는 것을 무슨 일이 있어도 막아야 하는 살인자 챤츠를 자기 나름의 정의를 실현하기 위한 도구로 이용한다. 베를라하는 챤츠에게 이렇게 말한다. "내가 살인자인 너를 이용해서, 너를 나의 가장 무서운 무기로 만든거야. 너는 말이야, 한 살인자가 다른 살인자를 찾아야 한다는 사실 때문에 몹시도 허둥대고 있었거든. 난 나의 목표를 너의 목표로 만든 셈이지." 이러한 방식의 매개된 정의, 즉 새로운 부정의를 통한 정의라는 은유법은 소설 "사법"[4]에 등장하는 주 의회 의원인 명예박사 콜러(Kohler)의 입에서 이렇게 묘사된다. 콜러는 나중에 벤노(Benno) 박사에게 혐의를 뒤집어씌우기 위해 그가 살해하게 될 희생자 빈터(Winter) 교수와 함께 당구를 치면서 "거 참 기가 막히군. 벤노(움직이게 하려는 공을 직접 맞추는 것이 아니라, 일단 다른 공을 맞추어 간접적으로 움직이게 만드는 당구기술 — 옮긴이)는 그렇게 쳐야 돼!"라고 말한다.(IV, 589, 744)

---

4) *Dürrenmatt*, Justiz (1985).

(2)

‘부정의를 통한 정의’라는 너무나도 자극적인 개념을 이해할 수 있기 위해서는 세계의 질서를 다시 바로잡게 만드는 회복(Restitution)이라는 좁은 의미의 정의에 대해 깊은 회의를 품는 것을 전제해야 한다. 실제로 응보적 정의를 뜻하는 회복적 정의는 많은 경우 철저한 의심의 대상이 된다.

무엇보다 정의는 정치적 기회주의의 꼭두각시 인형일 뿐이라는 사실이 폭로된다. 절대적 정의 —즉 무자비하고, 폭력적이며 인간을 경멸하는 정의— 를 신봉하는 검사 미시시피(Mississipi)[5]는 정치적 분위기가 바뀌게 되자 더 이상 쓸모가 없게 된다. 법무부장관은 이렇게 말한다. “아주 엄격한 행형을 한 것은 한동안 아주 유용한 일이었지 … 하지만 이제는 다시 약간 유화적인 사법정책으로 복귀해서 야당의 예봉을 꺾어버리는 게 상책이야. 때로는 신의 이름으로 참수를 해야 하지만, 때로는 악마를 위해 자비를 베풀 줄도 알아야 하지. 어떤 국가든 그렇게 하지 않을 수 없는 것이거든. 자네가 검사직을 수행하는 방식이 우리를 구해준 적도 있었지만, 이제는 오히려 우리에게 위험한 것이 되어 버렸어. 그걸 명심하게.”(I, 384) 다시 말해 정의는 정치적 계산에 희생되고 만다. 이 장면은 얼핏 보면 아주 사소한 것 같지만, 우리가 알고 있는 일반적인 이데올로기 비판의 잣대를 초월하고 있다. 왜냐하면 법무부장관의 이 말은 단순히 정의를 배반하는 비열한 언사가 아니라, 정의에 대한 합목적적이고 인간적인 수정을 뜻하기 때문이다. 장관이 표현하고 있는, 풍부한 감정과 따뜻한 가슴을 가진 냉소주의는 미시시피 검사가 갖고 있는 무조건적이고 인간을 경멸하는 정의관보다 더 인간적이다. 장관은 때로는 악마를 위해서 자비를

---

5) *Dürrenmatt*, Die Ehe des Herrn Mississipi(1950, Neufassung 1980).

베풀고자 한다. 그래서 브레히트(B. Brecht)는 이렇게 말한다. “타락이 인간에게 갖는 의미는 자비가 신에게 갖는 의미와 같다.”[6] 정의는 그것이 현세의 목적을 위해 때로는 남용되고 때로는 무시될 때에만 참을 만한 것이 된다.

따라서 “노부인의 방문”[7]에 나타난 이야기가 담고 있는 모럴에서 끔직한 측면은 결코 정의를 돈을 주고 살 수도 있다는 사실이 아니다. 오히려 돈으로 산 것을 정의라 부르는 것이야말로 끔찍한 일이다. 왜냐하면 옛날에 마을의 제일가는 미인이었던 클레어 차카나시안(Claire Zachanassian)은 젊었을 때 불법(부정의)을 겪어야만 했다. 그녀가 겪은 불법은 단순히 도덕적 의미에 그치지 않고, 법적으로도 얼마든지 섬세하게 포착 가능한 불법이었다. 즉, 그녀가 알프레드 일(Alfred Ill)에 대해 제기한 친자확인소송은 두 증인의 —두 증인 가운데 한 명은 고자가 되었고, 다른 한 명은 장님이 되었는데, 이제 두 사람 모두 끔찍하리만치 바보처럼 노부인을 추종하는 사람이 되었다— 거짓 증언 때문에 기각되고 말았다. 형법의 무미건조한 개념을 들이밀자면, 알프레드 일과 두 증인의 행위는 소송사기, 위증 및 이에 대한 다수의 공범행위에 해당한다. 당연히 마을 귈렌(Güllen)에서 소송사기나 일에게 책임을 물을 수 있는 다른 범죄행위에 대해 사형을 선고할 수는 없게 되어 있다. 일을 죽이라는 노부인의 요구는 너무나도 지나친 것이며, 극히 원시적인 잔인성에 사로잡힌 것일 뿐만 아니라, ‘법치국가’(I, 631)에서는 결코 용납될 수 없는 일이다.

물론 만일 이런 식으로 논증을 하면서 클레어 차카나시안의 요구는 도가 지나치다는 이유로 이를 배격하는 사람은 이미 귈렌의 사람들과 정의를 신봉하는 모든 사람들이 걸려든 그물에 사로잡히는 꼴이 되고 만다. 왜냐하면 정의의 척도는 변화하기 마련이며, 정의를

6) *B. Brecht*, Mutter Courage und ihre Kinder, 3. Aufzug.

7) *Dürrenmatt*, Der Besuch der alten Dame(1955, Neufassung 1980).

자기 손으로 실현하려는 유혹은 특히 정의감이 어떤 재정적 이득을 얻을 수 있다는 기대와 결합할 경우에는 물리치기가 어렵기 때문이다. 귈렌에서 펼쳐진 블랙 코미디에서 끔직한 측면은 추악한 시민들이 10억 프랑을 대가로 자기들 가운데 한 사람을 살해했다는 사실이 아니다. 이런 장면은 금액을 제외하고는 얼마든지 현실에서도 찾아볼 수 있다. 이보다는 일을 살해한 것이 점차 정의를 실현하기 위한 행동으로 여겨진다는 사실이야말로 끔직한 측면이다. 처음에는 정의를 돈을 주고 살 수 없다는 이유로 일의 살해를 단호하게 거부한다. 나중에 귈렌의 시장은 일에게 이렇게 말한다. "우리가 이 부인의 제안을 단죄한다고 해서, 그녀가 그런 제안을 하도록 유도한 과거의 범죄를 인정한다는 뜻은 아닐세." 이 말을 통해 처음으로 클레어 차카나시안의 과도한 복수욕에 희미하나마 정당성을 부여하게 된다. 아직은 표현에 매우 주의를 기울이면서, 단지 일의 행태가 클레어의 제안을 '유도'했다고만 말하고 있다. 그렇지만 이 표현방식에는 이미 말하는 사람의 내면이 드러나 있다. 즉, 일의 '범죄'라고 말하는 것에 그치지 않고, 클레어의 말도 안 되는 요청을 아주 냉정하게 '부인의 제안'이라고 부르면서, 이를 '단죄'한다는 표현을 쓰기도 한다. 특히 '단죄'라는 개념은 문학작품의 등장인물들이 내면으로는 매우 반기는 무엇인가를 그저 말로만 그로부터 거리를 유지하려고 할 때 쓰는 개념이고, 일상생활에서도 그런 경우에 이 개념을 자주 사용한다.

정의를 요구하는 귈렌 주민들의 진짜 동기였던 차카나시안 부인의 10억 프랑은 마지막 장면에서 오히려 몹시 짜증스럽지만 결코 피할 수 없는, 정의의 부수효과로 전도되고 만다. 이 맥락에서 일을 살해하기로 결정한 귈렌 주민들에게 학교 선생은 연설을 하면서 이렇게 말한다. "여러분들이 악을 더 이상 용납할 수 없을 때에만 그리고 여러분들이 어떠한 경우에도 결코 부정의한 세계에서 살 수 없다고 생각할 때에만, 차카나시안 부인의 10억 프랑을 받아 그 돈의 대가를 행동으로 옮길 수 있을 것입니다."(I, 684) 이는 물론 위선에 불과하다. 하지만 이 위선은 위선의 내용뿐만 아니라, 위선을 떠는 사람까지도 그 진상을 만천하에 폭로하도록 만드는 기능을 한다. 왜냐하면 귈렌 주민들의 행태는 찬양해야 마땅할 정의를 저열한 동기에서 남용하는 행태가 아니라, 오히려 응보적 정의 자체가 위선자들이 쓰고 있는 가면에 불과할 따름이거나 정의를 신봉하는 광신도들의 신앙고백일 따름이기 때문이다. 그런 위선적인 신앙고백을 통해 광신도들은 자신을 바보나 비극적인 인물로 만들어 버리거나, 두 가지 모두로 만들어 버린다.

소설 "사법"의 1인칭 화자인 변호사 펠릭스 슈페트(Felix Späth)는 자신의 보고서를 편집한 가상의 인물에 대해 "선량하기 짝이 없는, 우리 정의의 광신도"(IV, 784)라고 칭한다. 슈페트 역시 스스로에 대해 "정의의 구원자로서 나의 역할은 초라하고 고통스럽기 그지없다"(IV, 604)고 말한다. 이는 우선 진짜로 죄지은 자의 책임을 물을 수 없는 자신의 무기력과 무능력에 관한 것이지만, 동시에 그 자신의 역할 자체에 관련된 것이기도 하다. 그렇기 때문에 '매우 훌륭한 법률가'(IV, 594)인 유능한 검사가 옘멀린(Jämmerlin, 초라하고 고통받는 자라는 뜻 — 옮긴이)이라는 이름을 가진 것은 우연이 아니다. 소설 "사법"의 화자인 변호사 슈페트는 이 '정의를 둘러싼 게임'(IV, 762)에서 애인과 자신의 직업적 기회를 모두 놓쳐 버릴 뿐만 아니라, 자신의 생명에 대한 위험까지 무릅써야 하는 초라한 역할로 나온다. 그는 살인행위에 대한 응분의 형벌이 가해지지 않은 이후, 정의는 오로지 살인자를 살해함으로써, 즉 '정당한 살인'을 통해서만 회복될 수 있다고 믿는다. "그 인간을 죽인 후 내가 자살을 해야 한다는 건 불가피한 일이다."(IV, 584) 하지만 슈페트는 살인범 콜러를 죽이는 데 실패하고, 그 실패의 과정 역시 초라하기 짝이 없다. 즉, 제풀에 쓰러진 슈페트가 쏜 총알은 콜러의 머리 위에 있는 쓰레기통에 박힐 뿐이었다. 콜러를 죽이는 데 실패한 '정의의 광신도' 슈페트는 결국 어느 허접한 산촌의 시골 변호사로 지내다 알코올중독으로 죽어간다.

소설 "약속"[8]에 나오는 유능한 형사반장 마테이(Matthäi) 역시 진실을 향한 그의 광적인 열정 때문에 오히려 블랙코미디의 등장인물로 전락하고 만다. 매우 사소한 우연 때문에 마테이는 그의 위대한 승리에서 한 발짝 비켜나가 버린다. 마테이는 진실을 감지하면서 여러 정황증거들을 제대로 짜 맞추는 유일한 인물로서, 살인자는 마테이가 사람을 미끼로 삼아 파놓은 함정에 걸려들지 않을 수 없는 상황이 전개된다. 만일 살인자가 다음 번 희생자를 찾아 가는 도중에 교통사고로 죽지만 않았다면 말이다. 그리하여 마테이 스스로가 희생자, 즉 진실과 정의를 광적으로 추구하는 일의 희생자가 되고 만다. '술에 찌든 슬픈 인간'(IV, 431) 마테이는 자신의 정당성을 자기 자신과 남에게 입증할 기회를 박탈당함으로 인해 뛰어난 통찰력이 고정관념으로 전락해 버리는 초라한 인간으로 묘사된다. 뒤렌마트의 다른 어느 작품에서 보다도 이 정의의 광신도는 자신의 목표에 매우 가까이 근접한다. 그러나 마테이가 실패한 것은 결코 우연이 아니다. 아니 정확히 말하자면, 그건 극적 의미의 우연이다. 왜냐하면 마테이가 추구하는 정의는 환상일 뿐이며, 소설 "사고(事故)"[9]의 희곡 번안본의 표현을 빌리자면 "가장 잔인한 고정관념으로서, 이 미명하에 인간은 인간에 대한 살육을 자행한다."(III, 324 이하) 살인과 정의 사이에는 뚜렷한 차이가 있고, 살인에 대해서는 오로지 처형이라고 불리는 또 다른 살인을 통해서만 대응을 할 수 있다는 마테이의 믿음은 이 정의의 광신도에게 커다란 재앙의 원인이 된다.

희극 "미시시피 씨의 혼인"에서 검사 미시시피와 아나스타시아(Anastasia)는 각각 자신들의 배우자를 살해한다. 두 사람 모두 똑같은

---

8) *Dürrenmatt*, Das Versprechen. Requiem auf den Kriminalroman(1957).

9) *Dürrenmatt*, Die Panne. Eine Komödie(1979).

이유(배우자의 간통)와 똑같은 상황에서 똑같은 독약으로 살인을 범한다. 그러나 검사 미시시피의 입장에서 하나는 살인인 반면, 다른 하나는 정의를 뜻한다. 아나스타시아는 "당신도 사람을 죽였고 나도 사람을 죽였어요. 그러니 당신이나 나나 모두 살인자지요"라고 말한다. 이 말에 미시시피는 이렇게 대꾸한다. "부인, 그게 아닙니다. 난 살인자가 아닙니다. 부인의 행위와 나의 행위 사이에는 엄청난 차이가 있습니다. 당신은 잔혹한 충동에 사로잡혀 범행을 한 반면, 나는 윤리적 통찰에 따라 행동을 했습니다. 당신은 남편을 도살했지만, 나는 내 마누라를 처형했을 뿐입니다."(I, 374) 살인과 처형 사이에는 차이가 있다는, 정의의 고정관념을 이보다 더 근원적 회의의 대상으로 삼는 문학작품은 없을 것이다. 물론 미시시피의 행위는 현행법에 따른다면 처형이 아니라, 그저 살인일 뿐이다. 따라서 그는 이제 지옥과도 같은 혼인생활이라는 형벌(I, 380)을 받지 않을 수 없게 된다. 미시시피 씨는 이렇게 말한다. "바로 절대적 정의 때문에 나는 이 길을 걷지 않을 수 없습니다. 나는 마델라이네(Madeleine)를 내 개인의 이름으로 처형했을 뿐, 국가의 이름으로 처형하지는 않았습니다. … 내가 그렇게 한 것에 대해서는 그 죗값을 달게 받아야지요."(I, 376) 하지만 과연 살인을 미시시피가 원용하는 모세의 율법에 따라 처형이라고 불러야 하는지 아니면 국가의 법률에 따른 처형이라고 불러야 하는지는 정의의 문제와 관련해서는 전혀 중요한 물음이 아니다. 검사가 법률을 꼼꼼히 따져본 이후에 구형을 한 사형판결 역시 살인행위와 별로 다를 바가 없다. "350명을 죽인 살인마에게 죽음을!"이라는 말은 정의를 상품처럼 팔아먹는 피비린내 나는 사법제도에 저항하기 위한 민중의 목소리이다. 이렇게 볼 때, 살인과 정의 사이의 차이는 단지 단어의 차이에 불과하다.

(3)

이 지점에 도달하게 되면 문학적 상상력과 법철학적 논의 사이의 경계를 잠시나마 허물고 싶은 유혹이 커진다. 국가와 강도단체의 차이점에 대해서는 전통적으로 두 가지 대답이 존재한다. 첫 번째 대답은 아우구스티누스(Augustinus)의 대답으로서, "정의가 없다면 국가가 대규모 강도단체와 다를 게 무엇이겠는가?"[10]라는 의문을 제기한다. 두 번째 대답은 켈젠(H. Kelsen)의 것으로서, 거리의 강도와 세무공무원의 차이는 우리가 공무원의 행위는 전제된 근본규범(Grundnorm)에 비추어 해석할 수 있는 반면, 강도의 행위는 그럴 수 없다는 데 있다고 한다.[11] 이에 반해 세 번째 대답, 즉 뒤렌마트의 대답은 양자 사이에는 아무런 차이가 없다는 것이다. 만일 정의가 순전히 허상에 불과한 머릿속의 장난으로 입증된다면, 뒤렌마트의 대답은 아우구스티누스의 대답으로부터 논리적으로 도출될 것이다. 즉, 만일 정의가 존재하지 않는다면, 국가와 강도단체의 차이는 거의 영(0)에 가깝게 된다.

그렇다면 켈젠의 대답은 어떠한가? 범죄와 정의 사이의 경계는 국가의 권한규범에 비추어 확정된다는 생각은 "사고"[12]에 나오는 한 장면에서 패러디의 대상으로 전락한다. 사악하고 유치하기 짝이 없는 늙은이들은 그들의 젊었을 때 직업이었던 판사, 검사, 변호사, 형리의 역할을 계속 따라 하면서 예전과 똑같이 행동한다. 이 늙은이들은 아주 안락한 분위기 속에서 모든 요식행위를 포기해도 좋은 편안한 상황에 있다. 하지만 법원 구내식당의 미네랄워터와 판사의 빌라에

10) *Augustinus*, De civitate Dei, Liber IV, Caput IV("Remota itaque iustitia quid sunt regna nisi magna latronica?").

11) *Hans Kelsen*, Reine Rechtslehre, 2. Aufl. 1960, S. 45ff.

12) *Dürrenmatt*, Die Panne. Eine noch mögliche Geschichte (1955); Die Panne. Ein Hörspiel (1955); Die Panne. Eine Komödie (1979).

서 맛보는 1914년산 샤또 마르고의 차이, 법정 안에서의 게임과 법정 바깥에서의 게임 사이의 차이가 곧 정의의 행동을 범죄로, 범죄를 정의의 행동으로 만들 수 있을까?

소설 "사고"에 나오는 이 장면에서 아주 절박하게 대두되는 이 가상의 질문에 대해서는 한 가지 대답만이 가능할 것으로 보인다. 법률가로서는 이 지점에 오면 문학과 법 사이의 경계선에 다시 철책을 가로막지 않을 수 없게 된다. 왜냐하면 법률가의 관점에서 법과 불법의 차이, 사법적 행위와 범죄의 차이를 뚜렷하게 표시하게 만드는 것은 바로 법적 절차와 법적 권한이며, 궁극적으로는 판결을 내리는 자의 민주적 정당성의 문제이다. 하지만 이는 너무 성급한 결론일지 모른다. 살인과 처형의 차이, 사형과 범죄의 차이가 실제로 그렇게 절대적 차이를 뜻하는 것일까? 바로 이 점에서도 하인츠 뮐러-디츠가 모범을 보인 '경계를 뛰어넘기'는 법률가들로 하여금 무언가를 더 골똘히 생각해 보도록 만드는 것 같다.

10. 규칙, 원칙, 요소의 효력

(1) 법규칙과 법원칙

1) 구 별

법원칙(Rechtsprinzipien)과 법규칙(Rechtsregel)을 구별할 수 있는 방법은 여러 가지가 있다. 첫째, 양자의 구조적 차이에 초점을 맞추어 예컨대 원칙은 그 단계적 충족가능성[1]과 최적화(Optimierung)명령[2]으로서의 성격을 갖는 반면, 규칙은 조건과 결과(Wenn-Dann)의 구조를 갖는다는 식으로 구별할 수 있다. 둘째, 복잡한 상황에서 규범의 적용에 관하여 어떤 식으로 결정하는가를 기준으로 규칙과 원칙을 구별할 수도 있다. 이 경우 원칙과 규칙의 차이는 규범의 구조가 아니라, 특정한 적용상황에서 규범을 다루는 방식과 관련된다.[3] 세 번

---

1) *R. Dworkin*, Bürgerrechte ernstgenommen, 1984, S. 54ff., 130ff.

2) *R. Alexy*, Theorie der Grundrechte, 2. Aufl. 1994, S. 71ff.; *ders.*, Zum Begriff des Rechtsprinzips, in: ders., Recht, Vernunft, Diskurs, 1995, S. 177ff., 182ff.

째 방법은 규칙과 원칙을 서로 다른 규범적 차원에 속한다고 본다. 즉, 규칙은 규율차원(행위차원)에 속하는 규범으로 보고, 원칙은 규칙을 정당화하는 차원(근거제시와 논증의 차원)에 속하는 규범으로 이해한다. 이 경우 가장 단순한 사례에서는 규칙만이 직접적으로 행위와 결정을 조종하는 기능을 갖고, 이에 반해 원칙은 정당화의 차원에서만 규범적 능력을 발휘한다고 한다.

물론 이 세 가지 모델들이 서로가 서로를 엄격히 배제하는 대안모델들인 것은 아니다. 왜냐하면 각 모델들은 상당부분 서로 합치할 뿐만 아니라, 한 모델의 요소들과 다른 모델의 요소들이 서로 겹치기도 하기 때문이다. 그렇지만 어떠한 구별기준들이 독립변수로, 어떠한 구별기준들은 종속변수로 기능하는가라는 물음은 여전히 남는다. 나는 아래의 논의를 통해 규칙과 원칙의 구별은 세 번째 모델의 의미에서 서로 다른 규범적 차원의 구별로 재구성할 때에 설득력이 있다는 사실을 밝히고자 한다.

이와 관련하여 나는 볼프강 엔더라인(Wolfgang Enderlein)의 분석과 얀-라이나드 지크만(Jan-Reinard Sieckmann)의 '2단계 모델'을 원용하겠다.[4] 이 두 견해의 착안점은 로버트 알렉시(Robert Alexy)에게서도 찾아볼 수 있다. 물론 알렉시는 원칙적으로 구조이론의 측면에서 규칙과 원칙의 구별을 주장한다는 점에서 차이가 있다. 그 때문에 알렉시는 원칙이란 "반대되는 근거들을 통해 배제될 수 있는 근거"이고 "반대되는 원칙들과 사실상의 가능성을 감안하여" 그 내용을 사전에 확정할 수 없는 근거라고 한다.[5] 따라서 알렉시에게 원칙이란 명시적

---

3) *K. Günther*, Der Sinn für Angemessenheit. Anwendungsdiskurse in Moral und Recht, 1988, S. 261ff.

4) *W. Enderlein*, Abwägung in Recht und Moral 1992, S. 80ff.; *ders.*, Rechtspaternalismus und Vertragsrecht, 1996, S. 83: *J.-R. Sieckmann*, Regelmodelle und Prinzipienmodelle des Rechtssystems, 1990, S. 83ff.

으로 규범에 대한 근거이지, 행위의 근거가 아니거나 최소한 행위의 직접적 근거가 아니다.[6)]

2) 규칙, 원칙, 요소

나는 아래에서 규칙차원과 정당화차원에 대한 이러한 구별이 어느 정도까지 타당하고, 얼마나 명확하게 이 구별을 유지할 수 있으며, 이 구별이 어떤 문제를 해결하고 또 어떤 문제를 야기하는지를 검토하고자 한다. 나의 논증의 핵심은 규칙이 속하는 행위규율의 차원과 원칙의 위치에 해당하는 정당화의 차원 사이의 구별이 두 가지 효력 개념의 차이로 재구성될 수 있다는 테제이다. 즉, 규칙의 효력이라고 말할 때와 원칙의 효력이라고 말할 때에는 서로 다른 의미에서 효력 개념을 사용하게 된다는 점이 나의 테제이다.

규칙과 원칙 이외에 요소라는 개념을 도입하면 이러한 차이를 분명하게 알 수 있다. 규칙과 요소는 원칙의 위상을 확인할 수 있는 조율체계를 형성한다. 즉, 규칙은 어떠한 경우든 행위지침으로 이해할 수 있는 반면, 요소는 전적으로 행위지침의 정당화 차원에서 규범력을 발휘한다. 빌부르크(W. Wilburg)의 이론에서 요소는 전반적으로 규범과 규범구성요건의 한 부분으로서의 성격을 갖고 있긴 하지만,[7)] 이러한 요소들은 규율차원에서 규범적으로 기능하는 독자적 규범요소가 아니다.

---

5) *Alexy*, Theorie der Grundrechte(각주 2), S. 88.

6) *Alexy*, a.a.O., S. 90ff.

7) *W. Willburg*, Entwicklung eines beweglichen Systems im bürgerlichen Recht, 1950, S. 5ff.

(2) 법규범의 효력구조와 규율구조

1) 효력개념

규칙, 원칙 그리고 요소의 효력구조를 구별하기 위해서는 이러한 구별에 앞서 먼저 공통의 효력개념을 확정할 수 있을 것을 전제한다. 이와 관련된 최소한의 공통분모는 **규범적 중요성**(normative Relevanz)이라는 개념이다. 규칙, 원칙, 요소는 이를 고려하는 것이 법적으로 명령되어 있을 경우에 효력을 갖게 된다. 따라서 여기서 효력은 효력의 기준이 아니라, 그 기능과 역할을 통해 개념정의가 이루어진다.[8] 다시 말해 어떤 규범이 효력을 갖는다는 사실의 확인이 무슨 뜻이고 그 규범에게 규범적 중요성을 인정한다는 것이 무슨 의미인가에 관련되어 있다. 이에 반해 어떠한 요건하에서 특정한 규칙, 특정한 원칙 또는 특정한 요소가 규범적 중요성을 갖는가라는 물음은 이러한 효력개념을 통해 대답되지 않는다. 이 문제는 여러 가지 효력구조와 관련해서는 중요한 의미가 없다. 따라서 효력구조의 차이는 '규범적 중요성'을 구체화할 때에만 비로소 밝혀진다.

2) 규범효력의 단계화

규칙과 원칙의 경계를 설정하기 위해 양자의 단계적 차이에 비추어 구별하자고 제안하는 이론들이 있다. 이에 따르면 규칙에게는 강한(절대적) 효력을, 원칙에게는 약한(임시적) 효력을 인정할 수 있다고 한다.[9] 이렇게 한 규범의 효력을 단계화하게 되면 규범의 구속력은 더 이상 행위지침의 의미로 해석할 수 없는 결과를 낳는다. 그러나

---

8) 이에 관해서는 *St.E. Toulmin*, Der Gebrauch von Argumenten, 1975, S. 32ff. 참고.

9) 이러한 입장 및 이에 대한 비판으로는 *Günther*, Der Sinn für Angemessenheit(각주 3), S. 264ff. 참고.

법의 기준에 따르면 일정한 행위를 수행하거나 수행하지 않는 것은 명령되어 있거나 명령되어 있지 않거나 둘 가운데 하나이다. 즉, 행위지침으로 해석되는 규범의 구속력은 단계화할 수 없다.

3) 규범충족의 단계화

이러한 문제점은 규칙의 규범적 중요성과 원칙의 규범적 중요성의 차이를 효력양태의 차이가 아니라, 규율구조의 차이로 해석함으로써 해결할 수 있을지도 모른다. 그리하여 원칙을 단계적으로 충족시킬 수 있는 규범으로 해석하는 것[10]은 무조건적으로 명령되어 있는 행위라는 의미에서의 '강한' 구속력이라는 전제와 합치할 수 있다. 물론 과연 단계적 충족가능성이 원칙과 규칙의 구별기준으로 유용한지를 둘러싸고 논란이 있다. 하지만 적어도 규칙의 충족 역시 단계화가 가능하다는 반론[11]은 설득력이 없다. 예를 들어 1,000마르크를 지불하는 것이 명령되어 있는 경우, 900마르크를 지급한 것은 1마르크만을 지급한 것보다는 자연주의적 의미에서는 분명 명령된 사안에 가깝다. 그러나 그 명령규범이 더 많이 충족되었다고 볼 수는 없다. 이에 반해 예컨대 알렉시가 원칙의 한 가지 보기로 제시한 보도의 자유[12]의 실현정도는 서로 다를 수 있다.

그러나 행위규범의 차원에서 규범의 단계적 충족가능성은 단계적 구속력과 유사한 문제점을 드러낸다. 왜냐하면 특정한 목표를 최대한 실현하라는 지침은 이 지침에 따라 특정한 방식으로 행동해야 하

---

10) *Alexy*, Theorie der Grundrechte(각주 2), S. 76. 이 기준에 대한 비판으로는 *Enderlein*, Abwägung(각주 4), S. 88ff.; *Seickmann*(각주 4), S. 71ff. 참고.

11) 이 기준에 대해 자신이 제시하는 세 가지 해석가능성 가운데 하나와 관련된 *Sieckmann*(각주 10)의 반론. 이에 관해 *Enderlein*(각주 4)도 규칙에 해당하는 경우에도 한 사람이 규범을 준수하는 빈도가 서로 다르다는 점을 지적한다.

12) *Alexy*, Zum Begriff des Rechtsprinzips(각주 2), S. 202f.

는 시민에게는 매우 당황스러운 규범이다. 그렇기 때문에 예를 들어 사고현장에서 부조를 행하라는 명령과 같이 상이한 정도로 충족될 수 있는 규범은 이 규범을 필요성과 기대가능성이라는 기준을 통해 2항적 충족의 구조(충족/불충족)를 가진 규범으로 전환할 때에만 비로소 규율차원의 법규범으로 고려될 수 있다.

4) 행위차원의 규범효력과 정당화차원의 규범효력

그렇지만 단계적 충족가능성이라는 기준은 원칙을 규율차원이 아니라, 정당화차원에 자리 잡게 하면 상당히 좋은 의미를 갖게 된다. 왜냐하면 규칙을 정당화하면서 (효력을 갖는) 원칙 속에서 각각의 규범적 비중을 확정할 수 있는 여러 관점들을 서로 다른 정도로 감안할 수 있기 때문이다. 이렇게 하면 단계적 충족가능성은 규범의 구조에 따른 결과가 아니라, 규범을 정당화차원에 자리 잡게 한 결과이다. 여기서 규범이 행위차원에서 단계적으로 충족될 수 있는지 아니면 충족/불충족의 원칙에 따르는지는 결정적인 의미를 갖지 않는다. 예를 들어 "계약은 지켜야 한다(pacta sunt servanda)"라는 규범은 행위차원에서는 충족되거나 충족되지 않을 뿐이다. 물론 계약의 이행(충족) 정도는 단계화할 수 있지만, 이 규범의 충족을 단계화할 수는 없다. 그렇지만 정당화차원에서는 "계약은 지켜야 한다"는 원칙이 경합하는 다른 원칙들(예컨대 사정변경의 원칙 rebus sic stantibus)과의 형량을 거쳐 여러 가지 결론에 도달할 수 있고, 이 점에서 법질서가 상이한 정도로 실현된다는 점은 틀림없이 옳다.

규율차원과 정당화차원의 분리를 일관되게 관철한다면, 원칙의 효력과 규칙의 효력 역시 서로 다르다고 보아야 한다. 즉, 양자의 차이는 구속력의 정도에 따른 양적 차이가 아니라, 효력개념과 관련된 차이다. 규칙의 효력은 행위차원에서의 구속력을 뜻한다. 이에 반해 원칙의 효력은 특정한 경향을 지닌 규칙을 형성할 때 특정한 관점을 고

려해야 한다는 것을 뜻한다.[13)]

이런 의미에서 원칙은 규칙의 구성요소로서 규범적 구속력을 갖는다. 따라서 원칙은 동적 체계의 '요소들'과 같은 속성을 갖고 있고, 그 효력구조에 비추어 볼 때에도 양자는 일치한다.[14)]

(3) 규칙충돌과 원칙충돌

규칙들이 서로 충돌할 때와 원칙들이 서로 충돌할 때, 규칙과 원칙은 서로 다르게 '행동'한다는 점 —이는 특히 알렉시가 섬세하게 밝히고 있는 측면이다— 은 규칙과 원칙의 상이한 효력구조에 비추어 설명할 수 있다. 즉, 규칙충돌은 예외조항을 추가하거나 충돌하는 규범들 가운데 어느 하나가 효력이 없다고 전제함으로써 해결할 수 있는 반면, 원칙이 충돌할 때에는 한 원칙이 다른 원칙에게 자리를 양보할 뿐, 양보한 원칙의 효력 자체가 부정되거나 어떤 예외조항을 추가할 필요가 없다.[15)] 이렇게 충돌상황에서 나타나는 상이한 행동방식은 규칙의 규율구조와 원칙의 규율구조 사이의 차이에 따른 결과라고 한다.[16)]

규율차원과 정당화차원의 구별에서 출발한다면, 규칙과 원칙이 각각의 충돌상황에서 나타나는 행동의 차이는 규칙과 원칙의 상이한 효력구조로부터 설명할 수 있다. 규범형성의 근거로서의 원칙은 단

---

13) 이에 관해서는 *Sieckmann*(각주 4), S. 85 참고.

14) 빌부르크(Willburg)가 말하는 요소와 원칙의 관계에 관한 자세한 설명은 *Enderlein*(각주 10), S. 291f. 참고.

15) *Alexy*, Theorie der Grundrechte(각주 2), S. 77ff.; *ders.*, Zum Begriff des Rechtsprinzips(각주 2), S. 192ff.

16) 이에 대한 논증으로는 *Alexy*, Theorie der Grundrechte(각주 2), S. 77f. 참고.

지 특정한 관점을 적절히 고려하라고 요구할 뿐이기 때문에 원칙들은 강한 의미에서 충돌할 수 없다. 하나의 근거를 적절히 고려하라는 명령은 이와는 반대되는 다른 중요한 관점도 적절히 고려한다고 해서 침해되지 않는다. 요소들을 '움직이는 역학관계'[17]로 표현한 빌부르크의 사고를 받아들여 확장한다면, 원칙들에 대해서는 '힘의 평행사변형' 또는 '논거들의 평행사변형'이라는 비유를 사용할 수도 있다. 즉, 하나의 논거는 설령 이보다 더 강한 다른 논거에 의해 압도될지라도 그 타당성이 침해되지 않는다.[18] 그러므로 이 경우 '충돌'이라고 말할 때에는 약한 의미의 충돌일 뿐이다. 아마도 '원칙들의 경합'이라고 표현하는 것이 더 적절할 것이다. 이러한 모델에서는 원칙들의 갈등이 효력의 차원이 아니라, 비중의 차원에서 발생한다는 사실이 설득력을 갖는다.[19] 즉, 하나의 원칙이 갖는 효력은 정당화의 차원에서 다른 경합하는 원칙을 고려할지라도 침해되지 않는다.

원칙들이 충돌하는 차원과 규칙들이 충돌하는 차원의 구별은 두 가지 언어차원(Sprachebene)의 차이로도 재구성할 수 있다. 규범갈등이 예외조항을 추가하여 해결된다면, 예외조항을 통해 변경된 규범을 표현하는 규범명제는 '처음의 규범(Ausgangsnorm)'과 동일한 언어차원에 속한다. 예를 들어 "거짓말은 금지된다. 단 거짓말이 사람의 생명을 구할 때에는 예외이다"라는 규범은 "거짓말은 금지된다"는 규범과 "사람의 생명을 보호해야 한다"는 규범과 같은 언어차원에 속한다. 이에 반해 "거짓말 금지는 인간의 생명을 보호해야 한다는 명령과 충돌할 때에는 타당하지 않다"는 규범명제는 서로 충돌하는 규범

17) *Willburg*(각주 7), S. 12.

18) 따라서 타당한 논거가 반드시 필연적인 논거가 되지는 않는다. 그러므로 하나의 논거에 대해 다른 반대논거들에 대한 관철력을 (비로소) 부여하는 경우와 논거의 중요성을 (처음부터) 부정하는 경우는 커다란 차이가 있다.

19) *Alexy*, Theorie der Grundrechte(각주 2), S. 79.

들과는 다른 언어차원에 속한다. 이 규범명제는 행위규범을 표현하는 것이 아니라, 행위규범에 관한 언명에 해당하며, 따라서 '처음의 규범들'이 표현된 규범명제들의 관계에 관한 메타언어의 차원에 속한다.

규범충돌상황에서 규칙과 원칙이 서로 다른 행동을 보인다는 점은 규칙과 원칙이 서로 다른 차원에 속하기 때문에 나타나는 효력구조의 차이를 통해서도 설명할 수 있다. 다시 말해 똑같은 내용을 가진 두 가지 규범들이 충돌할 경우 해당하는 규범을 원칙으로 해석하는지 아니면 규칙으로 해석하는지에 따라 서로 다르게 해결하게 된다. 다시 거짓말 금지를 예로 들어보자. 이 금지를 행위차원에 자리 잡도록 만들 경우, 생명을 구하는 거짓말이 규범적으로 자유로울 수 있는 여지를 확보하게 되면 거짓말 금지는 효력이 없다고 선언하거나 예외조항을 통해 그 효력을 제한해야 한다. 그러나 이 금지가 정당화차원에 자리 잡게 되면 엄격한 의미의 충돌은 발생하지 않는다. 왜냐하면 단지 규범적으로 중요한 의미가 있는 관점을 적절하게 고려하라는 요구일 뿐이기 때문이다.

(4) 법원칙의 한 가지 속성: '완벽한 충족이 불가능하다'

원칙의 또 다른 속성들은 원칙을 엄격히 정당화차원에만 국한시키면 설득력 있게 설명할 수 있다. 예컨대 원칙은 "결코 완전히 충족되지 않는다"고 표현할 수 있다고 할 때 의미하는 속성이 여기에 해당한다. 이에 따르면 원칙은 최대한의 실현을 명령할 뿐, 그 완벽한 충족을 명령하지는 않는다고 한다.[20] 기본권으로 보장되어 있는 종교

---

20) *J. -R. Sieckmann*, Logische Eigenschaften von Prinzipien, in: Rechtstheorie 25(1994), S. 163ff., 182.

활동의 자유를 보기로 들어보자. 오스트리아와 독일에서는 종교적 동기에서 사람을 희생시키는 행위를 국가가 방해해서는 안 된다는 내용의 규범이 어떤 의미에서 효력을 갖는 것일까? 이와 관련하여 종교활동의 자유라는 원칙은 그 자체 특정한 법질서에서 그 구체적 내용을 어떤 식으로 형성하든 관계없이 행위와 결정을 규정하는 무조건적 기능을 가져야 한다고 논증할 수 있다. 그러나 만일 이런 식으로 논증을 하게 되면, 법원칙이 사회현실 바깥에 존재한다고 인정하지 않을 수 없다. 하지만 정당화차원에서는 사정이 다르다. 이 차원에서는 유혈이 낭자한 종교의식도 당연히 종교의 자유라는 원칙이 중요한 의미를 갖는 영역에 해당하고, 그러한 행위가 종교적 문화에 속한다는 사실이 이를 허용하는 논거가 된다는 식으로 논증할 수 있다.

만일 이 보기가 너무 가혹하게 들린다면, 다른 보기를 들어보자. 독일에서는 아이들을 때리는 부모들이 "자식에게 매를 들기 주저하는 자는 아들을 미워함이라, 아들을 사랑하는 자는 때때로 아들을 징계하느니라"는 성경구절(잠언, 13/24)을 지적하면서 종교의 자유를 원용하는 경우가 가끔 있다. 정당화의 차원에서는 원칙이 완벽하게 충족될 수 없다는 사정을 곧 원칙이 중요한 의미를 갖는 영역 내에서 관련된 여러 관점들을 특정한 규칙의 지지논거 또는 반대논거로 고려하라는 명령으로 해석할 수 있다. 이에 반해 규칙의 차원에서는 원칙을 그렇게 해석하는 것은 불가능하다.

(5) 규범정당화논의에서 원칙의 효력

1) 규율차원에서 후퇴한 원칙의 비중

다른 한편, 이와 같이 정당화차원에서 다른 관점 때문에 뒷전으로 물러난 관점들을 규율차원이 고려하지 못한다는 사정 때문에 특정한 원칙들을 정당화차원에만 국한시키면 이 원칙들이 갖는 원래의 가치 이하로 취급하지 않는가라는 문제가 생긴다. 왜냐하면 규율차원에서는 원칙이 갖는 보편적인 규범적 능력, 즉 원칙이 중요한 의미를 갖는 전체 영역에서 갖고 있는 규범력이라는 요소가 상실되기 때문이다. 이 점은 뒤로 물러난 규범이 단지 특정한 상황에서만 다른 규범을 통해 후퇴당했을 뿐이고, 이 점에서 규율차원에서 예외조항에 의해 제한될 뿐인 경우일지라도 마찬가지이다. "다른 사람을 도와야 할 의무가 침해되지 않는 한, 약속은 지켜야 한다"는 규칙에서는 예외상황에서도 여전히 약속을 했다는 사실이 약속을 준수해야 할 근거가 된다는 뜻이다.

내가 보기에 이러한 연관성은 규범정당화논의(Normbegründungs-diskurs)와 규범적용논의(Normanwendungsdiskurs)를 구별하는 클라우스 귄터(Klaus Günther)의 핵심적 논거인 것 같다.[21] 따라서 나는 이 문제를 귄터의 모델과 관련시켜 논의하고자 한다.

2) 규범적용논의와 규범정당화논의

귄터는 하버마스의 논의모델에 연결되어 있다. 하버마스에 따르면 모든 당사자들이 규범을 보편적으로 준수할 경우 자신들의 이익과 관련하여 발생하게 될 결과를 고려하여 동의할 수 있는 행위규범은 타당하다고 한다.[22] 이러한 전제만으로는 규범이 포괄하는 모든 개별사례에서 이 규범이 적절한 규범으로 입증된다는 점까지 보장되지

---

21) *Günther*, Der Sin für Angemessenheit(각주 3), 1988; *ders.*, Ein normativer Begriff der Kohärenz für eine Theorie der juristischen Argumentation, in: Rechtstheorie 20(1989), S. 163ff.

22) *J. Habermas*, Diskursethik — Notizen zu einem Begründungsprogramm, in: ders., Moralbewußtsein und kommunikatives Handeln, 1983, S. 53ff., 103.

않는다. 이 점이 곧 귄터의 모델이 갖고 있는 기본적 사고이다. 그의 모델에 따르면 하나의 규범의 타당성에 대해 결정을 내리는 정당화 논의는 그 규범이 구체적 사례에서 적용할 수 있는가라는 물음과 관련된 적용논의를 통해 보충되어야 한다.

적용논의와 정당화논의를 구별하여 해결하고자 하는 문제는 구체적 사례에서 도덕적 또는 법적 결정의 적절성이 그 사례에 해당하는 타당한 행위규범에 비추어 사례를 결정하는 것과는 무언가 다를 경우 —또는 다를 수 있는 경우— 에만 제기된다. 도덕발달과 관련된 '규약이후의(postkonventionell)'의 수준에서 이러한 가능성은 하나의 행위에 대한 도덕적 평가가 단순히 행위가 규율과 합치하는지 여부에 따라서만 이루어지지 않는다는 사실 때문에 발생한다.[23] 귄터는 거짓말 금지에 비추어 이 문제를 밝힌다.[24] 즉, 거짓말을 하지 말라는 일반적인 금지는 모든 사람들이 거짓말을 당하지 않을 이익을 갖고 있기 때문에 타당한 규범으로 정당화할 수 있지만, 그럼에도 이 규범으로부터 거짓말을 통해 살인자가 피해자를 놓치도록 해서는 안 된다는 결론까지 도출하는 것은 인정할 수 없다. 일반적 규범은 지금 여기에서 도덕적으로 정당한 행위와 관련하여 중요한 의미가 있는 구체적 상황의 특수성을 등한시한다.

이 점에서 귄터는 매우 일반적인 관점에서 다음과 같은 점이 타당성을 갖는다고 한다. 즉, 하나의 규범이 구체적인 상황에서 적절한지는 관련된 모든 상황표지들을 고려할 때에만 결정할 수 있다고 한다. 이에 반해 정당화논의에서 규범의 효력에 대해 결정을 내릴 때에는 그와 같은 고려가 불가능하다고 한다. 왜냐하면 장래의 모든 적용상황들을 사전에 예견하는 것이 불가능하기 때문이라는 것이다.[25]

---

23) *Günther*, Der Sin für Angemessenheit(각주 3), S. 257.

24) *Günther*, a.a.O., S. 46ff.

25) *Günther*, a.a.O., S. 51ff., 300.

도덕적 또는 법적 결정에서 상황표지들이 중요한 의미가 있는지가 규범을 통해 확정된다는 점에서 구체적 상황에서 하나의 규범이 적절한가의 문제는 타당한 규범들 사이의 충돌을 구체적 사례에 비추어 해결한다는 과제의 형태로 등장한다. 이 문제는 구체적 상황에서 충돌하는 규범들 가운에 어느 한 규범의 효력을 부정함으로써 해결할 수는 없다는 것이 귄터의 입장이다. 그보다는 '적용논의'에서 구체적 사례에 대한 해결이 이루어지고, 적용논의를 통해 규범체계의 '정합성(Kohärenz)'의 관점에서 어떠한 규범이 '그 효력이 아무런 침해를 당하지 않는' 상태에서 다른 규범, 즉 더 '적절한' 규범의 뒷전으로 물러나야 하는지를 결정하게 된다고 한다.[26)]

귄터의 구상은 활발한 논의를 불러일으켰다. 일단 적용논의와 정당화논의를 구별하는 것이 논의이론적으로 타당한지, 즉 적용을 둘러싼 논쟁을 독자적인 논의형태로 파악할 수밖에 없도록 만드는 논증구조상의 차이를 입증할 수 있는지를 둘러싼 원칙적인 논쟁이 펼쳐졌다.[27)]

이와 관련하여 귄터는 일단 적용논의에서는 구체적인 사례에 대한 평가가 우선하여 단칭의 규범적 명제에 대한 근거제시를 대상으로 하는 반면, 정당화논의에서는 보편적 규범의 효력을 주제로 삼는다는 사실을 지적할 수 있다.[28)] 물론 이러한 지적에 대해서는 적용논의가 설령 구체적 상황의 표지가 갖는 규범적 중요성에 관련된 것일지

---

26) 귄터의 이론을 수용하고 있는 *Habermas*, Faktizität und Geltung, 1992, S. 266 참고.

27) 이에 대한 비판으로는 *R. Alexy*, Normenbegründung und Normenanwendung, in: ders., Recht, Vernunft, Diskurs, 1995, S. 52ff.; *M. Kettner*, Warum es Anwendungsfragen, aber keine Anwendungsdiskurse gibt, in: Jahrbuch für Recht und Ethik 1(1993), S. 365ff. 참고.

28) *K. Günther*, Warum es Anwendungsdiskurse gibt, in: Jahrbuch für Recht und Ethik 1(1993), S. 379ff., 379f.

라도 적용논의는 결코 단칭적인 기준이 아니라, 일반화 가능한 기준과 관련을 맺는다고 반박할 수 있다.[29] 다시 말해 거짓말을 해서 잠재적인 살인자로부터 B를 구할 수 있는 A의 도덕적 권리는 이와 비슷한 상황에서 모든 사람이 그러한 권리를 가질 때에만 인정된다. "(이른바) '적용논의'에서 특정한 상황표지가 중요하다는 주장을 위해 제시될 수 있는 근거들"은 "언제나 직접 또는 간접적으로 관련된 당사자의 이익이 보편화가 가능하다"는 점을 표현한다.[30] 거꾸로 정당화논의에서는 모든 순수한(즉, 일반화된) 적용상황들을 고려할 수 있다.[31]

3) 적용논의 대신 규범구체화?

이렇게 볼 때, 적용논의와 정당화논의의 차이는 각 논의의 참여자들이 갖고 있는 정보의 상태의 차이에 기인한다. 그러나 정당화논의의 참여자들이 겪는 정보의 결핍은 이 참여자들에게 본질적인 의미가 있는 것이 아니라, 단지 우연적인 성격에 불과한 것이기 때문에, 개별사례에 대한 결정을 둘러싼 논의는 얼마든지 다른 방식으로 재구성할 수 있다. 즉, 사례가 갖는 사실상의 구조가 아니라, 상황표지의 규범적 중요성이 문제될 때에는 논의참여자들은 어떠한 규범에 비추어 구체적 사례를 결정해야 하는지를 밝히는 정당화논의를 시작할 수 있다. 알렉시가 지적하고 있듯이, 이와 같은 재구성은 특히 어쩔 수 없이 보편적인 (메타)규범을 끌어들여 규범충돌을 '적절하게' 해결하는 방법을 둘러싸고 정합성의 관점에서 수행해야 하는 논의가

---

29) 이 비판에 관해서는 *Alexy*(각주 27), S. 65 참고.

30) *Kettner*(각주 27), S. 375. 이에 대해서는 *Günther*(각주 28), S. 386의 반론도 참고.

31) *Günther*, Der Sinn für Angemessenheit(각주 3), S. 51; 이에 대해서는 *Alexy*(각주 27), S. 68 참고.

그 논증이론적 위치를 정당화논의 내부에서 찾게 된다는 장점을 갖는다. 다시 말해 구체적 사례를 적절하게 해결하기 위해 필요한 규범은 예외조항을 추가하여 정당화논의를 통해 그 타당성을 입증할 수 있다.[32)]

4) 적용논의에서 배제되는 규범의 규범적 중요성

적용논의를 이와 같이 재구성하게 되면 정당화논의와 적용논의의 구별을 사실상 필요 없게 만든다. 하지만 이러한 재구성은 귄터의 세분화된 모델이 타당성을 갖는다고 보게 만드는 강력한 논거의 출발점이 되었던 문제를 해결할 수 없다. 왜냐하면 예외조항을 추가하여 규범을 변경하는 것("인간생명을 구하기 위해 거짓말을 하는 경우가 아닌 한, 거짓말은 금지된다")은 원래의 무제한적 규범의 효력을 파괴하고, 그 결과 예외조항의 적용에서 모든 도덕적 중요성을 상실하기 때문이다.

논증이론적으로 표현하자면, 예외조항의 추가는 피해자를 구하기 위한 언명이 거짓말이라는 사실이 더 이상 거짓말의 도덕적 허용에 반대하는 논거로 사용될 수 없는 결과를 낳는다. "인간생명을 구하기 위해 거짓말을 하는 경우가 아닌 한, 거짓말은 금지된다"는 규범은 이 규범에서 중요한 의미를 갖는 측면을 감안할 때, "운전자는 교통경찰이 '운행!'이라는 신호를 보내지 않는 한, '빨간불'일 때에는 정차하여야 한다"는 규범과 구조적으로 아무런 차이가 없다.

그렇지만 예외조항의 의미는 도덕적 관점에서든 논증이론적 관점에서든 이와는 다른 의미를 갖는다. 신호등이 '빨간 불'이라는 사실은 구체적 상황에서 전혀 중요한 의미가 없다. 이는 교통경찰의 수신호를 따라야 한다는 사실에 대한 '반대논거'가 아니다. 이에 반해 일반적인 거짓말 금지는 설령 생명을 구하라는 명령 또는 생명을 말살해

---

32) *Alexy*(각주 27), S. 69f.

서는 안 된다는 금지가 우선하여 뒷전으로 물러나는 경우라 할지라도 구체적인 상황에서도 여전히 생명을 구하기 위한 거짓말에 대항하는 반대논거이다. 특히 거짓말 금지에 의무론적(deontologisch) 의미를 부여할 때는 더욱더 그렇다. 하지만 거짓말 금지를 행위공리주의적인 의미에서 그저 불확실한 규칙일 뿐이라고 이해한다면, 규범적 관점에서는 신호등과 관련된 보기와 아무런 차이가 없다.[33]

도덕적 영역을 떠나 법적 영역으로 옮겨 올 때에도 이와 같은 논증이 과연 충분한 설득력을 가질 수 있는지에 대해서는 얼마든지 논쟁을 할 수 있다. 정당방위상황에서 사람을 살인하는 행위(이는 결과적으로 정당하다)에 대하여 정당방위상황에서의 살인은 인간의 생명을 존중해야 한다는 원칙을 무시하는 것이라는 반대논거를 제기할 수 있는가? 아니면 이 원칙은 단지 규칙을 형성할 때, 즉 정당방위의 법리를 형성할 때 고려하는 것만으로 이미 완전히 '사용'되었고, 그 결과 구체적 사례를 판단할 때에는 더 이상 고려할 필요가 없는 것인가?[34]

규율차원과 정당화차원의 구별에 기초한 모델의 관점에서는 도덕적 영역과 법적 영역과 관련하여 다음과 같이 대답할 수 있다. 즉, 중요성 여부를 판단하는 규칙으로서의 원칙은 예외조항의 범위 내에서 이 원칙을 고려하지 않는 규칙을 통해 그 효력이 침해되지 않는다. 따라서 규칙으로서의 거짓말 금지를 제한할지라도 원칙으로서의 효력은 계속 유지된다. 특히 무제한적으로 타당한 원칙은 예외조항을 갖춘 규칙으로 대체되지 않는다. 그러므로 규율차원과 정당화차원을 엄격히 분리하는 모델은 규범이 규율차원에서 예외조항을 통해 제한되는 경우에도 원칙의 보편적 효력을 계속 보존한다.

---

33) 그와 같이 '상황에 의존하는 도덕적 기회주의'에 반대하는 설명으로는 *Günther*(각주 28), S. 389 참고.

34) 이 문제는 형법학자들에게 '소극적 구성요건표지(negative Tatbestandsmerkmale)'라는 형태로 문제가 된다.

11. 판례변경의 정당화 문제

(1)

디터 주어(Dieter Suhr)의 단언에 따르면, 법률가가 어느 정도라도 확실하게 출발점으로 삼을 수 있는 것은 없다. 오로지 "아무 것도 믿을 수 없다"는 경험만이 —주어의 표현을 그 대로 옮기자면— "우리가 믿을 수 있는 것의 전부일 뿐이다."[1] 판결의 영역에서는 이것마저도 의심스럽다. 왜냐하면 판결의 일관성을 신뢰할 수 없다는 사실마저도 신뢰할 수 없기 때문이다. 예를 들어 이미 수십 년 전부터 이른바 관습법적으로 정당화된다고 하는, 교사의 징계권에 대한 판례[2]의 변경을 기대해 왔지만, 지금까지도 변경되지 않고 있다.[3] 이와 유사

---

1) *D. Suhr*, Die kognitiv-praktische Situation, 1977, S. 14. 이에 전적으로 동의하면서 인용을 하고 있는 *Pawloski*, Methodenlehre für Juristen, 3. Aufl. 1999, Rd. 5도 참고.

2) BGHSt 11, 241, 247; 14, 52, 53. BGH NJW 1976, 1949는 이러한 관습법이 존속하고 있는지의 물음에 대해 명확하게 대답하지 않고 있다.

한 보기는 얼마든지 제시할 수 있다. 이와는 거꾸로 판례의 일관성을 신뢰할 수 없는 경우도 당연히 존재한다. 최근의 보기를 들자면, 강요죄 구성요건(형법 제240조)에서 폭력의 개념에 관한 연방헌법재판소의 판결[4]과 이른바 연속범이라는 법개념에 대한 연방법원 전원합의부의 판결[5]이 여기에 해당한다. 연방헌법재판소의 이 판례를 통해 이미 제국법원에서 시작된 기존의 판례는 종지부를 찍게 되었다. 연속범이라는 법개념 역시 '세기의 판결'이라고 불릴 정도로 중요한[6] 연방법원의 결정을 통해 작별을 고했고, 이 개념은 이제 찬란한 전통을 갖고 있는 구시대의 유물일 뿐이다.

두 판례에 대한 지금까지의 논의는 내용의 정당성뿐만 아니라, 판례의 지속성과 단절성 역시 비판의 기준이 된다는 사실을 뚜렷하게 보여준다. 특히 연방헌법재판소는 아주 오랜 기간에 걸쳐 확립된 판결을 단 몇 줄의 문장으로 종지부를 찍어버린다는 비난을 받는다.[7] 전통적인 법원이론(法源理論)의 관점에서 볼 때, 이러한 비판은 상당히 의외이다. 왜냐하면 헌법에 반하는 법실무가 고집스럽게 지속되었다는 사실만으로는 결코 이 실무를 지지할 근거가 되지 못하기 때문이다. 더욱 일반적으로 표현하자면, 법체계의 강제적인 규준에 모순되는 법실무는 나쁜 현실이자 공허한 실재이며, 결코 규범적으로

---

3) 이러한 관습법의 존재를 전제하는 것에 대해 명쾌하게 비판하고 있는 대표적인 보기는 *C. Roxin*, Strafrecht Allgemeiner Teil, 3. Aufl. 1997, Bd. 1, § 17 Rn. 39ff. 참고. 또한 *H. Jung*, Das Züchtigungsrecht des Lehrers, 1977 도 참고.

4) BVerfGE 92, 1.

5) BGHSt-GS-40, 138.

6) *R. Hamm*, Das Ende der fortgesetzten Handlung, NJW 1994, S. 1636ff., 1636.

7) *B. Rüthers*, FAZ 1995년 6월 9일자. 문제의 결정에 관해서는 또한 *C. Gusy*, JZ 1995, S. 782ff.; *K. Amelung*, NJW 1995, S. 2584ff.도 참고. 여타의 관련 문헌에 관해서는 *Lackner/Kühl*, StGB, 23. Aufl. 1999, § 240 Rd. 2 참고.

중요한 데이터가 아니다. 이 점에서 구속력을 갖는 법적 프로그램의 도식에 따라 법현실을 재단하고 교정하는 것은 이를 관할하는 심급인 헌법재판소의 과제이다. 이를 통해 기존의 법실무의 상당부분이 상실되면, 이는 법현실에 더욱 나쁘게 작용하는 것일 뿐, 재단과 교정 작업을 하는 것은 헌법재판소로서는 당연한 일이다.

실제의 법현실과 '정당한' 법 사이의 관계에 대한 이 단순하고 명쾌한 모델은 이미 오래 전부터 두 가지 측면에서 압박을 당하고 있다. 첫째, 확립된 판례라는 현실을 단순한 사실로 여기지 않고, 이에 대해 규범적 비중을 부여하려는 경향이 강해지고 있다.[8] 둘째, 이 맥락에서 기존의 판례의 지속성은 더 이상 그저 경험적으로 감안할 수 있는 그 무엇이 아니라, 신뢰해도 좋은 그 무엇으로 여겨진다. 그리하여 기존의 판례를 변경하는 것은 갈수록 더 강한 정당화압박을 받게 되었다.[9]

---

8) 확립된 판례에 법원(Rechtsquelle)의 성격을 부여할 수 있는지 여부 및 그 정도는 여전히 논란의 대상이다. 이에 대한 견해의 스펙트럼은 법관법을 단순히 법인식의 원천으로 여기는 입장(*K. Larenz*, Methodenlehre der Rechtswissenschaft, 6. Aufl. 1991, S. 432)으로부터 시작해서 '구속력추정'을 전제하는 입장(*M. Kriele*, Theorie der Rechtsgewinnung, 2. Aufl. 1976, S. 243ff.; *E. Schlüchter*, Mittlerfunktion der Präjudizien, 1986, S. 155)과 독자성이 있긴 하지만 약한 의미의 법원으로 보는 입장(*Bydlinski*, JZ 1985, S. 153f.)을 거쳐 법관법은 제정법과 동등한 자격을 갖는, 사례규범의 원천이라는 입장(*Fikentscher*, Methoden des Rechts, Bd. 4, 1977, S. 143f.)에 이르기까지 매우 다양하다. 법관법의 문제에 대한 기본적인 서술은 *F. Müller*, Richterrecht. Elemente einer Verfassungstheorie IV, 1986, S. 111 참고. 법관법을 '법원'으로 볼 수 없다고 철저히 거부하는 입장으로는 *Picker*, Richterrecht oder Rechtsdogmatik — Alternativen der Rechtsgewinnung? JZ 1988, S. 1ff., 62ff., 72 참고.

9) 그러한 규범적 기대가 법원의 법적 견해의 일관성의 관점에서만 존재할 뿐, 사회적 상태의 안정성과 관련해서는 규범적으로 기대할 수 없기 때문에 판례변경이 사회적 상태나 사회적 관념의 변화에 따른 결과로 해석될 때에는

이와 같이 판례변경이 갈수록 더 강력한 정당화압박을 받는 것과는 대조적으로 다른 한편에서는 정당화를 할 수 있는 힘 자체가 점차 사라지고 있다. 왜냐하면 기존의 지속적인 판례를 변경할 때에는 오로지 법원의 새로운 법적 견해가 정당한 법적 견해라는 주장을 통해서만 정당화가 이루어지기 때문이다. 이러한 정당화가 강력한 힘을 발휘하기 위해서는 당연히 이 정당성이라는 통화[10]가 그때그때 거래되는 환율에 의존한다는 사실을 고려해야 한다. 나의 추측으로는 이 환율이 갈수록 떨어지는 경향을 보이고 있는 것 같다. 그 원인은 특히 다음과 같은 두 가지 요인이라고 생각된다.

① 유일하게 정당한 결정의 존재 및 그 인식가능성에 대한 전반적인 회의.[11]

판례변경은 정당화압박에서 벗어난다(이에 관해서는 BVerfGE 82, 6, 12 참고). 물론 기존의 지속적 판례의 변경이 반드시 이러한 전제에 구속되어야 하는 것은 아니다(BVerfGE 84, 212, 227). 자연과학 및 심리학의 인식의 발전을 판례변경의 근거로 삼는 보기는 BGHSt 37, 89의 판례(이른바 '절대적' 운전불능상태의 혈중알코올농도 한계치를 0.0013%에서 0.0011%로 낮춘 판례)이다. 이와 관련하여 연방헌법재판소는 새로운 판례가 소급효금지에 반한다는 헌법소원을 기각하면서 판례변경이 법적 평가의 변경이 아니라, 새로운 과학적 인식을 통해 이루어졌다는 사실을 근거로 삼았다(BVerfG NStZ 1990, 537).

10) 여기서 '정당성'이란 판결이 보편적 법규범에 확정되어 있고 또한 이미 주어져 있다고 여겨지는 법적 결정프로그램에 합치한다는 의미이다.

11) 유일하게 정당한 결정의 존재 또는 인식가능성에 대한 근본적인 비판으로는 *W. Hassemer*, Tatbestand und Typus, 1968, S. 127ff.; *Arthur Kuafmann*, Analogie und "Natur der Sache", 2. Aufl. 1982, S. 11f. 참고. '규범에 합치하는' 유일하게 정당한 판결이라는 모델에 대한 전통적인 비판이 규범의 의미론적 불확실성을 그 근거로 내세웠다면, 최근의 '포스트모던적' 법이론에서는 규칙에 지향된 법적 결정 자체가 불가능하다는 테제로 더욱 첨예화되었다. "모든 사례는 다르고, 모든 결정이 다르며, 그러므로 모든 결정은

② 법관법을 포함한 전체 법의 정당화가 실질적 기준에서 절차적 기준으로 전환하는 경향.[12]

다시 말해 판례변경의 정당화에 대한 기대가 높아가면서 동시에 새로운 법적 견해의 정당성을 입증하여 정당화를 행하는 작업에 대한 회의도 높아지고 있는 상황이다. 나는 이 두 가지 요인을 간략하게 설명하겠다.

첫 번째 요인:

판례의 비일관성에 대해 더욱 예민하게 반응하고 있다는 사실은 학술문헌이나 일반 대중이 판례변경에 대해 보이는 태도를 보면 잘 알 수 있다.[13] 물론 그렇다고 해서 판례의 지속성과 안정성에 대한 규범적 기대가 충분한 근거가 있다는 뜻은 아니다. 적어도 소송법 규정에 의하면 그와 같은 기대는 별로 설득력이 없다. 이는 시간적 측면의 일관성뿐만 아니라, 수직적 측면, 즉 상고심과 하급심의 관계에서도 그렇다. 획스터(Höxter) 지방법원은 법적으로 보면 절대적 운전불능에 관한 상급심의 판결을 무시할 수 있는 가능성을 갖고 있다. 실제로 획스터 지방법원은 이러한 가능성을 활용했다.[14] 당연히 지

완벽하게 유일한 해석을 필요로 하며, 따라서 이미 코드화가 이루어진 기존의 어떠한 규칙도 이러한 해석을 담당할 수 없고 또한 해서도 안 된다"(*J. Derrida*, Gesetzeskraft. Der "mythische Grund der Autorität", 1991, S. 48). 데리다를 인용하고 있는 *St. Fish*, Force, in: ders., Doing What Comes Naturally, 1989, S. 503-524도 비슷한 입장을 표방한다.

12) 이에 관해서는 *J. Habermas*, Faktizität und Geltung, 1992, 특히 S. 516ff.; *R. Alexy*, Die Idee einer prozeduralen Theorie der juristischen Argumentation(1981), in: ders., Recht, Vernunft, Diskurs, 1995, S. 94ff. 참고. '절차적 정의'에 관해 수많은 문헌들 가운데 여기서는 *R. Hoffmann*, Verfahrensgerechtigkeit, 1992; *U. Neumann*, Materiale und prozedurale Gerechtigkeit im Strafverfahren, ZStW 101(1989), S. 52ff.만을 지적한다.

13) 예컨대 *Rüthers*(각주 7).

방법원의 모든 판결은 상급심에서 파기될 수 있다. 하지만 연방법원의 판례를 수용하라는 지침은 법적으로 볼 때 결코 관철할 수 없다. 일부의 학설이 주장하듯이[15] 연방법원의 판례가 하급심을 사실상으로 구속한다는 것은 그 자체 모순이다.

상고법원 상호간의 관계에서도 사정은 기본적으로 다르지 않다. 물론 상고법원의 경우 제출의무(Vorlagepflicht)를 매우 촘촘한 연결망으로 구성하여 상급법원의 판례로부터 벗어나는 판결을 봉쇄하고 있다.[16] 그렇지만 제출의무에 관한 규정들은 시간적 측면에서 판례의 일관성과 지속성을 보장하는 기능을 갖고 있지 않다. 판례변경 자체는 이 규정들의 규율대상이 아니다. 예를 들어 연방법원의 한 합의부가 다른 합의부의 견해에 전혀 반하지 않은 상태에서 판례를 변경한 경우 제출의무는 성립하지 않는다.[17] 명시적으로 법형성을 목적으로

---

14) AG Höxter, StV 1990, 268는 법관법을 통해 혈중알코올농도 허용치를 0.0013%로 낮출 수 없다고 판시했다. 이 판결이 도르트문트 고등법원의 판결(JMBL. NW 1990, S. 69)이 기준으로 삼았던 연방법원 판례가 "예고"한 판례변경(*Salger*, DRiZ 1990, S. 16ff.)을 지적한 것은 순전히 형식을 갖추기 위한 것이었을 뿐이다.

15) 관련된 학설에 대한 문헌 및 그에 대한 적절한 비판은 *F. Nawakowski*, Lehre und Rechtsprechung in Strafsachen. Zugleich ein Beitrag zur Frage: Schafft Gerichtsgebrauch Recht ÖJZ 1955, S. 11ff., 12 참고. 피커(*Picker*, JZ 1988, S. 1ff., 62ff., 74)는 법을 형성하는 판결의 '사실상의 지침기능'과 (피커 자신은 부정하는) '형식적인 법적 구속력'을 대립적 관계로 파악한다. 만일 그렇다면 피커가 분명히 전제하고 있는 이 '사실상의 지침기능'이 어떤 관습법의 형태로 강화되기 이전에는 그저 외부에서 서술할 수 있는 사회학적 사실에 불과한지 아니면 최고법원의 판결은 법관 스스로의 관점에서는 규범적 의미를 갖는 데이터인지를 묻지 않을 수 없다. 이에 관해서는 아래의 197면 참고.

16) 이에 관해서는 *U. Schroth*, Der Ausgleich divergierender obergerichtlicher Entscheidungen, JR 1990, S. 94ff. 일관된 판례에 대한 요구의 헌법적 기초에 관해서는 *M. Reinhardt*, Konsistente Jurisdiktion, 1997 참고.

내려진 전원합의부의 판결도 구체적 사례를 넘어선 구속력을 갖지는 않는다.

심지어 동일한 사건에서 상고법원의 견해가 변경되는 경우에조차도 소송법규정은 아무런 보호 장치도 마련하고 있지 않다. 즉, 상고법원이 하급심의 법적 견해를 오류라고 여길 때에는, 하급심은 사건을 다시 심리할 때에 상고법원의 견해에 구속된다.[18] 절차가 다시 상고심으로 가게 되면, 상고심은 적어도 법률상으로는 다시 상급심이 상고 이전에 갖고 있던 견해를 취하여 하급심이 상고법원의 파기환송판결에 구속되어 내린 두 번째 판결을 파기할 수 있다.[19] 절차가 이런 식으로 진행되는 경우에 대해 일부의 학설은 '실질적 정의'나 '정련된 법적 견해'라는 식의 용어를 동원하여 이를 옹호한다.[20] 두 번째 절차에서 견해를 변경한 상고법원이 변경과 관련하여 충분한 근거를 갖고 있는 게 일반적이라는 것이 변경을 옹호하는 학설의 입장이다.[21] 그러나 '정련된 법인식'이라는 표현을 결코 과대평가해서는 안 된다는 사실은 동일한 사건에 대해 상고법원이 견해를 바꾸는 것을 옹호하는 학자 스스로 자신의 논문에서 대상으로 삼고 있는 사건과 관련하여 상고법원이 내린 그 이전의 판결이 더 나은 통찰에 기

17) *Th. Kleinknecht/L. Meyer-Goßner*, StPO, 44. Aufl. 1999, § 132 GVG Rn. 14.

18) 예컨대 형사소송법 제358조 제1항, 민사소송법 제565조 제2항.

19) 이와 같은 경우에 대해 소송법은 형사소송법 제358조 제1항, 민사소송법 제565조 제2항에 상응하는 규정을 담고 있지 않다. 그럼에도 불구하고 통설은 상고법원이 자신이 내린 그 이전의 판결에 구속된다고 본다. 이와 관련된 문헌과 학설논쟁의 상황에 관해서는 *K. Tiedtke*, Selbstbindung der Revisionsgerichte, JZ 1995, S. 275ff. 참고.

20) 이에 관해서는 *K. Mohrbotter*, Grenzen der Bindung an aufhebende Entscheidungen im Strafprozeß, ZStW 84(1972), S. 612ff., 629('정련된 법적 견해'); *Tiedtke*(각주 19): '실질적 정당성'(S. 280).

21) *Tiedtke*(각주 19), S. 280.

초하고 있다고 추가하고 있다는 점에서도 금방 알 수 있다.[22)]

(2)

소송법이 확보할 수도 없고 또한 확보하려고도 하지 않는 판례의 일관성을 법원이론(法源理論)은 이를 확보할 수 있기를 희망한다.

예를 들어 앞에서 언급한 연방법원의 판결과 관련하여 연방법원이 결국 폐기해버린 연속범이라는 법개념이 이미 관습법적 효력을 획득한 것은 아니었느냐는 물음이 제기되었다.[23)] 하지만 관습법이라는 제도는 장기간의 관행과 사람들의 확신에 기초하는 것이 아니라, 법적 권위를 가진 기관의 제정과 사안처리에 힘입어 형성된 법규에게는 결코 어울리지 않는 표현이다.[24)] 물론 그렇다고 해서 관습법적으로 근거를 갖고 있는 법규가 확립된 판례에 반영될 수 있는 가능성까지 배제한다는 뜻은 아니다.[25)] 그러나 판례를 통해 형성된 법규의 대다수에 대해 일반적인 법의식은 침묵하고 있는 것이 보통이다. 더욱이 판례의 일관성이라는 문제를 관습법이라는 제도를 통해 해결하게 되면, 이러한 해결의 범위를 훨씬 더 넘어 커다란 문제를 야기한다.

---

22) *Tiedtke*, a.a.O.

23) Aden, JZ 1994, S. 1109.

24) '관습법'과 '법관법'의 차이를 명쾌하게 밝히고 있는 *F. Müller*, "Richterrecht". Elemente einer Verfassungstheorie IV, 1986, S. 111ff. 참고. 또한 *P. Raisch*, Zur Abgrenzung von Gewohnheitsrecht und Richterrecht, ZHR 150(1986), S. 117ff., 133ff.도 참고.

25) 이러한 경우 및 이와 반대되는 경우(즉, 법관법을 통해 형성된 법규칙이 법률생활 속에서 승인되고 준수됨으로써 관습법이 되는 경우)에 관해서는 *Bydlinski*, Juristische Methodenlehre und Rechtsbegriff, 2. Aufl. 1991, S. 215 참고.

왜냐하면 '사실상의 폐기'를 통해 관습법이 소멸하는 것은 이 해결방법에 따른다면 오로지 법왜곡을 통해서만 도달할 수 있게 되기 때문이다.[26] 그리하여 법에 충실한 판결은 어떠한 경우든 상당기간에 걸쳐 관습법에 구속되고, 스스로 만든 사슬에서 벗어나기 위해서는 입법행위를 필요로 하게 될 것이다. 하지만 이렇게 되면 판례의 과도한 탄력성이 문제가 아니라, 완전한 고정성과 경직성이 문제가 된다. 다시 말해 판례는 자기 스스로 만든 짐에 짓눌리고 말 것이다.

(3)

그렇다면 확고한 판례는 아무런 규범적 의미도 없는 사실적 현상, 즉 사회적 현실의 일부분에 불과한 것일까? 이 문제를 케케묵은 전통적 법원이론의 입장에서 다루면서, 제정법 또는 관습법에게만 법적 규범성을 부여한다면,[27] 확고한 판례는 그저 사실적 현상에 불과할 뿐이다. 이에 반해 현실적인 법원이론은 적어도 다음 두 가지 관점들을 감안해야 한다.

---

26) 설령 '사실상의 폐기'의 과정이 기존의 판례를 처음으로 포기한 행위에 근거한다고 가정할지라도 이 행위는 관습법의 파괴일 뿐만 아니라, 동시에 이 관습법의 위반으로도 평가할 수 있다. 이러한 역설 ―관습법의 종말은 오로지 법위반을 통해서만 가능하다는 역설― 은 법관법이 관습법으로서 형성되는 역설(지금까지 전혀 원용된 적이 없던 법규를 "관습법이란 언젠가는 시작되어야 한다"는 근거로 관습법을 원용하는 역설)과 구조적으로 똑같다. 이 두 가지 역설은 관습법이라는 사유형식이 일반적인 법적 거래에만 통용될 뿐, 법률기관의 실무에서는 통용될 수 없다는 점을 잘 보여준다. 이에 관해서는 *Bydlinski*(각주 25), S. 214ff., 502ff. 참고.

27) 이러한 법원이론을 옹호하는 입장은 *Picker*(각주 8) 참고.

① 상고법원은 보편적 구속력, 즉 장래에 구속력을 갖는다는 주장과 함께 일반적인 법규를 형성한다.[28] 구속력 주장은 이 판례의 지속을 통해 실현되고 강화된다.

② 개개의 시민은 사실상 법률규정과 마찬가지로 판례도 행위지침으로 삼는 것이 일반적이다.[29]

그렇기 때문에 최근의 법이론에서는 확고한 판례를 일종의 법적 반도체로 이해한다. 즉, 전통적 법원이론에서 의미하는 공식적인 법은 아니지만, 그렇다고 해서 단순한 사실도 아니라고 한다. 따라서 '법관법'을 2차적 또는 보충적 법원이라고 말할 수 있다.[30] 우리의 맥락에서 결정적인 측면은 판례가 갖는 이러한 성질이 시간적 일관성에 대한 예측이 아니라, 그에 대한 법적 기대에 근거한다는 사실이

---

28) *E. Schlüchter*, Mittlerfunktion der Präjudizien, 1986, S. 113. 법관에 의한 규칙형성의 필연성에 관해서는 무엇보다 *G. Ellscheid*, Probleme der Regelbildung in der richterlichen Entscheidungspraxis, in: M. Herberger/U. Neumann/H. Rüßmann(Hrsg.), Generalisierung und Individualisierung im Rechtsdenken, ARSP-Beiheft Nr. 45(1992), S. 23ff. 참고. 판례의 법형성기능에 대한 이러한 통찰이 헌법적으로 어떠한 결론에 도달하는지에 관해서는 *Reinhardt*(각주 16) 참고.

29) 형사판례와 관련하여 이 점을 밝히고 있는 문헌으로는 무엇보다 *H. Müller-Dietz*, Verfassungsbeschwerde und richterliche Tatbestandsauslegung im Strafrecht, Maurach-Festschrift 1972, S. 41ff., 43 참고. 민사법원의 판례변경에 관해서는 *D. Medicus*, Über die Rückwirkung von Rechtsprechung, NJW 1995, S. 2577ff.; *P. Lames*, Rechtsfortbildung als Prozeßzweck, 1993, S. 35ff.(라메스는 장기간에 걸친 계약과 관련된 확고한 판례의 변경은 법률변경과 동일한 법적 결과를 낳는다는 테제를 제기한다).

30) 비들린스키(*Bydlinski*, 각주 25, S. 501ff.)는 (결정상황에서 논거들의 우열을 가릴 수 없는 경우에는) 법원의 관행이 보충적인 구속력을 갖는다고 한다. 법관법의 위상에 관해서는 앞의 각주 8도 참고.

다. 어쨌든 개인은 지속적인 판례가 충분한 근거가 없이 변경되지 않으리라고 기대할 수 있고, 더욱이 법적으로 기대할 수 있다. 다시 말해 아무런 근거 없이 판례를 변경하는 법원은 법적으로 하자있는 행동을 한 것이다.31) 또한 아무런 충분한 근거도 없이 상고법원의 판례로부터 벗어난 판결을 내린 하급법원도 상고법원의 판례가 명시적인 구속력을 갖고 있지 않음에도 불구하고 법적으로 하자있는 행동을 한 셈이다.32)

기존의 법적 견해는 오류이고 새로운 법적 견해가 정당성을 갖는다는 주장은 당연히 충분한 근거가 될 수 있다(이 점에 대한 설명과 함께 나는 두 번째 테제를 다루기 시작한다). 어떤 결정이 법적으로 정당하다는 것보다 더 좋은 근거란 있을 수 없다. 그럴 수 있기 위해서는 물론 a) 결정의 실질적 정당성에 대한 믿음이 끊임없이 지속되고, b) 이 지속성의 기준이 다른 정당성기준에 의해 폐기되지 않는다는 전제조건이 충족되어야 한다.

a) 모든 법적 문제에 대해 원칙적으로 인식 가능한 유일하게 정당한 대답이 존재한다는 이념을 고수하는 한, 판례의 자기구속을 정당

---

31) 이는 특정한 판결이 지속적인 판례의 연장선상에 있다는 사실이 이 판결을 정당화하는 중요한 법적 논거가 된다는 뜻이다. 따라서 지속적인 판례가 갖는 지침으로서의 기능은 결코 단순한 사실이 아니며 또한 그저 비법적인 의미에서 규범적 의미를 갖는 사실인 것도 아니다. 그렇기 때문에 판사가 수범자들로 하여금 아무런 근거도 없이 새로운 상황에 직면하지 않도록 하는 것은 그저 사람들에게 친화적인 태도를 취하라는 명령의 표현에 그치는 것이 아니라, 법적 안정성이라는 원칙에 따르는 법적 규칙이다. 법원은 이미 "법적으로 기존의 지속적인 판결이 너무나도 분명하게 '오류'로 밝혀지지 않는 한, 이 지속적인 판결로부터 벗어나지 말아야 할" 의무를 부담한다는 입장에 관해서는 *Pawlowski*(각주 1), Rn. 103도 참고. 파블로브스키는 평등원칙을 그 근거로 내세운다.

32) *Pawlowski*(각주 31), Rn. 395f.도 비슷한 입장에 있다.

화할 수 없다. 즉, 이 이념을 고수한다면, —라드브루흐의 표현을 빌리자면— 오류로 인식된 판결은 정당한 판결 앞에서 마치 "폭로하는 진리 앞에 선 폭로된 착오와 마찬가지로 … 창백한 모습으로 서 있을 뿐이다."[33] 오늘날에도 가끔 상고법원의 자기구속을 거부하는 근거로 원용되는, 조금은 고루하고 권위적인 느낌이 나는 '정련된 법인식'이라는 표현도 이 모델에 —그리고 이 모델에만— 잘 들어맞는다. 이와 동시에 이 모델에서는 자기구속이라는 표현 자체가 필요하지 않다. 왜냐하면 결정이 이미 주어져 있는 법규범과 법원칙의 체계를 통해 완벽하게 프로그램화되어 있다면 결정의 일관성은 결정의 정당성 자체를 통해 보장된다. 이미 주어져 있다고 여겨지는 결정의 재생산은 모든 판결들이 완벽하게 일치하는 결과를 낳는다. 이로부터 벗어난 결정은 인식의 흠결에 따른 것으로서 최대한 빨리 수정해야 한다.

유일하게 정당한 결정이라는 이념은 오늘날 언어철학과 해석학의 성공적인 공격을 통해 사실상 포기되었고,[34] 로날드 드워킨(Ronald Dworkin)과 같은 저명한 학자의 지지와 성원[35]에도 불구하고 이 이념

---

33) *G. Radbruch*, Rechtsphilosophie, 3. Aufl. 1932, GRGA Bd. 2, S. 241(이 인용문은 라드브루흐가 자연법의 문제를 설명하면서 서술한 문장이다). 판례의 변경이 새로운 규율을 창조하는 것이 아니라, 단지 그 이전부터 이미 존재하고 있던 올바른 법상태를 제대로 인식하는 것일 뿐이라는 견해는 예컨대 LK-*Tröndle*, 10. Aufl., § 2 Rd. 18 참고(내용이 전판보다 훨씬 짧아진 제11판에서도 이 견해는 계속 유지되고 있다; § 2 Rn. 381). 다른 보기를 제시하고 이에 대해 적절한 비판을 가하고 있는 *H. Buchner*, Vertrauensschutz bei Änderung der Rechtsprechung, in: G. Hueck/R. Richardi(Hrsg.), Gedächtnisschrift für Rolf Dietz, 1973, S. 175ff., 184ff. 유일하게 정당한 결정이라는 이념이 최고법원의 판례변경의 규범적 한계를 둘러싼 논의의 맥락에서 차지하는 위상에 관해서는 *Th. Probst*, Die Änderung der Rechtsprechung, 1993, S. 21 참고.

34) 이에 관해서는 각주 11 참고.

을 구출하는 것은 더 이상 가능하지 않다. 유일하게 정당한 결정에 관한 드워킨의 사고는 다툼의 대상이 되는 다양한 법적 견해들이 존재하는 이유가 법의 다의성 탓이 아니라, 오로지 법률가들이 진정한 법을 인식할 능력이 없는 탓이라고 보게 되는 결론에 도달한다. 즉, 법률가들의 견해대립은 법질서의 규율상의 결함이 아니라, 법질서를 다루는 사람들의 인식상의 결함에 책임이 있다는 것이다.

드워킨은 자신의 테제를 상당히 자극적인 표현을 동원하여 다음과 같이 묘사한다. 즉, 초인적 능력을 갖고 있는 법관 —드워킨은 이러한 법관을 헤라클레스라고 부른다— 은 그보다 능력이 훨씬 떨어지는 평범한 법관 —허버트— 의 의심 따위에는 구속되지 않는다고 한다. 그러나 이러한 묘사는 그것이 갖고 있는 증명력에 비해 감정을 자극하는 힘이 더 강할 뿐이다. 왜냐하면 유일하게 정당한 결정이 가능하기 위해서는 한 사회 내에서 다툼의 대상이 되는 모든 선결례와 법원칙들이 조화로운 총체로 집약될 수 있고, 따라서 관련된 모든 논거가 이미 확립되어 있을 뿐만 아니라, 각 논거의 정확한 위치까지도 미리 정해져 있다는 것을 전제한다. 하지만 그렇게 하기 위해서는 다시 법원칙들의 비중을 서로 다르게 가늠하는 것이 불가능하거나, 결정자들 가운데 누군가가 '잘못' 가늠할 때에만 법원칙들의 비중을 다르게 가늠할 수 있는 사회를 전제한다.[36] 그러한 전제는 다원주의 사

35) *R. Dworkin*, Bürgerrechte ernstgenommen, S. 144ff., 448ff., 529ff.

36) 하나의 법적 사례에 대한 정당한 해결과 관련하여 의견의 차이가 실제로 존재한다는 사실이 유일하게 정당한 단 하나의 결정이 존재한다는 테제를 반박하지 못한다는 드워킨의 주장(예를 들어 S. 532)에는 얼마든지 동의할 수 있다. 이에 반해 여기서 훨씬 더 나아간 테제, 즉 유일하게 정당한 결정이라는 이념은 (사실상의 합의뿐만 아니라), '원칙적으로' 정당한 해결을 확인하는 절차의 존재조차도 전제하지 않는다는 테제(예컨대 S. 144f.)는 결코 방어해낼 수 없다. 왜냐하면 하나의 법질서에서 승인되고 있는 법규칙과 법원칙은 이미 주어져 있는 정당한 결정을 어느 정도 실재에 충실하

회에서는 설득력이 없다. 그러한 전제를 충족하는 사회는 아마도 별로 공감을 얻지 못하는 사회일 것이다.

그러나 유일하게 정당한 결정이라는 이념이 안고 있는 문제점 때문에 법관의 결정의 정당성에 대한 주장을 아무런 대안도 없이 삭제할 수 있다는 결론이 도출되지는 않는다. 다만 이 주장은 유일하게 정당한 결정이라는 모델에서와는 다른 의미를 갖게 된다. 즉, 법관의 결정의 정당성 주장은 더 이상 이미 주어져 있는 규범적 실재와 일치한다는 주장을 뜻하는 것이 아니라, 법관의 결정이 더욱 설득력을 갖는 근거를 갖고 있다는, 상당히 겸손한 주장에 국한된다.[37]

게 확인하기 위해 동원되는, 인식의 보조수단이 아니라, 이 결정 자체를 구성하는 것이기 때문이다. 따라서 법적 규칙과 원칙이 뚜렷하지 않다는 것은 멀리 떨어져 있긴 하지만, 그 자체로는 윤곽이 뚜렷한 대상을 가까이서 인식할 수 있게 해주는 망원경의 렌즈가 흐릿한 경우에 비교할 수 없다. 오히려 규범과 원칙이 뚜렷하지 않으면 이를 통해 구성된 결정 자체까지 뚜렷하지 않게 된다. '그 자체' 정당한 결정이 존재하지만, 뚜렷하지 못한 법규칙과 법원칙을 가지고는 이를 인식할 수 없다고 말하는 것은 특정한 범죄행위가 정확히 몇 년 몇 월 며칠의 자유형에 해당하긴 하지만, 양형규칙에 비추어 이를 확인하는 것은 불가능하다고 말하는 것과 마찬가지로 아무런 의미가 없다[유일하게 정당한 결정이라는 이념과 양형과 관련된 유일점이론의 유사성에 관해서는 *U. Neumann*, Zur Bedeutung von Modellen in der Dogmatik der Strafzumessung, in: M. Seebode(Hrsg.), Festschrift für Günter Spendel zum 70. Geburtstag, 1992, S. 434ff., 440 참고]. 결정을 구성하는 규칙과 원칙 '그 자체'는 정확하지만, 이를 뚜렷하게 인식할 수 없다는 식의 논증은 문제를 그저 다른 문제로 미루는 것에 불과하다. 왜냐하면 법적 규칙과 원칙은 결코 형이상학적 실재가 아니라, 사회적 존재일 따름이기 때문이다. 즉, 규칙과 원칙은 '그 자체' 이들이 속하는 사회현실보다 더 명확할 수 없다.

37) 이러한 주장은 논증을 하는 법률가들의 내재적 관점에서 반드시 전제되어야 한다. 설령 유일하게 정당한 결정의 객관적 기준과 마찬가지로 더 높은 설득력을 갖는 논증이 무엇인지를 확인할 수 있는 객관적 기준 역시 밝힐 수 없다고 할지라도 그와 같은 정당성 주장은 전제되어야 한다. 드워킨의

b) 실체적으로 정당한 법규범과 법적 결정이라는 생각에 대한 회의가 점증하면서 이와 함께 법적 내용을 정당화하는 부담을 법의 생성과 관련된 절차적 보장 쪽으로 옮겨 놓는 경향이 강해지고 있다.

이러한 경향에 따르면 결정은 그것이 이미 주어져 있는 규범과 내용적으로 일치하기 때문에 정당한 것이 아니라, 그것이 공정한 절차의 결과이기 때문에 정당하다고 한다. 절차의 규범적 성질을 정당성에 관한 유일한 기준으로 삼는다면, 이는 순수한 절차적 정의라고 말할 수 있다. 이 경우 결과는 그것이 공정한 절차의 결과일 때에만 정당하다.[38] 예를 들어 추첨이나 복권의 정의는 순수한 절차적 정의이다. 절차적 정의의 특징은 정당한 결정과 관련하여 절차와 관계없는 기준이란 없다는 점이다. 실질적으로 정당한 결정이라는 이념에 대한 비판을 극단화하면, 절차적 정의가 의미하는 판결의 정의는 오로지 절차의 정의에만 의존한다고 보게 된다.

법원의 판결을 이런 식으로 해석하는 것은 단순히 이론구성상 가능한 극단적 입장에만 해당하는 일이 아니다. 소송법이론에서 몇몇 학자들은 실제로 그런 식으로 해석을 하기도 한다. 예를 들어 "국가가 승인한 소송에서 법관 앞에서 법적 청문이 보장된 상태에서 … 내려진 결정"은 정당하다고 한다.[39] 이와 같이 법정소송을 복권과 유사한 것으로 파악하는 이론은 전혀 의미가 없다고 할 수는 없지만, 결코 설득력을 갖는다고 볼 수 없다. 왜냐하면 만일 이러한 이론이 옳다면 법원의 결정 자체를 실체법의 규범에 비추어 판단할 필요가 없

테제 역시 결정을 내리는 자의 내재적 관점에서 필연적인 이 주장을 감안한 것이긴 하지만, 이를 위해 필요한, 정당한 결정의 존재를 지나치게 강하게 전제한 나머지 그와 같은 이론적 문제를 안게 되었다.

38) *J. Rawls*, Eine Theorie der Gerechtigkeit, 1975, S. 106f.

39) *H.-M. Pawlowski*, Aufgabe des Zivilprozesses, ZZP 80(1967), S. 345ff., 369.

다는 결론에 도달할 것이기 때문이다. 그리하여 정당한 결정이라는 생각뿐만 아니라, 실질적으로 잘못된 결정이라는 생각까지도 포기해야 할 것이다. 따라서 정당화의 부담을 법적 내용이 아니라, 법의 생성에 관련된 절차적 보장 쪽으로 옮겨 놓는다고 해서 실질적 정당성기준을 완전히 포기한다는 뜻은 아니다.[40] 하지만 정당화부담의 전환은 다음과 같은 두 가지 변화를 뜻한다. 첫째, 실질적 기준에서 절차적 정의의 기준 쪽으로 비중이 옮겨진다. 둘째, 절차의 보장이 비록 정당한 법을 위한 충분조건은 아니지만, 필요조건이라고 전제한다.

법정소송과 관련하여 이러한 절차적 정당성조건은 전적으로 개별 사례에 대한 정당한 결정이라는 목표에 지향되어 있을 뿐,[41] 법정소송이 합리적인 규범을 제정해야 할 필요성과는 아무런 관계가 없다. 따라서 법관의 규칙형성의 정당성이라는 문제는 시민의 소송상의 권리의 핵심인 법적 청문권에서는 결코 고려의 대상이 되지 않는다. 연방헌법재판소와 통설은 소송절차에서 판사에게 법적인 문제에 관련된 상세한 설명을 요구할 권리를 인정하지 않는다.[42] 설령 이 문제와 관련하여 반대설의 입장[43]이 관철될지라도, 법관의 규칙형성의 정당성은 극히 희박할 것이다. 왜냐하면 소송관계인과의 법적 대화가 입

40) 법의 정당화와 관련하여 내용적 요소와 형식적(절차적) 요소의 관계에 대해서는 *B. Peters*, Rationalität, Recht und Gesellschaft, 1991, S. 297ff. 참고.

41) 법정소송을 절차주의적으로 구성하는 작업은 거의 대부분 판결이 오로지 규칙을 적용하는 기능만을 갖는다는 가정에 기초하고 있다. 이로부터 판례변경과 관련하여 어떠한 소송상의 문제가 발생하는지에 대해서는 *U. Neumann*, Rückwirkungsverbot bei belastenden Rechtsprechungsänderungen der Strafgerichte, ZStW 103(1991), S. 331ff., 352f. 참고.

42) BVerfGE 31, 364, 370; 54, 100, 117.

43) 반대설에 관해서는 *A. Arndt*, Das rechtliche Gehör, NJW 1959, S. 6ff. 참고. 또한 *H. Frohn*, Rechtliches Gehör und richterliche Entscheidung, 1989, S. 144ff.와 그곳에 제시된 문헌도 참고.

법을 통해 이루어지는 법률개정을 확실하게 만드는 절차적 보장, 특히 공적인 토론의 가능성을 대체할 수는 없기 때문이다. 정당성이라는 미명하에 은밀하게 법을 제정하게 되면 공개적인 법제정행위와 관련하여 오늘날 그 누구도 부정할 수 없는 참여권을 무력하게 만들 것이다.[44] 이 점에서 진리는, 하버마스와 드워킨 사이에 벌어진 최근의 논쟁의 맥락에서 표명된 것처럼, 사실상 일종의 관헌으로 기능한다.[45] 즉, 진리는 정당성의 조건에 대해 서로 의견을 주고받으려고 시도하는 시민들을 후견하는 역할을 한다.

이러한 논의로부터 판례변경이 준수해야 할 조건과 관련해서는 어떠한 결론이 도출되는 것일까? 내 생각으로는 특히 두 가지 결론이 도출된다고 보인다. 첫째, 결정의 정당성이라는 이념을 객관주의적으로 해석하는 것을 포기함으로써 실질적 정당성이라는 관점을 유일한 기준으로 삼아야 한다는 강제 역시 사라진다. 정당성이 '더 정당하거나 덜 정당하다'는 상대성의 문제가 되면, 정당성의 측면에서 이익이 되는 관점을 법의 예측가능성, 즉 법적 안정성의 측면에서 손실이 되는 관점과 저울질해 보아야 한다. 따라서 확립된 판례의 변경은 법원의 견해에 비추어 기존의 판례를 고수하지 않아야 할 필연적 근거가 존재할 때에만 허용된다.[46] 몇몇 법원들의 판결에서 그와 같은 자기구속을 인정하고 있는 경향은 법학방법론이 비판해야 할 대상이 아니라, 지지해야 할 대상이다.

둘째, 정당성을 비교를 하는 평가기준으로 상대화함으로써 판례변

---

44) *A. Söllner*, FAZ 1994년 7월 11일자. 죌르너는 이 기고문에서 *W. Schlüter*, Das obiter dictum, 1973을 원용한다.

45) 다원주의적이고 민주적인 헌법국가는 진리에 대해 회의적이라는 점에 대해서는 *P. Häberle*, Wahrheitprobleme im Verfassungsstaat, 1995 참고.

46) 확립된 판례에서 벗어나는 것은 필연적 근거가 있을 때에만 정당화된다고 판시한 연방법원 민사합의부의 판결에 관련된 서술 및 문헌들에 대해서는 *Pawlowski*(각주 31), Rn. 519 참고.

경의 소급효를 지지하는 결정적인 논거도 사라지게 된다. 이 논거에 따르면 판례변경을 통해 이제야 비로소 제대로 인식하게 된 법상태는 실제로는 이미 예전부터 존재하고 있던 진실이라는 이유로 판례변경은 소급효의 문제가 없다고 한다.[47)]

이 논거는 명백히 '정당한' 결정과 '잘못된' 결정을 가상적으로 대비시키는 허구에 기초하고 있다. 앞에서 이미 언급했듯이 하나의 결정의 정당성은 실체법규범의 문제일 뿐만 아니라, 절차법규범의 문제이기도 하다. 소급효금지를 절차법의 규범으로 정당화할 수 있다면, 이 금지를 존중하는 것 역시 정당한 결정의 조건에 속한다. 따라서 정당성을 이유로 소급효금지를 위반하는 것은 허용되지 않는다. 적어도 형법과 관련해서는, 이미 극복된 과거의 법이론에 기초하여 피고인에게 불리한 판례변경의 소급효를 인정하는 입장과 이제는 작별할 시간이 왔다.[48)]

---

47) 이에 관해서는 앞의 각주 33 참고.

48) 이와 관련해서는 *W. Naucke*, NJW 1968, 2321, 2324; *U. Neumann*, ZStW 103(1991), S. 331ff. 민사법의 영역에서 판례변경과 관련된 소급효금지를 확장해야 한다는 입장으로는 *C. Lübbe*, Grenzen der Rückwirkung bei Rechtsprechungsänderungen, 1998 참고.

12. 형법적으로 의미가 있는 사회적 해석도식의 체계상대성 — 파업과 연좌시위의 가벌성 판단 *

(1) 행위에 대한 사회적 해석과 형법적 평가

1890년 제국법원은 파업 노동자들에게 공갈죄(독일형법 제253조[1])를 적용하여 유죄를 선고한 원심판결을 타당하다고 보았다.[2] 제국법원은 이렇게 함으로써 예컨대 은행 강도 사례에 적용하는 형벌구성요건을 노동사건에 끌어들였다. 당시의 법률과 일반적으로 인정되던

* 이 글은 내가 1996.9.30.~10.3. 사이 '형법과 정치 체제의 변화'라는 주제로 크라카우에서 개최된 폴란드-독일 형법 콜로키움에서 발표한 강연문을 약간 수정한 것이다. 각주는 —본문 (3)에 관련해서는 거의 개관하기 어려울 정도로 많은— 문헌 가운데 중요한 것만을 선별하여 추가하였다.

1) 1943년 5월 29일의 법규명령(RGBl. I 341쪽)에 의해 개정되기 이전의 형법 제253조는 다음과 같다. "자기 또는 제3자에게 위법한 재산이익을 얻게 하기 위하여 폭력을 행사하거나 위협을 가하여 다른 사람으로 하여금 일정한 행위를 하도록 또는 수인하도록 또는 일정한 행위를 하지 못하도록 강요한 자는 공갈죄로 1월 이상의 자유형에 처한다. 미수는 처벌한다."

2) RGSt 21, 114.

해석규칙에 따르면, 이 결정은 더 이상의 논증을 할 필요가 없이 얼마든지 취할 수 있는 입장이었다. 파업을 지속하겠다고 예고하는 행위가 위협에 해당할 수 있다는 것은 파업 대상이 되는 기업이 입을지 모르는 손실을 고려하면 자명해 보인다. 기업이 입는 재산손실[3]은 파업 자체(생산중단)에 의해서 뿐만 아니라 파업이 성공하는 경우에 임금비용이 상승한다는 점에서도 발생한다. 그리고 부당한 이익을 얻으려는 파업 노동자들의 의도 역시 얼마든지 인정할 수 있다. 왜냐하면 행위자가 재산이익을 청구할 법적 권리를 갖고 있지 않으면 그 재산이익은 위법한 것이기 때문이다.[4] 임금인상의 (계약상의) 법적 기초는 바로 파업을 통해 비로소 마련되는 것이기 때문에 얻으려는 재산이익은 구성요건행위 시점에서는 위법하다. 결론적으로 볼 때, 제국법원이 법률에 반하여 파업을 범죄화한 것이라고 비판할 수는 없을 것이다.

오늘날 독일 연방공화국의 법질서에서 위 제국법원과 같은 판결이 선고되리라는 생각은 결코 있을 수 없다. 범죄구성요건이 동일하게 규정되어 있다는 점을 고려해도 결론은 마찬가지이다.[5] 변한 것은

---

3) 구 형법 제253조에서도 요구되었던 재산손실에 대해서는 *Frank,* Das Strafgesetzbuch für das Deutsche Reich, 18. Aufl. 1931, § 253 Anm, I, IV.

4) 예를 들어 *Lackner/Kühl,* StGB, 21. Aufl. 1995, § 263 Rdn. 61.

5) 오늘날에는 파업권이 갖는 의미 자체로부터 이미 파업을 통해 얻으려는 임금상승은 불법한 이익으로 볼 수 없다는 결론을 도출할 수 있다(이에 대해서는 *Franke,* JuS 1980, S. 891, 892). 그렇기 때문에 형법 제253조 제2항이 그 후에 추가됨으로써(각주 1 참고) 법률상태가 변경되었다는 점은 중요하지 않다. 어쨌든 파업하겠다는 위협이 경우에 따라 고통스런 해악을 주겠다고 위협하는 것에 해당한다는 점은 특별히 강조할 필요가 없다. 이에 대해서는 Franke, JuS 1980, S. 891, 892 및 거기에서 인용된 문헌 참고. 작업중단이 '폭력행사'에 해당하는지 또는 폭력행사에 해당하기 위해서는 어떠한 전제조건이 충족되어야 하는지에 대해서는 *Däubler,* in: Baumann/Dähm(Hrsg.), Studien zum Wirtschaftsstrafrecht, 1972, S. 91, 97과 인용된

형법전이 아니라 판결에 대한 사회의 기대이다.[6] 무엇보다 파업에 대한 사회의 인식과 평가를 결정하는 사회의 해석도식(soziale Deutungsmuster)이 변화했다. 이렇게 사회적 해석도식이 변화했다는 것에서 정치체제의 변화가 형법에 중대한 영향을 미쳤다는 점을 확인할 수 있다. 물론 정치적 변혁이 일어나면 형법전이 개정될 수 있다. 즉, 범죄구성요건들이 삭제되거나 또는 추가될 수 있다. 하지만 법률개정은 단지 몇몇 개별 규정에만 해당하는 것이 보통이다. 이보다 더 중요한 의미가 있는 측면은 그러한 변혁을 겪은 이후 사회적 해석도식이 변화한다는 점이다. 이 해석도식은 개정되지 않은 채 그대로 존속하는 범죄구성요건을 해석하는 데 영향을 미친다. 이렇게 사회적 평가가 변화함으로써 개별 범죄구성요건요소, 특히 일반조항[7]의 구성요건요소에 대한 해석 또는 '구제조항(salvatorische Klausel)'을 통해 형법의 적용범위를 사회규범에 유리한 방향으로 새롭게 규정할 수 있게 된다.

파업을 독일 연방공화국 법질서에 통합시키기 위해서는 두 가지 방법이 사용되었다. 첫째, 파업행위를 통해 표출되는 강요의 비난가능성을 부정하는 것이다(형법 제240조 제2항). 둘째, 파업행위를 '사회적으로 상당한'[8] 행위로 봄으로써 파업행위의 구성요건해당성 또는 위법성을 배제하는 것이다.[9] 이 두 가지 해석방법은 형법 결정프로

참고문헌 그리고 C.U. Schmidt, Der Streik im Rahmen des Strafrechts, Diss. Bochum 1982, S. 84ff. 참고.

6) *Dieter Simon*, in: Justiz und Recht, Festschrift Deutsche Richterakademie, 1983, S. 3ff. 참고.

7) 가치변화가 법체계로 침투해 들어가는 통로인 일반조항의 의미에 관해서는 *Bydlinski*, Juristische Methodenlehre und Rechtsbegriff, 2. Aufl. 1991, S. 582ff; 특히 민법 규범을 나치 이데올로기에 비추어 그 "가치를 전도"시킨 것에 대해서는 *Rüthers*, Die unbegrenzte Auslegung, 4. Aufl. 1991 참고.

8) BAGE 1, 300.

그램의 내용을 직접적이고 명시적으로 사회적 평가에 따라 확정한다는 점에서 공통점이 있다.

이러한 점들을 고려하면, 한 사회의 형법체계는 유동적이긴 하지만 일관되고 통일적이며 각각의 정치체제에 상응하는 해석도식에 의해 커다란 영향을 받는다고 생각할 수도 있다. 하지만 그런 식의 사고모델은 물론 너무나 단순하다. 왜냐하면 사회의 지배적인 해석도식은 적어도 전체주의적이지 않은 정치체제에서는 이와 경합하는 다른 해석방안이 존재할 여지를 남겨두기 때문이다. 이 점은 바로 파업과 봉쇄행위와 같은 사회현상에서 찾아볼 수 있다. 어떤 사람에게 파업은 노동생활영역의 집단적인 질서를 구성하는 불가분의 요소인 반면,[10] 또 다른 사람에게는 바로 그 질서를 교란시키는 행위이고,[11] 따라서 기껏해야 어쩔 수 없이 용인해야만 하는 것일 뿐이다. 군부대 앞에서 벌이는 연좌시위는 한편에서는 법익체계에서 매우 높은 위치를 차지하는 '평화'라는 법익을 보호하기 위해 벌이는 책임감 있는 정치적 행위라고 해석되기도 하지만,[12] 다른 한편에서는 주관적 확신을 퍼뜨릴 목적으로 이데올로기에 의해 추동되어 다른 사람의 자유를 방해하는 위법한 행위[13]로 해석되기도 한다.

---

9) 사회적 상당성을 구성요건의 제한 또는 정당화사유로 서로 다르게 이해하는 견해에 대해서는 *Roxin*, Allgemeiner Teil I, 2. Aufl. 1994, § 10 Rdn. 34의 문헌 참고. 파업의 형법적 평가와 관련해서 *Niese*, Streik und Strafrecht, 1954, S. 27ff.는 사회적 상당성을 (오로지) 정당화사유로만 이해해야 한다고 주장한다.

10) 예를 들어 *Däubler*, Arbeitskampfrecht, 2. Aufl. 1987, Rdn. 73ff. 참고.

11) *Niese*(각주 9), S. 38ff.는 명백히 이런 의미의 입장을 취한다.

12) 예컨대 *Roggemann*, JZ 1988, 1108. 또한 *Arthur Kaufmann*, NJW 1988, 2581도 참고.

13) 이런 방향으로는 특히 *Tröndle*, Festschrift für Rebmann, 1989, S. 481ff. 트뢴들레에 따르면 행위의 비난가능성(형법 제240조 제2항)을 판단하면서 행위의 장기적 목표를 고려하면 "핵심적인 범죄구성요건의 적용을 … 오로지

전체사회의 관점에서 이렇게 사회적 행위에 상반된 가치를 부여할 수 있다는 점 때문에 형법은 중대한 정당화 문제에 봉착한다. 형법이 투입되면 사회의 특정한 정치세력을 범죄화한다는 의심을 받는다.[14] 이에 반해 형법이 투입되지 않으면, 반대 측으로부터 형법투입을 반대하는 세력을 일방적으로 비호한다고 비판을 받는다.[15] 그렇기 때문에 이러한 영역에서 형법이 어떠한 기능을 수행해야 하는가라는 물음에 대해서는 아무리 객관성을 유지하더라도 결코 논란을 불식시킬 만한 대답을 찾기 어렵다. 나는 아래에서 전반적으로 중요한 관점에만 국한시켜 이 문제를 분석하고자 한다. 먼저 '형법과 파업'이라는 주제(2)를 다루고, 그 다음에 연좌시위의 가벌성 문제(3)를 다룰 것이다.

행위자의 주관적인 자의에(?) 맡기게" 되는 결과(S. 502)를 초래한다고 한다. 이에 대한 비판으로는 *Eser*, Festschrift für Jauch, 1990, S. 35, 46의 각주 35 참고.

14) *Ostendorf*, Kriminalisierung des Streikrechts, 1987의 제목에서도 알 수 있다. *Rogemann*(각주 12), S. 1108에 따르면 강요죄 구성요건은 이를 정치적 시위에 —예를 들어 무기고 또는 탄약고의 출입을 일시적으로 가로막는 행위— 적용할 때 '정치적 형벌구성요건의 기능'(강조는 원문)을 맡게 된다고 한다. 연좌시위를 형사처벌하는 것뿐만 아니라 (형법적으로) 고려하지 않는 것도 필연적으로 정치적 과정이라는 점을 적절히 지적하는 *Prittwitz*, JA 1987, S. 17, 18; *Arthur Kaufmann*, NJW 1988, 2581도 참고.

15) 예를 들어 바로 이 점에서 독일 사용자단체 연방조직 소속 법률가는 사업장 유지를 위해 투쟁하는 노동자들이 도로를 봉쇄했을 때 경찰이 그들을 해산시키지 않았다고 비판한다. 이에 관해서는 *Müller-Roden*, ZRP 1998, 409 참고.

(2) 파업과 형법

1) 작업중단의 가벌성

파업의 전부 또는 일부를 형법으로 금지하려는 동기는 국가의, 집단의 또는 개인의 이익을 보호하려는 데에서 찾을 수 있다.

a) 파업의 범죄화가 국가의 지배이익에 기초할 수 있다. 즉, 파업을 인정하게 되면, 국가의 이데올로기적인 자기이해에 반하는 경우이다. 전체주의적 체제가 사회의 모든 주요 영역을 허가를 통해 하향식으로 규율해야 한다고 요구하는 경우가 여기에 해당한다. 이러한 요구를 하는 전체주의 체제는 설령 일부분에 불과할지라도 국가에 의해 통제받지 않는 세력들이 자유롭게 경쟁함으로써 노동조건과 경제조건을 형성하도록 내버려 두지 않는다. 그래서 전체주의 체제는 노동조합도 '통합'하려고 시도한다. 즉, 노동조합을 국가의 조직 또는 국가를 지배하는 정당 조직에 편입시키려고 시도한다.[16] 파업금지는 단지 전방위적으로 사회 세력을 길들이려는 시도의 일부분에 불과하다. 사회의 모든 영역을 포괄적으로 규율하려는 국가의 요구를 표현하는 것으로서 파업금지는 상징형법(symbolisches Strafrecht)이다. 다시 말해 형법은 구체화할 수 있는 법익을 보호하는 것이 아니라, 정치체제의 자기상을 확인하는 도구로 이용된다.

전체주의적이지 않은 국가에서도 파업은 국가의 이익을 해치는 것으로 이해될 수 있다. 국정이 전반적으로 기업가계급의 이익에 동화된 국가에서는 근로조건의 변경을 둘러싸고 벌이는 파업이 필연적으로 국가질서를 공격하는 것으로 이해된다. 이 점에서 이 글 서두에서

---

16) 나치 체제하에서 노동조합은 1935년 5월 2일에, 그러니까 나치가 '권력을 장악'한 후 불과 몇 개월 후에 폐지되었다. 이에 대해서는 *Kranigk*, Arbeitsrecht im NS-Staat. Texte und Dokumente, 1984, S. 78ff. 참고.

언급한 판결이 내려진 독일제국 시기(1871-1918)에 노동쟁의를 '국가 전복 기도'에 연결시켜 생각했던 것을 이해할 수 있다. 공식적으로 노동조합과 노동쟁의를 금지하는 형벌규정(1896년 영업법 제152조)이 폐지되었음에도 불구하고 파업노동자들이 형사처벌을 받을 위험이 매우 높았다. 입법자가 파업을 직접 범죄화했던 자리를 대체하여 법원이 파업을 간접적으로 범죄화했다. 예를 들어 파업이탈자를 막기 위해 보초를 서는 노동자들은 1898년 제국법원 판결[17]에 이르기까지 '공공질서문란(구 형법 제360조 11호)'을 이유로 형사처벌을 받았다.[18] 또 다른 유죄판결은 '불복종 요구(구 형법 제110조)' 또는 ―이 글 처음에서 언급한 판결에서는― 공갈(형법 제253조)[19]을 이유로 유죄가 선고되었다. 국가가 노동자조직과 그 조직에 가까운 정당을 근본적으로 불신했던 것은 파업노동자들에게 불리한 방향으로 법률에 대한 해석 재량을 최대한으로 확장했던 법원의 경향과 서로 맞물려 있었다.

b) 국가의 중립성을 자명한 것으로 여기는 정치체제에서 '파업과 형법'이라는 주제는 정당한 범죄화의 일반적 전제조건의 문제, 즉 파업의 사회유해성 문제로 이해된다.[20] 그러나 바로 이 지점에서 매우 어려운 문제에 맞닥뜨린다. 왜냐하면 파업이 사회 전체에 야기하는 결과를 확정하는 것이 어려울 뿐만 아니라, 그 결과를 평가하는 것은 더더욱 어렵기 때문이다. 물론 산업생산 영역에서 노동손실 일수를 기초로 생산결과를 추정할 수 있고, 이런 방식으로 순 사회생산손실

---

17) RGSt 31, 185.

18) 관련 판결과 문헌은 *Ostendorf*(각주 14), S. 14 참고. 또한 *Zechlin*, Streik, Strafrecht, Polizei, 1986, S. 15ff.도 참고.

19) 앞의 각주 2 참고.

20) 이 기준에 대해 자세하게는 *Neumann/Schroth*, Neue Theorien von Kriminalität und Strafe, 1980, S. 40f. 참고.

액수를 전체 사회의 손해로 계산할 수 있다. 하지만 이렇게 손해를 산출하는 것은 숫자놀음에 불과하다. 왜냐하면 이론적으로 가능한 최대한의 사회적 생산을 달성하지 못한 것을 두고 '사회적 손해'가 발생했다고 보는 그 전제 자체가 이미 의심스럽기 때문이다.[21] 이와 같은 의심은 최소한 형법이 재산가치가 있는 대상 그 자체가 아니라 원칙적으로 일정한 개인에게 귀속시킬 수 있는 한도 내에서만 재산가치를 갖는 대상을 보호하는 사회에서는 당연히 타당성을 갖는다. 이밖에 기업의 경제적 성공은 —최소한 과잉생산 시기에는— 생산능력보다는 판매가능성과 더 밀접하게 관련을 맺는다.

물론 생존에 필요한 재화와 용역을 조달하는 것이 어렵게 되면 파업이 사회 전체의 이익을 해칠 수 있다. 그렇기 때문에 독일에서는 생존에 필수적인 영역(병원, 대중교통, 수도 및 전기 공급 등)에서 파업과 직장폐쇄를 금지해야 할 것인지를 여러 번에 걸쳐 검토했었다. 그러나 이런 영역에서도 형법을 통해 파업을 금지하는 것이 정당하고 또한 효율적인 것인지는 매우 의심스럽다. 정당성이 문제되는 이유는 단순히 사회에 부담이 되는 행위와 사회유해적인 행위 사이의 한계를 설정하는 것이 매우 어렵다는 점에 있다. 생존에 필수적인 영역에서 파업 그 자체를 겨냥하여 독립적으로 파업을 금지하는 것이 효율적인지도 의심스럽다. 파업에 참가하는 모든 노동자들을 형사 처벌하는 것은 최소한 파업이 광범위하게 발생하는 경우에 사실상 실현가능성이 없다. 예를 들어 노동조합과 같은 단체에 대한 형법적 제재는 유럽 대부분의 국가에서는 고려 대상이 아니다.[22] 파업 주도자들,

21) 파업이 국민경제에 미치는 영향을 산정할 가능성에 대해서는 *Klemm*, Ökonomische Analyse von Streik und Aussperrung im Rahmen einer marktwirtschaftlichen Ordnung, 1983, S. 84ff. 참고.

22) 개괄적인 현황은 *Jescheck/Weigend*, Allgemeiner Teil, 5. Aufl., 1996 S. 226ff. 참고. 더 나아가 Hirsch, ZStW 107 (1995), S. 285와 *Schünemann*, in: Baustein des europäischen Wirtschaftsstrafrechts, Madrid-Symposium für

노동조합에 의해 실행되는 오늘날의 일반적인 파업의 경우에는 노동조합의 책임 있는 간부를 형사처벌하는 것이 가능할 수는 있지만, 별로 효율적이지 않다. 벌금형은 사실상 단체에 의해 인수될 가능성이 매우 높다.[23] 자유형을 부과하면 필연적으로 노동쟁의를 더욱 극단적으로 부추기거나 조직된 노동자들이 국가기관에 직접 맞서는 결과를 초래할 것이다.

이런 점들을 고려할 때, 파업 자체를 겨냥한 범죄구성요건 전부를 포기하고, 따라서 생존에 중요한 사업 영역과 관련해서도 범죄화를 포기하며 그 대신 노동조합의 사회적 책임의식을 신뢰하는 것이 더 나은 방법일 것이다. 노동조합이 파업을 성공적으로 수행하려면 일반국민의 이해에 의존할 수밖에 없다는 점을 고려한다면, 그와 같은 방향으로 결정을 내리기가 더 쉬워진다. 파업은 바로 민주주의적으로 조직된 사회에서 단순히 경제적인 실력을 행사하는 것이 아니라, 동시에 파업 목표에 대한 이해를 구하는 행위, 즉 의사소통적 영향력을 동원하려는 시도이다. 노동쟁의가 갖는 이러한 사회적 측면은 노동조합이 실력행사 수단을 무분별하게 투입하여 일정한 파업목표를 강제하려고 시도하는 것을 효과적으로 제한하는 수단이 될 수 있다.[24]

c) 이런 점들을 고려하면 집단적 법익을 보호하기 위해 파업을 명시적으로 금지하는 형벌구성요건을 도입하는 것은 정당화되기 어렵다. 이것과 구별해야 하는 문제는 형법의 일반적인 구성요건, 즉 특

Klaus Tiedemann, 1994, S. 265 참고. 포괄적인 문헌으로는 *Heine*, Die strafrechtliche Verantwortlichkeit von Unternehmen, 1995 참고.

23) 이와 관련된 법률문제에 대해서는 *Kapp*, NJW 1992, 2796 참고.

24) 또 다른 제한수단으로는 파업노동자들이 파업기간 동안 임금을 받지 못하거나 파업을 통해 노동조합이 재정적 부담을 진다는 점이다. 이에 대해서는 *Däubler*(각주 5), S. 114 참고.

별히 파업에 국한되지 않는 다른 형벌구성요건을 어느 정도까지 파업행위에 적용할 수 있는지 여부이다. 이와 관련해서는 주로 형법에 의해 보호되는 또는 원칙적으로 보호될 수 있는 개인적 법익이 문제된다.[25] 그 핵심은 개인의 행위자유와 의사결정의 자유에 대한 보호이다. 이러한 자유는 독일 형법에서 강요죄 구성요건을 통해 보장된다.[26]

모든 심각한 파업은 선의에서든 악의에서든 강요죄 구성요건에 포섭될 수 있다는 점은 분명하다. 물론 파업을 ―어쨌든 일정한 전제조건 아래에서― 강요죄 구성요건에 포섭시켜야만 하는지 여부는 또 다른 문제이다. 법도그마틱의 관점에서 보면, 이 문제는 이미 앞에서 지적한 것처럼, 파업의 '비난가능성' 또는 '사회유해성' 여부에 비추어 판가름 난다. 그러나 이 개념들은 이쪽 또는 저쪽으로 가벌성의 방향을 결정하는 데 도움을 주는 수단을 제공할 뿐이다. 내용적으로 볼 때 문제가 되는 것은 노동쟁의 당사자들의 자유영역의 한계선을 어디에서 확정할 것인가이다. 노동자가 파업을 통해 임금인상을 요구함으로써 가벌적인 방식으로 기업가의 자유권을 침해하는 것인가? 아니면 정반대로 노동자는 단지 자신의 노동력을 투입할 것인지 여부를 스스로 결정할 수 있는 자유를 행사하는 것인가? 이 물음에 어떻게 대답하든지에 관계없이 어쨌든 형법으로부터 그 해결책을 얻을 수는 없다. 왜냐하면 형법은 권리영역을 보호하지만, 권리영역을 구

25) 어떠한 경우에 총파업을 조직하는 것이 형법 제81조, 제82조(내란) 또는 제88조(반국가적 사보타주)에 해당할 수 있는지에 대해서는 여기서 살펴보지 않기로 한다. 이에 대해서는 한편으로 *Däubler*(각주 5), S. 192ff., 다른 한편으로 *Willms*, in: LK, 10. Aufl. 1980, § 81 Rdn. 9 참고. 형법 제105조에 대해서는 *Scholz*, Jura 1987, 190 참고.

26) 형법 제240조에 따른 작업중단의 가벌성 문제에 대해서는 앞의 *Däubler*(각주 5) 그리고 *Ostendorf*(각주 14)의 글 이외에도 예를 들어 *Reichert-Hammer*, Politische Fernziele und Unrecht 1991, S. 149ff.도 참고.

성하지는 않는다. 따라서 강요죄 구성요건(형법 제240조)은 자유 그 자체가 아니라, 단지 법적으로 보장된 자유만을 보호한다.[27] 하지만 법적 자유의 한계를 확정하는 것은 노동법적 관계에서는 일차적으로 노동법의 과제이다. 파업권이 헌법적으로 제도화되어 있는 한,[28] 형법은 −민법과 마찬가지로− 헌법적 지침을 고려해야만 한다. 물론 형법의 노동법종속성은 형법규범의 적용범위를 단지 소극적인 방식으로 결정할 뿐이다. 즉. 노동법적으로 볼 때 허용되는 파업은 어떠한 경우에도 강요(형법 제240조)라고 볼 수 없다. 거꾸로 노동법적으로 파업이 위법하다는 사실로부터 파업이 가벌성이 있다는 결론을 도출할 수는 없다.

이와 관련된 핵심적인 물음은 파업이 의심할 여지없이 사용자의 이익을 침해하지만, 그렇다고 해서 파업행위가 여기서 한 걸음 더 나아가 사용자의 법적 지위까지도 침해하는가이다. 다시 말해, 과연 법질서가 기업가에게 파업에 의해 침해되는 그의 이익이 어떠한 경우에도 존속되어야 한다고 법적으로 보장하고 있는가이다.

이 물음에 대해서는 곧바로 '아니다'라고 대답할 수 있다. 기업가는 자신의 소유에 속하는 생산시설에 대한 권리는 갖고 있긴 하지만, 일정한 매출 또는 일정한 이윤에 대한 권리를 갖고 있지는 않다. 매출과 이윤과 관련하여 기업가에게는 단지 그 가능성만이 존재할 뿐이고, 이 가능성에는 그에 상응하는 위험이 따른다. 이 위험은 수요가 없을 때와 마찬가지로 노동력이 공급되지 않을 때에도 현실화될 수 있다. 법질서가 기업가에게 지금까지 고객이 보여준 신뢰를 보장할

27) *Jakobs*, Gedächtnisschrift für Hilde Kaufmann, 1986, 791 및 *Horn*, in: SK StGB, § 240 Rdn. 3, 29, 39. 파업과 관련된 특수문제에 대해서는 *Ostendorf* (각주 14), Rdn. 52.

28) 파업권이 헌법에 의해 보장된 권리라는 점은 현재의 다수설에 따를 때 기본법 제9조 제1항 1문에서 도출할 수 있다. 이에 대해서는 BVerfGE 84, 212, 224쪽 아래 참고.

수 없는 것과 마찬가지로 피고용자들이 노동의지를 지속적으로 갖고 있도록 보장할 수는 없다.[29] 조금 과장해서 말한다면, 기업가는 사업장에서 못 하나를 훔쳐가는 것으로부터는 절대적 권리(소유권)를 통해 보호를 받지만, 고객이나 직원이 보이콧을 함으로써 발생하는 결과로 인해 경제적 토대를 상실하는 것으로부터는 보호되지 않는다.

권리와 경제적 이익 사이의 이러한 비대칭성은 시장경제 체제를 기초로 한 법질서에서는 전형적인 경우에 해당한다. 이 비대칭성은 다음과 같은 결과로 이어진다. 즉, 개인 또는 사회 전체의 기본적 이익은 합법적인 행위를 통해 침해될 수 있다. 이와 관련해서는 흔히 어떤 은행의 모든 고객들이 일정한 시점을 기하여 은행계좌를 일시에 해지하는 가상적인 상황을 보기로 든다. 은행고객의 행위는 합법적이고, 은행은 생존이 위태로울 정도로 심각한 타격을 입는다. 이 보기는 별 어려움 없이 다른 경제영역에도 적용할 수 있다. 시장경제를 바탕으로 한 국민경제가 합법적인 행위를 통해 와해될 수 있다고 보는 것은 결코 과장이 아니다.

이러한 결론은 생산과 재화의 분배를 시장에 참여하는 제반 세력들의 자유로운 경쟁에 맡기는 시장경제 체제를 채택할 때 수반되는 당연한 결론이다. 계약의 자유, 자유경쟁 그리고 일자리의 자유로운 선택을 보장하는 체제는 동시에 개별 경제활동을 하는 기업의 존립까지 보장할 수는 없다. 매출과 이윤에 대한 이익, 심지어 사업장 자체를 유지하는 것에 대한 기업가의 이해관계가 원칙적으로 법적 안전장치를 통해 보호되지 않는 것은 시장경제 체제가 의도한 결과이

29) 법질서는 단지 노동자를 빼오는 것과 같은 특정한 "불공정" 행위로부터 기업가를 보호할 수 있을 뿐이다(예를 들어 공정거래법의 규정 참고). 어느 정도까지 기업의 고객관계를 형법의 재산개념 그리고 재산범죄의 보호영역에 해당된다고 볼 수 있는지에 대해서는 *Hefendehl*, Vermögensgefährdung und Expektanzen, 1994, S. 220ff. 참고.

자 그에 따른 불가피한 결과이다.

물론 이러한 결과는 기업가가 부담하는 위험이 실제로 시장경제체제 구조로부터 생겨날 때에만 타당하다. 절도, 손괴, 방화로부터 발생하는 손실에 대하여 기업가는 당연히 법적 보호를 받는다. 법질서는 어떠한 지점에서 법적 보호와 기업가의 위험 사이의 경계를 설정할 것인지와 관련하여 상당히 넓은 재량을 갖고 있다. 독일의 민사법원 판결은 '수립되고 행사된 영업에 대한 권리(Recht am eingerichteten und ausgeübten Gewerbebetrieb)'를 인정함으로써 그 보호영역을 상당히 확장했다.[30] 이렇게 법적 보장의 범위를 확장하는 것이 타당한 것인지를 여기서 자세하게 논의할 수는 없다.[31] 이 글의 맥락에서 중요한 것은 법적 보호와 위험 사이의 한계는 미리 주어져 있는 것이 아니라, 법질서의 결단에 의해 확정되어야만 한다는 점이다. 양자 사이의 경계선을 확정할 권한은 민법에게 있고, 민법은 이에 관한 결정을 내릴 때 헌법 지침을 고려해야 한다. 파업을 형법적으로 평가하는 문제와 관련해서는 이로부터 두 가지 결론을 도출할 수 있다. 첫째, 형법은 사안에 더 근접해 있는 법영역, 즉 민사법의 평가를 비껴갈 수는 없다. 즉, 노동법적으로 허용되는 파업일지라도 그 특수한 사정을 고려하여 가벌적인 강요행위로 평가하는 식으로 민사법적 평가를 우회할 수는 없다. 이렇게 보는 것이 결과적으로 볼 때 문제가 없을 뿐만 아니라, 법질서의 통일성이라는 사고에 의해서도 정당화된다.[32] 하지만 이와는 반대로 다른 영역에서와 마찬가지로 노동쟁

30) BGH NJW 1963, 484와 BGHZ 45, 307. 위법한 파업이 민법 제823조 제1항에 의해 손해배상의 의무를 발생시키는 권리 침해에 해당하는 것인지에 대해서는 한편으로 (손해배상책임을 긍정하는) *Reuter*, ZfA 1990, 535, 559쪽, 다른 한편으로 *Däubler/Colneric*, Arbeitskampfrecht, 2. Aufl. 1987, Rdn. 1153 아래 참고.

31) 이러한 권리를 구성하는 것에 대해 비판적인 *Wiethölter*, KJ 1970, 121. 참고.

의의 영역에서도 민사법의 법적 관계를 침해하는 행위를 범죄행위라고 과도하게 평가하는 것은 형법의 과제가 아니다. 계약위반을 형사처벌하려고 했던 옛날의 입법제안[33]은 당연히 관철될 수 없었다. 그렇기 때문에 위법한 파업의 경우에는 강요죄 구성요건을 충족한다는 식으로 계약위반을 간접적으로 범죄화하는 것은 배제되어야 한다.

여기에 또 다른 관점을 추가할 수 있다. 즉, 독일에서처럼 파업권을 헌법적으로 보장하는 정치체제를 선택하는 한,[34] 파업은 헌법적으로 보장되는 한도 내에서 강요죄(형법 제240조)의 불법유형으로부터 배제된다.[35] 물론 파업권을 제도적으로 보장한다고 해서 구체적인 파업행위의 합법성을 인정하는 전제조건을 정하는 것까지 불필요하다는 뜻은 아니다. 특히 법질서는 파업의 합법성과 관련된 절차적 조건(조합원투표, 단체협약의 해지 등)을 자세히 규정해야만 한다. 이러한 절차적 규칙을 위반하면 파업은 위법할 수 있지만, 그렇다고 해서 파업이 가벌적인 불법이 될 수 있는 것은 아니다.[36] 형법이 평화를 촉진하는 기능을 유지하는 것은 명확하고 합의 가능한 형태로 불법을 유형화하는지 여부에 좌우된다. 헌법에 의해 제도적으로 보장되는 권리를 민사법에 반하여 행사한다는 이유만으로 범죄화하는

---

32) 기초적으로 Engisch, Einheit der Rechtsordung, 1935 (아르투어 카우프만의 서문을 담고 있는 1987년 재인쇄판).

33) *Seiter*, Streikrecht und Aussperrungsrecht, 1975, S. 57의 각주 15에 인용된 문헌 참고.

34) 앞의 각주 28 참고.

35) 그렇기 때문에 단지 정당화사유를 인정하는 견해보다는 이미 허용된 파업의 구성요건해당성을 배제하는 견해를 선호할 만하다. 이 문제에 대해서는 *Eser,* in: Schönke/Schröder, StGB, 24. Aufl. 1991, § 240 Rdn. 25와 *Niese* (각주 9), S. 27ff.(이 견해에 대해서는 앞의 각주 9 참고) 참고.

36) 어떠한 전제조건하에서 민사법적으로 위법한 파업이 가벌적인 강요의 한계를 넘어서는 것인가라는 매우 논란이 많은 문제에 관해서는 *Däubler*(각주 5), S. 105f.의 문헌을 참고.

것은 형법이 평화를 촉진하는 기능을 수행해야 한다는 원칙에 모순된다.

이러한 관점에서 강요죄 구성요건의 적용이 배제되는 것은 오로지 파업이 헌법에 의해 보장되는 제도의 한계 내에서이다. 독일에서 파업에 대한 헌법적 보장은 근로조건을 유지 또는 향상하려는 파업에 국한된다.[37] 다른 목적을 실현하기 위해 작업을 중단하는 것은 형법적으로 볼 때 원칙적으로 강요죄 구성요건의 기준에 따라 판단해야 한다. 예를 들어 다른 동료들로부터 미움받는 동료를 해고하도록 강제하기 위해 작업을 거부하는 경우가 여기에 해당한다.[38]

2) 파업에 수반되는 행위의 가벌성

작업 거부에 수반하는 행위를 형법적으로 어떻게 평가해야 하는지는 또 다른 문제이다. 파업은 단지 법적 개념의 세계에서만 부작위(또는 부작위를 내용으로 하는 위협)일 뿐이다. 사회 현실에서는 일하려는 다른 노동자(소위 '파업파괴자')를 욕하거나, 지나가려는 사람을 가로막거나, 작업장을 점거하는 행위가 발생한다. 이런 사례에서 해당될 수 있는 범죄구성요건을 일반적 규칙에 따라 적용해야 하는 것인지 아니면 일정한 수정을 거쳐 제한적으로 적용해야 하는 것인지에 대해서는 논란이 많다. 일부의 견해는 형법의 규정을 파업노동자들에게 유리하도록 크게 제한하려고 한다. 이 견해는 파업파괴자를 '개 같은 동료'라고 욕하는 것이 모욕(형법 제185조)에 해당되지 않으며,[39] 사업장 점거가 주거침입(형법 제123조)에 해당되지 않기[40] 때문에 가

37) 기본법 제9조 제3항 3문의 문언 참고.

38) *Eser*, in: Schönke/Schröder, § 240 Rdn. 25. 결론을 유보하는 *Welzel*, Das Deutsche Strafrecht, 11. Aufl. 1969, 327쪽. 또한 *Däubler*(각주 5), S. 106도 참고. 소위 정치파업에 대한 (형)법적 평가의 문제에 대해서는 *Reichert-Hammer*(각주 26), S. 153 및 인용된 문헌 참고.

39) *Ostendorf*(각주 14), Rdn. 27.

벌성이 없다고 본다. 이에 반해 다수의 견해는 그와 같은 특권을 부인한다. 이 경우에도 서로 다른 사회적 해석도식이 대립한다. 노동조합과 파업하는 노동자들의 관점에서 보면, 파업을 거부하고 일을 하려는 노동자들의 행위는 노동조합 운동을 구성하고 노동쟁의를 승리로 이끌기 위해 필수불가결한 노동자 연대를 방해하는 것일 뿐이다. 이 관점에서 보면 파업파괴자는 개 같은 동료이고, 모욕에 해당된다고 할지라도 '정당한 이익을 보호하기 위한(형법 제193조)'[41] 것이므로 그 정당성을 인정해야 한다는 일관된 결론이 나온다. 정반대의 입장에서는 일하려는 노동자들의 행위를 연대성의 관점이 아니라, 자유의 관점에서 해석한다. 이 관점에서 보면 일하려는 노동자는 단지 자신의 노동력 투입 여부를 스스로 결정할 수 있는 자유를 행사하는 것이다. 이에 따르면 '배신자' 또는 '개 같은 동료'라고 욕하는 것은 결코 형법상의 특권을 인정받을 만한 가치가 없다.

이처럼 서로 대립되는 해석도식은 형법적으로 사업장 점거를 어떻게 평가해야 하는가와 관련해서도 문제가 된다. 전통적인 견해에 따르면 사업장에서 주거출입에 관한 권리는 오로지 기업가에게만 있다. 이에 따르면 파업하는 노동자들이 기업가가 출입을 금지하였음에도 사업장에 들어가는 것은 주거침입(형법 제123조)에 해당하는 것이므로 가벌성이 있다.[42] 이 견해는 노동자는 다른 사람의 권리영역 안에서 자신의 노동급부를 제공하는 것이라고 보는 시각에 부합한다. 일하는 장소는 사회적인 생활공간에 속하고, 따라서 노동자들의 이익영역에도 속하는 것이긴 하지만, 법률적으로 보면 오로지 기업가의 권리영역에만 속한다는 것이다.

이러한 견해는 최근 들어 '노동자친화적인' 문헌에서 의문의 대상

---

40) *Ostendorf*(각주 14), Rdn. 72-86.

41) 이에 대해서는 *Ostendorf*(각주 14), Rdn. 26 참고.

42) *Schäfer*, in: LK, 10. Aufl. 1978, § 123 Rdn. 70.

이 된다. 즉, 일정한 공간을 빌린 임차인과 유사하게[43] 노동자는 그들이 일하는 사업장에서 고유한 주거출입권을 갖고 있고, 이 권리는 사용자의 주거출입에 관한 권리를 배제한다는 것이다.[44] 물론 이와 같은 '사업장권'에 관한 이론구성은 필연적이지는 않지만, 어쨌든 가능한 이론구성이다. 이 이론구성은 앞에서 언급한 바 있는 '영업권'[45]과 마찬가지로 기본적인 이익을 법적인 권한으로 구체화하는 것에 근거하고 있다. 이러한 이론구성이 판결에서도 관철될 것인지는 세력관계의 문제일 뿐이고, 법적인 고려가 아니거나 기껏해야 부차적인 문제일 뿐이다.

'파업과 형법'이라는 주제에 관한 내 생각은 여기에서 끝내겠다. 지금까지의 서술을 통해 분명하게 보여주려고 했던 것은 파업과 같이 정치적으로 민감한 영역에 형법을 투입하는 범위는 오로지 각각의 정치체제 전체에 의해서만 결정되는 것이 아니라는 점이다. 특정한 —전체주의적이지 않은— 정치체제 내에서도 대안이 되는 여러 해석도식들이 존재하고, 각 해석도식에 따라 서로 다른 형법적 결론에 이를 수 있다. 학문도 서로 다른 결론을 제시할 수 있다. 그러나 학문은 다양한 해석도식들 가운데 어떤 것을 선택하는 것에 대한 결정권한을 갖고 있지는 않다.

---

43) 이러한 유사성에 대해서는 *Ostendorf*(각주 14), Rdn. 77.

44) *Däubler*, in: Baumann/Dähn(Hrsg.), Studien zum Wirtschaftsstrafrecht, 1972, S. 115, 116. 이에 동의하는 *Ostendorf*(각주 14), Rdn. 77. 이에 관해 자세히는 *Wesch*, Neue Arbeitskampfmittel am Beispiel von Betriebsbesetzungen und Betriebsblockaden, 1993, S. 52ff. 참고.

45) 앞의 각주 30 참고.

(3) 연좌시위의 가벌성

이런 유보적인 태도는 원칙적으로 이 논문 주제의 두 번째 보기에도 해당된다. 사회적 폐해 또는 임박한 위험에 대해 주의를 환기시키려는 연좌시위가 가벌성을 갖는가 하는 문제에서도 서로 다른 해석도식이 대립한다. 예를 들어 군사적 무장에 항의하는 행위 때문에 미사일저장고로 가는 수송로가 가로막히면, 어떤 사람들은 이런 행위가 관련된 당사자들을 방해하는 것이라고 보는 반면, 다른 사람들은 세계평화 유지에 기여하는 것이라고 본다.[46] 두 가지 시각은 물론 다른 관점을 논리적으로 배제하지는 않는다. 그러나 그 가운데 어느 하나의 시각이 주류를 이루는지는 형법의 결론을 좌우한다. 도로를 봉쇄하고 연좌시위를 하는 행위가 세계평화에 대한 기여라고 해석하는 사람은 그 행위가 가벌적인 강요행위라고 보는 것에 반대할 것이다. 이 점은 결코 이러한 행위가 불가벌이어야 한다는 실제적인 이해관계만으로 설명할 수 있는 것이 아니다. 오히려 사태를 바라보는 사회적 인지의 일관성이 문제된다. 세계평화에 기여하는 것은 —이러한 확신에 따르면— 결코 가벌적인 행위가 될 수 없다. 심리학자들의 언어를 빌리자면 '인지 부조화'[47]를 피하는 것이 문제이다.

형법도그마틱의 관점에서 보면 이에 대하여 서로 다른 방법이 제시된다. 독일 형법학에서는 무엇보다 두 가지 해결책에 관하여 논의한다. 첫 번째 제안은 강요의 비난가능성(형법 제240조 제2항) 문제에서 시위의 실제 목표를 고려해야 한다고 본다(봉쇄행위 자체에 내재하는 '단기 목표'와 구별되는 '장기 목표').[48] 이에 따르면 세계평화를 유지

46) 앞의 각주 12, 13.

47) 기본적으로는 *Festinger*, A theory of cognitive dissonance, 1957.

48) 비난가능성을 판단할 때 장기 목표를 고려하는 것을 지지하는 견해로는 예를 들어 *Eser*(각주 13); *Rogemann*(각주 12); *Bertuleit*, Sitzdemonstration-

할 목표로 행하는 연좌시위는 합법적일 수 있고, 모든 조건이 같다면 또 다른 목표를 갖고 있을 때 비로소 위법할 수 있다. 두 번째 제안은 불가벌의 문턱을 더 높게 설정한다. 이에 따르면 '중요한' 목표를 달성하기 위한 연좌시위는 '시민불복종'의 관점을 기초로 처벌되지 않아야 한다는 것이다.[49)]

그러나 시민불복종을 통해 논증하는 것은 한 단계 너무 높게 설정하는 것이자 더 나아가서는 잘못된 위치에 단계를 설정한 것이다. 너무 높은 단계에 설정하는 이유는 이 논증이 효력 있는 규범을 준수할 의무를 부분적으로 면제시키고, 이렇게 함으로써 충분한 근거 없이

---

en zwischen prozedural geschützter Versammlungsfreiheit und verwaltungsakzessorischer Nötigung, 1994, S. 203ff, 234f.[이 논문은 연좌시위의 형법적 위법성에 대한 판단이 시위를 통해 표현되는 의견이 옳다 그르다는 판단에 좌우될 수 없다는 점(S. 231)을 분명히 한다]. 장기 목표를 고려하는 것에 반대하는 견해로는 *Tröndle*, Festschrift für Rebmann, 1989, S. 481, 496과 BGHSt 35, 270(거리를 가로막는 사람들의 장기 목표를 고려하는 것은 '비난가능성'을 판단할 때가 아니라 오로지 양형에서만 의미를 갖는다) 참고. 이 주제에 관해 포괄적으로는 *Reichert-Hammer*(각주 26) 참고. 연방헌법재판소(BVerfGE 73, 206, 260쪽 아래)는 장기 목표를 비난가능성 심사에서 고려하는 것이 헌법적으로 요청되는 것은 아니지만, 이를 배제하지는 않는다.

49) 이에 관해 자세하게는 *Prittwitz*(각주 14) 및 인용된 많은 문헌 참고. 시민불복종 문제를 연좌시위의 형법적 판단과 관련하여 언급한 연방헌법재판소는 시민불복종을 다음과 같이 정의한다. 즉, "치명적이고 윤리적으로 정당하지 못한 것으로 보는 국가 결정에 대하여 분명하고 상징적인 항의행위로부터 이목을 집중시키는 규범위반행위에 이르기까지 다양한 행위를 통해 대응하기 위하여 … 시민들이 중요한 국가의 개별 결정에 대하여 저항하는 행위"라고 한다(BVerfGE 73, 206, 250쪽). 시민불복종의 문제에 관해 개괄적으로는 *Dreier*, in: Glotz (Hrsg.), Ziviler Ungehorsam im Rechtsstaat, 1983, S. 54와 *Habermas*, in: a.a.O., S. 29, *Schüler-Springorum*, in: a.a.O. S. 76, *Roxin*, in: Festschrift für Schüler-Springorum, 1993, S. 441 및 Frankenberg, JZ 1984, 266 참고.

법질서의 구속력을 모호하게 만들기 때문이다.[50] 잘못된 자리에 단계를 설정하는 이유는 연좌시위는 국가에 대한 복종 또는 불복종의 문제가 아니라, 다른 시민의 개별적 권리를 침해하는 것이기 때문이다. 문제는 다시 자유영역의 한계를 설정하는 것이다. 연좌시위자는 다른 사람의 자유를 침해하면서 강제로 자신의 관심사에 대중의 주의를 환기시킬 수 있는 자유를 갖고 있는가 아니면 '연좌시위'로 피해를 당하는 사람은 다른 사람들의 우려가 자신의 자유권에 불리하게 작용할 수 없다는 관점을 취할 수 있는가?

이 질문에는 분명하게 대답할 수 있다. 즉, 시위가 표현의 자유 또는 집회의 자유라는 기본권에 의해 보호될 수 있는 한도 내에서 '그렇다'라고 대답할 수 있다. 이런 기본권 행사에 결부된 장애는 참아야 한다.[51] 이러한 장애는 다른 사람의 자유이익을 침해하지만, 자유권을 침해하는 것은 아니다. 그렇기 때문에 시위를 통해 일시적이고 불가피하게 교통을 방해하는 것은 가벌적인 강요가 아니다. 반대로 표현의 자유와 집회의 자유에 의해 더 이상 보호되지 않는 연좌시위는 해당되는 사람들의 자유권을 침해하는 것이고, 원칙적으로 강요에 해당하여 가벌성이 있다.[52] 문제는 시위행위를 통해 사회적으로

---

50) 이 비판은 단지 규범위반행위는 시민불복종의 관점에서 도덕적으로뿐만 아니라, 법적으로도 정당화될 수 있다고 보는 견해에만 타당하다. 이런 관점으로는 특히 *Dreier*(각주 49). 이와 대립되는 입장으로는 *Habermas*(각주 49) 그리고 *Frankenberg*(각주 49) 참고.

51) BVerfGE 73, 206, 250과 *Lackner/Kühl*, 21. Aufl. 1995, § 240 Rdn. 18a.

52) 연방헌법재판소는 1995.1.10. 결정(BVerfGE 92, 1)을 통해 강요죄 구성요건(형법 제240조)을 군사시설 앞에서 행한 연좌시위에 적용하는 것을 위헌이라고 본다. 이에 관해 연방헌법재판소는 "폭력이 단지 신체가 일정한 장소에 머물러 있다는 점에 국한되고 강제작용이 … 단지 심리적인 특성"만을 띠는(18) 경우에 형법 제240조의 '폭력'을 인정하는 것은 형벌구성요건이 명확해야 한다는 헌법 원칙에 반하는 것이라는 근거를 댄다. 그러나 이 결정은 연좌시위자의 행위영역을 원칙적으로 확장하는 것이 아니고, 조문의 문언

매우 중대한 의미를 갖는 폐해나 위험에 대해 주의를 환기시키고자 할 때, 양 당사자의 자유권 사이에 설정되어야 할 경계선을 예외적으로 변경할 수 있는가이다.

이와 관련하여 찾고자 하는 것은 권리영역의 일반적인 경계를 예외적으로 한 당사자에게 유리하게 변경할 수 있는 법원칙이다. 연좌시위로 봉쇄를 당하는 사람들이 일시적인 자유의 침해를 받아들일 수 있도록 할 수 있는 것이 무엇인지를 묻는다면, 이 법원칙을 찾아낼 수 있다. 내 생각으로는 그러한 원칙은 연대성 원칙이다. 즉, 자신의 이익을 추구하지 않는 방식으로 중요하고 합의할 수 있는 목표를 이루기 위해 진력을 다하는 다른 시민에 대한 연대성이다. 이러한 연대성을 위해서 타인의 목표를 자신의 목표로까지 받아들이는 것을 전제조건으로 요구하지는 않는다. 세계평화는 전반적인 또는 일방적인 군비축소가 아니라, 오히려 높은 수준의 군비균형을 통해서 달성될 수 있다고 생각하는 사람들도 어쨌든 군사시설을 봉쇄하는 행위를 통해 이루려는 최종적인 장기 목표에 동의할 수 있다. 시위참여자의 장기 목표를 고려하여 강요죄 구성요건을 제한하면, 이는 봉쇄행위를 당하는 사람들의 연대성이 법적으로 요구된다는 것을 의미한다. 하지만 이것은 법이 특정한 심정적 태도를 요구하는 것을 의미하지는 않는다. 그 개인이 비밀리에 또는 공개적으로도 평화보다는 전쟁을 선호하는 것은 그의 자유에 맡겨져 있다. 그러나 이러한 개인적인 선호는 사회적으로 볼 때 ―규범적으로― 실현가능한 선호로 인정될 수 없기 때문에, 그와 같은 개인적인 선호를 권리영역의 경계설정에서 고려할 수는 없다.[53)]

으로부터 추론되는 현행법상의 가벌성 한계를 확정하기 때문에, 제한적인 의미를 가질 뿐이다. 이 결정이 사업장봉쇄행위의 법적 평가에 미치는 결론에 대해서는 *Löwisch/Krauß*, Der Betrieb 1995, 1330.

53) 따라서 원칙적으로 타당한 다음과 같은 논거, 즉 의견의 다양성을 인정하는

연좌시위와 관련된 권리영역의 경계설정을 위한 기준으로 원용한 연대성의 법원칙은 형법에서도 익숙한 개념이다. 연대성 원칙을 발견할 수 있는 중요한 규정은 정당화적 긴급피난(형법 제34조)이다.[54)] 즉, 다른 사람의 중요한 이익을 구하기 위해 필요한 경우에 개인은 자신의 법익을 침해하는 행위를 감수해야만 한다는 것은 연대적인 행동을 법적으로 강제하는 것을 의미한다. 실제로 미사일저장고를 가로막는 사례는 행위의 구조를 고려하면 긴급피난 사례에 상응한다.[55)] 즉, 다른 사람의 법익을 침해하는 것이 현저히 더 중요한 이익을 보호하려는 목적을 달성하는 데 유익하다. 물론 여기서 정당화적 긴급피난 구성요건의 전제조건이 충족되었다고 볼 수 있는 것은 아니기 때문에,[56)] 불가벌성은 단지 특수한 전제조건하에서만 고려할 수 있다. 매우 중요한 이익이 문제되고, 그 이익이 위험에 처해 있다는 것을 봉쇄행위를 통해 주의를 환기시키려고 하는 경우에, 짧은 시간 동안 활동의 자유를 침해하는 것은 감수할 수 있다. 여기서 구별의 어려움이 존재한다는 점은 분명하다. 선별적으로 그리고 매우 의심스러운 결정기준에 따라 연좌시위에 대해 때로는 강제조치를 취하

것은 (장기 목표를 전체적으로 볼 때 고려해야만 한다는 전제에서) 그 장기 목표의 내용에 따라 가벌성 여부를 세분화하는 것을 배제한다는 논거(BVerfGE 73, 206, 258과 *Lackner/Kühl*, § 240 Rnd. 22)는 얼마든지 상대화될 수 있다. 봉쇄행위를 통해 사회적으로 인정받을 수 없는 목표를 추구하는 사람은 연대성을 요구할 수 없다. 이 경우에 합법적 행위와 위법한 행위 사이의 경계설정은 오로지 표현의 자유와 집회의 자유(기본법 제5조, 제8조)라는 헌법적 기준에 따라 결정된다.

54) 이에 대해 더 자세하게는 *Neumann*, Jahrbuch für Recht und Ethik 2(1994), S. 81, 87 참고.

55) 이에 대해서는 *Schüler-Springorum*(각주 49), S. 87ff. 참고.

56) 부분적으로 다른 견해를 취하고 있는 *Schüler-Springorum*(각주 49) 참고. 쉴러-슈프링고름은 일정한 전제조건하에 형법 제34조를 직접 적용하는 것이 가능하다고 본다.

고 때로는 이를 취하지 않는 독일 형사소추기관의 현행 실무와 비교할 때,[57] 여기서 제안한 해결방안은 그 불명확성에도 불구하고 진일보한 것이라고 말할 수 있다.

---

57) 이에 대해서는 *Eser*(각주 13), S. 52-53 참고.

13. 정치적 체제변화에 대한 형법적 처리를 둘러싼 논의에서 등장하는 법실증주의, 법현실주의 그리고 법도덕주의

(1) 서 론

1) 법의 이중의 상대성

a) 시간, 공간 그리고 법에 대한 언명은 이중적 의미에서 상대적이다. 첫째, 이러한 언명은 특정한 준거체계, 즉 특정한 시간대, 특정한 지역, 특정한 법질서와 관련을 맺지 않을 수 없다. 이러한 체계상대성은 우리의 일상적 경험을 구성하고 있는 익숙한 측면이다. 물론 이에 대해 성찰을 하거나 이를 주제로 삼지 않는 것이 보통이다. 기준이 되는 준거체계가 무엇인지는 물음을 제기하는 상황에 비추어 알 수 있다. 예를 들어 뉴욕의 브로드웨이나 아테네의 신타그마 광장 또는 프랑크푸르트 중심가에서 누군가 몇 시냐고 물을 때, "어느 시간대를 기준으로요?"라고 되묻는 것은 분명 잘못이다. 또한 길거리에서 가장 가까운 택시정류장이 어디에 있느냐는 물음에 "그거야 현재 위치가 어딘지에 따라 달라지지요"라고 대답해서는 안 된다. 법의 경우에도 마찬가지이다. 프랑크푸르트에서 활동하는 어느 변호사가 유효

한 유언장이 되기 위한 형식적 요건에 대해 질문을 받았을 때는 당연히 이 질문이 독일법에 따른 법적 상태와 관련된다는 것을 알고 있다. 하지만 이 모든 질문이 체계상대성을 갖는다는 의식은 잠재되어 있을 뿐이다. 하지만 변경된 상황에 따라 필요할 경우에는 이 잠재의식이 곧바로 현재성을 갖게 된다. 즉, 프랑크푸르트에서 앵커리지를 경유하여 오사카로 가는 비행기 안에서 몇 시냐고 물을 때에는 어느 시간대를 기준으로 하는지를 되묻는 것은 결코 이상한 일이 아니다. 이와 마찬가지로 서로 국적이 다른 부부가 공동으로 유언장을 작성하는 경우에는 어느 법질서를 기준으로 삼아야 하는지를 물어보지 않을 수 없다.

b) 만일 시간, 공간 그리고 법에 대한 물음이 일상적 경험에서는 전혀 의식하지 못하지만 특정한 상황에서는 실제로 상당히 중요한 의미를 가질 수 있는 또 다른 다의성을 갖고 있지 않다면, 앞의 서술은 너무나도 당연한 나머지 특별히 이 점을 상기시킬 필요가 없을 것이다. 즉, 극단적인 상황에서는 공간과 시간을 측정하는 기준뿐만 아니라, 공간과 시간의 개념 자체까지도 문제가 된다. 그와 같은 상황에서는 얼핏 보기에는 전혀 문제가 되지 않는 익숙한 개념인 '동시성'마저도 그 뚜렷한 윤곽이 흐릿해지고 만다. 예컨대 흔히 다른 대안이 결코 있을 수 없다고 여기는, 선형공간에 대한 사고는 공간을 이와는 다른 방식으로 이해하는 모델들과의 경쟁을 견뎌내야 한다. 짧게 말하자면, 여러 가지 준거체계들이 경쟁적으로 병존하고 있을 뿐만 아니라, 공간과 시간의 개념을 둘러싸고 서로 경쟁하는 여러 가지 대안들 ―물론 다른 대안이 존재한다는 생각을 평소에는 하지 않는다― 도 존재하고 있기 때문에 공간과 시간에 대한 언급은 상대적일 수밖에 없다는 사실이 확인된다.

무엇이 효력을 갖는 현행법인가라는 질문에 대한 대답에서 법개념이 갖는 의미 역시 이와 마찬가지이다. 즉, 극단적인 상황에서는 법의 내용에 대한 물음(quid sit iuris)보다 논리적으로 항상 더 앞서 있는, 법의 개념에 대한 물음(quid sit ius)[1]이 실제적으로도 더 중요한 의미를 갖게 된다. 독일의 형법학과 형법실무는 구동독에서 사실상 형사소추가 이루어지지 않은 특정한 행위들이 구동독 당시의 '진정한' 법 또는 '올바르게 해석한' 법에 비추어 이미 가벌성이 있었는지 여부를 판단해야 하는 과제에 직면하여 그와 같은 극단적 상황에 처하게 되었다. 이 물음에 대한 대답은 효력을 갖는 법이라는 개념에서 실정성, 사실성, 도덕성이라는 요소들이 갖는 비중들을 어떤 식으로 저울질하는가에 달려 있다.

내가 존경과 우정을 담아 이 논문을 헌정하고자 하는 클라우스 뤼더센(Klaus Lüderssen)은 이미 일찍부터, 구동독에서 탈출하려는 사람들에게 총격을 가하여 사망하게 한 구동독 국경수비대 요원들의 가벌성이라는 문제가 갖고 있는 법철학적 차원들을 지적했고,[2] 그 이후 이 차원들을 체계적으로 조명한 바 있다.[3] 나는 클라우스 뤼더센과 1992년 4월에 모리츠부르크(Moritzburg)에서 열린 학회[4]에서 이

---

1) 이에 관해서는 예컨대 *G. Radbruch*, Grundzüge der Rechtsphilosophie(1914), in: Gustav Radbruch — Gesamtausgabe(hrsg. v. Arthur Kaufmann), Bd. 2, S. 46 참고.

2) *K. Lüderssen*, Zu den Folgen des "Beitritts" für die Strafjustiz der Bundesrepublik Deutschland, StrV 1991, S. 482ff.

3) *K. Lüderssen*, Der Staat geht unter — das Unrecht bleibt? Regierungskriminalität in der ehemaligen DDR, 1992; *ders.*, Kontinuität und Grenzen des Gesetzlichkeitsprinzips bei grundsätzlichen Wandel der politischen Verhältnisse, ZStW 104(1992), S. 735ff.

4) 이 학회의 결과물은 *E.-J. Lampe*(Hrsg.), Deutsche Wiedervereinigung, Arbeitskreis Strafrecht, Bd. II: Die Verfolgung von Regierungskriminalität der DDR nach der Wiedervereinigung, 1993 참고. 이 학회에서 뤼더센이

주제에 대해 토론을 했고, 그 이후에도 자주 이 주제에 대해 그와 토론을 벌였다. 나는 그에게 헌정하는 이 기념논문집을 그와 함께 했던 토론을 계속할 수 있는 기회로 삼고자 한다.[5] 구동독의 과거에 대한 형법적 '처리'에 관련된 소송들이 그 사이 거의 종결되어, 매캐한 화약연기가 사라진 상태이기 때문에 이제는 법철학적으로 근본적인 문제들이 더욱 뚜렷하게 드러날 수 있게 만드는 논의가 이루어질 수 있는 분위기가 형성되었다.

2) 구동독 당시의 법이 기준 — 소급효금지

a) 구동독에서 저질러진 행위에 대한 반작용의 맥락에서 기준이 되는 법개념에 대한 물음과 이 개념의 여러 가지 구성요소에 대한 물음은 통일 이후 지금 여기에서의 가벌성과 관련하여 독일연방공화국의 법만을 중심으로 삼지 않을 때에만 제기된다. 왜냐하면 독일연방공화국의 법상태에 대한 물음은 우리의 법이해의 기초가 되고 있는 법개념을 둘러싼 논쟁을 거치지 않을 수 없게 만들 정도로 문제를 야기하지 않기 때문이다. 법이론적으로 중요한 문제가 되는 것은 오로지 구동독의 '진정한' 법상태가 무엇이었는가에 대한 물음이다. 다시 말해, 만일 구동독의 법에 따라 처벌되지 않았던 행위에 대해 독일연방공화국의 형법을 적용할 수만 있다면, 그에 대한 법적 판단의 문제는 형법을 적용하기 위해 일반적으로 사용되는 방법적 도구들로 해결할 수 있을 것이다.

주장한 테제들에 관해서는 이 책에 실린 그의 논문 "Was läßt der Rechtsstaat von Unrecht übrig?"(S. 27ff.) *Schöneburg*(S. 51)와 *Hefendehl* (S. 79, 128, 197)의 토론보고문을 참고.

5) 나는 바르셀로나와 서울에서 내가 했던 강연들과 잡지 Doxa 17/18(1995), S. 435ff.에 스페인어로 출간된 논문에서 펼쳤던 생각들을 상당부분 다시 끌어들이도록 하겠다.

b) 동서독 국경에서 탈주자들에게 총격을 가하여 사망하게 한 행위의 형법적 책임을 판단할 때에는 소급효금지가 적용되지 않거나 또는 제한적으로만 적용될 수 있다는 견해는 저명한 학자들의 글에서 주장되고 있다.[6] 이러한 견해를 뒷받침하기 위해 제시되는 논거들은 법정책적 논의에서는 중요한 의미가 있지만,[7] 구동독에서 이루어진 행위에 대해 형법을 소급적용하는 것은 현행법상 정당화될 수 없다. 왜냐하면 특별히 중대한 불법이라거나 구동독 입법자들이 민주적 정당성을 갖고 있지 않았다는 사정[8] 또는 '국가에 의해 조장된 범죄'의 특수성에 비추어 이 경우에는 헌법상의 소급효금지(기본법 제103조 제2항)가 개입하지 않아야 한다고 볼지라도, 이는 헌법의 차원에서 소급적 형사입법의 금지를 부분적으로 유보하는 것일 뿐, 일반법률인 형법의 차원에서 소급효를 정당화하는 논리가 될 수는 없다.

형법의 차원에서는 형법 제2조와 함께 가장 경한 법률을 적용해야 한다는 명령을 지시하고 있는 통일조약 제315조에 근거하여 소급적으로 가벌성을 정당화하는 것은 이미 배제된다. 다시 말해 문제의 상

---

6) *W. Naucke*, Die strafjuristische Privilegierung staatsverstärkter Kriminalität, 1996, S. 47ff.; *Schünemann*, 각주 4에서 지적한 *Schönburg*의 토론보고문, S. 48, *Hefendehl*의 토론보고문, S. 80f.; 이에 대한 비판으로는 *Lüderssen*, a.a.O., S. 51; *ders.*, Der Staat geht unter(각주 3), S. 67 참고. 헌법적 원칙인 소급효금지를 유보할지라도 국경수비대 요원들을 처벌할 수 있는 길이 열리지 않는다는 타당한 지적으로는 *J. Hruschka*, JZ 1992, S. 665, 668f. 참고. 형법 제7조(외국에서의 범죄행위)를 동원하는 흐루슈카의 해결방안에 대한 비판으로는 *G. Jakobs*, Untaten des Staates — Unrecht im Staat, GA 1994, S. 1ff., 10f. 참고.

7) 입법자의 활동을 통해 소급효금지를 제안하여 문제의 사례들을 처리하는 방안을 고려하는 입장으로는 *K. Günther*, StrV 1993, S. 13(권터는 이 글에서 Dencker의 입장을 원용한다) 참고.

8) 이 점을 원용하는 연방헌법재판소의 판결에 대해서는 아래에서 다시 다룬다.

황들을 기본법 제103조 제2항의 적용범위에서 배제하는 것이 연방독일공화국의 형법을 소급적으로 적용하라는 입법적 명령을 위한 공간을 만들기는 하지만, 결코 이 공간의 내용을 채우지는 못한다. 이를 위해서는 국경에서의 총격을 소급적으로 처벌하거나 최소한 구동독의 법률이 규정하고 있는 정당화사유를 소급적으로 유보하는 법률규정이 필요하다.

c) 이 때문에 국가권력이 —특수한 전제조건 아래— '중대한 범죄적 불법의 영역'에 해당하는 행위의 가벌성을 배제하는 데 이용했던 정당화사유를 사후적으로 '수정'하여 헌법상의 소급효금지를 파괴하는 것을 허용한 연방헌법재판소[9]조차도 이러한 수정이 이미 구동독 당시의 법에도 부합했다고 해석하는 견강부회를 포기할 수 없었다. 연방헌법재판소는 연방법원의 판례와 마찬가지로 구동독법상의 정당화사유가 무효라는 전제에서 출발하여, 이 정당화사유의 범위에 속하는 것처럼 보이는 행위들의 가벌성근거를 제시하기 위해 명시적으로 구동독의 형벌규정 및 그 기초를 이루는 '가치질서'를 원용한다.[10] 이는 일관된 태도이다. 왜냐하면 소급효금지를 유보하는 것만으로는 구동독 당시에 효력을 가졌던 형법질서 이외의 형법질서(예컨대 서독의 형법)에 따라 가벌성을 정당화할 수 없기 때문이다. 즉, 총격행위가 그 시점에서 효력을 가졌던 구동독의 법에 따라 가벌성이 있었다는 전제에서 출발하면 헌법상의 소급효금지를 제한하는 법률을 제정할 필요가 없지 않을까라고 물을 수 있을 뿐, 독일연방공화국의

9) BVerfGE 95, 96.

10) BVerfGE 95, 96. 이 글은 동서독국경에서의 총격명령에 대한 유럽인권법원의 판결(NJW 2001, S. 2035; NJW 2001, S. 2042)까지 감안할 수 없었다. 이에 관해서는 예컨대 *G. Werle*, NJW 2001, S. 3001; *J. Arnold/N. Karsten/H. Kreicker*, NJ 2001, S. 561 참고.

형법에 따라 과거의 행위를 처벌할 근거는 제시되지 않는다.

d) 이와 같이 구동독 국경수비대 및 명령자들의 살인행위를 독일 연방공화국에서 처벌할 수 있는 가능성은 구동독 법에 따른 가벌성의 확인을 전제해야 한다면,[11] 이제는 구동독의 법상태에 대한 물음이 중심에 자리 잡게 된다. 이 물음에 대해 어떻게 대답해야 하는지는 잘 알려져 있듯이 엄청난 논쟁의 대상이다. 이 논쟁은 논쟁이 이루어지는 형태에 비추어 볼 때, 구동독의 사회현실을 서로 다르게 이해하는 데 기인하지 않으며, 설령 그렇더라도 이해의 차이는 미미하다. 해당하는 법률텍스트 역시 잘 알려져 있고, 총격을 통해 탈주자들을 사망하게 만든 국경수비대를 처벌하는(정확히는 처벌하지 않은) 법실무가 국경법이 정당한 행위로 규정하고 있던 범위를 —적어도 법률을 해석할 때 우리에게 익숙한 기준들을 기초로 삼는 한— 훨씬 뛰어넘었다는 사실도 잘 알려져 있다. 그리고 구동독 국경관리방식에 대한 도덕적 평가도 약간의 정도의 차이가 있을 뿐, 논쟁참여자들의 입장이 거의 일치한다. 그렇기 때문에 결정적인 물음은 구동독 당시의 '현실'이 어떠했는가나 이 상태를 어떻게 평가해야 하는가가 아니다. 이와 같이 논쟁의 전제가 되는 기초적인 데이터와 그에 대한 평가에 대해서는 모든 견해가 거의 일치하는데도 불구하고 당시의 법상태에 대한 견해들은 서로 대립하고, 때로는 극단적으로 반대되기도 한다. 다시 말해 논쟁의 대상은 데이터나 이에 대한 평가가 아니라, 구동독의 법상태에 대한 결정에서 이러한 데이터와 평가가 갖

11) 이에 관해 매우 섬세한 근거를 제시하고 있는 *U. Ebert*, Strafrechtliche Bewältigung des SED — Unrechts zwischen Politik, Strafrecht und Verfassungsrecht, in: ders.(Hrsg.), Festschrift für Ernst-Walter Hanack zum 70. Geburtstag, 1999, S. 501ff., 514f.; *Lüderssen*, ZStW 104(1992), S. 758ff. 참고.

는 의미를 둘러싸고 이루어진다. 즉, 논쟁의 대상은 법의 개념과 법의 효력이다.

(2) 법개념의 구성요소들

1) 특정한 규범이 특정한 법체계의 구성부분인지 여부는 원칙적으로 다음 세 가지 서로 다른 기준에 따라 판단할 수 있다.

① 법률텍스트
② 법원의 실무
③ 해당하는 규범의 도덕적 성질

어떠한 기준을 핵심적 기준으로 보는가에 따라 다음과 같은 세 가지 입장을 구별할 수 있다.[12)]

① 법률실증주의
② 법현실주의
③ 법도덕주의

이 구별에서 법현실주의에 대립되는 입장을 법규범주의라고 부를 수 있는데, 이 법규범주의에 따르면 법은 법집행자들의 구체적 행위를 넘어서서 독자적인 존재를 갖고 있다고 한다. 이 점에서 법률실증주의와 법도덕주의는 법규범주의에 속하는 형태들이다.

---

12) 이러한 구별에 관해서는 *R. Alexy*, Begriff und Geltung des Rechts, 2. Aufl. 1994 참고.

2) 이상적인 경우에는 이 세 가지 기준 모두가 똑같이 특정한 규범을 효력을 갖는 법으로 확인하게 된다. 즉, 형식적 및 실질적 측면에서 헌법에 합치하는 법률(실정성의 측면)이 일반적으로 승인되는 정의의 기준(도덕성의 측면)에 부합하고 관할 국가기관에 의해 정확하게 적용(현실성의 측면)되는 경우가 있다. 정상적인 경우에는 이 세 가지 측면 사이에 약간의 차이가 있고, 현대 헌법국가에서 그와 같은 차이는 법체계의 통상의 방법을 사용하여 손쉽게 제거할 수 있다. 예를 들어 법률과 법실무의 간격은 법률에 유리한 방향 또는 법실무에 유리한 방향으로 해소할 수 있다. 그리고 어떤 결정이 일회적인 이탈이라면, 이 결정을 수정하면 된다. 보통의 경우에는 상급심이 결정을 파기하거나, 극단적인 경우에는 결정을 내린 사람을 형법적으로 처벌함으로써 그러한 수정이 이루어진다. 즉, 이상적인 규범성이 나쁜 현실에 대항하여 자신을 관철시킨다(규범의 사실력). 이에 반해 법률로부터 집단적으로 이탈하는 경우에는 실무, 즉 현실에 유리한 방향으로 수정이 이루어지기도 한다. 특정한 상황에서는 법률을 집단적으로 무시하는 행위가 규범적 승인을 받는 경우도 있다. 법원이론(法源理論)에서는 이와 같은 경우를 대비하여 '관습법'이나 '법관법'이라는 개념을 준비해 놓았다(사실의 규범력).

법의 실정성과 도덕성 사이의 간격 역시 헌법국가에서는 실정법체계 내부에서 처리된다. 정당한 법에 관한 기초적인 원칙들은 헌법에 실정화되어 있기 때문에, 현저하게 부정의한 규범은 도덕에 반할 뿐만 아니라, 동시에 상위의 헌법에도 반한다. 따라서 현대적 헌법국가의 법질서 스스로에 대해서는 자연법의 문제가 제기되지 않는 것이 보통이고, 법과 도덕 사이의 갈등은 실정법 내부의 문제가 된다.[13)]

---

13) *R. Dreier*, Recht und Moral(1980), in: ders., Recht —Moral— Ideologie, 1981, S. 180ff., 182. 초국가적 및 국제법의 법규정에서 인권보장이 갈수록 중요한 의미를 갖게 되는 현상에 비추어 이와 유사한 입장을 피력하는

3) 그러나 법을 거의 전적으로 정치적 도구로 삼는 국가[14]에서는 이러한 내재적 조정메커니즘이 제대로 작동하지 못한다. 이 점은 실정성과 현실성의 관계에서도 마찬가지이다. 즉, 법과 법에 대한 해석이 유일정당의 원칙[15]에 따르는 곳에서는 지배자들에게 유리하도록 제정법을 무시하는 행위가 더 이상 수정되지 않는다. 그러면서도 해당하는 제정법의 규칙들을 공식적으로 유보시키는 것은 정치적 측면에서 결코 현명한 일이 아닐 수 있다. 동독 국경법[16]의 적용 또는 비적용과 관련해서도 법률과 법실무는 완전히 별개였다. 실정성과 도덕성의 관계의 측면에서도 현대 헌법국가에서 승인되고 있는 가치의 우선순위에 비추어 볼 때, 양자 사이의 조정은 전혀 이루어지지 않았다. 법원의 판결에 비해 더 '인간적'이었던 국경법[17]조차도 법윤리적

Faller, Ist ein Rückgriff auf Naturrecht heute noch notwendig? Entwicklung bis zu den "Mauerschützen-Urteilen" des Bundesgerichtshofes, in: D. Dörr u.a.(Hrsg.), Die Macht des Geistes. Festschrift für Hartmut Schiedermair, 2001, S. 3ff., 19 참고.

14) 구동독에서 정치가 법을 압도한 현상에 관해서는 예컨대 *J. Arnold*, Die Berücksichtigung der systemimmanenten Auslegung des DDR-Rechts (1994), in: ders.(Hrsg.), Strafrechtliche Auseinandersetzung mit Systemvergangenheit am Beispiel der DDR, 2000, S. 174ff., 186; *M. Pawlik*, Strafrecht und Staatsunrecht. Zur Strafbarkeit der "Mauerschützen", in: GA 1994, S. 472ff., 474f. 참고.

15) 동독의 법이론과 국가이론에서 '법률과 정당의 통일성'이라는 '민주주의적 법칙성' 모델에 관해서는 *Arnold*, Strafgesetzgebung und -rechtsprechung als Mittel der Politik in der ehemaligen DDR, in: E.-J. Lampe(Hrsg.), Deutsche Wiedervereinigung(각주 4), S. 85ff., 89f. 참고.

16) 이 법률의 정확한 명칭은 1982년 3월 25일에 발효된 「독일민주공화국 국경에 관한 법률」(GrenzG-DDR)이다.

17) 예를 들어 동독 국경법 제27조 제1항 1문에 따르면 총기사용은 '폭력사용과 관련된 최후의 조치'라고 규정되어 있다. 또한 제27조 제5항 1문은 총기를 사용할 때에는 인명을 '최대한 존중'해야 한다고 규정하고 있었다.

원칙에 부합하지 않는다.[18] 바로 그렇기 때문에 도덕성, 실정성 그리고 사실상의 관행이라는 효력기준들을 하나의 위계질서 관계로 형성할 필요가 있게 된다.

이와 관련해서는 일정한 단계로 나누어 보는 것이 가능하다. 예를 들어 사실상의 관행과 관련하여 제정된 법규칙이 효력을 갖기 위한 전제조건을 최소한의 사회적 실효성(즉, 행위규범 및 제재규범과 관련된 최소한의 실효성)으로 축소시킬 수 있다. 이와 마찬가지로 도덕적 요소와 관련해서도 도덕적 이유에서 실정법이 그 효력을 상실하는 경계선을 실정법이 '참을 수 없을 정도'로 정의에 모순되는 경우로 국한시키는 방법이 있다.[19]

---

18) 독일 국경법 제27조의 규정이 '라드브루흐 공식'에서 의미하는 참을 수 없는 불법으로서 법률 규정 자체가 무효라고 생각하지 않는 학자들도 이러한 평가에 대해서는 상당부분 동의한다[예컨대 *R. Dreier*, Gesetzliches Unrecht im SED-Staat? Am Beispiel des DDR-Grenzgesetzes, in: Strafgerechtigkeit. Festschrift für Arthur Kaufmann zum 70. Geburtstag, 1993, S. 57ff., 66; 이에 대해서는 또한 *K. Günther*(각주 7), S. 18도 참고].

19) *G. Radbruch*, Gesetzliches Unrecht und übergesetzliches Recht(1946), GRGA Bd. 3, S. 87ff., 89: "정의와 법적 안정성 사이의 갈등은 다음과 같이 해결할 수 있을 것이다. 즉 규정(Satzung)과 권력에 의해 보장된 실정법은 그 내용이 정의롭지 못하고 합목적성이 없다고 할지라도 일단은 우선권을 갖는다. 그러나 실정법률의 정의에 대한 위반이 참을 수 없는 정도에 이르렀다면, '부정당한 법'인 그 법률은 정의에게 자리를 물려주어야 할 것이다." 라드브루흐 공식의 한 부분인 이 '불법논거' 및 실정법을 제정할 때 정의를 의도적으로 무시한 경우와 관련된 두 번째 부분에 대해서는 *R. Dreier* (각주 18) 참고. 이 밖에도 *M. Frommel*, Die Mauerschützenprozesse - eine unerwartete Aktualität der Radbruchschen Formel, in: Strafgerechtigkeit. Festschrift für Arthur Kaufmann zum 70. Geburtstag, 1993, S. 81ff.; *H. Dreier*, Gustav Radbruch und die Mauerschützen, JZ 1997, S. 421ff.; *J. Arnold*, Gustav Radbruch und die "Mauerschützenfälle" Ein Kontinuitätsproblem, in: ders.(Hrsg.), Strafrechtliche Auseinandersetzung(각주 14), S. 147ff.; *E. Denninger*, Die Wirksamkeit der Menschenrechte in der

4) 이런 의미에서 효력을 갖는 구성요소로서의 실정성, 사실성, 도덕성은 하나의 '역동적' 체계이고, 이 역동적 체계 내에서 극단적 법률실증주의(제정성이 유일한 효력기준), 극단적 법현실주의(법실무가 유일한 효력기준) 그리고 구속력 있는 법이 오로지 규범의 내용에만 근거한다고 보는 법도덕주의는 논리적으로 가능한 경계지점을 표시한다. 동독 국경수비대 요원의 가벌성을 둘러싼 논의와 같이 실무에서 사용할 수 있는 법효력의 개념을 둘러싼 논의에서는 이 세 가지 요소들 모두의 비중을 적절하게 고려하는 것이 문제의 핵심이다. 특정한 규범을 효력을 갖는 현행법으로 확인할 때에는 실정성이라는 요소가 핵심적 의미를 갖는다는 점에 대해서는 오늘날 전혀 다툼이 없다. 문제는 원칙적으로 효력을 갖는 것으로 인정되는 제정법이 어떠한 조건하에서 법윤리적 규칙이나 원칙과 충돌하거나 또는 법현실주의적인 효력기준에 합치하지 않는다는 이유로 그 효력을 예외적으로 부정해야 하는가이다. 이 두 가지 문제는 분명 구동독에서 저질러진 행위에 대한 형법적 판단과 관련된 논의의 구조를 형성하고 있는 문제이다.

---

deutschen Verfassungsrechtsprechung. Zur Geltung der Menschenrechte jenseits von Naturrecht und Positivismus, JZ 1998, S. 1129ff., 1131, 1133ff.; *F. Saliger*, Radbruchsche Formel und Rechtsstaat, 1995; *R. Alexy*, Mauerschützen. Zum Verhältnis von Recht, Moral und Strafbarkeit, 1993; *K. Seidel*, Rechtsphilosophische Aspekte der "Mauerschützen"-Prozesse, 1999; *Arthur Kaufmann*, Die Radbruchsche Formel vom gesetzlichen Unrecht und vom übergesetzlichen Recht in der Diskussion um das im Namen der DDR begangenen Unrecht, NJW 1995, S. 81ff.; *J.-R. Sieckmann*, Die "Radbruch'sche Formel" und die Mauerschützen, ARSP 87(2001), S. 496ff. 참고.

(3) 제정된 동독법에 대한 법도덕주의적('자연법적') 수정

1) 라드브루흐 공식과 소급효금지

구동독 당시의 실정법에 따라서는 —적어도 현재의 관할법원의 견해에 따르면— 가벌성이 없었던 행위의 가벌성을 사후적으로 정당화할 때에는 법도덕주의적(자연법적) 기준을 원용하지 않으면 안 된다. 이와 관련된 가장 중요한 논증형태는 이른바 라드브루흐 공식이다. 이 공식은 연방법원의 판례[20]와 연방헌법재판소의 판례[21]가 기초로 삼고 있는 이론이고, 일부의 문헌[22] 역시 이 공식을 원용한다.

동서독 국경에서 탈주자들을 사망에 이르게 한 총격행위와 관련하여 구동독의 국경법이 과연 실제로 극단적 불법이어서 라드브루흐 공식을 이에 대해 적용해야 하는가라는, 상당히 논란이 많은 문제[23]는 여기서 자세히 다루지 않겠다. 그리고 자연법적 진영과 실증주의적 진영 사이의 논의 전체를 포괄하는 원칙적인 문제, 즉 라드브루흐 공식이 기본적으로 구속력이 있는 법과 구속력이 없는 '법률적 불법'의 경계선을 충분히 설득력이 있고 구체적 상황에서 확실하게 적용할 수 있을 정도로 제공하고 있는지의 문제 역시 여기서는 자세히 다루지 않겠다.[24] 아래의 서술에서는 오로지 공식 또는 공식과 유사한

---

20) 대표적인 판결은 BGHSt 39, 1, 15f.(하지만 초실정적 법, 국제법 및 구동독의 국내법 사이의 연결이 몹시 불확실하다); BGHSt 41, 101, 105ff.이다.

21) BVerfGE 95, 96(이 판결에 인용된 다른 판결도 참고).

22) *Alexy*, Mauerschützen(각주 19); *ders.*, Der Beschluss des Bundesverfassungsgerichts zu den Tötungen an der innerdeutschen Grenze vom 24. Oktober 1996, 1997; *Sprenger*, 50 Jahre Radbruchsche Formel oder : Von der Sprachnot der Juristen, NJ 1997, S. 3ff.

23) 평형감각을 유지하면서 이와 관련된 찬반논거를 자세히 소개하고 있는 *Ebert*(각주 11), S. 524 참고. 또한 이에 대한 논의에 관련된 문헌들은 *Seidel*(각주 19), S. 205ff. 참고.

24) 라드브루흐 공식에 대한 고전적 비판으로는 *H.L.A. Hart*, Positivism and

자연법적 모델이 구동독에서 행해진 행위에 대한 가벌성을 정당화하는 데 유용한가라는 문제만을 다루도록 한다. 조금 더 일반적으로 표현하자면, 이제는 사라진 다른 법질서에서 이루어진 행위의 가벌성을 정당화하기 위해 자연법적 모델이 얼마만큼 타당한가라는 물음만을 다루기로 한다. 즉, 아래의 논의에서는 자연법적 논증의 도움을 빌려 과거의 법질서에서 승인되던 정당화사유를 한편으로는 배제하면서도 동시에 다른 한편으로는 가벌성을 정당화하기 위해 그 법질서의 일반적 형법적 금지를 원용할 수 있는가라는 문제[25]와 함께 특히 가벌성을 정당화하는 자연법적 논증이 과거의 법질서의 내용을 확인하는 문제와 관련하여 과연 소급효금지에 합치할 수 있는가라는 문제를 중점적으로 다루게 된다.

이 문제에 대해 상당수의 학자들은 소급효금지와 얼마든지 합치할 수 있다고 본다. 즉, 소급효금지는 라드브루흐 공식의 형태 또는 여타의 방식으로 제기되는 자연법적 논증에 의해 침해되지 않는다고 한다.[26] 이를 위해 제시되는 근거들은 얼핏 보기에는 설득력이 있다.

---

the Separation of Law and Morals(1958), in: R. Dworkin(Ed.), The Philosophy of Law, 1977, S. 17ff., 30ff.(독일어판, *Hart*, Recht und Moral, 1971, S. 14ff.) 참고. 하트의 이 비판에 대한 자세한 서술은 *Seidel*(각주 19), S. 209ff. 참고. 더 나아가 *Grünwald*, Zur Kritik der Lehre vom überpositiven Recht, 1971; *H. Lecheler*, Unrecht in Gesetzesform? Gedanken zur Radbruchschen Formel, 1994; *B. Schumacher*, Rezeption und Kritik der Radbruchschen Formel, Diss. Göttingen 1985; *M. Pawlik*, GA 1994(각주 14), S. 479f.도 참고.

25) 이를 부정하는 입장으로는 *G. Jakobs*, GA 1994, S. 1ff., 11ff.; *G. Dannecker/K. Stoffers*, Rechtsstaatliche Grenzen für die strafrechtliche Aufarbeitung der Todesschüsse an der innerdeutschen Grenze, JZ 1996, S. 490ff., 491, 493 참고. 이를 긍정하는 입장으로는 *Alexy*, Der Beschluss(각주 22), S. 29; *Ebert*(각주 11), S. 525 참고.

26) *Alexy*, Mauerschützen(각주 19), S. 33, 35; *Ebert*(각주 11), S. 526(에버트는

왜냐하면 자연법적 사유모델의 진정한 의미는 자연법에 반하는 법률로부터 아예 처음부터 그 구속력을 박탈한다는 데 있기 때문이다. 그리하여 자연법적 논증은 문제의 법질서 자체에 존속하고 있던 법상태만을 주장할 뿐이라고 말하는 것은 자연법적 논증에 따른 당연한 결론이다. 로버트 알렉시의 명확한 표현에 따르면, "라드브루흐 공식을 적용함으로써 … 법상태를 소급적으로 변경하는 것이 아니라, 행위 시점에서 법상태가 어떠했는가를 확인할 뿐이다."[27] 결국 변경은 전적으로 '사실상의 관점에서'만 이루어질 뿐이라고 한다.[28]

이 논증은 그러한 기준에 비추어 "나치 법률의 상당부분이 결코 효력을 갖는 법이라는 품위를" 갖지 못한다는 사실을 확인하고자 했던 라드브루흐의 의도에 부합한다. 그러나 이 논증은 법질서에 대해 어떤 이념적 존재를 인정할 때에만 논리적 일관성을 갖는다. 즉, 제정되고 준수되는 법과는 뚜렷이 구별되고 또한 '라드브루흐의 면도날'로 기능하는 라드브루흐 공식을 근거로 설령 법률의 형식을 갖추어 제정되었고 법실무가 이를 토대로 삼은 규칙일지라도 특정한 경우에는 결코 조금도 실현되지 않았다고 보게 만드는 어떤 이념적 존재를 인정해야 한다. 하지만 그와 같은 모델은 인식론적으로 도저히 방어할 수 없는, 너무나도 강한 존재론적 의미를 부담으로 떠안지 않을

헌법원칙인 소급효금지에는 위반되지 않지만, 자신의 행위에 대한 실정법적 평가에 대한 행위자의 신뢰보호라는, 역시 기본법 제103조 제2항에 따르는 원칙에는 위반된다고 본다); *Naucke*(각주 6), S. 71. 훨씬 더 섬세한 논증을 펼치면서 과거의 행위에 대한 처벌이 죄형법정주의원칙에 위반되지 않을 가능성을 원칙적으로 인정하는 입장으로는 *Saliger*(각주 19), S. 36ff. 참고. 나치 범행의 가벌성과 관련하여 1945년 이후에 이루어진 광범위한 논의에 관련된 문헌은 *Seidel*(각주 19), S. 257ff. 참고.

27) *Alexy*, Mauerschützen(각주 19), S. 33(또한 *Alexy*, Der Beschluss[각주 19], S. 14, 21의 각주 67도 참고). 같은 입장에 있는 *Ebert*(각주 11), 526 및 *Sieckmann*(각주 119), S. 510f.도 참고.

28) *Alexy*, Mauerschützen(각주 26).

수 없다. "특정한 국가질서에 무엇이 효력을 갖는 법이었는가(또는 법인가)?"라는 질문은 이미 주어져 있는 실체에 대한 인식을 대상으로 삼는다. 이 질문은 해석의 문제이지, 결코 '이념적 존재'의 문제가 아니다. 이러한 해석과 관련해서는 서로 대립되는 여러 가지 해석도식을 이용할 수 있다. 우리의 맥락에서는 법률실증주의적 해석도식과 자연법적 해석도식이 중요하다.[29] 양자는 법과 법효력에 대해 서로 다른 개념을 구성하고 있다. 비유적으로 말하자면, 서로 경쟁하고 있는 이 두 견해는 각자가 자신의 목표를 다르게 설정하기 때문에, 모두 각자의 목표를 달성한다. 적어도 형이상학적 논쟁의 영역을 벗어나는 한, 실증주의와 법도덕주의 사이의 논의는 인식의 정당성을 둘러싼 논의가 아니라, 개념구성의 합목적성을 둘러싼 논의이다.[30] 그러나 서로 다르긴 하지만, 모두 얼마든지 가능한(비록 합목적성의 실현 정도는 서로 다를 수 있다) 법이론적 개념정의가 어떻게 사람의 처벌가능성에 대해서까지 결정을 내릴 수 있는 것일까?

2) 사연법적 논증의 한계로서의 체계한계

a) 이러한 (과거의 법질서와 관련하여 얼핏 보기에는 타당한 것 같은) 결론에 대한 근거는 법실증주의와 법도덕주의 사이의 논쟁이 실질적으

---

29) 법실증주의와 법도덕주의 사이의 논쟁이 법에 대한 개념정의를 서로 다르게 한다는 사실은 *Hoerster*, Zur Verteidigung der rechtspositivistischen Trennungsthese, in: R. Dreier(Hrsg.), Rechtspositivismus und Werkzeug des Rechts, ARSP-Beiheft Nr. 37(1990), S. 27ff.에 적절하게 지적되어 있다. 물론 이미 존재하는, '고정된' 법의 구조에 대한 인식의 문제가 아니라는 통찰 때문에 법에 대한 개념정의가 규범적-실천적 의미를 담고 있다는 사실을 간과해서는 안 된다. 적어도 효력을 갖는 법에 대해서는 일단 이를 준수해야 할 의무가 있다고 승인한다는 사실을 감안할 필요가 있다. 이에 관해서는 아래의 본문을 참고.

30) 이 점을 분명히 강조하는 *Hoerster*(각주 29), S. 27 참고.

로 법집행자들에게 호소하는 내용이 서로 충돌한다는 데 있다. 다시 말해 두 입장 사이의 논쟁은 이론철학의 영역이 아니라, 실천철학의 영역에 속한다. 법도덕주의는 극단적으로 부정의한 실정법규범에 대해서는 시민과 국가기관 모두 이를 준수하지 않는 실천이 정착되어야 한다고 요구한다. 그와 같은 규범은 효력을 갖는 법이 아니라는 테제는 이 규범의 존재론적 위상에 대한 사실적 언명이 아니라, 법원 또는 여타의 국가기관의 실무 그리고 시민들의 일상생활에서 그와 같은 규범을 무시하라는 요청이다. 이 점은 법실증주의의 입장에서도 마찬가지이다. 따라서 두 입장은 결코 존재하고 있는 법질서에 대한 서술이 아니라, 실정법규범을 준수하라거나 또는 준수하지 말라는 호소를 하고 있는 셈이다. 다만 법실증주의는 법의 사회적 존재를 감안할 수 있는 반면, 자연법적 견해는 ─이 견해가 일반적으로 승인된 특정한 법원칙과 법규칙의 규범적 특성과 관련되지 않는 한─ 법의 사회적 존재를 감안할 수 없다는 점에서 양자는 차이가 있다. 하나의 법체계를 실증주의적으로 재구성하는 것은 존재하고 있는 법에 대한 서술의 측면이 강하다. 이에 반해 법도덕주의는 사회현실 속에 자리 잡고 있는 법으로부터 규범적 구속력을 박탈하는 기능을 갖는다. 그렇기 때문에 법도덕주의적 입장은 법질서의 재구성이 아니라, 사회현실 속에 존재하고 있는 법에 대한 규범적 수정을 의도한다.

b) 이러한 점을 감안한다면, 과거의 법체계를 재구성할 경우에는 자연법적 입장은 배제된다는 결론에 도달한다. 지나치게 감정적으로 흐르지 않기 위해 아주 먼 과거의 사실을 보기로 들어보자. 즉, 고대 도시국가의 법질서가 인정했던 노예제도에 관한 법규정은 보편적이고 초시간적인 자연법에 위반되기 때문에 효력을 갖는 법이 아니었다는 주장은 아무런 의미가 없다. 이 주장은 고대 도시국가의 법체계의 내용에 대해 언급을 하고 있는 것처럼 보이지만 사실은 전혀 그렇

지 않다. 실제로는 도덕적 동기에서 노예제도를 인정하는 법을 비판할 뿐이다. 다시 말해 이 주장은 존재사실에 대한 언명의 형식을 빌려 가치평가를 하는 것으로서, 이데올로기적 언어구사의 고전적 사례[31]에 해당한다. 이렇게 효력을 갖고 있는 법에 대항하여 자연법을 원용하는 것과는 달리 이미 사라져버린(즉, 더 이상 효력이 없는) 법질서에 대해 자연법적 관점에서 우회적으로 해석하는 것은 법체계에 속하는 특정한 제정법을 준수하거나 또는 준수하지 말라는 호소로 볼 수 없다. 호소의 토대가 되는 법질서 자체가 더 이상 존재하지 않기 때문이다. 이와 마찬가지로 과거의 법체계의 내용에 대한 언명을 '과거에 대한 소망과 기원(Optativ der Vergangenheit)'으로 해석하여 실천적 법철학의 입장으로 정당화하려는 시도 역시 실패할 수밖에 없다. 물론 얼마든지 "고대 폴리스의 기관들은 노예제에 대한 규정들을 적용하지 말았어야 했다"고 말할 수 있지만, 이는 그 당시에 효력을 갖고 있던 법에 지향된 실무를 도덕적 관점에서 평가하는 것일 뿐이다. 이와 같이 과거에 대한 소망의 형태로 표현되는 '당위(… 말았어야 했다)'는 도덕적 성격의 언명이지, 법적 성격의 언명이 아니다. 그 이유는 간단하다. 자연법적 입장에 대한 형이상학적 해석을 거부하게 되면, 자연법적 입장은 특별히 부정의한 규범을 취급하는 문제와 관련하여 일정한 방식의 법실무를 확립하려는 시도로서만 의미를 가질 수 있다.

3) 자연법적 논증은 내재적 관점에만 국한된다.

따라서 하나의 법질서를 자연법적으로 해석할 수 있는 가능성은 그 법체계의 내부에서 법적 논의에 참여하는 사람들의 내재적 관점에 국한된다. 즉, 법정에서 논증을 하면서 기본법 제103조 제2항의 규율

31) *Th. Geiger*, Das Werturteil — eine ideologische Aussage, in: H. Albert/E. Topitsch(Hrsg.), Werturteilsstreit, 1971, S. 33ff.

내용을 뛰어넘어 소급효금지의 초실정적 타당성에 비추어 볼 때, 형사법원이 지속적으로 유지하고 있던 판례를 피고인에게 불리한 방향으로 소급적으로 변경하는 것을 금지하는 것도 포함하고 있다는 식의 주장이 가능하다. 이에 반해 외재적 관점에서 볼 때에는, 예컨대 외국인 독자를 위해 출간된 「독일법 입문」에 그와 같은 방식으로 서술한다면 이는 명백히 오류이다.

내재적 관점과 외재적 관점의 차이는 당연히 '자기 나라의' 법질서와 '다른 나라의' 법질서의 차이와 일치하지 않는다. 예를 들어 다른 나라의 법정에서 소송당사자가 된 사람은 이 다른 나라의 법질서와 관련하여 얼마든지 내재적 관점을 취하여, 이 법질서에 포함된 특정 규범에 대해 자연법적으로 논증을 할 수 있다. 거꾸로 「독일법 입문」의 보기에서 알 수 있듯이, 자기 나라의 법질서에 대해 외재적 관점을 취하는 것도 가능하다. 그러나 이미 사라져버린 과거의 법질서에 대해 내재적 관점을 취하는 것은 명백히 불가능하다. 바로 이 점이 "자연법적 금지에 비추어 볼 때, 고대 도시국가의 법에서는 노예제도가 존재하지 않았다"는 주장이 왜 아무런 의미가 없는지에 대한 이유이다.

고대 노예제라는 보기에 해당하는 내용은 도덕적으로 비난받아 마땅한, 구동독의 법규칙과 법제도에도 해당된다. 이 경우에도 해외이주의 자유를 제한한 것은 자연법적 원칙에 반하기 때문에 효력이 없는 법이었다는 주장은 아무런 의미가 없다. 또한 동독의 법원과 다른 국가기관은 국경법의 규정 또는 동독의 '국경관리'와 관련된 여타의 규정들(포괄적인 범위의 여행금지)이 자연법에 위반되기 때문에 이를 적용하지 말았어야 했다는 주장 역시 단지 당시의 실무에 대한 도덕적 평가를 담고 있을 뿐, 당시의 법상태를 재구성하는 것이 아니다.[32] 따라서 연방법원과 연방헌법재판소가 구동독 국경수비대 사건에 대한 판결의 기초로 삼았던 자연법적 논증[33]은 타당하

지 않다.[34]

4) 내재적인 자연법적 입장의 재구성

오해를 피하기 위하여 다시 한 번 강조하자면, 앞에서 제기한 논증은 당연히 법질서에 내재하는 자연법적 요소를 고려하는 것까지 부정하지는 않는다. 과거의 외국 법질서 내부에 존재하던 자연법적 입장은 하나의 사회적 사실로서, 이 법질서를 서술할 때 이를 배제할 수는 없다. 따라서 예컨대 연방법원이 수많은 판결에서 기독교적 자연법을 신봉했다는 사실의 확인은 2차 대전 이후의 독일법체계에 대한 서술에 속한다.[35]

---

32) 이러한 내용은 지크만(*Sieckmann*, 각주 19, S. 501)이 적절하게 강조하고 있듯이, 법관의 내재적 관점에서는 법관이 효력을 갖는(경우에 따라서는 법도덕주의적으로 수정을 거쳐 효력을 갖는) 법을 준수할 법적(단순히 도덕적이 아니라) 의무가 있다는 사실과 모순되지 않는다. (지크만의 용어를 빌리자면) 효력을 갖는 법을 준수해야 할 사법기관의 의무를 확정하는 '규범적' 법개념(S. 503)은 법관의 내재적 관점을 구성하는 핵심내용이다. 하지만 결정적인 문제는 다른 법체계의 범위 내에서 작업하는 법학자가 —동독의 법체계에 대해서는 외재적인— 그 자신의 관점에서 동독의 법률가들이 구동독 법 가운데 어떠한 규범을 그들의 내재적 관점에서 효력을 갖는 법으로 보아야만 했는지를 과연 확정할 수 있는가이다. 나는 그러한 확정이 불가능하다고 생각한다. 외재적 관점에 상응하는 법개념은 지크만이 말하는 '서술적' 법개념일 뿐이고, 이 서술적 법개념은 '경험적-분석적' 기준(제정성과 실효성)을 통해서만 정의할 수 있다. 동독 법규범이 갖는 의미에 대해 현재의 시점에서 결정을 내려야 할 필요성이 과연 그 당시의 동독법과의 관계에서 내재적 관점을 취하지 않을 수 없게 만드는가의 문제에 관해서는 아래의 256면 참고.

33) 이에 대한 타당한 분석은 *H. Dreier*, JZ 1997, S. 421ff., 427, 428 참고.

34) 동독 국경수비대 요원의 가벌성에 대한 자연법적 정당화를 비판하는 명확한 입장은 *H. Dreier*, JZ 1997, S. 421ff., 431; *F. Dencker*, Vergangenheitsbewältigung durch Strafrecht? KritV 1990, S. 299ff.; *B. Schlink*, NJ 1994, 433ff.

이와 마찬가지로 구동독 스스로 헌법규정이나 국제조약에 대한 가입을 통해 보편적 인권을 신봉했다는 식으로 논증을 할 수도 있다. 이와 같이 그 내용상으로는 자연법적이고, 효력근거에 비추어 볼 때에는 실정적인(즉, 제정되었거나 실제로 적용되는) 규범을 원용하는 것 —이는 판례와 문헌에서 널리 쓰이고 있는 방법이다[36]— 은 방법론적으로는 문제가 없다. 하지만 법실무에서 승인되고 또한 실정화된 그와 같은 내재적인 자연법적 입장이 있었다는 사실로부터 동독의 법질서 자체에서는 도출되지 않았던 결론을 우리가 도출하는 것이 온당한 것인지 묻지 않을 수 없다. 다시 노예제도를 보기로 들어보자. 고대의 몇몇 도시국가들의 법실무가 인간의 존엄이라는 초실정적 법원칙을 신봉했었다고 가정하자. 과연 이로부터 우리는 노예제도가 이 도시국가들의 내재적 규칙에 따라 이미 위법이었다는 결론을 도출할 수 있을까? 이러한 물음을 제기하는 것 자체가 곧 이를 부정해야 한다는 뜻이다.

구동독의 법질서를 판단할 때에도 고대 도시국가의 노예제도를 판단할 때와 사정이 똑같다는 사실이 드러난다. 즉, 동독이 기본권과 인권을 신봉했고, 이를 법적으로 명문화했다고 해서 이로부터 인권의 한 구성부분인 해외여행의 자유가 동독 법질서에 의해 일반적으로 보장되었고, 단지 법실무가 이를 지속적으로 무시했을 뿐이라는 결론을 도출할 수는 없다. 이 문제는 법실증주의적 효력기준과 법현실주의적 효력기준을 논의하면서 다시 다루도록 하겠다.

---

35) 이에 관해서는 *U. Neumann*, Rechtsphilosophie in Deutschland seit 1945, in: D. Simon(Hrsg.), Rechtswissenschaft in der Bonner Republik. Studien zur Wissenschaftsgeschichte der Jurisprudenz, 1994, S. 145ff.[이 책의 356면 이하].

36) 여러 가지 논증방향들(초실정적 법의 원용과 헌법 및 국제법)을 뒤섞어 버리는 연방법원의 판례에 대한 비판으로는 *H. Dreier*, JZ 1997, S. 425와 그곳의 각주 41 참고.

5) 효력을 갖는 실정법에 대한 자연법적 수정

과거의 법질서를 재구성할 때 자연법적 해석도식을 거부한다는 것은 ―이 점을 다시 한 번 강조한다― 현재 효력을 갖는 법질서를 해석할 때에도 자연법적 입장이 배제된다는 뜻이 아니다. 단지 이 경우에는 물음을 달리 제기하는 것일 뿐이다. 현재 효력을 갖고 있는 법질서와 관련해서는 자연법의 입장과 법실증주의의 입장 모두 호소적 성격을 갖는다. 즉, 두 입장은 법집행자들이 현저하게 부정의한 법률조차도 적용해야 할 법적 의무가 있는가라는 물음과 관련을 맺는다. 이 물음은 실천적으로 매우 중요하고 의미 있는 규범적 물음이고, 이에 대해서는 형이상학의 지침이 없더라도 얼마든지 여러 가지 입장이 개진될 수 있다. 하지만 과거의 법질서에 대해 호소적 태도를 취한다는 것은 당연히 고려의 대상이 될 수 없다. 따라서 자연법적 해석도식을 과거의 법질서에 적용하는 사람은 실증주의와 자연법 사이의 논쟁을 규범적-실천적 문제가 아니라, 인식적 문제로 이해하지 않을 수 없다. 다시 말해, 그런 사람은 '법효력'이라는 이념적 실체를 전제해야만 하고, 이 실체를 정확하게 인식하기 위해 자연법과 실증주의가 경쟁한다고 생각할 수밖에 없다.

그렇기 때문에 자연법적 입장은 다음과 같이 논증하지 않을 수 없다. 즉, 구동독 법질서에 대한 판단이라는 맥락에서 라드브루흐 공식을 원용하는 것은 오늘날 우리 법질서의 법원이 ―과거의 다른 법체계에서 저질러진 행위임에도 불구하고― 어떻게 결정을 내려야 하는지, 다시 말해 현재의 법질서의 내재적 관점에서 제기되는 물음을 다루려는 것이라고 말해야 한다. 이렇게 하여 자연법적 논증은 앞에서 전개한 기준들에 따를지라도 법효력의 존재론화라는 의심을 받지 않는다고 한다. 실제로 이와 같은 해석에서 자연법적 논증은 호소적 기능을 갖고 있다. 다시 말해 현재의 독일연방공화국 법질서에서 재판하는 판사는 구동독에서 저지른 행위에 대한 형법적 책임에 대한 결정을 내릴 때 구동독 당시의 법 가운데 특정한 규범을 고려하지 말라고 요청하는 것이다. 자연법적 논증을 이와 같이 해석하면 법효력의 개념을 존재론화하는, 인식론적으로 매우 의심스러운 이론이라는 혐의에서 벗어나게 된다. 이로써 자연법적 논증은 구동독에서 '법효력'이라는 이념적 실체가 무엇이었나에 대한 언명이 아니라, 현재의 법실무에 대한 호소가 된다.

하지만 이러한 호소는 결코 구동독 당시에 효력을 가졌던 법에 대한 언명으로 번역할 수 없고, 단지 현재의 우리 법질서에서 중요한 기준과 관련될 뿐이기 때문에, 바로 이 지점에서 라드브루흐 공식에 기초한 논증의 법치국가적 약점이 뚜렷이 드러난다. 왜냐하면 구동독 당시의 법에 대한 자연법적 순화가 아니라, 우리 법질서의 기준에 따라 구동독 법의 일부 규범들을 무시하라는 요청이 중요하게 되면, 이 부분과 관련해서는 구동독의 법질서 대신 독일연방공화국의 법질서가 관철되는 것이기 때문이다. 다시 말해 독일연방공화국의 법질서가 자기 자신의 기준에 따라 구동독 당시의 법상태에 따라서는 처벌할 수 없었던 행위를 처벌할 수 있다고 선언한다.

헌법도그마틱으로 번역된 자연법적 논증을 따르는 연방헌법재판소의 결정[37)]은 그와 같이 인식론적으로 얼마든지 타당성을 가질 수 있는 자연법적 입장[38)]을 취할 경우에도 어떠한 대가를 치를 수밖에 없는지를 분명하게 보여준다. 즉, 과거의 동독 법질서에 속하던 실정

37) BVerfGE 95, 96. 이에 관해서는 *E. Denninger*, JZ 1998, S. 1129ff., 1131; *H. Alwart*, Die Vernünftigkeit des Bundesverfassungsgerichts, JZ 2000, S. 227ff.; *Alexy*, Der Beschluss(각주 22); *J. Arnold*, Einschränkung des Rückwirkungsverbotes sowie sorgfältige Schuldprüfung bei den Tötungsfällen an der DDR-Grenze — BVerfG, NJW 1997, 929, in: JuS 1997, S. 400ff.; H. Dreier, JZ 1997, S. 434ff. 참고.

38) 국경수비대 요원에 대한 연방법원과 연방헌법재판소의 자연법적 논증형태가 갖는 의미에 관해서는 앞의 각주 33 참고.

법에 대한 자연법적 수정을 인식론적으로 의심스러운 방식으로 구성하는 것을 포기하는 한, 당시의 실정법에 따라 처벌할 수 없었던 행위를 오늘날에 처벌하기 위해서는 소급효금지를 제한하는 것밖에는 다른 방법이 없다는 사실이다. 따라서 연방헌법재판소의 해결방식은 절대적으로 효력을 갖는 강한 법규칙인 소급효금지를 형량이 가능한 부드러운 법원칙으로 만들었다.[39)]

(4) 구동독 실정법에 대한 재구성의 문제

구동독에서 저질러진 행위와 관련하여 노골적인 방식이든 은밀한 방식이든 어쨌든 소급효금지를 파괴하는 것 자체를 거부한다면, 이러한 행위를 처벌할 수 있는 가능성은 구동독의 실정법에 따라서도 처벌이 가능한 경우에만 국한되고, 구동독의 실정법을 자연법적으로 수정하여 처벌하는 것은 불가능하다. 이 때 이 실정법의 내용에 대한 물음은 이미 주어져 있고, 아주 섬세한 분석을 통해 확인할 수 있는 사실에 대한 물음이 아니다. 구동독 당시에 효력을 갖는 법을 재구성하는 일은 다양한 설계도에 따라 이루어지는 구성작업이기도 하다. 즉, 어떠한 법개념을 기초로 삼는가에 따라 결론이 달라진다. 이와 관련해서는 두 가지 물음이 제기된다.

① 구동독의 법률은 그 당시 법질서의 기초가 되었던 법에 대한 이해와 이러한 법이해와 결부된 해석방법에 비추어 오늘날 어느 정도까지 재구성되어야 하는가(또는 재구성될 수 있는가)?

② 그 당시의 법상태에 대한 물음에서, 규범적 기준에 비추어 재구

---

39) 이에 대한 적절한 비판으로는 *H. Dreier*, JZ 1997, S. 421ff., 432 참고.

성된 구동독의 법률들과 합치하지 않는 집단적 법실무는 어떠한 역할을 하는가?

1) 구동독 법에 대한 체계내재적 해석인가 아니면 체계초월적 해석인가?

기준이 되는 해석방법에 대한 물음과 관련해서는 적어도 출발점에 관한 한, 별다른 이견이 없다. 즉, 구동독 당시의 법이해에 기초한 해석규칙을 출발점으로 삼아야 한다.[40] 그것은 단순히 공정성 명령에 따른 것일 뿐만 아니라, 법은 법률문언에 그치지 않고, 각각의 '해석적 실천(interpreative Praxis)'[41]까지도 포함한다는 사실에 대한 통찰의 결론이기도 하다. 그러나 과연 어느 정도까지 이런 식의 체계내재적 해석이 가능한지에 대해서는 견해가 대립되고 있다. 특히 법개념 자체와 관련하여 법을 정치를 위해 도구화하는 사회주의적 법개념[42]에서 출발할 것인지 아니면 효력을 갖는 법을 정치의 한계로 해석하는 법이해인 '법치국가적' 법개념에서 출발할 것인지를 둘러싸고 커다란 논쟁을 벌이고 있다. 이 물음은 인지적(즉, 해석학적) 측면과 규범적 측면을 갖고 있다. 클라우스 뤼더센은 해석학적 측면에서 내재적 재구성이 한계에 봉착한다는 타당한 지적을 하고 있다.[43] 즉, 다른 나

---

40) *K. Lüderssen*, ZStW 104(1992), S. 735ff., 741; *Ebert*(각주 11), S. 516; *Arnold*, Die Berücksichtigung(각주 14), S. 174ff. 연방법원 역시 이 노선을 따르고 있다. 이 점에 대해서는 *Arnold*, a.a.O., S. 180. 연방법원 판결이 구동독 법에 대해 예외적으로 '인권친화적' ―그러나 그 자체 의심스럽고 당사자들에게는 커다란 재앙으로 다가오는― 인 해석을 하는 것에 대한 적절한 비판으로는 *Arnold*, a.a.O.; *Alexy*, Mauerschützen(각주 19), S. 39; *Ebert*(각주 11), S. 519f. 참고.

41) 이 맥락에서 드워킨을 원용하고 있는 *Alexy*(각주 19) 참고.

42) 이에 관해서는 앞의 각주 14 참고.

43) *Hefendehl*의 토론보고서에 나오는 뤼더센의 발언[E.-J. Lampe(Hrsg.), Deutsche Wiedervereinigung(각주 4), S. 129].

라의 법질서를 있었던 모습 그대로 재구성하려고 노력할지라도 재구성을 하는 사람 자신의 선이해(Vorverständnis)를 완전히 제거하는 것은 불가능하다. 그러나 내재적 재구성 가능성이 반드시 법개념을 둘러싼 논의가 시작되기 직전의 시점에서 종결되지는 않는다. 법의 제정뿐만 아니라, 법의 해석과 적용에서도 유일정당의 원칙이 지배해야 하고, 그렇게 하더라도 법이 결코 단순한 자의로 해소되지 않는다고 보며, 따라서 정치가 법을 지배하지만, 그렇다고 법이 정치로 축소되지는 않는다고 생각하는 법이해는 분명 법을 이해하는 한 가지 방식에 해당하며, 결코 우리의 상상력을 완전히 벗어나 있지는 않다.[44]

그렇기 때문에 동독의 법이해를 극단적인 해석적 한계까지 최대한 확장해야 하는가 아니면 그 이전 지점에서 미리 동독의 법이해를 도저히 이해할 수 없다고 내팽개쳐야 하는가라는 규범적 문제가 우선적으로 다루어야 할 문제가 된다.

클라우스 뤼더센은 이 물음에 대해 명확하고 단호하게 대답한다. 즉, 법을 '전면적으로 정치의 도구로 삼는 것'은 독일연방공화국의 사법부가 구동독의 법질서를 재구성할 때 결코 고려해서는 안 될 연결점이라고 한다. 다시 말해 소급처벌의 금지는 "구동독에서 유일정당의 명령이라는 구조를 기초로 이루어진 결정들을 사후적으로 승인하지 않을 수밖에 없을 정도로"까지 확장되지 않는다고 한다.[45]

뤼더센의 입장은 일단은 법이론적으로 약간 수정을 가한 공공질서(Ordre Public) 사상처럼 들린다. 그렇지만 뤼더센의 논증의 핵심은 그가 사회주의적 법개념에 대해 '올바른' 법치국가적 법이해를 대립시

44) 법치국가적 법개념과 사회주의적 법개념이 법을 이해하는 상이한 방식일 뿐이라는 점을 분명하게 강조하고 있는 *Pawlik*, GA 1994(각주 4), S. 476 참고.

45) *Lüderssen*, Der Staat geht unter(각주 3), S. 35.

키는 것이 아니라, 구동독의 법에 대한 체계내재적 재구성의 제한과 관련해서도 여전히 체계내재적으로 논증을 한다는 사실이다. 다시 말해 법치국가적 법이해는 구동독에서도 법적 사고의 특정한 방향에서 얼마든지 존재했었다고 한다.[46] 이는 상당히 깔끔한 논증이긴 하지만, 일정한 규범적 전제가 없이는 견지될 수 없다. 왜냐하면 뤼더센이 지적하는 바로 그 방향의 법이해 —이는 결코 법원이나 다른 국가기관의 실무를 지배하는 법이해가 아니다— 에 연결해야 한다는 주장의 근거는 오로지 규범적인 관점에서 제시될 수 있기 때문이다. 따라서 이에 대한 근거제시는 사실상 법이론적으로 조금은 약화된 공공질서 사상으로 귀결되고,[47] 이로써 소급효금지에 완전히 부합하지는 않는다.

2) 내재적 법규범주의인가 아니면 법현실주의인가?

a) **법률상태와 법실무의 괴리:** 물론 아무런 규범적 유보도 하지 않은 채, 구동독 법실무의 기초를 이루었던 법개념을 있는 그대로 받아들이면, 이 법질서의 윤곽이 완전히 희미해질 위험이 있다. 왜냐하면 극단적으로 내재적인 재구성은 필연적으로 구동독에서 법으로 실현되었던 것만이 구동독의 법이라는 결론에 도달하기 때문이다. 이렇게 법에 지향된 개개의 결정들의 총합을 '실무'로 이해하면, 개개의 법적 행위 또는 법적 행위(또는 행위를 하지 않은 부작위)를 통해 정당화된 행위들을 구동독 법질서에 비추어 판단할 수 있는 가능성 자체가 상실된다. 보기: 구동독 국경수비대 요원이 총기를 사용하지 않더라도 얼마든지 체포할 수 있었을 탈주자 한 사람에게 총격을 가하여 사망하게 만들었다면, 이 행위는 동독 국경법 제27조 제1항을 위반한

---

46) *Lüderssen*, Der Staat geht unter(각주 3), S. 35.

47) 나의 반론과 비슷한 태도를 취하는 *Pawlik*, GA 1994(각주 14), S. 476; *Arnold*(각주 14), S. 186 참고.

것이었다. 법률실증주의의 입장에서 볼 때, 구동독 당시의 법에 따라 이 국경수비대 요원을 처벌하는 것에 대해서는 전혀 의문이 있을 수 없다.

하지만 누구나 이런 식의 결론에 만족하지는 않을 것이다. 왜냐하면 구동독 당시의 행위자는 당연히 살인죄로 기소되지 않았을 것이기 때문이다. 동서독 국경에서 발생한 직권남용 행위자(Exzesstäter)에 대한 형사소추는 동독 사법기관의 실무에 전혀 부합하지 않았다. 따라서 법률실증주의의 논증은 '법현실주의적' 논증과는 대립된다. 왜냐하면 묵시적으로 효력을 갖던 동독 사법시스템의 규칙에 의하면 사실상 이러한 행위는 형사소추를 받지 않았고, 이 체계 내에서는 가벌성이 없었기 때문이다. 그렇기 때문에 ―야콥스(G. Jakobs)의 서술에 따르면― "조금은 창백하게 여겨지긴 하지만, 어쨌든 규범주의적 관점에 설 때에만" 그러한 행위의 가벌성을 인정할 수 있다.[48]

하지만 문제는 구동독의 법상태와 관련하여 '현실에게 더욱 불리하게'라는 모토에 따라 그와 같은 규범주의를 과연 고수해야 하는지 아니면 규범성은 나쁜 현실에 굴복해야 하는가이다. 효력문제가 갖고 있는 인식론적 측면에 대한 앞의 서술에 따른다면 법효력의 문제

48) *Jakobs*, Vergangenheitsbewältigung durch Strafrecht? Zur Leistungsfähigkeit des Strafrechts nach einem politischen Umbruch, in: Isensee(Hrsg.), Vergangenheitsbewältigung durch Recht, 1992, S. 37ff., 53. 또한 *Jakobs*, GA 1994, S. 1ff.도 참고. 비슷한 입장으로는 *Pawlik*, Das Recht im Unrechtsstaat. Zur rechtstheoretischen Rekonstruktion des Verhältnisses von Recht und Politik, Rechtstheorie 25(1994), S. 101ff., 113ff.; *ders.*, JZ 1994, S. 472ff. 참고. 야콥스와 파블릭이 주장하는 입장을 흔히 '극단적', '엄격한' 또는 '확장적' 실증주의라고 부르는 것은 너무 막연한 표현이다. 이들의 입장은 구체적으로 살펴보면 '법현실주의적' 재구성으로 귀결되는 구상이다. 다시 말해 선험적 법개념을 완전히 포기하고 법개념을 각각의 정치체제에 따라 상대화하고 있는 입장이다(이에 관해서는 아래의 본문 참고).

는 결코 '법효력'이라는 이름을 가진 실체를 확인하는 문제가 아니다. 오히려 문제는 법개념에 대한 현실주의적 개념정의와 법률실증주의적 개념정의 가운데 어느 것이 더 나은 논거를 갖고 있는가이다.

b) **법구체화의 단계에 따른 구별:** 법현실주의의 설득력에 대한 물음은 법을 구체화하는 여러 단계에 따라 상이한 대답이 가능하다. 다만 어떠한 경우든 효력이 있는 법을 개별사례에 대한 결정의 총합으로 국한시키려는 입장은 인정할 수 없다. 법이란 법원의 사실상의 행동에 대한 예측이라고 이해해야 한다는 식으로 법개념을 정의하는 입장[49]은 그 결과에 비추어 결코 받아들일 수 없다. 왜냐하면 법의 개념을 이런 식으로 정의하면, 자신의 판결을 경험적-사회학적으로 예견할 수 없는 법관의 내재적 관점을 제대로 포착하지 못할 뿐만 아니라,[50] 심지어 극악한 의도를 갖고 있는 법관조차도 자신의 법적 결정과 관련하여 오류를 범하는 것 자체가 불가능해지는 결과를 낳는다. 법구체화의 이 단계, 즉 개별사례에 대한 결정의 차원에서는 법현실주의적 입장은 설득력이 없다. 보기: 동독의 형사소추기관이 국경법 규정들을 그 문언의 의미에 따라 해석하여 이 규정을 위반한 행위 대부분에 대해 형사제재를 부과했다면, 특히 당의 '노선에 충실한' 법관과 검사들이 몇몇 행위들을 소추하지 않은 것은 당시의 동독법에 대한 위반이 되었을 것이다.[51]

---

49) *O. W. Holmes*, The Path of Law, in: Harvard Law Review 10(1897), S. 457.

50) *G. Ellscheid*, Zur Forschungsidee der Rechtstheorie, in: Arthur Kaufmann(Hrsg.), Rechtstheorie, 1971, S. 13.

51) 야콥스는 어떤 행위가 '이미 동독에서도 처벌되었다면,' (동독법에 따르더라도 가벌성이 있었던) 직권남용행위의 존재를 인정할 수 있다고 한다(GA 1994, S. 10). 그렇다면 야콥스의 입장은 구체적 개별사례에서의 결정이 아니라, 이와 결부된 사례집단의 처리와 관련된 전반적인 법실무를 대상으로 삼고 있다는 식으로 그의 견해를 해석(또는 변경)해야 한다.

이와는 달리 가장 기본적인 차원, 즉 헌법의 효력조건에 대한 물음의 차원에서는 법현실주의의 입장이 커다란 매력으로 다가온다. 이와 관련하여 야콥스는 '규범주의자' 켈젠(H. Kelsen)이 근본규범(Grundnorm)에 사회학적 색채를 부여한 측면을 원용한다.[52] 실제로 켈젠은 사회적 현실의 요소를 끌어들이지 않은 상태에서 실정법의 개념을 정의하는 데 실패했다(법효력의 근거와 조건에 관련된 익숙한 문제[53]는 일단 배제할지라도). 법의 개념을 정의하면서 존재와 당위의 엄격한 이원주의를 끝까지 관철하려는 시도는 실정법을 그저 소극적으로 정의하거나 또는 특별한 내용이 없이 정의하는 결과를 낳는다. 즉, 법의 실정성이라는 개념을 법이 도덕과의 관계에서 독립성을 갖는다는 점으로 정의하는 것[54]은 실정법에 대한 개념정의라기보다는 실증주의에 대한 개념정의이다. 하지만 실정법은 사회적 현실의 요소들을 고려하지 않고서는 제정된 (또는 관습으로 형성된) 규범체계로 생각할 수 없다. 따라서 실정법의 개념을 정의하는 경우에도 효력을 갖는 법질서를 확인하는 경우와 마찬가지로 '사회학적' 요소를 끌어들이는 것을 결코 포기할 수 없다.

구동독의 범죄를 처리하는 문제에서 핵심대상이 되는 중간영역인 단순한 입법의 차원에서는 법현실주의에 대한 판단이 더 어려워진다. 이와 관련된 물음은 "법집행자에 의한 집단적이고 항구적인 규칙위반과 이에 대립되는 규칙의 형성을 어떻게 구별할 수 있는가?"이다. 이 물음에 대해 법률실증주의자는 다음과 같이 대답한다: "법률

52) *Jakobs*(각주 48), S. 44.

53) 우리의 맥락과 관련하여 이 문제를 논의하고 있는 *Pawlik*, Das Recht im Unrechtsstaat(각주 48), S. 103ff. 참고.

54) *H. Kelsen*, Die Rechtswissenschaft als Norm- oder als Kulturwissenschaft. Eine methodenkritische Untersuchung, in: Schmollers Jarbuch, Bd. 40(1916), S. 1181ff., 1219.

이 우선한다!" 법현실주의자는 이렇게 대답한다: "양자를 구별하는 것은 불가능하다. 왜냐하면 법집행자들의 집단적 실무가 무엇이 규칙인지를 결정하기 때문이다." 따라서 법현실주의자의 견해에 따르면 법집행자의 통일된 실무는 법적으로 하자가 있을 수 없다. 이를 국경수비대 총격병의 가벌성의 문제에 대입한다면 결론은 다음과 같다. 국경수비대는 '직권남용행위'를 할지라도 통일된 법실무가 이를 소추하지 않았기 때문에, 이들의 행위는 동독 법질서에 따르면 가벌성이 없다. 그러므로 구동독 법질서에 대한 자연법적 수정과 마찬가지로 통일된 법실무에 대항하여 다른 법질서의 관점에서 해석된 법률텍스트를 관철시키고자 하는 재구성방법(법률실증주의)은 순전한 허구로 귀착할 뿐이다. 법은 결코 이념적 존재가 아니라, 사회적 존재이다. 다시 말해, 과거의 법질서에 대한 진지한 재구성은 반드시 과거 그 당시의 사회적 사실을 지침으로 삼아야 한다. 물론 법실무뿐만 아니라, 법의식(즉, 효력을 갖는 법의 내용에 대한 생각)도 그와 같은 사회적 사실로 감안할 수 있다. 즉, 만성적인 양심의 가책이 수반되긴 했지만, 어쨌든 현실적으로 이루어진 규범적용을 과연 그 당시에 효력을 갖는 법으로 여겨야만 하는지에 대해서는 얼마든지 논의가 가능하다. 하지만 과연 실제로 법의식의 차원에서 그와 같은 양심의 가책이 존재했는지는 관련된 사례의 상황에 비추어 볼 때, 이를 확인할 길이 없다.

(5) 법개념의 체계상대성

국경수비대 요원의 직권남용행위에 대한 형법적 반작용과 관련된 구동독의 법실무는 결코 법관들과 검찰들이 우연히 집단적으로 잘못된 행위를 함으로써, 법률의 결정프로그램으로부터 이탈한 상황으로 평가할 수 없다. 오히려 직권남용행위를 처벌하지 않은 것은 정치체계의 명령에 따른 것이었을 뿐이다. 한편은 '국경범죄자' 또는 '배반자'[55]이고 다른 한편은 의무에 충실한 감시자라고 부르는, 적과 동지의 이분법은 국경수비대 요원들을 살인죄로 처벌하게 되면 사라질지도 모른다. 하지만 이러한 사정은 법과 정치의 분리에 기초한 법체계에서는 법상태를 재구성할 때 아무런 의미도 없다. 정치가 법을 압도하는 체계, 즉 법적용마저도 완전히 정치적으로 도구화하는 정책을 기반으로 삼는 체계에서는 기본적인 정치적 해석도식에 합치하지 않는 행위를 과연 법적으로 효력을 갖는다고 볼 수 있는가라는 물음이 제기된다. 어쨌든 법의 정치화를 특징으로 삼는 법체계에서는 법에 대해 "법 스스로 자신이 존재할 수 있도록 만들어준 정치적 주변조건을 위법으로 선언할 수 있는 기준을 법의 내용으로 보는 것"은 있을 수 없는 일이라는 파블릭의 지적[56]은 전적으로 옳다.

물론 구동독 법 가운데 어떠한 법률적 결정프로그램이 그와 같은 정치적 법에 속한다고 보아야 하는지에 대해서는 자세한 분석을 필요로 한다. 이러한 분석을 수행할 때에는 국경수비대들의 특정한 직권남용행위는 국경법에 위반되었을 뿐만 아니라, 국가보위부의 ('정치에 가까운') 근무규칙에도 위반되었다는, 아놀드의 지적[57]이나 구동독에 통일적인 법실무가 존재했다고 전제할 수 없다는 뤼더센의 지적[58]도 고려해야 할 것이다.

이 지점에 다다르면 이제는 더 이상 법실무의 기반이 되었던 법개

---

55) 아놀드(Arnold)의 보고에 따르면 "동독을 불법적으로 탈출하는 행위는 동독에서는 사회주의적 발전에 대한 배반을 뜻했고", 이는 "동독 최후의 순간까지 공식적인 정치적 입장이었으며, 사법부 역시 이러한 정치적 입장을 갖고 있었다"고 한다[*Arnold*(각주 15), S. 90].

56) *Pawlik*, GA 1994(각주 14), S. 474.

57) *Arnold*(각주 14), S. 184.

58) *Lüderssen*, Der Staat gehr unter(각주 3), S. 36.

념의 문제가 아니라, 구동독 당시의 법현실을 최대한 정확하고 섬세하게 재구성하는 문제가 중요하다. 지금까지 이루어진 분석들 가운데 가장 자세한 분석[59]에 비추어 보면, 뤼더센의 입장인 '제한적 실증주의'[60]와 야콥스와 파블릭의 아노미이론('카오스이론')[61]이 구동독 당시의 현실에 가장 근접한다고 볼 수 있을 것 같다.[62]

(6) 요 약

과거 법질서의 내용을 재구성할 때에는 자연법적 논증형태를 사용할 수 없다. 법도덕주의적(자연법적) 견해와 법실증주의적 견해 사이의 논쟁은 실천철학의 영역에 속한다. 다시 말해 이 논쟁은 법실무에서 부정의한 법을 어떻게 처리해야 하는가와 관련된 (근거가 제시된) 제안들을 둘러싼 논쟁이지, 법관의 법인식에 대한 논쟁이 아니다. 현재에 이루어지는 법관의 결정과 관련하여 중요한 의미가 있는, 과거 법질서의 특정 규범이 현저하게 부정의하다는 이유로 이를 고려하지 말아야 하는가라는 물음은 자연법의 문제로 표현할 수 있다. 만일 이 물음에 대해 '고려하지 말아야 한다'고 대답한다면 이 대답은 곧 소급효금지원칙의 위반(또는 이 원칙의 단절 또는 제한)을 뜻한다. 그러나 과거의 법이 자연법을 위반했고, 따라서 그 법은 무효이기 때문에 소급효금지는 전혀 침해되지 않았다는 식의 논증은 자연법적 논증의 가

---

59) 이에 관해서는 *J. Arnold*, in: ders.(Hrsg.), Strafrechtliche Auseinandersetzung(각주 14); ders., Strafgesetzgebung(각주 15), S. 67ff.; *ders.*, Normales Strafrecht der DDR, KritV 1994, S. 187ff. 참고.

60) 이 개념에 대해서는 *Lüderssen*, Der Staat gehr unter(각주 3), S. 12f. 참고.

61) *Pawlik*(각주 48), S. 114에서는 동독 법질서의 '혼돈'이라는 테제를 이런 식으로 첨예하게 표현하고 있다.

62) *Arnold*(각주 14), S. 184ff.

능성을 지나치게 확대한 것이다.

과거의 법질서에 속하는 실정법을 자연법적으로 수정하지 않고 재구성하는 방법은 재구성을 하는 사람의 해석학적 선이해를 결코 배제할 수 없다는 한계에 봉착한다. 이러한 한계 이전의 영역에서는 재구성이 오로지 체계내재적 기준에 따라 이루어져야 하는지 아니면 규범적(체계초월적) 관점까지 함께 끌어들여야 하는지라는 규범적 물음이 제기된다. 나는 (해석학적 가능성의 한계 내에서) 과거 당시의 법실무가 기초로 삼은 법개념까지 고려하는, 순수한 체계내재적 재구성을 주장한다. 이 점에서 나는 법개념을 선험적으로 미리 주어져 있는 개념이 아니라, 문화상대적 개념으로 이해한다.

14. 과학기술의 발전에 따른 책임구조의 변화에 관하여 *

(1) 현대사회에서 "책임논의"의 형성

책임(Verantwortung)은 현대사회에만 특수한 현상이 아니다. 모든 사회에서는 그 사회가 어떠한 종교에 의해 지배되든 어떠한 시대에 속하든 관계없이 일정한 책임구조가 지배한다. 가장 기초적인 형태의 사회적 분업이 이루지면서 이미 담당하는 사회적 역할이 분화하고, 이를 통해 일정한 책임영역(집단에게 식료품을 조달하는 영역, 자손을 교육하는 영역, 다른 집단에 대항하여 한 집단을 방어하는 영역)이 형성된다. 형벌이라는 제도는 개인에게 잘못된 행위에 대한 책임을 묻는다는 것을 뜻한다. 지배구조가 형성되면서부터는 지배자와 피지배자 사이의 관계에서 비대칭적이고 보충적인 책임구조가 등장한다. 책임이라는 사고가 사회현실에 얼마나 깊숙이 뿌리내리고 있는지는 이 사고가 일상언어의 구조 속에도 뿌리내리고 있다는 점에서 뚜렷하게 드러난다. 예를 들어, 엄마가 아이 키우는 일을 등한시했다는 사실의 확인은 단순히 특정한 행태를 서술(beschreiben)하는 것이 아니라, 이

엄마에게 아이의 행복한 성장에 대한 책임을 귀속(zuschreiben)시키는 것이다.[1)]

책임은 현대사회에 특수한 현상은 아니지만, 현대사회의 특수한 주제이다. 왜냐하면 책임이라는 현상이 지구상의 모든 사회, 모든 시대에 보편성을 갖고 있다는 사실이 곧 책임이라는 카테고리가 전통적으로 사회와 사회의 구조를 다루는 분과, 특히 정치철학, 법철학, 사회철학에서 당연하게 여기는 개념이라는 뜻은 아니기 때문이다. 유럽의 경우 책임이라는 개념은 19세기 중반에 들어서야 비로소 핵심적인 의미를 얻게 되었다.[2)] 특히 이 시기에 새롭게 발전된 학문분과인 사회학이 책임이라는 현상을 본격적으로 다루기 시작했다는 사실에 주목할 필요가 있다.[3)] 이 점에서 사회학이 독자적인 분과로 형성된 시기와 책임이라는 개념의 역사는 같은 맥락에 있다고 볼 수 있다. 즉, 19세기에 이루어진 기술발전과 산업발전 그리고 이를 토대로 삼아 자연뿐만 아니라, 사회도 인간을 통해 형성해낼 수 있다는 경험은 책임 개념의 부상과 밀접한 관련이 있다.

---

* 이 논문은 1999년 6월 국제 법 및 사회철학학회(IVR)의 뉴욕 세계학술대회에서 발표한 강연텍스트에 기초한다. 이 강연텍스트는 1997년에 한국 학술진흥재단이 재정지원을 한 연구프로젝트 '법과 도덕에서의 책임구조'를 통해 이루어진 연구에 기초했다. 이 연구프로젝트에는 필자 이외에 김영환 교수, 장영민 교수 그리고 김학태 교수가 참여했다.

1) 행위를 서술하는 명제가 이와 같은 책임귀속적 기능을 갖는다는 점에 대해서는 *H.L.A. Hart*, The Ascription of Responsibility and Rights, in: Proceedings of the Aristotelian Society 49(1848/49), S. 171ff. 참고.

2) 이에 관해서는 *K. Bayertz*, Eine kurze Geschichte der Herkunft der Verantwortung, in: ders.(Hrsg.), Verantwortung — Prinzip oder Problem?, 1995, S. 3ff. 참고.

3) 이에 관해서는 예컨대 *L. Levy-Bruhl*, L'idee de responsibilite, 1884 참고.

(2) 책임과 처분가능성

19세기에 발전된 과학과 기술은 20세기 그리고 21세기로 넘어가는 우리 시대에 이르기까지 폭발적인 성장을 거듭했고,[4] 이로 인해 책임의 사회적 분배 역시 엄청난 변화를 겪게 되었다. 무엇보다 분배해야 할 책임의 볼륨이 엄청나게 변화했다. 그리고 자연과 사회를 처분할 수 있는 가능성이 높아지면서 책임에 대한 수요도 크게 증가했다.[5] 재난이 인간의 관점에서 도저히 피할 수 없다고 여겨지는 자연재난의 형태로만 발생했을 때만 하더라도 책임에 대한 물음은 고작해야 신학적 논의에 속하는 변신론(Theodizee)의 문제로 등장하는 정도에 불과했다. 이에 반해 증기기관의 폭발, 철교붕괴 또는 원자탄폭발 등에 의해 야기되는 기술적 재난은 사정이 다르다. 이 경우에는 특정한 개인의 비난가능성의 문제와는 별개로 그것이 어쨌든 인간의 책임이라는 사실에 대해서는 의문이 있을 수 없다. 이러한 인간의 책임은 과학과 기술을 실제로 투입하여 발생한 위험에만 국한되지 않는다. 과학과 기술이 영향을 미칠 수 있다는 가능성만으로도 이미 전체 사건에 대한 책임관할이 성립한다. 이제 자연재해는 더 이상 단순한 자연재해가 아니다. 왜냐하면 자연재해도 인간의 개입을 통해 막을 수 있거나 그로 인한 영향을 최소화하는 것이 가능하기 때문이다. 리스본 대지진에 대한 볼테르(Voltaire)의 유명한 항변은 오늘날의 상

---

4) 이 맥락에서 '책임'이라는 주제는 최근의 철학, 사회학, 법학 문헌에서 엄청나게 각광을 받고 있다. 문헌상황에 대해서는 예컨대 *Bayertz*(Hrsg.), Verantwortung - Prinzip oder Problem?, 1995; *W.L. Bühl*, Verantwortung für soziale Systeme. Grundzüge einer globalen Gesellschaftsethik, 1998 참고. 형법적 책임에 관해서는 *K. Günther*, Schuld und kommunikative Freiheit, 2005 참고.

5) 이러한 발전경향에 대한 명쾌한 분석 및 비판에 관해서는 *W. Lübbe*, Verantwortung in komplexen kulturellen Prozessen, 1998 참고.

황에서는 익명의 자연에 대한 항변이 아니라, 지진경보시스템이 미비했거나 지진에도 안전한 건축설계를 하지 못한 행위에 대한 항변이 될 것이다.

책임의 양적 성장보다 더욱 현격한 변화를 겪은 것은 과학기술의 발전으로 인해 책임이라는 사회적 제도의 구조 자체이다. 즉, 과학기술의 발전은 책임에 대한 새로운 해석도식과 새로운 개념구성을 필요하게 만들었다. 그리하여 불행과 불법이라는 기존의 단순한 도식적 대안[6]은 더 이상 책임과 관련된 방향설정을 할 수 없게 되었다. 과거에 불행은 인간이 천상의 권력에게 책임을 돌릴 수 있을지는 몰라도, 현세의 인간이나 제도에게 책임을 물을 수는 없는 운명이었다. 따라서 불행의 결과는 불행을 당한 당사자들 스스로 떠맡는 게 원칙이었다. 왜냐하면 전통적인 책임모델에 따르면 다른 사람의 책임은 그의 잘못된 행동, 즉 피해자를 위법하게 침해한 행위를 전제하기 때문이다.

이러한 전통적 모델은 기술발전이 잠재적 위험을 생산하는 순간 곧바로 압박을 받게 된다. 잠재된 위험은 전반적으로 통제할 수는 있지만, 모든 구체적 사례에서 완벽하게 통제할 수는 없다. 즉, 개인이 기술을 아무리 조심스럽게 다루더라도 손해발생을 완전히 피하는 것은 불가능하다.[7] 그렇기 때문에 전통적인 책임모델에서는 피해자로 하여금 있을 수 있는 손해를 감수하게 하거나 아니면 문제가 있는 기술의 투입 자체를 전면적으로 위법으로 선언하는 대안 가운데 어느

6) 이에 관해서는 *S. Andriopoulos*, Unfall und Verbrechen. Konfigurationen zwischen juristischem und literarischem Diskurs um 1900, 1996 참고.

7) 객관적 위험이 증대함과 동시에 조심스럽게 행동하여 전반적인 위험을 축소해야 한다는 개인에 대한 압박도 증가한다. 이로 인해 과실범의 비중이 더욱 확대되었다는 점에 대해서는 *G. Seebaß*, Handlungstheoretische Aspekte der Fahrlässigkeit, in: Jahrbuch für Recht und Ethik, Bd. 2(1994), S. 375-411 참고.

하나를 선택할 수밖에 없다.[8] 그러나 첫 번째 대안은 피해자에게는 부정의를 뜻하고, 두 번째 대안은 기술발전의 포기를 뜻한다. 그리하여 행위와 책임을 분리함으로써 문제를 해결했다. 즉, 사회적으로 인정되고, 따라서 합법적이지만 그럼에도 위험을 안고 있는 기술을 투입하는 행위는 합법적인 행위가 원하지 않았던 결과에 대해 책임을 부담하도록 하는 위험책임(Gefährdungshaftung) 제도를 발전시키는 결과를 낳았다.[9] 이로써 전통적으로 책임의 근거로 여겨진 위법한 행위와 피해자 스스로 처리해야 하는 우연적인 불행 사이에 '사고'라는 제3의 카테고리가 들어서게 된다. 여기서 사고란 사회적 효용 때문에 일반적으로 인정되는 위험(Gefährdung)으로 인해 도저히 피할 수 없는 구체적 결과를 낳는 현상을 뜻한다.[10] 위험책임 제도를 도입하여 책임을 분배함으로써 국가는 책임에 대한 책임을 부담하게 된다. 책임에 대한 국가의 책임 및 사고보험에 의무적으로 가입하도록 하는 제도[11]는 개인의 안전과 사회적 실존에 대해 책임을 지는 안전국

8) 과거의 제국법원 판례가 철도영업을 '그 자체 위법'이라고 판단한 것은 이러한 사고형태에 고정된 탓이다.

9) 위험책임의 발전에 관해서는 *R. Ogorek*, Untersuchungen zur Entwicklung der Gefährdungshaftung im 19. Jahrhundert, 1975 참고.

10) (허용된) 위험(Risiko)과 (위법한) 위험(Gefährdung)을 용어상으로 구별하면[예컨대 *W. Krawietz*, Theorie der Verantwortung — neu oder alt?, in: K. Bayertz(Hrsg.), 1955, S. 184ff.], 이른바 위험책임 Gefährdungshaftung은 이 구별에 따르면 Risikohaftung이 된다. 다른 방식으로 구별하는 경우는 *Luhmann*, Risiko und Gefahr, 1990; *ders.*, Soziologie des Risikos, 1991(루만은 자기 자신의 결정을 통해 발생한 손해발생 가능성을 Risiko라고 하고, 외부에서 야기된 손해발생 가능성은 Gefahr라고 한다) 참고. 서로 다른 개념사용에 관해서는 *F.-X. Kaufmann*, Der Ruf nach Verantwortung. Risiko und Ehtik in einer unüberschaubaren Welt, 1992, S. 30ff. 참고.

11) 사고보험 제도의 도입이 책임의 집단화의 측면에서 갖고 있는 원칙적인 의미에 관해서는 *F.-X. Kaufmann,* Risiko, Verantwortung und gesellschaftliche Komplexität, in: K. Bayertz(Hrsg.), 1995, S. 72ff. 참고.

가와 사회국가의 특징이다.[12)]

합법적 행위의 결과에 대한 책임(위험책임)의 도입은 책임이 지속적으로 확장되는 발전경향의 출발점이었다. 현대사회를 감싸고 있는 책임의 연결망은 갈수록 촘촘해지고, 동시에 더 넓은 범위로 확장되고 있다. 책임의 확장이 동시에 책임이 붕괴되는 경향까지 내포하고 있다는 사실은 사회적 책임의 필연적 논리에 해당한다. 더 나아가 책임은 글로벌화(Globalisierung)하는 경향을 보이고 있는데, 이러한 경향은 정치적 및 군사적 개입주의가 점증하고 있다는 사실에서도 확인할 수 있다. 이러한 경향들은 책임의 확장에 대한 진단이 구체적으로 어떠한 대상에 관련되어 있는지를 더 정확하게 분석할 때에만 비로소 이 경향의 정당성 여부를 더욱 상세하게 다룰 수 있다. 이 점에서 (1) 책임의 주체, (2) 책임의 대상 범위, (3) 책임의 구조를 정확히 분석해야 한다.

(3) 책임개념의 팽창과 관련된 구조적 요소들

1) 책임의 주체

책임의 고전적 주체는 인격으로서의 개인이다. '인격'이란 칸트에 따르면 책임이 귀속되는 행위를 할 능력이 있는 주체를 말한다.[13)] 민법상의 책임은 이미 일찍부터 '자연인'에 대한 구속으로부터 벗어나 법인도 권리와 의무의 주체로 포함시켰다. 이렇게 조직의 책임까지 법적으로 확정한 것은 현대사회의 결정구조에 따른 필연적 결과였

---

12) 자기 자신의 행위의 결과에 대한 책임을 배제하는 시스템으로서의 사회국가에 관해서는 *R. Pitschas*, in: R. Voigt(Hrsg.), Verrechtlichung, 1980, S. 155ff. 참고.

13) *Kant*, Metaphysik der Sitten, AB 22.

다. 오늘날 커다란 영향을 미치는 결정은 거의 전적으로 조직 내부에서 이루어진다. 이에 반해 개인이 그 결정에 어떠한 기여를 했는지는 거의 밝히기 어렵거나, 어쨌든 법적으로 파악하기 어려운 상황이 되었다. 이에 따른 필연적인 결과에 해당하는, 조직의 민사법적 책임은 법인이라는 법개념을 통해 고려하게 되었고, 이 법개념의 기능은 바로 집단을 법적 책임의 주체로 만드는 일이다. 책임개념의 점차적 인플레이션에서 새롭고도 또한 특징적인 측면은 형법적 책임이 법인에까지 확장되고 있는 현상이다. 이러한 확장은 형법적 책임이 도덕적 책임과 분리되어, 책임개념을 도구화하는 결과를 낳는다. 형법적 책임주체에 대한 이런 식의 법적 구성이 어떠한 문제점을 안고 있는지는 나중에 다시 언급하겠다. 인류 전체를 책임의 주체로 향상시키는, 한스 요나스(Hans Jonas)의 '기술문명의 윤리학'[14] 역시 법인을 형법적 책임의 주체로 만드는 것과 마찬가지로 집단적인 도덕적 주체를 구성할 때 수반되는 동일한 문제점을 안고 있다. 인류 전체의 책임이라는 생각은 인간이 지구를 현재상태로 존속시킬 것인지를 결정한다는 사실을 상기시킨다는 점에서는 분명 충분한 가치가 있다. 그러나 책임의 주체가 거대한 차원으로 확장되고, 책임을 부담해야 할 사람이나 조직을 확인할 여지를 없애버릴 때에는, 그러한 책임은 도덕적으로 포착할 수 없다.[15] 책임은 세 가지 부분으로 구성된 관계이다. 즉, 누군가가 (넓은 의미의) 다른 사람에 대해 무엇인가에 관해 책임을 부담한다. 예를 들어 부모는 자식의 침해행위에 관해 침해를 당한 사

---

14) *H. Jonas*, Das Prinzip Verantwortung. Versuch einer Ehtik für die technologische Zivilisation, 1979. 이에 대한 비판으로는 예컨대 *W. Krawietz*, Theorie der Verantwortung — neu oder alt?, in: K. Bayertz (Hrsg.), 1995, S. 184ff. 참고.

15) 이 점에 관해서는 *L. Schulz*, Strukturen der Verantwortung in Recht und Moral, in: ders.(Hrsg.), Verantwortung zwischen materialer und prozeduraler Zurechnung, ARSP-Beiheft 75(2000), S. 175, 189ff. 참고.

람에 대해 (특정한 조건하에) 책임을 부담하고, 주식회사의 이사는 자신의 업무수행에 관해 회사의 사원들에 대해 책임을 부담한다. 책임을 부담해야 할 '상대방'이 없는 책임 '그 자체'는 생각하기 어렵다. 그렇다면 '신에 대한 책임'이라는 표현이 그저 수사학에 불과한 이상, 인류 전체의 책임은 도대체 누구에 대한 책임인가?

2) 책임의 '채권자'

이로써 우리는 전통적 책임모델의 해체와 관련된 두 번째 특징을 다루는 지점에 도달했다. 즉, 책임의 '채권자', 다시 말해 책임을 부담해야 할 상대방으로서의 인격 또는 기관의 문제이다. 책임을 부담하는 주체의 범위를 확장하는 것은 책임의 '채권자'의 범위를 확장하는 것이다. 최근의 도덕적 모델에 따르면, 주체는 현재 실존하고 있는 인간 개인 또는 집단에 대해서 뿐만 아니라, 미래의 세대에 대해서도 책임을 부담한다고 한다.[16] 독일 기본법은 '미래의 세대에 관한 책임에 비추어' 인간생활의 자연적 토대를 보호하는 것을 국가의 의무로 규정하고 있다(기본법 제20조a). 또한 자연에 대한 책임이라는 모델은 동물 ―더 나아가 나무나 일부의 무생물에게까지― 의 주관적 권리를 인정하는 방향으로 확장되고 있다.[17] 이러한 시도들은 행위객체

16) 이에 관한 기본적인 서술은 *D. Birnbacher*, Verantwortung für zukünftige Generationen, 1988 참고. 미래의 세대를 위한 책임은 미래의 세대에 대한 책임도 포함한다. 만일 그렇지 않다면 현재 살아 있는 사람들이 갖는 미래의 세대를 위한 책임은 도대체 누구에 대한 책임이겠는가?

17) 이 문제에 관해서는 *Arthur Kaufmann*, Gibt es Rechte der Natur?, in: M. Seebode(Hrsg.), Festschrift für Günther Spendel, 1992, S. 59ff. 참고. 또한 이와 관련된 상세한 논의는 *M. Gruber*, Rechtsschutz für nicht-menschliches Leben. Der moralische Status des Lebendigen und seine Implementierung in Tierschutz-, Naturschutz- und Umweltrecht, 2006 참고.

자체에 규범적 성질(권리)을 부여함으로써 사안에 대한 규범적 구조를 아무런 매개과정 없이 곧바로 사실적 구조에 근접시키는 것이다. 과연 이런 식으로 구성할 것인지[18] 아니면 행위객체와 법익을 분리하는 더욱 복잡한 구성을 선택해야 하는지는 특히 환경법의 형성과 관련하여 결정적인 의미를 갖고 있다.[19] 환경이 독자적 권리를 갖는다고 인정하게 되면, 이는 환경법이 전적으로 인간에 친화적인 환경을 보존하는 데 대한 인간의 이익을 보호한다고 전제하는 경우보다 훨씬 더 강력한 규율을 하게 되는 결과를 낳는다.

3) 결과론적 책임구조가 지배하는 경향

가장 중요한 변화는 책임구조의 영역에서 일어났다. 이 변화는 규범과 관련된 책임에서 결과지향적인 책임으로 전환이 이루어졌다는 특징을 갖고 있다. 규범에 지향된(의무론적 deontologisch) 도덕체계에서는 하나의 행위가 타당한 규범과 일치하면 그 행위는 도덕적으로 선하다.[20] 행위의 결과는 그 자체로 도덕적 의미를 갖는 대상이 아니다. 막스 베버(Max Weber)는 이렇게 결과에 무관심한 태도를 다음과 같이 표현한다. "기독교인은 정당하게 행동하며, 그 성공은 하나님께 바친다."[21] 이에 반해 의무론에 반대되는 결과론적(konsequential-

---

18) 동물의 주관적 권리를 정당화할 수 있는지에 대해서는 A. Krebs(Hrsg.), Naturethik, 1997에 실린 *Peter Singer, Tom Regen, Ursula Wolf*(정당화가능)의 논문과 *R.G. Frey, Jürgen Habermas, Ernst Tugendhat*(불가능)의 논문을 참고.

19) 환경범죄의 법익을 둘러싼 논의에 관해서는 *G. Patzig*, Ökologische Ethik — innerhalb der Grenzen reiner Vernunft(1983), in: ders., Gesammelte Schriften, Bd. 2, 1993, S. 162ff. 참고.

20) 의무론적 윤리학과 결과론적 윤리학의 차이에 대한 기본적인 내용은 *W.K. Frankena*, Analytische Ethik, 1972, S. 32ff. 참고. 또한 *J. Nidda-Rümelin*, Kritik des Konsequentialismus, 1993, S. 79ff.도 참고.

21) *Max Weber*, Politik als Beruf[인용은 *F.-X. Kaufmann*, Risiko,

istisch) 모델에 따르면 하나의 행위의 도덕적 성질은 전적으로 행위를 수행함으로써 나타난 결과에 따라 결정된다. 이 경우 하나의 일회적 행위의 결과에 초점을 맞출 수도 있고(행위결과론의 입장), 동일한 유형에 속하는 행위를 규칙적으로 수행할 때 발생하는 결과에 초점을 맞출 수도 있다(규칙결과론의 입장).[22]

a) 결과론은 과학기술시대의 도덕철학이다. 그 이유는 현대사회 어느 곳에나 위험이 존재한다는 사실 때문이다(위험의 편재성). 규범에 합치하여 행동하더라도 엄청난 위험과 침해를 유발할 수 있는 경우에는 행위의 결과를 무시할 수 없다. 그렇다고 해서 책임을 결과론적으로 정당화할 수 없는 경우에는 의무론적 사유형태를 이용하여 도덕적 및 법적 책임을 확장할 수 없다는 뜻은 아니다. 예를 들어 유전공학의 영역에서는 의무론적 사유형태를 이용하여 법적 및 도덕적 책임을 확장하기도 한다.[23] 하지만 이 경우에는 현재의 시점에서 제대로 가늠할 수 없는 결과에 대한 걱정은 부차적인 의미를 가질 뿐이다.

Verantwortung und gesellschaftliche Komplexität, in: K. Bayertz(Hrsg.), 1995, S. 72ff., 86에 따름].

22) 행위공리주의와 규칙공리주의에 대한 명쾌한 서술로는 *N. Hoerster*, Utilitaristische Ethik und Verallgemeinerung, 2. Aufl. 1977, S. 20ff.; *O. Höffe*, in: ders.(Hrsg.), Einführung in die utilitaristische Ethik, 1975, S. 20ff. 참고.

23) 유전공학을 이용하여 신의 창조에 개입하는 것은 결코 인간의 권한에 속할 수 없다고 보는 논증이 이 경우에 해당한다. 안락사와 관련해서도 이와 비슷하게 논증('인간생명의 신성함')하는 입장에 대한 비판으로는 *H. Kuhse*, The Sanctity-of-Life Doctrine. A Critique, 1987 참고. 조금 더 세분화된 논증은 *Dworkin*, Life's Dominion. An Argument About Abortion, Euthanasia and Individual Freedom, 1993(독일어판 1994) 참고.

b) 칸트식 모델의 윤리학의 토대가 되는 규범지향적 관점을 결과지향적 모델로 전환하는 것은 곧 관점이 과거의 지평에서 미래의 지평으로 전환되는 구조변화를 뜻한다.[24] 그리하여 책임의 영역은 이제 더 이상 존재하고 있는 명령과 금지를 통해서만 확정되는 것이 아니라, 장래의 결과를 야기하거나 회피해야 할 과제를 통해서도 확정된다. 극단적으로 표현하자면, 의무론적 모델에서는 행위가 허용되어 있다는 사실로부터 행위자가 그 결과에 대해 책임을 지지 않는다는 결론이 도출되는 반면, 결과론적 모델에서는 거꾸로 부정적 결과에 대한 책임으로부터 행위가 허용되지 않는다는 결론이 도출된다.

c) 의무론적 관점에서 결과론적 관점으로 전환한다는 것은 행위자에게는 커다란 부담을 의미한다. 왜냐하면 이러한 전환과 함께 예컨대 주관적 권리와 같은 명확한 규범적 경계설정을 통한 면책효과가 상실되기 때문이다.[25] 이러한 경향은 법적 책임과 도덕적 책임에 대

24) *D. Birnbacher*, Grenzen der Verantwortung, in: K. Bayertz(Hrsg.), 1995, S. 143ff., 146. 과거에 대한 책임과 미래를 향한 책임의 차이에 대한 기본적 내용은 *Bayertz*, a.a.O., S. 45 참고. (미래지향적으로) 과제를 담당하는 책임을 과거지향적으로 과제수행의 결과에 대한 책임으로 전환하는 방법에 관해서는 *Höffe*, Schulden die Menschen einander Verantwortung? Skizze einer fundamentalistischen Legitimation, in: Jahrbuch für Rechtssoziologie und Rechtstheorie 14(1989), S. 12ff. 참고.

25) 의무론적 모델에 따라 여하한 형태의 결과에 대해서도 책임을 부담하지 않는 극단적인 사례는 살인자에게 쫓기고 있는 사람을 위해서도 거짓말을 해서는 안 된다고 하는 칸트의 주장이다("인간에 대한 사랑 때문에 거짓말을 할 권리가 있다는 잘못된 생각"). 칸트의 모델에 따르면 정직하고 의무에 따라 쫓기고 있는 사람이 어느 방향으로 갔는지를 말하는 자는 그의 죽음에 대해 아무런 책임도 지지 않는다. 법적 책임을 이와 같은 엄격한 의무론적 책임으로 이해하는 입장으로는 *L. Katz*, Ill-gotten Gains. Evasion, Blackmail, Fraud, and Kindred Puzzles of the Law, 1996 참고.

해 다른 방식으로 영향을 미친다. 법적 책임의 기준은 원칙적으로 규범이다. 물론 법의 일반적 규칙은 현대 법질서에서는 상당부분 결과를 지향하기는 한다. 즉, 법은 경제적 및 사회적 전개과정에 대해 의도적으로 영향을 미치기 위한 조종도구로 이용된다. 그렇지만 법은 개개의 시민에 대한 행위질서로서 하나의 의무론적 체계이다. 다시 말해 개인은 원칙적으로 자신의 행위를 규범에 합치하도록 해야 할 책임만을 부담할 뿐, 규범에 합치한 행위의 결과에 대해서는 책임을 부담하지 않는다. 예를 들어 원자력발전소를 경영하는 자는 법률상의 기준을 준수하는 한, 설령 발전소에서 유출한 유해물질과 발암위험의 증대 사이에 인과관계가 입증될지라도 발전소 인근 지역 주민들의 백혈병 발병에 대한 책임을 부담하지 않는다. 그러나 '위험사회(Risikogesellschaft)'[26]에서는 타인에 대한 침해라는 전통적인 자리가 과도한 위험의 금지로 대체된다. 형법의 영역에서 침해범에서 위험범으로 비중이 옮겨가는 것은 이러한 경향을 반영한 것이다. 어떠한 경우에 위험이 '과도'하고, 따라서 금지되어야 하는지는 허용한계치에 따라 결정되고, 이 허용한계치는 정치적 협상과정을 통해 확정된다. 다시 말해 법적 책임은 직접적으로 특정한 결과와 관련을 맺는 것이 아니라, 원하지 않는 결과의 발생을 차단하고 원하는 상태의 도래를 촉진하기 위한 규범의 존중 여부와 관련을 맺는다. 이 점에서 개인의 법적 책임은 원칙적으로 의무론적인 구조를 갖고 있다.

이렇게 결과에 대한 책임으로부터 면제되는 것에 대한 법적 보장

---

26) '위험사회'의 개념에 관해서는 *U. Beck*, Risikogesellschaft. Auf dem Weg in eine andere Moderne, 1986; *C. Prittwitz*, Strafrecht und Risiko. Untersuchungen zur Krise von Strafrecht und Kriminalpolitik in der Risikogesellschaft, 1991 참고. '위험사회' 개념의 형법적 수용에 관해서는 또한 *L. Schulz*, Kausalität und strafrechtliche Produkthaftung. Materiell- und prozessrechtliche Aspekte, in: W. Lübbe(Hrsg.), Über Verantwortung in komplexen kulturellen Prozessen, 1994, S. 41ff., 78ff. 참고.

은 도덕적 차원에서는 다시 상당부분 축소되었고, 법의 차원에서도 무제한적으로 인정되지 않게 되었다. 자유주의적인 법이 어느 정도까지 제한적인 도덕규범에 의해 다시 거부될 수 있는지는 오늘날 특히 환경법의 영역에서 분명하게 드러난다. 즉, 특정한 사회집단에 의해 가해지는 도덕적 압박은 법이 책임을 면제한 곳에서조차 결과에 대한 책임을 부담하도록 도덕적 의무를 부과한다. 이러한 전개양상은 법을 거의 압도해버릴 정도로 위협적이다. 예를 들어 일부에서는 '환경의무'를 통해 기본권을 제한하자는, 다시 말해 환경친화성을 통해 기본권행사를 유보하자는 제안을 한다.[27] 현행법은 주관적 권리의 행사와 관련하여 기본권행사가 타인의 중대한 이익에 반해서는 안 된다고 유보하고 있다. 정당화적 긴급피난이라는 법제도는 결과론적 요소가 주관적 권리라는 의무론적 카테고리에 침투한다는 것을 의미한다.[28] 부조의무의 부작위(unterlassene Hilfeleistung)라는 형벌구성요건을 도입함으로써 타인에 대한 부조의무는 친족 또는 보증인적 지위와 같은 제한된 범위를 벗어나서는 고려의 대상이 되지 않는다는 자유주의 원칙이 상실된다.[29] 자신의 책임영역이 아니라는 사실

27) 이러한 제안에 관해서는 *H. Dreier*, Verantwortung im demokratischen Verfassungsstaat, in: U. Neumann/L. Schulz(Hrsg.), Verantwortung in Recht und Moral, ARSP-Beihft 74(2000), S. 9ff., 30f. 참고.

28) 이에 관해 자세히는 *J. Hruschka*, Strafrecht nach logisch-analytischer Methode, 2. Aufl. 1988, S. 112f.; *U. Neumann*, Die Moral des Rechts. Deontologische und konsequentialistische Argumentationen in Recht und Moral, in: Jahrbuch für Recht und Ethik 2(1994), S. 81ff.(본서의 141면 이하).

29) 이 문제에 관해서는 *K. Kühl*, Die Bedeutung der Kantischen Unterscheidungen von Legalität und Moralität sowie von Rechtspflichten und Tugendpflichten für das Strafrecht — ein Problemaufriss, in: H. Jung/H. Müller-Dietz/U. Neumann(Hrsg.), Recht und Moral, 1991, S. 139ff. 참고. 형법적으로 인정되는 일반적 부조의무의 철학적 기초에 대한

—즉, 특수한 관할이 없다는 의미— 로부터 이익침해에 대한 책임이 없다는 결론을 도출하는 것은 더 이상 인정되지 않는다. 이제 책임관할은 발생할 위험이 있는 손해의 비중, 즉 예상되는 결과에 비추어 인정될 수 있는 상황이 되었다.

d) 이와 같이 책임관할을 확장하게 되면 특히 개인은 기본적으로 자신의 행위와 그 결과에 대해서만 책임을 진다는 원칙은 진부한 것이 되고 만다. 그리하여 작위와 부작위의 구별이 갖는 도덕적 의미도 상대적인 것이 되고 만다.[30] 즉, 행위와 결과 사이의 실제적 연관성 이외에도 부작위와 '결과' 사이의 가상적 연관성도 도덕적 및 —부분적으로는— 법적 책임의 근거가 된다. 이제 침해금지와 함께 연대성 원칙도 법적 및 도덕적 책임의 기초가 된다.[31]

e) 규범지향적 책임에서 결과지향적 책임으로의 전환은 책임관할의 글로벌화와도 맞물린다. 왜냐하면 사회적 근접성이라는 기준, 즉 같은 가족, 친구 또는 같은 국가에 속한다는 사실은 결과를 평가할 때에는 아무런 의미도 없기 때문이다. 그렇기 때문에 결과론적 모델은 '먼 곳을 향한 윤리학(Fernethik)'으로 흐르는 경향이 있고, 헌신주의(Loyalismus)와 보편주의(Universalismus) 사이의 논쟁[32]에서 보편주의를 선택하는 방향으로 흐른다. 이러한 경향의 징후는 보편적 인권

상세한 논의는 *R. Harzer*, Die tatbestandsmäßige Situation der unterlassenen Hilfeleistung gemäß § 323c StGB, 1999 참고.

30) 법적 관점까지 끌어들여 이 구별의 도덕적 의미를 상세히 서술하고 있는 *D. Birnbacher*, Tun und Unterlassen, 1995 참고.

31) 이에 관해서는 예컨대 *K. Seelmann*, Solidaritätspflichten im Strafrecht?, in: H. Jung/H. Müller-Dietz/U. Neumann(Hrsg.), 1991, S. 295ff. 참고.

32) 이 용어에 관해서는 *J.-C. Wolf*, John Stuart Mills "Utilitarismus", 1992, S. 91 참고.

과 국민의 권리 사이의 경계설정에서도 나타난다. 인권의 보편성은 인권보장에 대한 보편적 책임을 요구한다. 집단이기주의와 도덕적 국지주의를 극복하는 이러한 경향은 분명 도덕적 진보라 할 수 있다. 이러한 진보 때문에 어떠한 대가를 치러야 하는지는 나중에 다시 논의하겠다.

f) 책임은 의무를 창출할 뿐만 아니라, 권리도 창출한다. 보기: 공공의료시스템을 통해 국민의 건강에 대해 책임을 부담하는 국가는 마약의 소비나 소지를 형벌로 위협하여 금지할 권리가 있다.

자기 자신을 해치는 행위와 관련하여 자기책임성을 제한하는 것을 정당화하기 위해서는 전형적으로 의무론적 논증형태를 사용한다는 점에 주목할 필요가 있다. 즉, 국가 스스로 마약 딜러가 되어서는 안 된다는 점은 국가의 통제 아래 마약중독자들에게 헤로인을 교부하는 정책을 반대할 때 늘 등장하는 논거이다. 안락사의 합법화를 둘러싼 논의에서는 생명이 갖는 그 자체로서의 가치와 생명의 침해불가능성이라는 주장은 보수적 입장을 표방하는 사람들이 선호하는 무기이다.[33] 이 두 사례에서 보듯이 거의 전 세계적으로 관철되고 있는 억압적 법은 결과론적 도덕의 요구와는 전혀 합치하지 않는다. 즉, 마약소비와 마약소지의 범죄화는 이를 통해 해결하고자 하는 사회적 문제를 더욱 첨예한 문제로 만든다는 사실을 부정하는 전문가는 극소수에 불과하다. 또한 안락사의 경우에도 계속 고통스럽게 죽음과 씨름하는 것이 죽어가는 사람에게 삶을 마감시키는 것보다 더 낫다

33) 이에 대한 비판적 분석은 *N. Hoerster*, Sterbehilfe im säkulären Staat, 1988 참고. 드워킨은 안락사를 반대하는 보수적인 입장의 원인이 생명 그 자체의 불가침성이라는 생각이 아니라, 이 생각을 생물학적으로 잘못 이해한 탓이라고 지적한다(*R. Dworkin*, Die Grenzen des Lebens, 1994, 특히 S. 286f., 296ff. 참고).

고 주장하는 사람들이 있다. 결과론적으로 해석이 가능한 '경사면효과(slippery-slope)'논거[34]는 상당히 의심스러운 경험적 기초에 근거한다. 이 밖에도 이 논거는 개인이 고통스럽게 생을 마감하는 것이 살인금지를 불안정하게 만드는 것보다 결과적으로 더 낫다고 평가할 수 있다고 전제한다. 그리고 이 논거의 규범적 전제 역시 상당히 박약한 근거에 기초하고 있다. 하지만 환자가 자신의 책임 아래 스스로 결정을 내린 경우에도 안락사를 금지하는 국가는 사실상 인간과 인간의 이익에 대한 책임을 떠맡는 것이 아니라, (내재적) 가치에 대한 책임을 떠맡을 뿐이다. '인간의 생명'이라는 가치는 심지어 당사자의 이익에 반해서까지도 보호되며, 결국 당사자는 가치의 매개자로서 얼마든지 다른 당사자로 교체할 수 있는 존재로 여겨질 뿐이다.

(4) 전 망

요약: 과학기술의 급속한 발전에 따른 위험의 상승과 글로벌화에 대해 사회는 법적 및 도덕적 책임의 상승으로 대응하고 있다. 과학기술 체계에서 발생하는 문제점을 규범적 체계(법과 도덕)의 영역에서 해결하려고 시도하는 셈이다. 어느 정도까지 그러한 시도가 성공할 수 있는지는 여기서 논의할 수 없다. 다만 이 물음에 대한 대답은 무엇보다 문제의 '해결'을 어떤 식으로 이해하느냐에 달려 있다는 점은 분명하다. 효율적인 손해예방이 문제의 해결인가 아니면 정의로운 손해분배 또는 규범의 안정화가 문제의 해결인가? 대답은 또한 법을

---

34) 이 논거의 구조 및 안락사와 관련된 논의에서 이 논거가 갖는 문제점에 대해서는 *R. Merkel*, Früheuthanasie. Rechtsethische und strafrechtliche Grundlagen ärztlicher Entscheidungen über Leben und Tod in der Neonatalmedizin, 2001, S. 595ff. 참고.

통한 사회의 조종가능성과 관련하여 낙관적 입장을 택할 것인지 아니면 (예를 들어 자기생산 이론[35]처럼) 조금은 비관적 입장을 택할 것인지에 따라서도 달라진다. 나는 여기서 문제해결의 시도 자체로부터 유발되는 문제점에 국한시켜 서술하겠다. 왜냐하면 책임의 확대는 두 가지 상당히 문제가 많은 결과를 낳기 때문이다. 첫째, 책임의 확대는 개인적 책임의 혼란이라는 상당히 역설적으로 보일 수 있는 결과를 낳는다. 둘째, 책임의 확대는 글로벌화한 책임이 타인의 법적 지위를 무시하는 개입을 정당화하는 수단으로 이용되는 결과를 낳는다.

1) 책임의 혼란

첫 번째 측면은 법인의 형사책임을 보기로 들어 설명할 수 있다. 상당수 법질서에 이미 제도화되어 있고,[36] 몇몇 법질서에서는 도입을 고려하고 있는 집단의 형사책임은 도덕적 비난과 형법적 비난의 관계를 위협하고, 급기야 형법적 귀속의 진지성마저도 붕괴시킬 위험을 안고 있다. 원칙적으로 실증주의적 입장에 서있는 현대의 법이해에 따르면 법적 책임은 변경이 가능한 규범을 통해 확정된다. 즉, 법적 책임은 귀속(Zuschreibung)의 결과이다.[37] 이에 반해 도덕적 책임은 타율적인 결정과정의 산물로 여겨지지 않는다. 따라서 도덕적 책임규칙의 변화는 전통적인 도덕관에 대한 설득력 있는 비판을 통해서만 이루어질 수 있다. 도덕적 의무와 책임의 주체는 인격적 존재

---

35) *G. Teubner*, Recht als autopoietisches System, 1989.

36) 일본이 여기에 속한다. 일본의 상황에 관해서는 *K. Yamanaka*, Pararelle Bestrafung von juristischen und natürlichen Personen, in: Zeitschrift für japanisches Recht, 2002, S. 197-207 참고.

37) 물론 귀속은 승인된 법원칙을 통해 그어져 있는 한계선 내에서만 가능하다. 이러한 한계선이 법인을 처벌할 때에도 유지되는 것인지에 대해서는 특히 책임원칙과 관련하여 논란이 많다. 이에 대해 비판적인 입장으로는 *M. Köhler*, Strafrecht Allgemeiner Teil, 1997, S. 557ff. 참고.

로서의 도덕적 개인이라는, 계몽시대부터 형성된 이념은 오늘날에도 여전히 전통적 도덕관에 속한다. 만일 이러한 전제조건을 포기해야 한다면, 인간의 책임이라는 개념은 새로운 의미를 갖게 될 것이다.

'먼 곳을 향한 윤리학'의 보편주의도 책임의 혼란을 야기한다. 즉, 먼 곳에 있는 모르는 사람의 안락한 삶에 대해 책임을 부담하는 사람은 자신의 아들에 대해서도 타인에 대해서와 똑 같이 책임이 있다.[38] 당연히 친밀한 관계의 내부적 도덕의 국지주의로 돌아가는 것이 대안이 될 수는 없다. 그렇지만 모든 사람들의 이익이 똑같은 가치를 갖는다고 해서 개인이 모든 사람들의 이익을 똑같이 보호하고 촉진해야 할 책임관할이 있다고 말할 수는 없다. 물론 세계 각국의 정치에서 '먼 곳을 향한 윤리학'은 결코 과잉상태가 아니라, 결핍상태에 있다는 반론은 경제적 부조, 즉 연대성에 기초한 지원이라는 측면에서 볼 때, 타당한 반론이다. 그러나 글로벌 책임이라는 생각은 '개입주의(Interventionismus)'라는 키워드로 표현할 수 있는, 또 다른 측면도 갖고 있다. 이 측면이 곧 책임의 확대가 안고 있는 두 번째 문제점이다.

2) 개입주의

책임은 권력과 분리할 수 없다. 한스 요나스는 미래에 대한 인류의 책임과 관련하여 '권력의 의무'라는 표현을 쓴다.[39] 하지만 '의무의 권력'이라고 말할 수도 있다. 물론 여기서 말하는 '권력'은 사실상의

---

38) 결과론적 모델이 사회적 인접관계를 도덕이론적으로 묵살하고 있다는 비판으로는 *R. Spaemann*, Versuch über Ethik, 1989, S. 141ff., 157ff. 참고. 헌신주의와 규칙공리주의의 합치가능성에 대해서는 *R.M. Hare*, Moralisches Denken: Seine Ebenen, seine Methode, sein Witz, 1992, Kap. 8 참고. '먼 곳을 향한 윤리학'에 관한 현재의 논의에 대해서는 *Birnbacher*, Grenzen der Verantwortung, in: K. Bayertz(Hrsg.), Verantwortung — Prinzip oder Problem?, 1995, S. 143ff.도 참고.

39) *H. Jonas*, Das Prinzip Verantwortung, 1979, S. 174.

가능성뿐만 아니라, 특정한 상태에 개입하는 것에 대한 도덕적 정당화도 포함한다. 세계의 다른 곳에서 자행되는 인권침해를 저지할 수 있는 사람은 글로벌 책임을 전제한다면 다른 더 중대한 근거가 없는 한, 그러한 인권침해를 저지할 의무가 있다. 여기서 말하는 '더 중대한 근거'란 예컨대 국제적 위원회를 통해 개입을 결정할 필요성과 같이 특히 절차적 규칙에 해당하는 것일 수 있다. 즉, 그와 같은 절차규칙을 준수하지 않고 다른 나라에서 자행되는 인권침해를 저지하기 위해 개입하는 것은 정당화되지 않는다. 하지만 이러한 절차규칙은 결과론적 모델에서는 정착되기 어렵다. 오로지 행위하거나 행위하지 않음으로써 발생하는 결과에만 초점을 맞추면, 개입을 할 관할권은 바로 이 결과로부터 도출되지, 공식적인 위임으로부터 도출되지 않는다. 따라서 관련된 절차방식을 규율하고 있는 법적 규칙은 무시되고 만다. 그리하여 개입이 정당한 긴급권이라고 주장하거나, 도덕의 차원에서 '형식주의적'인 법적 고찰방식이라 비난하면서 절차규칙의 무시를 정당화한다.

'책임에 따른 권리침해'의 위험은 국제관계에만 국한되지 않는다. 국가가 국민의 개인적 법익에 대한 후견주의적 책임이 있다고 주장[40)]하게 될 때에도, 개인은 자기 자신에 대해 책임을 진다는 자유주의적 원칙이 파괴된다. 보호되는 법익의 내재적 가치를 내세워 안락사를 금지하는 경우처럼 개입을 정당화할지라도 결론은 달라지지 않는다. 특히 물리적 폭력까지 동원하여 개인이 자기책임하에 자유롭게 스스로를 손상시키는 행위를 하는 것을 저지할 경우에는 개인의 자기책임을 극단적으로 무시하게 된다. 그렇기 때문에 책임, 특히 국가의 책임은 타인의 자유와 인격적 완결성을 최대한 고려하는 방향으로 다루어야 할 책임이 있다.

---

40) 법적 후견주의(Rechtspaternalismus)의 종류에 대한 섬세한 서술로는 *W. Enderlein*, Rechtspaternalismus und Vertragsrecht, 1996, S. 7ff. 참고.

15. 랄프 드라이어의 라드브루흐

(1) 서 론

랄프 드라이어(Ralf Dreier)는 그의 저작의 수많은 곳에서 구스타프 라드브루흐(Gustav Radbruch)의 서작들을 다루고 있다. 예를 들어 1965년에 출간된 단행본에서 사물의 본성에 관한 논의[1)]를 하면서, 법학의 학문이론의 문제를 다루는 맥락[2)]에서, 법철학적 정당론의 현재적 중요성에 관한 문제[3)]를 다루면서 드라이어는 라드브루흐의 저작들을 다루고 있다. 하지만 드라이어가 라드브루흐의 이론을 끌어들이는 중심영역은 법이념과 법개념에 관한 라드브루흐의 이론이다.

---

1) Ralf Dreier, Zum Begriff der "Natur der Sache", Berlin 1965.

2) *Ralf Dreier*, Zum Selbstverständnis der Jurisprudenz als Wissenschaft(1971), in: ders., Recht —Moral— Ideologie. Studien zur Rechtsphilosophie, 1981, S. 48ff.

3) *Ralf Dreier*, Gustav Radbruchs rechtsphilosophische Parteienlehre, ARSP 85(1999), S. 497ff.

즉, 드라이어는 법실증주의적 입장과 법도덕주의적 입장 사이에서 벌어지고 있는 오늘날의 논쟁에서 라드브루흐의 이론이 기여할 수 있는 측면을 부각시키고자 한다. 나는 이 글에서 구동독 국경수비대 요원에 대한 소송의 맥락에서 라드브루흐 공식을 둘러싼 논의를 통해 중요한 의미를 갖게 되었던 논점들에 집중하도록 하겠다. 하지만 랄프 드라이어와 마찬가지로 나는 먼저 라드브루흐 공식을 통해 법이념의 여러 가지 요소들이 갖는 비중을 고려하는 것은 공식이 표명되었던 당시이든 오늘날이든 모두 시대사적 관련성이 있음에도 불구하고 단순히 현재의 사법적 문제를 처리하기 위한 법철학적 도움으로만 이해해서는 안 된다는 사실을 명백히 강조하고자 한다.[4] 그것은 오히려 라드브루흐의 법철학이라는 전체 건축물에 통합된 핵심적 구성부분으로서 한 학자의 저작의 역사라는 의미에서뿐만 아니라, 건축적 의미에서도 전체 법철학의 초석이다.

이른바 라드브루흐 공식은 실제로는 하나의 공식이 아니라, 두 개의 공식들로 이루어져 있다.[5] '참을 수 없음-공식(Unerträglichkeits-formel)'은 "실정법의 정의에 대한 모순이 참을 수 없는 정도에 이른

---

4) '라드브루흐 공식'을 라드브루흐의 법개념의 맥락에서 해석해야 할 필요성을 강조하는 견해로는 예컨대 *Berthold Kastner*, Goethe in Leben und Werk Gustav Radbruchs, 1999, S. 248ff. 참고.

5) *Ralf Dreier*, Gesetzliches Unrecht im SED-Saat? Am Beispiel der DDR-Grenzgesetzes, in: Strafgerechtigkeit. Festschrift für Arthur Kaufmann zum 70. Geburtstag, 1983, S. 57ff., 57; *Ralf Dreier/Stanley L. Paulson*, Einführung in die Rechtsphilosophie Radbruchs, in: dies(Hrsg.), Gustav Radbruch, Rechtsphilosophie, Studienausgabe, 2. Aufl. 2003, S. 237ff., 248; *Arthur Kaufmann*, Die Radbruchsche Foormel vom gesetzlichen Unrecht und von übergsetzlichen Recht in der Diskussion um das im Namen der DDR begangene Unrecht, NJW 1995, S. 81ff. 라드브루흐 공식을 "국경수비대" 소송에 적용할 수 있는가에 관해서는 *Ralf Dreier*, Juristische Vergangenheitsbewältigung, 1995, S. 28ff. 참고.

경우에는 '부정당한 법'으로서의 그 법률은 정의에게 자리를 물려주어야"[6] 하는지에 초점이 맞추어져 있다. 이에 반해 '부정공식(Verleugnungsformel)'은 법률이 의도적으로 정의에 철저히 모순되는 경우와 관련을 맺는다. "결코 정의를 추구하지 않는 경우, 다시 말해 실정법을 제정하면서 정의의 핵심을 이루는 평등을 의식적으로 부정한 경우에는 그 법률은 단순한 '불법'에 그치지 않고, 법의 성질 자체를 가지고 있지 않다."[7]

이 두 개의 공식들이 서로 어떤 관계에 있는지에 대해서는 라드브루흐 연구에서 커다란 논란의 대상이다. 예컨대 프랑크 잘리거(Frank Saliger)와 같은 다수의 학자들은 부정테제를 참을 수 없음-테제의 구체화로 해석하는 반면,[8] 랄프 드라이어는 양자의 체계적 독자성을 강조한다.[9] 라드브루흐가 '부정당한 법'과 '비법(非法)'을 대비시킬 뿐만 아니라, 정의를 처음부터 부정하는 법률은 법적 성격을 갖고 있지 않다는 점에 대한 라드브루흐의 다음과 같은 근거제시 역시 '부정공식'의 독자성을 인정할 필요가 있다고 보게 만든다. "왜냐하면 실정법을 포함한 모든 법은 정의에 봉사하는 의미를 갖는 질서와 규정이라고 개념정의를 할 수밖에 없기 때문이다."[10] 즉, '참을 수 없음-공

6) *Radbruch*, Gesetzliches Unrecht und übergesetzliches Recht(1946), in: Gustav Radbruch Gesamtausgabe(GRGA), Heidelberg 1987ff., Bd. 3, S. 89.

7) A.a.O 및 *Radbruch*, Gesetz und Recht(1947), GRGA, Bd. 3, S. 89.

8) *Frank Saliger*, Radbruchsche Formel und Rechtsstaat, 1995, S. 18.

9) *Ralf Dreier*, Gesetzliches Unrecht(각주 5), S. 57f.; *Dreier/Paulson*, Einführung(각주 5), S. 248f. 그렇지만 두 공식들의 적용영역은 서로 겹친다는 점을 적절히 지적하고 있는 *Robert Alexy*, A Defence of Radbruch's Formula, in: D. Dyzenhaus(Ed.), Recrafting the Rule of Law: The Limits of Legal Order, Oxford — Portland Oregon 1999, S. 15ff., 16(알렉시는 폴슨의 견해를 원용한다) 참고.

10) Radbruch, Gesetzliches Unrecht(각주 6), S. 89.

식'과는 달리 '부정공식'은 법이념이 아니라, 법개념과 관련된다. 이 점에서 공식들이 1947년의 「법철학입문」에서는 체계적으로 서로 다른 곳에 위치한다는 드라이어의 지적은 타당하다.[11] 이 맥락에서는 라드브루흐 스스로도 부정공식에 커다란 의미를 부여했다는 드라이어의 지적이 중요하다.[12]

(2) 하트의 라드브루흐 비판과 드라이어의 하트 비판

1) 법효력과 법에 복종해야 할 도덕적 의무

드라이어는 라드브루흐 공식을 법과 도덕의 관계와 관련하여 법 또는 도덕 가운데 어느 하나의 절대적 우위가 아니라, 상대적이고 세분화된 해결을 주장하는 대표적인 이론으로 파악한다.[13] 이 점에 관

---

11) *Dreier/Paulson*, Einführung(각주 5), S. 248f. 드라이어와 폴슨은 *Radbruch*, Vorschule der Rechtsphilosophie(1948), GRGA, Bd. 3, S. 121ff. 의 제11장('법의 개념')과 제12장('법의 효력')을 인용한다. 부정당한 법의 효력과 관련하여 정의와 법적 안정성 사이의 갈등에 관해서는 제10장('가치이념의 위계질서')도 참고.

12) *Dreier/Paulson*, Einführung(각주 5), S. 248의 각주 42에서는 라드브루흐가 「법철학」 개정판을 내면서 후기로 추가하려고 했던 초고(이 초고는 *Dreier/Paulson*, Einführung, S. 193ff.에 실려 있고, GRGA, Bd. 20, S. 25ff.에도 실려 있다)를 인용하고 있다. 이 초고에서 라드브루흐는 법과 불법이 아무런 의미도 없다고 명시적으로 표현했던 히틀러와 다른 나치 권력자들의 말을 인용한다. 이에 관해서는 *Radbruch*, Fünf Minuten Rechtsphilosophie(1945), GRGA, Bd. 3, S. 79도 참고: "예를 들어 인간에게 인권을 제멋대로 인정하거나 박탈하는 경우와 같이 법률이 정의를 향한 의지를 의식적으로 부정할 때에는 그러한 법률은 효력이 없고, 따라서 국민은 그러한 법률에 복종할 의무가 없으며, 법률가들은 그러한 법률의 법적 성격 자체를 부정할 용기를 가져야만 한다(S. 79)."

13) *Ralf Dreier*, Recht und Moral(1980), in: ders., Recht —Moral— Ideologie

한 한 드라이어는 원칙적으로 라드브루흐의 입장에 동조하며, 특히 라드브루흐 공식에 대한 가장 유명하고 영향력이 강한, 하트(H.L.A. Hart)의 비판에 대항하여 라드브루흐를 옹호한다.

하트는 무엇보다 라드브루흐의 입장이 규범을 효력을 갖는 법규범으로 승인하는 것이 곧바로 도덕적 복종의무의 문제까지 결정된 것으로 보는 오해에 기초하고 있다고 비판한다.[14] 이는 라드브루흐에 대한 비판일 뿐만 아니라, '불법논거(Unrechtsargument)' 자체에 대한 비판이기도 하며, 이 비판은 하트 이후 법실증주의의 전형적 논거가 되었다.[15] 하지만 하트의 이 논거는 이미 개념적인 이유에서 문제가 있다. 왜냐하면 효력이라는 개념을 당위라는 개념과 완전히 분리시킬 수는 없기 때문이다. 법의 '효력(Geltung)'은 결코 존재하는 실체가 아니라, 제도적 사실일 뿐이다. 이러한 사실을 구성하는 규칙에 따라 어떤 규범이 효력을 갖는다는 주장은 일단은 이 규범에 복종해야 할 의무가 있다는 의미에서 하나의 당위명제를 표현하고 있는 것이다. 그렇지 않고서는 특정한 법규범이 효력을 갖는 법이라는 주장이 무

(각주 2), S. 180ff., 188.

14) *Herbert L.A. Hart*, Der Positivismus und die Trennung von Recht und Moral(1958), in: ders., Recht und Moral. Drei Aufsätze, 1971, S. 14ff., 39ff. 또한 *Hart*, Der Begriff des Rechts, 1973(영어원본 "The Concept of Law", 1961), S. 285ff도 참고. 라드브루흐를 비판하는 하트의 논증에 대한 상세하고 비판적인 재구성에 관해서는 *Thomas Mertens*, Radbruch and Hart on the Grudge Informer: A Reconsideration, Ratio Juris 15(2002), S. 186ff. 참고. 또한 라드브루흐와 하트의 입장이 서로 다른 법문화적 배경을 갖고 있다는 사실을 명쾌하게 밝히고 있는 *Hasso Hofmann*, Einführung in die Rechts- und Staatsphilosophie, 2000, S. 118ff.도 참고.

15) 이에 관해서는 무엇보다 *Norbert Hoerster*, Zur Verteidigung der rechtspositivistischen Trennungsthese, in: Ralf Dreier(Hrsg.), Rechtspositivismus und Werkzeug des Rechts, ARSP-Beiheft 37(1990), S. 27ff., 30 참고.

슨 의미인가라는 물음에 대답할 수 없다. 더 자세히 말하자면, 효력을 갖는 법규범이 일단은 구속력이 있다고 전제하지 않는다면, 효력 개념의 기준들을 제시할 수 있을지 모르지만, 효력이라는 개념이 아무런 '역할'과 기능도 갖지 못한다.[16] 만일 법효력을 주장하면서 이 법을 일단 준수하라는 최소한의 호소마저 없다면, 하나의 법규범이 '효력'을 갖는다는 말은 도대체 무슨 뜻인가? 그건 법규범이 효력을 갖는다는 뜻이라고 대답하는 것은 만족스러운 대답이 아니다. 또한 규범이 해당하는 법질서의 관점 또는 규범을 제정한 자의 관점에서 준수할 가치가 있다는 대답[17] 역시 도움이 되지 않는다. 왜냐하면 이 대답만으로는 규범이 준수할 가치가 있다고 보는 법질서의 관점 자체가 준수할 가치가 있는지를 확인할 수 없기 때문이다.

이와 관련해서는 두 가지 방법이 존재할 뿐이다. 첫 번째 방법은 법효력의 주장이 시민과 법적용자에 대해 어떤 호소적 기능을 갖는다는 생각 자체를 포기하는 것이다. 이렇게 되면 효력주장의 실천적 결과를 전제하는 것에 반대하는 실증주의적 논증은 이론모델의 측면에서(따라서 반드시 심리적 상태와 관련해서도 그렇다는 뜻은 아니다) 견지될 수 있을지 모르지만, 효력의 개념은 더 이상 해석할 수 없는 대상이 되고 만다. 두 번째 방법은 특정한 규범이 효력을 갖는다고 주장하는 것은 —설령 결과적으로 훨씬 더 강력한 다른 논거들이 있을지라도— 일단은 이 규범을 준수해야 한다는 사실에 대한 논거가 된다는 점을 인정하는 것이다. 이 방법을 선택하면 법효력의 개념 자체가 더 이상 규범적으로 중립적이지 않게 된다. 이 두 가지 방법 가운데 후자의 방법만이 설득력을 갖는다. 즉, 설령 법을 왜곡하는 것이 오히려 도덕적으로 정당할 수 있는 예외가 있다고 할지라도, 그것은 어

16) 이러한 차이에 관한 기본적인 내용은 *Stephen E. Toulmin*, Der Gebrauch von Argumenten, 2. Aufl. 1996, S. 32 참고.

17) *Hoerster*, Trennungsthese(각주 15), S. 30.

디까지나 왜곡행위가 효력을 갖는 법에 대한 왜곡이라고 결정하는 것에 반대하기 위한 (역시 도덕적으로 중요한) 논거이다.[18] 따라서 효력개념은 결코 도덕 중립적 개념이 아니다. 즉, 도덕적 관점에서 볼 때에도 법관이 효력을 갖는 현행법을 정확히 적용하는지 아니면 법왜곡을 저지르는지는 결코 무관심의 대상이 아니다.

이는 다음과 같은 점을 의미한다. 즉, 설령 법관이 효력을 갖는 법규범을 적용하지 않는 것이 도덕적으로 정당하고 또한 도덕적 의무일 수 있는 경우라 할지라도, 효력주장은 하나의 규범적 장애물이며, 이 장애물은 도저히 극복할 수 없는 장애물은 아니지만, 어쨌든 장애물로 작용한다. 이러한 규범적 장애물이 법관과 다른 법집행자들의 결정행태에 영향을 미칠 수 있다는 추측은 결코 막연한 추측이 아니다.

이 밖에도 드라이어는 크릴레(M. Kriele)[19]를 원용하면서 현저하게 부정의한 법률에 관한 하트의 해결방안처럼 법효력과 법에 복종할 도덕적 의무를 분리하게 되면, 과거에는 합법적이었던 법익침해에 대한 형법적 책임의 문제와는 별개로 도저히 극복할 수 없는 난관에 봉착한다는 점을 적절하게 지적하고 있다.[20] 특히 신분을 변경시키는 법규범을 처리할 때 난관에 봉착한다. 1941년의 법규명령[21]을 통

---

18) 법실증주의자인 *Norbert Hoerster*, Die moralische Pflicht zum Rechtsgehorsam, in: ders.(Hrsg.), Texte zur Rechtsphilosophie, Neuausgabe 1987, S. 129ff.도 이 점을 인정한다.

19) *M. Kriele,* Recht und praktische Vernunft, Göttingen 1979, S. 114.

20) *Ralf Dreier*, Recht und Moral(각주 13), S. 191.

21) 1941년 11월 25일의 제국국민법에 대한 제11차 법규명령(= RGBl I S. 722). 이 법규명령에 대해 연방헌법재판소(BVerfGE 23, 98)는 다음과 같이 판시했다. "제11차 법규명령은 … 정의에 대한 모순이 참을 수 없을 정도에 도달하여, 처음부터 아예 무효였다고 보아야 한다(주문 2, S. 98/99)." 이에 대한 자세한 내용은 *Ralf Dreier*(각주 13), S. 189의 각주 11 참고. 또한 *Ralf Dreier*, Recht und Gerechtigkeit(1982), in: ders., Recht —Staat— Vernunft,

해 유대인들의 독일국적을 강제로 박탈한 것은 하트가 주장하는 견해에 따르면 효력을 갖는 법, 즉 유효한 법이었다. 따라서 법관이 이 법률을 무시해야 할 도덕적 권리 또는 도덕적 의무가 있다고 전제할 수 있을지라도, 이 법률에 연결된 법적 결론들이 유효하다는 사실에는 변함이 없다. 그 결과는 현재에도 여전히 유효한 것이 될 것이고, 결국 부당하게 국적을 박탈당한 사람들을 복권시키고자 하는 법관은 현재의 법상태를 무시할 새로운 도덕적 권한 또는 의무가 있다는 식으로 설명하지 않을 수 없다. 그렇다면 법효력의 개념을 수정하는 대신, 한 세대의 법관들에게 효력을 갖는 법에 저항할 도덕적 의무를 부담시키는 것이 도대체 무슨 의미를 갖는가?

하트가 자신의 논의대상으로 국한시켰던 형법의 영역에서도 비슷한 문제점이 발생한다. 즉, 나치시대의 한 법관이 법률에 반하여 피고인의 행위가 '민족의 혈통에 대한 치욕'에 해당하지 않는다고 무죄판결을 내렸다면, 이 법관은 실증주의의 견해에 따를 경우 가벌적인 법왜곡행위를 저지른 것이다. 그렇다면 이 법관은 —나중의 법을 적용해야 한다는, 법철학적으로 별로 중요하지 않은 우연적인 규정(형법 제2조, 제3조) 또는 행위의 공소시효는 여기서 배제하고 논의한다— 법적으로 볼 때 1945년 이후에도 '제3제국' 시기에 저질러졌지만, 그 당시에 유죄판결을 받지 않은 법왜곡의 '범죄행위'를 이유로 처벌받아야 한다는 결론에 도달한다.[22] 1945년 이후에 도덕적인 이유에서 동료법관에게 유죄를 선고하지 않은 법관 역시 법왜곡을 저지른 것이 되고, 이는 영속적으로 확장된다. 이러한 영속성작용과 축적작용을 법실증주의적 모델로는 만족스럽게 통제할 수 없다.

1991, S. 8ff., 33ff.도 참고.

22) '법왜곡과 법률적 불법'의 문제에 대해서는 *Günter Spendel*, Zur Problematik der Rechtsbeugung, in: Gedächtnisschrift für Gustav Radbruch, 1968, S. 312ff. 참고.

2) 법개념의 학문이론적 기능

랄프 드라이어는 라드브루흐를 비판하는 하트의 또 다른 논거 역시 설득력이 없다는 점을 설득력 있게 밝히고 있다. 이는 드라이어가 '학문분과적'이라는 수식어를 붙인 논거[23]와 관련된다. 하트의 논거에 따르면 라드브루흐 공식을 통해 변용된 법개념은 현저하게 부정의한 법률을 법학, 특히 법사학의 대상에서 배제하기 때문에 혼란을 야기한다고 한다. 이에 대해 드라이어는 도덕적 내용을 담은 법개념이야말로 실증주의적으로 좁혀진 법학에 비해 새롭고도 중요한 관점을 열어준다고 반박한다.[24] 법사학 —법사회학도 마찬가지지만— 과 관련해서는 서술적-분석적 분과와 규범적이고 규범명제적인 분과가 각각 갖고 있는 서로 다른 관점들은 서로 다른 법개념을 구성하여 충분히 감안할 수 있다는 점을 보충적으로 추가할 수도 있을 것이다.[25] 내용상으로 보면 서술적 법개념과 규범적 법개념의 관할영역을 구별하는 것은 이미 랄프 드라이어의 이론에서도 등장하고 있다. 드라이어는 경험적-사회학적 분석의 토대로서 법윤리적으로 중립적인 더 넓은 법개념을 제안하고, 이에 반해 법도그마틱과 법이론은 법윤리적으로 변용된 법개념에 구속되어야 한다고 보기 때문이다.[26]

3) "무기력테제"

드라이어가 논쟁 대상으로 삼는, 하트의 세 번째 논거는 다음과 같다. 즉, 라드브루흐가 제안하는, 법윤리적으로 변용된 법개념은 이

---

23) *Ralf Dreier*, Recht und Moral(각주 13), S. 192.

24) 각주 21과 동일.

25) 이러한 보충과 관련해서는 *J.-R. Sieckmann*, Die "Radbruch'sche Formel" und die Mauerschützen, ARSP 87(2001), S. 496ff., 510. 지크만은 여기서 Robert Alexy, Begriff und Geltung des Rechts, 2. Aufl. 1994, S. 56의 각주 35를 인용한다.

26) *Ralf Dreier*, Recht und Moral(각주 13), S. 193.

개념이 어느 누구에게도 법률에 저항하라는 계기로 작용할 수 없기 때문에 부정의한 법률에 대항하는 투쟁에서 아무런 실천적 효용이 없다는 것이다.[27] 이 논거는 실증주의가 "'법률은 법률이다'는 확신으로 말미암아 독일의 법률가계급으로 하여금 자의적이고 범죄적인 내용의 법률에 대항하지 못하도록 무기력하게 만들어 버렸다"[28]는 라드브루흐의 유명한 선언에 정반대되는 입장이다. 이 '무기력테제'는 이념사적 맥락의 재구성으로서 타당하지 않다는 회의에 부딪히는 것이 일반적이다.[29] 드라이어도 이 테제가 지나친 단순화라고 보긴 하지만,[30] 실증주의가 법윤리적 문제들을 체계적으로 배제함으로써

---

27) *Hart*, Der Begriff des Rechts(각주 14), S. 289.

28) *Radbruch*, Gesetzliches Unrecht(각주 6), S. 88. 같은 내용으로는 Ders., Fünf Minuten Rechtsphilosophie(각주 12), S. 78; *ders.*, Gesetz und Recht(1947), GRGA, Bd. 3, S. 96ff., 96; *ders.*, Die Erneuerung des Rechts(1947), GRGA, Bd. 3, S. 107ff., 108. 라드브루흐와 같은 의미로 이해하는 *Hermann Weinkauff*, Die deutsche Justiz und der Nationalsozialismus, 1968; *Hubert Schorn*, Der Richter im Dritten Reich, 1963 참고.

29) 이에 관해서는 예컨대 *Horst Dreier*, Die Radbruchsche Formel - Erkenntnis oder Bekenntnis?, in: Festschrift für Robert Walter, 1991, S. 120ff.; *Ders./Walter Pauly*, Die deutsche Staatsrechtslehre in der Zeit des Nationalsozialismus, VVDStRL D. 60, 2001, S. 9ff., 73ff.; *H. Hofmann*, Einführung(각주 14), S. 115; *Gerhard Luf*, Zur Verantwortlichkeit des Rechtspositivismus und Recht, 1990, S. 18ff.; *Ingeborg Maus*, Juristische Methodik und Justizfunktion im Nationalsozialismus, ARSP-Beiheft 18(1983), S. 173ff., 178ff.; *Ulfrid Neumann*, Rechtsphilosophie in Deutschland seit 1945, in: D. Simon(Hrsg.), Rechtswissenschaft in der Bonner Republik. Studien zur Wissenschaftsgeschichte der Jurisprudenz, 1994, S. 145ff., 146(본서의 356면 이하); *Hubert Rottleuthner*, Rechtspositivismus und Nationalsozialismus, in: Demokratie und Recht, 1987, S. 374ff., 383ff.; *Manfred Walther*, Hat der juristische Positivismus die deutschen Juristen wehrlos gemacht?, KJ 1988, S. 263ff. 참고.

30) *Ralf Dreier*, Recht und Moral(각주 13), S. 192.

법률가들의 법윤리적 문제의식이 배양되지 못하게 되는 데 기여했다고 지적한다.[31] 이러한 지적은 이념사적으로 설득력이 있고, 동시에 이미 앞에서 지적했듯이 효력주장의 호소적 기능을 완전히 제거할 수 없다는 생각을 보충할 수 있을 것이다. 법집행자가 법을 왜곡할 도덕적 권한 또는 의무가 있다는 점을 정당화하는 것은 실정법으로 제정되어 있지만, 부정당한 법규범을 준수하지 않을 도덕적 권한과 의무를 정당화하는 것보다 훨씬 더 어렵다.

4) 해결되지 않은 문제

그러나 드라이어가 짧게 지적하고 넘어가는[32] 하트의 논거 하나는 제대로 반박이 이루어지지 않은 것 같다. 이 논거는 오늘날에 다시 매우 현실적인 문제가 된, 라드브루흐 공식과 소급효금지의 관계에 관련된 논거이다.[33] 하트의 논거는 이렇다. 즉, 과거의 법질서에서 공포된 형법적 정당화규범에 대해 사후적으로(ex post) 그 규범이 처음부터(ab initio) 법으로서 효력이 없었다고 말하게 되면, 이는 가벌성의 근거가 되는 형벌규범의 소급효 문제를 은폐하고, 이를 회피하는 전략이라고 한다.[34] 물론 하트는 형벌규범의 소급효를 허용하는 것이 법치국가적으로 완전히 배제된다고 보지는 않지만, 소급처벌을 할

31) A.a.O. 또한 *Ralf Dreier*, Gustav Radbruch, Hans Kelsen, Carl Schmitt, in: Staat und Recht, Festschrift für Günther Winkler, 1997, S. 197ff., 213f.도 참고. 더욱 세분된 관점을 펼치는 *Alexy*, Defence(각주 9), S. 30ff.도 참고.

32) Ralf Dreier, Recht und Moral(각주 13), S. 191.

33) 이에 관해서는 예컨대 *R. Alexy*, Begriff und Geltung des Rechts, 2. Aufl. 1994, S. 98f.; *U. Neumann*, Rechtspositivismus, Rechtrealismus und Rechtsmoralismus in der Diskussion um die strafrechtliche Bewältigung politischer Systemwechsel, in: Festschrift für Klaus Lüderssen, 2002, S. 109ff.(본서의 231면 이하).

34) *Hart*, Der Positivismus(각주 14), S. 43f.

때에는 그것이 소급처벌이라는 사실을 명시적으로 밝혀야 한다고 주장한다. 다시 말해 소급처벌의 경우는 "행위시점에서 이미 불법적이었던 행위를 처벌하는 통상의 경우"와는 다르다는 것이다.[35] 랄프 드라이어가 이 문제를 진지하게 여긴다는 사실은 아르투어 카우프만(Arthur Kaufmann)의 기념논문집에 드라이어가 "국경수비대 요원과 라드브루흐 공식"이라는 주제에 대해 기고한 논문에 등장하는 다음과 같은 언급을 보면 할 수 있다. "라드브루흐 공식의 날카로운 칼날은 … ―특히 이와 결부된 소급효의 문제 때문에― 조심스럽게 사용해야 할 것이다."[36] 드라이어의 이 언급은 라드브루흐 공식이라는 칼을 과연 법치국가적 형법의 무기고 자체에서 차지할 자리가 있는가라는 근원적인 물음을 낳게 한다. 단순화 시켜서 직설적으로 말하자면, 라드브루흐 공식을 형법적 정당화사유에 적용하면 이는 소급효금지의 위반이 아닌가? 나는 이 미묘한 문제를 일단 미루어두고, 라드브루흐의 법철학이 1945년 이후 단절과 격변을 거쳤는가라는, 그의 법철학에 대한 해석의 핵심문제를 먼저 다루도록 하겠다.

(3) 라드브루흐 법사상의 지속성과 변화

1) 연속성에서 불연속성으로

1945년 이후 라드브루흐가 자연법을 신봉하게 된 것이 극단적 변화를 뜻하는지 아니면 단지 그 이전부터 자연법과 법실증주의 사이에 놓여 있던 그의 이론이 강조점을 달리 한 것일 뿐인지에 대해서는 라드브루흐 연구에서 여전히 논란이 많은 문제이다.[37] 그렇지만 '연

35) *Hart*, Der Begriff(각주 14), S. 291f.

36) *Ralf Dreier*, Gesetzliches Unrecht(각주 5), S. 69.

37) 라드브루흐 사상이 극단적 변화를 겪었다고 보는 입장은 *Fritz von Hippel*,

속성테제'를 옹호하는 경향이 훨씬 더 강하다. 드라이어 자신의 입장은 이러한 경향을 반영하고 있다. 먼저 1980년에 발표한 논문 "법과 도덕"에서 드라이어는 초기의 라드브루흐가 여전히 "상대주의적 법실증주의의 단호한 주창자"였다고 평가한다.[38] 이에 대해 드라이어는 1932년의 「법철학」에서 라드브루흐가 얼핏 보기에는 법관의 무조건적 법복종 의무를 강조하는 것처럼 여겨지는 상당히 놀라운 문장을 증거로 내세운다. "우리는 자신의 확신에 반해서 설교하는 목사는 경멸하지만, 자신의 반대되는 법감정으로 인해 법률에 충실한 태도에 혼란을 겪지 않는 법관은 존경한다."[39] 그러나 귄터 빈클러(Günther Winkler)의 기념논문집(1997)에 기고한 논문에서 드라이어는

Gustav Radbruch als rechtsphilosophischer Denker, 1951('다마스커스의 체험'[S. 36]); *Fritz Bauer*, Das gesetzliche Unrecht des Nationalsozialismus und die deutsche Strafrechtspflege, in: Gedächtnisschrift für Gustav Radbruch, 1968, S. 302ff. 참고[바우어는 '엄청난 공중회전(salto vitale)'이라는 표현을 쓴다. 다만 바우어는 라드브루흐가 제3제국이 붕괴한 이후가 아니라, 나치가 권력을 장악했을 때 이미 사상적 격변을 거쳤다고 말한다]. 이와는 달리 상당히 많은 학자들은 단지 라드브루흐 저작에서 강조점이 바뀌었을 뿐이라고 본다. 예를 들어 –구체적인 내용에서는 각 학자들마다 상당한 차이가 있지만– *Horst Dreier*, Radbruchsche Formel(각주 29), S. 128f.; *Winfried Hassemer*, Einführung zu GRGA, Bd. 3, S. 1, 13; *Heinrich Henkel*, Einführung in die Rechtsphilosophie, 2. Aufl. 1977, S. 449f.; *Arthur Kaufmann*, Gustav Radbruch - Leben und Werke, in: GRGA, Bd. 1, S. 45ff., 81ff.; *ders.*, Die Bedeutung Gustav Radbruchs für die Rechtsphilosophie beim Ausgang des Kaiserreichs, in: Festschrift für Werner Lorenz zum 80. Geburtstag, 2001, S. 3ff., 10ff.; *Frank Saliger*, Radbruchsche Formel und Rechtsstaat(각주 8), S. 13; *Erik Wolf*, Umbruch oder Entwicklung in Gustav Radbruchs Rechtsphilosophie?, ARSP 45(1959), S. 481ff. 참고.

38) *Ralf Dreier*, Recht und Moral(각주 13), S. 188.

39) *Ralf Dreier*, Recht und Moral(각주 13), S. 188f. 이 라드브루흐 인용문은 *Radbruch*, Rechtsphilosophie, 3. Aufl.(GRGA, Bd. 2, S. 316)에 있다.

'연속성테제'를 옹호하는 방향으로 기존의 입장을 포기한다.[40] 드라이어의 이 태도변화는 옳다. 왜냐하면 1932년의 「법철학」 제3판에서도 라드브루흐는 ―법관과는 달리― 시민에게는 '치욕스러운 법률(Schandgesetz)'을 준수할 의무가 없다고 말하기 때문이다.[41] 따라서 법관이 부정의한 법률에도 엄격히 구속된다는 주장은 기본적으로 실증주의적 특징을 갖는 법사상의 징후라기보다는 제정법에 대한 특수한 직업집단의 구속에 따른 결론으로 보아야 한다.

법복종자에 대한 법의 구속력과 법적용자에 대한 법의 구속력을 서로 다르게 규정할 수 있는 가능성은 1932년의 법철학에서 등장하는 효력개념의 관계적 구조에 따른 것이다. 즉, 법규범의 구속력 여부에 대해 결정을 내리는 것은 궁극적으로는 당사자의 양심이다.[42] 여기서 '효력'은 법규범의 형식적 성질이 아니라, 법과 개인 사이를 잇는 규범적 끈, 즉 하나의 관계로 이해된다. 이런 의미에서 법의 효력은 당사자와 그의 양심의 처분에 맡겨져 있다.[43] 이와 같은 '초기' 라드브루흐의 견해는 실증주의적 법개념과 실증주의적 법효력 개념과 합치하지 않는다.

2) 법과 법이념의 필연적 관련성

이 밖에도 일관된 실증주의적 효력이론은 법개념과 법이념에 관한

---

40) *Ralf Dreier*, Gustav Radbruch(각주 31), S. 202ff. 또한 *Dreier/Paulson*, Einführung(각주 5), S. 247도 참고.

41) *Radbruch*, Rechtsphilosophie, 3. Aufl. 1932, GRGA, Bd. 2, S. 315.

42) *Radbruch*, Rechtsphilosophie(각주 41), S. 315.

43) 이 점에 관해서는 *Saliger*(각주 8), S. 17 참고. 물론 라드브루흐는 법관에 대해 양심적 결정의 일정한 기준을 제시한다. 즉, 법관은 "모든 제정법을 효력을 갖는 법으로 고찰해야 하는 … 양심적 구속을 받는다"(a.a.O., S. 316)고 한다. 따라서 여기서 말하는 '양심적 결정'은 자율적 결정이 아니라 타율적 결정이다.

라드브루흐의 이론에서는 이물질과 같은 존재이다. 왜냐하면 라드브루흐는 법을 "법이념을 실현한다는 의미를 갖는 현실"이라고 규정하기 때문이다.[44] 그러나 라드브루흐가 말하는 법이념은 실증주의의 레퍼토리에 속하는 법적 안정성뿐만 아니라, 법의 정의 및 '합목적성'까지도 포괄한다. 여기서 말하는 합목적성은 실증주의적이고 도구적인 의미가 아니라, 법이 최상위의 법가치들과 맺고 있는 관계로 이해해야 한다.[45] 법이념의 다차원성은 처음부터 극단적인 실증주의와 극단적인 법도덕주의 사이의 중도를 걷는 법효력 개념을 표방하는 경향을 보이게 만들었다.

그렇다면 라드브루흐 공식이 1914년의 「법철학 원론」에서 1947년의 「법철학입문」에 이르는 전 과정을 관통하고 있는 일관되고 근본적인 법사상에 따른 필연적 결과인 것일까?[46] 나는 이 물음에 긍정하는 입장이 라드브루흐 전체 저작에 대한 가능한 해석이라고 여기긴 하지만, 여러 가지 측면에서 세분화를 거쳐야 할 필요가 있다고 생각한다.

---

44) *Radbruch*, Rechtsphilosophie, 3. Aufl. 1932, GRGA, Bd. 2, S. 277. 신칸트학파의 법철학에서 법의 가치관련성이 갖는 인식론적 의미에 관한 구체적인 서술로는 *Jörg Sandkühler*, Natur des Rechts und Relativismus im Recht. Eine Studie zu Gustav Radbruch und Hans Kelsen im Kontext des Neukantianismus, in: Alexy u.a.(Hrsg.), Neukantianismus und Rechtsphilosophie, 2002, S. 127ff., 150ff. 참고.

45) *Radbruch*, Rechtsphilosophie, 3. Aufl. 1932, GRGA, Bd. 2, S. 278f.

46) 이런 의미에서 *Dreier/Pauson*, Zum 50. Todestag von Gustav Radbruch, ARSP 85(1999), S. 463ff. 이하에서는 다음과 같이 말한다. "1945년 이후 라드브루흐가 자신의 이론에 가한 변경은 그 핵심적 내용에 비추어 볼 때, 예전에 자신이 갖고 있던 이론적 구상을 일관되게 발전시킨 것일 뿐이다."(S. 467) 이에 관해서는 또한 *Paulson*, Radbruch on Unjust Laws: Competing Earlier and Later Views?, Oxford Journal of Legal Studies, 15(1995), S. 489ff. 참고.

a) 법의 가치관련성은 방법론적 기능을 갖는가 아니면 규범적 기능을 갖는가?

첫 번째 측면은 라드브루흐에 따르면 법개념의 필연적 구성부분에 해당하는 법의 '가치관련성(Wertbezug)'이 어떠한 논리적 지위를 갖는지에 대한 것이다. 드라이어는 이 구상이 신칸트학파를 배경으로 삼고 있다는 점을 타당하게 지적하고 있다.[47] 그러나 빈델반트(Windelband), 리커트(Rickert), 라스크(Lask) 등의 신칸트주의 철학[48]에서 문화적 현상의 가치관련성은 방법론적 의미를 갖고 있지, 규범적 의미를 갖고 있지 않다. 다시 말해 가치관련성이라는 기준을 통해 문화적 현상을 자연과학의 대상영역으로부터 뚜렷이 구별하려고 했을 뿐, 문화적 현상에 대한 평가는 철학의 과제를 넘어서는 일이라고 보았다. 이에 반해 라드브루흐의 부정테제에서는 이러한 가치관련성이 주관화하면서, 동시에 법의 정체성을 확인하는 기준으로 상승한다. 이렇게 하여 신칸트주의의 출발점에 상응하여, 법이 정의와 선험논리적으로 관계를 맺는다는 원래의 입장은 이제는 존재론적 색채를 띠게 된다.[49] 즉, 신칸트주의의 선험논리적 출발점에서 볼 때에는 가치평가의 가능성(Bewertbarkeit)이 문화의 영역을 —따라서 법의 영역도— 구성하는 의미를 갖는 반면, 라드브루흐에서는 규범제정자의

---

47) *Dreier/Pauson*, Einführung(각주 5), S. 238ff. 또한 이 점을 이미 지적했던 *Arthur Kaufmann*, Gustav Radbruch - Leben und Werke(각주 37), S. 73도 참고.

48) *Wilhelm Windelband*, Geschichte und Naturwissenschaft, 3. Aufl. 1904; *Heinrich Rickert*, Die Grenzen der naturwissenschaftlichen Begriffsbildung, 5. Aufl. 1929, S. 339ff.; *ders.*, Kulturwissenschaft und Naturwissenschaft, 6./7. Aufl. 1926; *Emil Lask*, Rechtsphilosophie(1905), in: ders., Gesammelten Schriften, Bd. 1, 1923, S. 275ff.

49) 이 점을 명확하게 밝히고 있는 *Andreas Funke*, Überlegungen zu Gustav Radbruchs "Verleugnungsformel", ARSP 89(2003), S. 1ff. 참고.

의도적 가치지향이 법규범이 존재하기 위한 기준이 된다. 그렇게 되면 원래는 선험논리적으로 이해해야 할, 법의 가치관련성이 규범적-실천적 의미를 갖는 경향을 보이게 된다. 즉, 오로지 이러한 의미에서 '법'이라고 부를 수 있는 것만이 구속력을 갖는 법이 되기 때문에, 규범제정자가 그러한 의도적 가치지향을 갖고 있지 않는 경우에는 '법'(정확히는 비법)이 구속력을 갖지 않는다는 결론에 도달한다. 이 점에서 라드브루흐는 1946년의 논문에서 어느 누구도 부정테제의 기준에 따라 법적 성질 자체가 없는 나치시대의 '법'에 대해 복종해야 할 의무가 없다는 사실에 대해 전혀 의문을 갖지 않았다.

라드브루흐가 1924년에 법이념의 문제에 관해 발간한 논문[50]에서는 아직 이와 같은 결론을 도출하지 않았다는 사실에 주목할 필요가 있다. 물론 이미 이 논문에서도 평등취급과 정의에 대한 의지를 법의 정체성을 확인하기 위한 기준으로 보고 있다. 즉, "특정한 개인 또는 특정한 집단에게 불리하게 공포된 예외명령과 같이, 같은 것을 같게 다른 것을 다르게 취급하려는 의지 자체가 내재해 있지 않은 명령"에 대해서는 "법이라는 이름을 거부해야 하고, 그 이유는 어쨌든 정의에 봉사하는 것을 목적으로 삼는 것만이 법이기 때문"이라고 한다.[51] 이 점에서 라드브루흐는 이미 1924년에 법학의 가치관련적 관점에서 법제정자의 가치지향 쪽으로 중심을 이동시켰다고 볼 수 있다. 그렇지만 라드브루흐는 여전히 어떠한 실정법규범이 '법이라는 이름'에 걸맞은 것인가라는 물음과 실정법규범의 구속력, 즉 효력에 대한 물음을 엄격히 구별하고 있다. 왜냐하면 '법이라는 이름'을 박탈해야 할 예외명령도 "실정적 효력을 가질 수 있고, 합목적적일 수 있고, 필요할 수 있으며, 따라서 절대적으로 효력을 가질 수 있다"고 말하고 있기 때문이다.[52] 이러한 법개념에 관련시켜 볼 때에는 '구속력을 갖는

50) *Radbruch*, Die Problematik der Rechtsidee(1924), GRGA, Bd. 2, S. 460ff.

51) *Radbruch*, Die Problematik der Rechtsidee(각주 51), S. 462.

비법'도 얼마든지 있을 수 있다. 이는 외관상 모순이며, 이 모순은 인식론적 법개념과 실천적-규범적 법개념을 분리한 탓에 발생했다. 이와 같은 분리를 1945년 이후에는 포기하게 된다. 그리하여 원래는 인식론적인 의미로 이해되던 법의 가치관련성으로부터 실천적-규범적 결론을 도출한다. 이 측면에서는 라드브루흐의 법철학에 상당히 커다란 변화가 발생한 셈이다.[53]

b) **형식적 정의와 실질적 정의**

두 번째 의문은 라드브루흐 법철학에서 —원래는— 정의가 갖는 형식적 성격에 관련된 것이다. 1932년의 「법철학」에서 좁은 의미로서의 정의인 평등은 "사실상의 불평등을 특정한 관점에서 추상화한 결과"를 말한다.[54] 무엇이 '특정한 관점'이어야 하고 또한 그래도 좋은지에 대해서는 평등원칙 자체가 아무런 대답도 주지 않는다. 그렇다고 해서 평등원칙으로서의 정의가 아무런 규제력도 없다는 뜻은 아니다. 왜냐하면 평등원칙으로서의 정의는 형식적 구조 자체가 평등취급의 원칙을 침해하고 있는 법률규범을 금지하기 때문이다. 즉, 평등취급은 형식적으로 일반화를 전제한다. 따라서 명시적으로 일회적인 상황에만 관련된 개별사례법률은 1932년의 「법철학」에서도 법의 성격을 박탈당한다.[55]

---

52) *Radbruch*, a.a.O., S. 462.

53) 이 점을 정확하게 지적하고 있는 *Funke*(각주 49), S. 16 참고.

54) *Radbruch*, Rechtsphilosophie, 3. Aufl. 1932, GRGA, Bd. 2, S. 259.

55) "바이마르 제국헌법 제48조에 따라 예컨대 '조치'와 같이 한 개인 또는 개별적인 관계에 한정된 명령은 그 법적 근거가 오로지 구체적 개인 또는 개별적 관계에만 해당한다는 점 때문에 법규가 개별적 성격을 갖게 될 때에만 법이라고 할 수 있고, 이에 반해 명령 자체가 개별적 성격을 갖고 있을 때에는 법으로서의 실체가 없다(*Radbruch*, Rechtsphilosophie, 3. Aufl. 1932, GRGA, Bd. 2, S. 261)." 법이념의 문제에 대한 그의 논문(각주 50)에서와 마

그러나 1945년 이후에 법철학에 제기된 과제를 처리하는 데에는 이 정도로는 충분하지 않다. 왜냐하면 일반화라는 형식적 관점에서는 1935년의 「혈통보호법」(Blutschutzgesetz)[56]은 '제국청결의 밤'에 따라 피해자들에게 그들이 입은 손해를 감수할 의무를 부과한 법규명령[57]과 마찬가지로 아무런 문제가 없기 때문이다. 여기서 결정적인 측면은 정의의 기초적인 실질적 원칙에 대한 위반이다. 그렇기 때문에 라드브루흐 공식을 '법률적 불법'에 적용할 수 있기 위해서는 정의개념의 실질화를 전제해야 하고, 라드브루흐 자신도 1945년에는 이러한 실질적 정의를 명시적으로 신봉했다. 이 점은 예컨대 법관의 독립성이라는 원칙을 '순수한 정의의 요구'로 이해하고 있다는 사실에서도 드러난다.[58] 이 측면에서는 법철학적 인식의 영역과 학문적

찬가지로 라드브루흐는 1932년의 「법철학」에서도 법률규정이 법적 성질을 갖추지 못한(자의적인) 개별화에 기초하고 있다는 사실로부터 그러한 법률규정은 구속력이 없다거나 허용되지 않는다는 결론을 도출하는 것을 명시적으로 거부한다(S. 305의 각주 7). 이 점에서 볼 때 드라이어와 폴슨이 라드브루흐가 이미 '그 당시'에도(즉, 1932년의 「법철학」에서도) 법률의 일반성이라는 특징으로부터 "개별사례법률의 무효를 도출했다"고 주장하는 것[*Dreier/Paulson*, Einführung(각주 5), S. 244]은 제한적으로만 타당하다.

56) 이 법률의 공식명칭은 1935년 9월 15일에 제정된 「독일의 혈통과 명예를 보호하기 위한 법률」(RGBl. 1935 I 1146)이다. 이 법률에 따르면 "유대인과 독일 혈통 및 이와 동일한 혈통의 독일국적자 사이의 혼외성교"는 금지되고, 그러한 행위를 한 남성은 형벌('징역 또는 금고')을 받도록 규정되어 있었다. 이에 관해서는 *Radbruch*, Entwurf eines Nachworts zur "Rechtsphilosophie"(각주 12), S. 194 참고.

57) 공식명칭은 1938년 11월 12일의 '독일계 유대인의 속죄활동에 관한 명령(RGBl. 1938 I 1579)'이다. 이와 관련해서는 1938년 11월 12일의 '유대인 영업지역의 도로미관 회복을 위한 명령(RGBl. 1938 I 1581)'도 참고. 이에 관해서는 *Radbruch*, Entwurf(각주 12), S. 198 참고.

58) *Radbruch*, Vorschule der Rechtsphilosophie(1947/48), GRGA, Bd. 3, S. 144.

으로는 더 이상 그 근거를 제시할 수 없는, 단순한 신념의 영역 사이의 경계선이 확연히 변경되었다.

c) 상대주의의 상대화

이로써 라드브루흐의 상대주의와 1945년 이후에 이루어진 상대주의의 상대화라는 세 번째 측면에 대해 설명을 할 수 있게 되었다. 드라이어는 가치상대주의의 문제에 대한 라드브루흐의 입장이 1945년 이후에는 이미 용어선택에서 변화를 겪었다는 사실에 주의를 환기시킨다. 즉, '상대주의'라는 용어를 '대립과 긴장(Antinomie)'이라는 용어로 대체했다는 것이다.[59] 그리하여 법의 '합목적성'에 관한 여러 가지 관련점을 둘러싼 후기 라드브루흐의 이해방식이 이를 통해 표현되고 있다고 한다. 하지만 내용상으로는 라드브루흐는 여전히 세 가지 가치이념을 구별한다. 즉, 개인이 곧 최고선인 개인주의적 가치체계 이외에 전체인격에 구속되는 초개인적 가치체계뿐만 아니라, 작품가치가 최상의 위치에 놓여 있는 초인격적 가치체계도 존재한다고 한다.[60] 이 궁극적 가치범주들 사이에는 어떤 구속력 있는 위계질서를 형성할 수 없다. 이런 의미에서 결단이 필요하다. 라드브루흐의 이 견해에 관한 한, 1932년의 「법철학」에서 1947년의 「법철학입문」에 이르기까지 아무런 변화가 없다. 다만 라드브루흐의 원래 구상에서는 결단을 거쳐 어느 한 가치체계를 선택할 경우, 뒤로 물러서야 할 다른 가치체계들에 대한 일종의 '소수자보호'가 없었던 반면, 1945년 이후부터는 국가질서는 반드시 자유주의적인, 다시 말해 개인주의적인 구상에 구속되는 권리에 대한 최소한의 보장을 지침으로 삼아야

---

59) *Dreier/Paulson*, Einführung(각주 5), S. 248. 드라이어와 폴슨은 *Radbruch*, Entwurf(각주 12), S. 207을 근거로 삼는다.

60) *Radbruch*, Vorschule(각주 11), S. 145f. 이와 동일한 생각은 이미 Rechtsphilosophie, GRGA, Bd. 2, S. 279f.에 나와 있다.

한다고 요구한다. 이런 의미에서 자유주의는 라드브루흐에게 이제는 "권위적인 견해를 포함한 … 모든 견해에 포함되어야 할 필수적인 핵심으로 입증"된다.[61] 따라서 초개인주의적 또는 초인격주의적 입장에서 인권을 완전히 부정하는 것은 이제 '절대적으로 부정의한 법'이다.[62] "파이다스의 조각상은 노예 수백만 명의 고통보다 훨씬 더 높은 가치가 있다"는, 트라이취케(H. Treitschke)의 악명 높은 말은 "너 자신은 아무것도 아니고, 너의 민족이 전부이다"는 엄청난 영향을 미친 원칙과 마찬가지로 이제는 심판의 대상일 뿐이다.[63]

3) 라드브루흐 정당이론의 변화

법가치의 3원론에 대한 라드브루흐의 이론은 그의 법철학 가운데 가장 독창적인 부분 가운데 하나인 법철학적 정당이론의 기초를 형성한다.[64] 랄프 드라이어는 최근에 이 연관성을 다시 한 번 상기시켜 주었다.[65] 즉, 세 가지 가치체계의 위계질서를 명확하고 증명할 수 있게 확인하는 것은 불가능하기 때문에, 이 위계질서는 각 법문화마다 정치적 논쟁을 거쳐 확정되어야 한다.[66] 이와 관련하여 세 가지

---

61) *Radbruch*, Vorschule(각주 11), S. 147.

62) A.a.O.

63) A.a.O. 트라이취케 인용문은 *Radbruch*, Rechtsphilosophie, 3. Aufl. 1932, GRGA, Bd. 2, S. 281f.에 이미 등장한다.

64) *Radbruch*, Rechtsphilosophie, 3. Aufl. 1932, GRGA, Bd. 2, S. 290ff. 라드브루흐의 정당이론에 관해서는 부제로 붙은 주제영역을 훨씬 뛰어넘어 라드브루흐 법철학 전반에 걸쳐 탁월한 통찰을 보여주고 있는 박사학위논문인 *Marc Andre Wiegand*, Unrichtiges Recht. Gustav Radbruchs rechtsphilosophische Parteienlehre, 2004(이에 대한 서평은 *S. Ziemann*, in: Historische Literatur, Bd. 2, 2004, S. 231ff.) 참고.

65) *Ralf Dreier*, Gustav Radbruchs rechtsphilosophische Parteienlehre, ARSP 85(1999), S. 497ff.

66) *Radbruch*, Rechtsphilosophie(각주 63), S. 280f.

가치체계에 상응하여 이념형적으로 세 가지 정당정치적 입장이 있을 수 있다. 개인주의에는 정치적 자유주의가, 초개인주의적 견해에는 보수적 정당이데올로기가 대응한다. 작품문화(Werkkultur)를 지향하는 국가이념과 법이념의 대표자로는 1914년의 「법철학원론」에서는 —유보적이긴 하지만— 중앙정당(Zentrumspartei)을 보기로 들었었다.[67] 1932년의 「법철학」에서는 초인격적 가치체계에 상응하는 정당에 대한 언급을 포기하고 있다.[68] 끝으로 1947년의 「법철학입문」에서는 초인격적 견해가 어떠한 정당이데올로기에서도 표방되지 않았다고 명시적으로 확인한다.[69] 랄프 드라이어는 세 가지 가치체계들 사이에 존재하는 이러한 비대칭성이 가치이념의 체계를 수정할 필요가 있다는 사실에 대한 징표라고 해석한다. '정당이론이 갖는 시금석으로서의 기능'에 비추어 볼 때, 체계형성 자체의 수정을 고려해야 한다는 것이다.[70] 실제로도 국가이론의 구조를 파악하기 위해서는 사실상 — 드라이어가 제안하고 있듯이[71](그리고 라드브루흐 자신도 1910년의 「법학입문」에서 표방했듯이[72]), 개인주의적 입장과 집단주의

---

67) *Radbruch*, Grundzüge der Rechtsphilosophie(1914), GRGA, Bd. 2, S. 145.

68) 라드브루흐는 또한 —자신의 다른 저작들에 나와 있는 '암시'를 지적하면서—"초인격적 작품문화에 지향된 국가의 이상적 모습을 진공상태에서 구성하려는" 시도까지도 포기한다[*Radbruch*, Rechtsphilosophie(각주 63), S. 289].

69) *Radbruch*, Vorschule(각주 11), S. 146.

70) *Ralf Dreier*, Parteienlehre(각주 65), S. 507. *Marc Andre Wiegand*, Unrichtiges Recht. Gustav Radbruchs rechtsphilosophische Parteienlehre, 2004, S. 204에서는 드라이어의 지적에 동의하긴 하지만, 초인격주의(나치 이데올로기를 여기에 속한다고 보는 것은 문제가 있다)가 라드브루흐의 '법이념' 개념와 합치할 수 있는 가능성 자체를 거의 대부분 부정하고, 따라서 '초인격주의적 규범' 전부를 라드브루흐가 말하는 '부정의한 법'으로 보고 있다(요약적인 내용은 S. 224ff. 참고).

71) *Ralf Dreier*, Parteienlehre(각주 65).

적 입장의 2원적 체계에 국한시키는 것이 더 적절할 것으로 보인다. 물론 국가질서는 비록 정도는 다를지라도 초인격적 가치에 구속된다고 느낄 수 있다(예를 들어 바이에른주 헌법 제3조에 따르면 바이에른은 문화국가이다). 그러나 이론적 조합과 관련된 핵심적인 체계는 개인주의적 견해와 초개인주의적인 견해, 다시 말해 계약모델과 유기체론을 통해 형성된다. 이에 반해 작품가치는 랄프 드라이어가 밝히고 있듯이 이 틀 속에서 해석할 수 있다.[73] 「법철학입문」에서는 라드브루흐 스스로도 초인격적 견해를 문화사적 관점의 의미로 국한시키고 있다. 즉, 초인격적 견해는 어느 정당독트린에서도 등장하지 않지만, "몰락한 민족들에 대한 후대의 역사적 평가에서는 유일한 기준이 된다"고 쓰고 있다.[74] 따라서 규범적 관점에서는 드라이어가 의미하는 대로 개인주의적 법사상과 집단주의적 법사상이라는 2원적 체계로 파악하는 것만으로 충분하다.

(4) 라드브루흐 공식과 소급효금지

이제 남아 있는 물음은 라드브루흐 공식이 이를 형법적 정당화사유에 적용할 경우 소급효금지에 위반되지 않는가라는, 앞에서 남겨 놓은 물음이다.[75]

---

72) *Radbruch*, Einführung in die Rechtswissenschaft(1910), GRGA, Bd. 1, S. 91ff., 101ff.

73) *Ralf Dreier*, Parteienlehre(각주 65).

74) *Radbruch*, Vorschule(각주 11), S. 146.

75) 아래의 서술과 관련해서는 *Ulfrid Neumann*, Rechtspositivismus, Rechtrealismus und Rechtsmoralismus in der Diskussion um die strafrechtliche Bewältigung politischer Systemwechsel, in: Prittwitz u.a.(Hrsg.), Festschrift für Klaus Lüderssen, 2002, S. 109ff.[본서의 231면

1) 라드브루흐 공식은 소급효금지의 보호인가?

이 물음은 이미 논리적인 이유에서 부정해야 한다. 왜냐하면 자연법적 사유모델의 의미는 바로 이 모델이 자연법에 반하는 법률에 대해 처음부터 구속력을 박탈한다는 데 있기 때문이다. 따라서 자연법적 논증은 이미 과거에도 법질서에 존재하고 있었던 법상태를 관철할 뿐이라고 결론을 내릴 수 있다. 그렇다면 라드브루흐 공식의 적용은 법상태를 소급적으로 변경시키는 것이 아니라, 과거에 사실상으로 있었던 법상태를 확인하는 것일 뿐이다.[76] 이러한 관점에서 보면 라드브루흐 공식은 소급효금지의 파괴가 아니라, 오히려 소급효금지를 보호하기 위해 수반되는 장치에 해당한다.

이러한 해석이 라드브루흐의 의도에도 부합한다는 점에 대해서는

이하] 참고.

76) 알렉시의 분명한 표현을 빌리자면, "라드브루흐 공식의 적용을 통해 … 법상태가 소급적으로 변경되는 것이 아니라, 단지 행위시점에서 무엇이 법상태였는지가 확인될 뿐이다"(*Robert Alexy*, Mauerschützen. Zum Verhältnis von Recht, Moral und Strafbarkeit, 1993, S. 33. 또한 *Alexy*, Der Beschluss des Bundesverfassungsgerichts zu den Tötungen an der innerdeutschen Grenze vom 24. Oktober 1996, 1997, S. 14, 21의 각주 67도 참고). 같은 의미에서 *Udo Ebert*, Strafrechtliche Bewältigung des SED-Unrechts zwischen Politik, Strafrecht und Verfassungsrecht, in: Ebert u.a.(Hrsg.), Festschrift für Enrst-Walter Hanack zum 70. Geburtstag, 1999, S. 501ff., 526; *Jan-Reinard Sieckmann*, Die "Radbruch'sche Formel" und die Mauerschützen, ARSP 87(2001), S. 496ff., 510f. 또한 결론적으로는 같은 입장에 서있는 *Lukas H. Meyer*, "Grenzen ihrer Ungerechtigkeit wegen die Geltung absprechen". Gustav Radbruch und der Relativismus, in: Neukantianismus und Rechtsphilosophie(각주 44), S. 319ff., 354ff. 참고. 하지만 마이어는 이 글에서 라드브루흐 공식의 적용이 실정법적 규정(성문법)과 관련된 소급효금지에 위반될 수 있고, 따라서 법적 명확성의 이유에서 처음부터 무효였던 법규범과 관련된 사건에서도 소급효를 인정하는 법률을 별도로 제정해야 한다는 사실을 강조한다.

전혀 의문을 제기할 수 없다. 왜냐하면 라드브루흐는 이 모델을 기준으로 "나치의 모든 법이 결코 효력을 갖는 법이라는 존엄"을 확보하지 못하도록 하고자 했기 때문이다.[77] 이러한 관점에 따른다면, 법이론적 측면에서 소급효의 문제는 제기되지 않는다. 다만 법치국가적 이유에서 과거 당시의 '진정한' 법상태를 아무런 고려 없이 행위자에 불리하게 적용하는 것을 포기해야 할 것인지를 고려하면 그만이다. 이와 관련해서는 그 당시의 법상태 대신에 그 당시의 성문법(lex scripta)[78] 또는 당시의 법실무[79]에 초점을 맞출 수 있는 방법이 있다. 또한 회피불가능한 금지착오를 광범위하게 인정하여 신뢰보호 사상을 감안할 수도 있다.[80] 그리고 현저하게 부정의한 정당화규범이 처음부터 무효였다는 전제에 따른 실천적인 문제들은 보조적인 규율들을 통해 처리할 수 있다.

2) 라드브루흐 공식은 소급효금지의 파괴인가?

하지만 여전히 법이론적 물음이 남는다. 왜냐하면 특정한 규범들이 이미 과거 당시의 법질서에서 효력을 갖지 않았다는 표현은 논리적 구조가 썩 명확하지 않은 사실과 관련을 맺기 때문이다. 이는 법효력이라는 개념이 혼란을 불러일으킬 정도로 다의성을 갖고 있다는

---

77) *Radbruch*, Gesetzliches Unrecht(각주 6), GRGA, Bd. 3, S. 89.

78) 이에 관해 자세히는 *Saliger*, Radbruchsche Formel(각주 8), S. 36ff. 참고.

79) 법실무에 초점을 맞추는 경향에 관해서는 *Alexy*, Beschluss(각주 76), S. 14, 21의 각주 67 참고.

80) 금지착오에 관련된 대립되는 견해들에 관련된 문헌들은 *Ulfrid Neumann*, Nomos-Kommentar zum StGB, § 17 Rn. 102 참고. 상세한 논의로는 *Wolfgang Naucke*, Staatstheorie und Verbotsirrtum, in: Schünemann u.a.(Hrsg.), Festschrift für Claus Roxin zum 70. Geburtstag, 2001, S. 503ff. 참고. 또한 *Christoph Roos*, Die Vermeidbarkeit des Verbotsirrtums nach § 17 StGB im Spiegel der BGH-Rechtsprechung, 2000도 참고.

사정과 관련이 있다. 법효력의 다의성에 대해서는 로버트 알렉시가 마치 지도를 만들어 놓은 것과 같은 상세한 분석을 제시하고 있다.[81)]우리의 맥락에서 핵심적인 물음은 과거의 법질서 속에서 제정되었고 또한 그 당시에 준수되었던 규범에 법윤리적 근거에서 이미 그 당시에도 효력을 갖지 않았었다고 주장할 수 있는가이다. 나는 그렇게 주장할 수 없다고 생각하며, 그 때문에 라드브루흐 공식은 단지 겉으로 볼 때에만 소급효의 문제를 피하고 있는 것처럼 보일 뿐이라고 본다. 나는 이와 관련된 문제를 별로 정치적 부담이 없는 보기를 선택하여 명확하게 밝혀보도록 하겠다.[82)]

일단 법도덕주의적 입장의 옹호자가 다음과 같은 주장을 내세웠다고 전제해 보자. "고대 도시국가의 법질서가 인정했던 노예제도에 관한 법규정은 보편적이고 초시간적인 자연법에 위반되기 때문에 이미 페리클레스의 시대에도 효력을 갖는 법이 아니었다." 우리는 이 주장에 동의하기를 주저하게 된다. 물론 우리가 오늘날의 법질서에서 노예제를 인정하는 규범이 존재한다면 당연히 그 효력을 부정하겠지만 말이다. 이러한 차이는 어디에 기인하는 것일까?

나는 이 차이가 고대 도시국가에 대한 시간적 거리에 기인한다고 생각하지 않는다. 그렇다고 변화하는 자연법이라는 사고에 따른 것도 아니다. 왜냐하면 초시간적 자연법을 주장하는 사람마저도 앞에서 말한 주장에는 동의하지 않을 것이기 때문이다. 이 차이는 관점의 차이이다. 즉, 법도덕주의적 관점은 해당하는 법체계와 관련된 내재적 관점에서 의미가 있다.[83)] 왜냐하면 앞서 제시한 법도덕주의적 주

---

81) *Alexy*, Begriff und Geltung des Rechts, 2. Aufl. 1994.

82) 이하에서 매우 축약적인 형태로 제시하는 논증의 자세한 내용은 *Neumann*, Rechtspositivismus(각주 75), S. 117ff. 참고.

83) 이러한 차이에 관한 기본적 서술은 *Hart*, Der Begriff des Rechts, 1973, S. 140f. 참고. 라드브루흐 공식이 내재적 관점에 속한다는 점은 *Alexy*,

장은 실정법의 특정한 규범에 대해 준수를 거부하라는 요청을 담고 있기 때문이다. 법실증주의와 법도덕주의 사이의 논쟁은 사실상 시민과 법집행자에 대한 호소를 둘러싼 대립이다. 이 점에서 양자 사이의 논쟁은 이론철학의 영역이 아니라, 실천철학의 영역에 속한다. 법도덕주의자는 극단적으로 부정의한 법률은 시민과 법원 모두에 의해 준수되지 않는 실천을 확립하라고 요구한다. 부정의한 법률은 결코 효력을 갖는 법이 아니라는 주장은 이러한 규범의 속성에 대한 언명이 아니라, 이러한 규범을 법실무에서 준수하지 말라는 요청이다.

그렇기 때문에 과거의 법체계를 재구성할 경우에는 자연법적 입장은 배제된다. 과거의 법질서를 자연법적인 관점에서 재구성하는 것은 결코 법규범을 준수하거나 준수하지 말라는 호소로 해석할 수 없다. 다시 노예제도를 보기로 들어보자. 당연히 우리는 얼마든지 "고대 폴리스의 기관들은 노예제에 대한 규정들을 적용하지 말았어야 했다"고 말할 수 있다. 하지만 이는 그 당시에 효력을 갖고 있던 법에 지향된 실무를 도덕적 관점에서 평가하는 것일 뿐이다. '..이어야 했다'는 식으로 과거에 대한 소망을 표현하는 것은 도덕적 성격을 가질 뿐, 법적 성격을 갖지 못한다. 왜냐하면 법은 사회적 존재일 뿐, 결코 이념적 존재가 아니기 때문이다. 그러므로 과거의 법질서가 실제로는 당시의 법률과 법적 확신에 표현된 것과는 다른 내용을 가졌다고 주장하는 것은 무의미하다. 우리는 단지 일정한 법개념을 선택하여 특정한 법률과 법적 확신에 대해 이를 구속력을 갖는 법으로 승인하기를 거부할 수 있을 따름이다.

그러므로 하나의 법질서에 대해 자연법적으로 해석할 수 있는 가능성은 해당하는 법체계의 내부에서 이루어지는 논의에 참여하는 사람의 내재적 관점에 국한된다. 이 경우 '내재적' 관점과 '외재적' 관점

Defence(각주 9), S. 26도 강조하고 있다.

의 차이는 당연히 '자기 나라의' 법질서와 '다른 나라의' 법질서의 차이와 일치하지 않는다. 예를 들어 다른 나라의 법정에서 소송당사자가 된 사람은 이 다른 나라의 법질서와 관련하여 얼마든지 내재적 관점을 취하여, 이 법질서에 포함된 특정 규범에 대해 자연법적으로 논증할 수 있다. 거꾸로 「독일법 입문」 책을 쓸 때처럼 자기 나라의 법질서에 대해 외재적 관점을 취하는 것도 가능하다. 그러나 이미 사라져버린 과거의 법질서에 대해 내재적 관점을 취하는 것은 명백히 불가능하다. 바로 이 점이 "자연법적 금지에 비추어 볼 때, 고대 도시국가의 법에서는 노예제도가 존재하지 않았다"는 주장이 왜 아무런 의미가 없는지에 대한 이유이다.

고대 노예제라는 보기에 해당하는 내용은 우리에게 시간적으로 가까운 과거의 법체계에도 해당한다. 즉, 구동독의 법 가운데 비난받아 마땅한 규율들에 대해서도 그것이 자연법에 위반된다는 이유로 법효력을 박탈할 수는 없다. 따라서 특히 연방법원이 국경수비대 사건에서 기초로 삼고 있는 자연법적 논증은 타당하지 않다.

이 지점에서 구동독의 법과 관련하여 문제가 되는 것은 사법부가 오늘날 우리의 법질서 내에서 어떻게 결정을 내려야 하는지, 다시 말해 내재적 관점에서 제기되고, 따라서 얼마든지 자연법적 논거를 취할 수 있는 실천적 문제라는 식으로 논증하는 입장이 등장한다. 이 경우 자연법적 논증은 사실상 호소적 기능을 갖는다. 하지만 이렇게 되면, 오늘날에 결정을 내릴 때 정의라는 관점에 비추어 과거 동독의 법질서를 고려하지 말라는 호소가 되고 만다. 그렇기 때문에 라드브루흐 공식을 원용하면 사실상 소급효금지를 위반하는 것이 된다.[84)]

---

84) 같은 입장으로는 예컨대 *H. Dreier*, Gustav Radbruch und die Mauerschützen, JZ 1997, S. 421ff., 431; *Bernhard Schlink*, NJ 1994, S. 433ff. 피고인에게 불리하게 라드브루흐 공식을 적용하는 것에 회의적인 입장으로는 *Klaus Adomeit*, Der Rechtspositivismus im Denken von Hans

이 점에 관한 한, 라드브루흐보다는 하트가 옳다. 또한 이 점에 관한 한, 소급효금지의 제한이 필요하다고 보는 연방헌법재판소의 입장에 동의할 수 있다.[85] 이러한 제한이 정당한지는 여기서 자세히 다룰 수 없는 다른 문제이다. 어쨌든 라드브루흐 공식이라는 '날카로운 칼'을 성급하게 사용하는 것에 대한 랄프 드라이어의 유보적 태도[86]는 법치국가적 우려에 대한 그의 탁월한 감각의 표현으로서 충분한 근거가 있다.

Kelsen und von Gustav Radbruch, JZ 2003, S. 161, 164도 참고.

85) BVerfGE 95, 96. 이 결정의 배후에 자리 잡고 있는 법철학적 및 법실천적 고려에 대한 명쾌한 설명으로는 *Winfried Hassemer*, Staatsverstärkte Kriminalität als Gegenstand der Rechtsprechung. Grundlagen der "Mauerschützen"—Entscheidungen des Bundesgerichtshofs und Bundesverfassungsgerichts, in: 50 Jahre Bundesgerichtshof. Festgabe aus der Wissenschaft, 2000, Bd. IV, S. 439, 456ff. 참고. 이에 대한 논의에 관해서는 예컨대 *Heiner Alwart*, Die Vernünftigkeit des Bundesverfassungsgerichts, JZ 2000, S. 227ff.; *Alexy*, Beschluss(각주 76); *Jörg Arnold*, Einschränkung des Rückwirkungsverbotes sowie sorgfältige Schuldprüfung bei den Tötungsfällen an der DDR-Grenze— BVerfG, NJW 1997, 929, in: JuS 1997, S. 400ff.; *Erhard Denninger*, Die Wirksamkeit der Menschenrechte in der deutschen Verfassungsrechtsprechung, JZ 1998, S. 1129ff., 1131ff. 참고.

86) 앞의 각주 36 참고. 라드브루흐 스스로도 공식을 적용함으로써 소급효금지와 법적 안정성에 가져 올 위험을 결코 간과하지 않았다. 이에 관해서는 *Radbruch*, Zur Diskussion über die Verbrechen gegen die Menschlichkeit(1947), GRGA, Bd. 8, S. 250ff., 257 참고.

16. 법효력의 문제

(1) 문제제기

법효력의 문제는 오늘날 특히 어떠한 전제조건 아래서 실정법에 대해 효력을 갖는 법규범이라는 지위를 부여해야 하는가라는 관점에서 논의된다. 논의의 중심에는 여전히 법실증주의적인 고찰방식과 법도덕주의적인 관점 사이의 전통적 대립이 자리 잡고 있다. 법이 효력을 갖기 위한 전제조건에 대한 물음은 법철학뿐만 아니라, 법실무에서도 매우 근본적인 의미를 갖는다. 법철학과 관련하여 이 물음은 법의 개념정의와 직결될 뿐만 아니라, 모든 법학연구의 기초가 되기 때문이고, 법실무와 관련해서는 법률에 지향되는 법원 또는 행정기관의 모든 결정의 배후에는 결정에 끌어들인 법률이 효력을 갖는 현행법의 규범이라는 묵시적 확인이 자리 잡고 있기 때문이다. 따라서 법관과 행정공무원은 이들이 현행법을 적용할 때에 묵시적으로 특정한 법철학적 입장에서 출발하지 않을 수 없다. 법실무의 법철학적 전제는 일반적으로 승인되는, 전혀 문제가 없는 영역을 넘어서서 제정법의 효력에 대해 의문을 제기하는 예외적 경우에 뚜렷하게 드러난다. 이와 관련해서는 독일연방공화국의 수많은 형사절차에서 라드브루흐 공식(Radbruchsche Formel)[1]을 인정 또는 거부할 것인지가 피고인을 무죄로 석방할 것인지 아니면 높은 형량의 유죄판결을 내려야 할 것인지를 결정했던 역사를 상기시키는 것만으로 충분하다.[2]

법효력의 기준에 대한 이러한 근원적인 물음 뒤에는 더욱더 근원적인 물음, 즉 어떠한 경우에 법규범의 효력이라고 말하는 것이 '의미'를 지닐 수 있는가라는 물음이 자리 잡고 있다.[3] 내가 아래에서 집중하게 될 이 물음 역시 여전히 엄청난 논란의 대상이다. 다만 법의 효력을 경험적 의미로 이해할 수 있다는 것, 즉 사회학적 법효력 개념이 가능하고 또한 인식론적으로 문제가 없다는 점에 대해서만은 일반적으로 인정되고 있다. 이러한 최소한의 합의를 넘어서면 곧바로 차이가 시작된다. 특히 사회학적 효력과는 구별되는 법의 규범적 효력이라는 말이 과연 의미를 가질 수 있는가는 다툼의 대상이다. 이

---

1) *Gustav Radbruch*, Gesetzliches Unrecht und übergesetzliches Recht(1946), in: Gustav Radbruch Gesamtausgabe(GRGA), Heidelberg 1987ff., Bd. 3, S. 83ff., 89. 이에 관해서는 예컨대 *Hidehiko Adachi*, Die Radbruchsche Formel, Baden-Baden 2006; *Ralf Dreier*, Recht und Moral(1980), in: ders., Recht —Moral— Ideologie, 1981, S. 188ff.; *Stanley L. Paulson*, On the Background and Significance of Gustav Radbruch's Post-War Papers, Oxford Journal of Legal Studies 26(2006), S. 17ff., 26ff.; *Frank Saliger*, Radbruchsche Formel und Rechtsstaat, Heidelberg 1995 참고.

2) 나치의 '법률적 불법'에 대한 형법적 처리에서 라드브루흐 공식이 지닌 의미에 관해서는 예컨대 연방법원의 판결 BGHSt 2, 173(177); BGHSt 3, 357(362ff.)과 연방헌법재판소의 판결 BVerfGE 23, 98 참고. 구동독에서 저질러진 행위들의 소추에서 이 공식이 차지하는 역할에 관해서는 *Seidel*, Rechtsphilosophische Aspekte der "Mauerschützen"-Prozesse, 1999에 제시된 문헌들을 참고.

3) 이에 관한 훌륭한 개관은 Robert Alexy, Begriff und Geltung des Rechts, 2. Aufl. 1994 참고.

미 잘 알려져 있듯이, '법현실주의(Rechtsrealismus)'라는 개념으로 요약할 수 있는 입장을 표방하는 학자들은 법의 규범적 효력을 부정한다.[4] 예를 들어 칼 올리버크로나(Karl Olivercrona), 알프 로스(Alf Ross), 테오도르 가이거(Theodor Geiger), 올리버 웬델 홈즈(Oliver Wendel Holmes)가 법현실주의에 속하는 학자들이다. 하지만 법효력의 문제를 사회학적이고 현실주의적으로 파악하는 입장뿐만 아니라, 이를 관념론적으로 파악하는 특정한 입장도 법효력이 독자적인 규범성을 갖는다는 사고에 대해 비판을 가한다. 특히 칸트를 원용하면서 법의 구속력은 실천철학의 문제로 이해할 수 있을 뿐이지, 법규범의 일정한 존재방식에 대한 인식의 문제로 이해할 수 없다고 비판한다.[5] 이 관점에서 볼 때에 법의 효력이란 그에 대한 도덕적 정당화 가능성을 뜻하게 된다. 이러한 정당화는 정언명령(Kategorischer Imperativ)의 테스트절차를 거쳐서 이루어질 수도 있고 아니면 이상적인 조건하에서 수행되는 논의를 통해 이루어질 수도 있다.[6] 나는 이와 같이 법효력의 문제를 도덕적 타당성의 문제로 축소시키려는 입장을 아래에서는 도덕철학적-환원주의적 입장이라고 줄여서 부르겠다.

사회학적-현실주의적 입장과 도덕철학적-환원주의적 입장은 법규범이 독자적인 법적 효력을 갖고 있다는 생각을 거부한다는 점에서는 공통된다. 이에 반해 나는 아래에서 이러한 생각이 필요하고 또한 가능하다는 점을 밝히려고 한다. 이와 관련하여 나는 법효력모델의 가능성의 문제에 비중을 더 두도록 하겠다. 다시 말해 법효력의 독자

---

4) 법현실주의에 대한 개관으로는 *Michael Martin*, Legal Realism - American and Scandinavian, 1997과 *Hans-Heinrich Vogel*, Der skandinavische Rechtsrealismus, 1972 참고.

5) 예를 들어 *Wolfgang Enderlein*, Abwägung in Recht und Moral, 1992 참고.

6) 후자의 방법에 관한 기본적인 문헌은 *Jürgen Habermas*, Faktizität und Geltung, 1992; *Klaus Günther*, Der Sinn für Angemessenheit. Anwendungsdiskurse in Moral und Recht, 1988이다.

성을 전제한다면 필연적으로 형이상학적 심연에 빠지지 않는가라는 물음을 집중적으로 다루도록 하겠다. 나의 논증은 그와 같은 심연을 피할 수 있는 길이 있다는 점을 밝히는 것이다. 그에 앞서 법효력의 독자성이라는 모델이 필요하다는 점에 대해 간략하게 서술한다. 이 모델의 필요성은 사회학적-현실주의적 효력개념과 도덕철학적-환원주의적 효력개념이 안고 있는 불충분성으로부터도 도출된다.

(2) 사회학적-현실주의적 효력모델과 도덕철학적-환원주의적 효력모델의 불충분성

사회학적 효력이론과 관련하여 이 지점에서는[7] 헤르만 칸토로비치(Hermann Kantorowicz)의 논문 '현실주의에 대한 합리주의적 언급(1934)'[8] 이후부터 사회학적 효력이론의 고찰방식에 가해진 비판을 지적하는 것으로 충분하다. 이 비판의 핵심은 이렇다. 즉, 법을 사실로 축소시키는 법개념은 법체계의 자기이해를 엄청나게 왜곡한다. 특히, 자신의 판결을 경험적-사회학적으로 예견하는 데 국한시킬 수 없는 법관의 관점을 전혀 포착하지 못한다. 결정을 내릴 때 법에 지향되어야 하는 법관에게 법은 필연적으로 구속력을 갖는 규칙이지, 결코 사실적 행동방식의 총합이 아니다.

도덕적-환원주의적 입장 역시 법적 규칙에 따라 결정을 내려야 하

---

7) 자세히는 아래의 (3) 2) 참고.

8) *Hermann Kantorowicz*, Some rationalism about realism, Yale Law Journal 43(1934), S. 1240ff.(독일어판은 'Rationalistische Bemerkungen über Realismus', in: ders., Rechtswissenschaft und Soziologie. Ausgewählte Schriften zur Wissenschaftslehre, hrsg. von Thomas Würtenberger, 1962, S. 101ff.)

는 사람의 관점을 제대로 파악하지 못한다. 물론 이 입장은 법효력에 대한 사회학적 해석과는 달리 효력개념에 규범적 요소를 통합시킬 수 있다. 따라서 이 입장은 법관이 효력을 갖는 법을 적용해야 할 의무가 있다는 점(그리고 시민은 자신의 행위를 효력을 갖는 법률에 지향시킬 의무가 있다는 점)을 정당화할 수 있다. 이 입장은 심지어 법의 특수한 법적 효력을 전제하는 모델에서보다 훨씬 더 강력한 의무를 정당화할 수 있다. 왜냐하면 제정을 통해 효력을 갖는 법에 복종해야 한다는 원칙적 의무는 현저하게 부정의한 법에 저항하라는 도덕적 의무를 통해 배제되고 반박될 수 있는 반면, 처음부터 법률의 정당성에 지향되어 있는 도덕적 의무는 도덕적 근거에서 이루어진 법위반을 용납하지 않기 때문이다.

그런데도 도덕적-환원주의적 입장이 법관과 법실무의 관점을 제대로 포착하지 못하는 이유는 이 입장이 법의 준수와 적용이 충분한 일관성을 갖고 이루어질 수 있도록 보장하지 못하기 때문이다. 다시 말해 법효력을 도덕적 구속력으로 축소시키게 되면, 법규범을 구속력이 있다고 승인할 것인지 아니면 구속력이 없다고 거부할 것인지를 개인의 도덕적 판단에 맡기게 되는 약점이 드러난다. 설령 규범의 구속력에 관한 시민과 법관의 도덕적 판단에 법적 안정성, 권력분립, 민주주의원칙과 같은 기준들도 포함시키는 입장에서 출발할지라도,[9] 이러한 관점들과 법률의 정의결핍 사이의 비교형량이 사람마다 완전히 다르게 이루어질 위험은 여전히 남는다. 이는 법의 구속력을 개인의 개별적 양심결정에 따르도록 하고자 했던 루돌프 라운(Rudolf Laun)[10]에 대해 이미 제기되었던 반론이다. 법의 구속력의 문제는 사실상 그런 식으로 해결할 수 없다. 법적-제도적 법효력을 도덕적 법효력으로 대체하는 것은 법의 특수한 역량, 즉 특정한 규칙의 구속력

9) 이에 관해서는 *Enderlein*, Abwägung(각주 5), S. 326ff. 참고.

10) *Rudolf Laun*, Recht und Sittlichkeit, 3. Aufl. 1935, S. 14(1. Aufl. 1925).

을 이 규칙의 정당성에 대한 일반적 승인 여부로부터 독립시키는 역량을 가로막게 된다. 즉, 그와 같은 대체는 법이 도덕으로부터 독립하여 분화하는 것 —이것이 없이는 현대사회는 결코 기능할 수 없다 — 의 상당부분을 되돌리는 짓이다.

(3) 규범의 '법적' 효력이 갖는 인식론적 문제

법학(법도그마틱)은 필연적으로 법규범이 독자적인 법적 효력을 갖는다는 전제에 기초한 법실무의 관점을 취하게 된다. 법학은 규범적-도그마틱적 분과로서 법학이 대상으로 삼는 법질서가 원칙적으로 구속력을 갖는다는 전제에서 출발해야 한다. 도덕적 기준과는 무관한 규범적 법효력이라는 이념은 법원의 결정을 준비하기 위해 법률규정을 구체화하는 것을 과제로 삼는 법학에게는 필수적인 요소이다. 그 때문에 그와 같은 법효력을 전제하는 것이 인식론적으로 정당화될 수 있는가라는 물음이 제기된다. 즉, 구속력의 근거가 되는 규범적 법효력이라는 이념을 전제하면 과연 필연적으로 법의 초월적 속성, 다시 말해 형이상학적 요소가 개입하지 않을 수 없는 것일까? 그와 같은 효력개념을 법학이 형이상학적 혼돈에 사로잡혀 있다는 증거로 여긴 올리버크로나, 로스 등이 옳은 지적을 한 것일까?

1) 형이상학적 대상으로서의 법효력

법의 효력이 일부에서는 이와 같은 형이상학적 대상의 의미로 이해되고 있다는 점은 의심의 여지가 없다. 예를 들어 저명한 법철학 교과서를 집필한 헨켈(H. Henkel)은 나콜라이 하르트만(Nicolai Hartmann)의 철학에 기초하여 법규범의 효력을 규범이 객관적 정신의 구성부분으로서 갖고 있는 존재형식으로 해석한다.[11] "실정화를 통해 규범은 이 규범에 속한다고 사유되는 삶, 즉 특수한 방식의 정신적 존재가 되고, 이 정신적 존재의 본질은 법규범으로서의 실존적 효력이다."[12] 즉, 규범적 효력은 '당위의 발효'로서 이러한 실존적 효력에 근거하고, 실존적 효력과 '불가분의 결합관계'에 있다고 한다.[13] 이와 같은 객관적 정신의 형이상학은 앞에서 언급했던 루돌프 라운과 같이 법의 구속력을 오로지 자율적 자기구속의 형태로만 승인하려고 하는 모델[14]이나 게오르그 옐리네크(Georg Jellinek)처럼 법의 효력을 법의 타당성에 대한 확신으로 정당화하려는 모델[15]을 철저히 배격한다. 헨켈의 생각에 따르면 법규범은 실정화와 함께 '주체를 초월하는 정신적 존재'를 얻게 되고, 이 정신적 존재는 객관적 효력에 기초하고 있다고 한다. 이를 통해 법제정에 관한 창조설 모델이 기획되는데, 이 모델에 따른다면 입법자는 법률의 공포와 함께 단순히 규칙을 설정하는 것이 아니라, 존재론적인 의미의 '효력'이라는 형태로 독자적 실존이 부여되는 실체를 창조하는 것이 된다. 이와 같이 실정법을 '이념적 존재'로 파악하는 모델들은 다른 법철학자들에게서도 발견된다.[16]

2) 사실로서의 법효력

이러한 형이상학적 전제의 위험을 피하기 위해 규범적 효력이라는

11) *Heinrich Henkel*, Einführung in die Rechtsphilosophie, 2. Aufl. 1977, S. 543ff.

12) *Henkel*, Einführung in die Rechtsphilosophie(각주 11), S. 552.

13) *Henkel*, a.a.O., S. 554.

14) 앞의 각주 9 참고.

15) *Georg Jellinek*, Allgemeine Staatslehre, 3. Aufl. 1914, S. 333f.

16) 이에 관해서는 *Ulfrid Neumann*, Theorien der Rechtsgeltung, in: V. Gessner/W. Hassemer(Hrsg.), Gegenkultur und Recht, 1985, S. 21, 28ff. (본서의 111면 이하) 참고.

개념을 포기하고 이를 사실적 효력이라는 개념으로 대체하려고 시도할 수 있다. 이러한 시도는 법현실주의를 주장하는 사람들[17]이 제시하는 해결방법이며, 오늘날 독일에서는 예컨대 비판적 합리주의(Kritischer Rationalismus)가 표방하는 입장이다.[18] 이런 식의 해결은 두 가지 장점이 있다. 첫째, 이러한 해결은 규범적-도그마틱적 방식으로 이루어지는 법학의 대상인 법이 적어도 사회적 사실로서도 이해되어야 한다는 점을 감안할 수 있게 된다. 순수법학의 진영에서 주장하듯이 법을 일방적으로 당위의 영역에만 귀속시키는 것은 설득력이 없기 때문이다.[19] 법학은 규범적-도그마틱적 분과이기에 당연히 특정한 지역에서 특정한 시기에 사실상으로 효력을 갖는 법과 관련을 맺는다.[20] 둘째, 이러한 해결은 효력개념이 형이상학적 요소로부터 해방될 수 있도록 보장한다. 왜냐하면 법의 사실적 효력은 이를 사회학적 대상으로 이해하는 한, 하나의 사회적 사실이기 때문이다. 여기서 사회적 사실로서의 효력개념을 행위규범의 준수정도에 따라서만 정의할 것인지(행위효력) 아니면 행위규범의 위반에 대한 제재의 빈도에 따라서도 정의할 것인지(제재효력)는 2차적인 문제일 뿐이다.[21]

그러나 이런 의미의 사회적 대상으로 축소된 효력개념은 이미 앞

---

17) 이에 관해서는 앞의 (2) 이하의 설명을 참고.

18) *Hans Albert*, Rechtswissenschaft als Realwissenschaft. Das Recht als soziale Tatsache und die Aufgabe der Jurisprudenz, 1993, S. 15, 19ff.

19) 이에 관해 자세히는 *Ulfrid Neumann*, Wissenschaftstheorie der Rechtswissenschaft bei Hans Kelsen und Gustav Radbruch. Zwei neukantianische Perspektiven, in: Stanley L. Paulson/M. Stolleis(Hrsg.), Hans Kelsen. Staatsrechtslehrer und Rechtstheoretiker des 20. Jahrhunderts, 205, S. 35ff., 54(본서의 408면 이하) 참고.

20) *Albert*, Rechtswissenschaft(각주 18), S. 15.

21) 행위효력과 제재효력의 구별에 관해서는 *Thedor Geiger*, Vorstudien zu einer Soziologie des Rechts(1947), 1964, S. 68ff. 참고.

에서 지적했듯이 규범적-도그마틱적으로 이루어지는 법학의 기초로서는 불충분하다.[22) 법학에서는 법률이 준수되어야만 하는가 또는 법률이 사법부에 의해 적용되어야만 하는가라는 당위(Sollen)의 물음이 중요하다. 이 점은 자신의 직업을 법관의 결정을 준비하는 것으로 여기는 법학자에게도 마찬가지이다. 양자 모두 법체계의 규범적 프로그램을 지향해야지, 이 법체계의 규칙을 사실적으로 다루는 것을 지향해서는 안 된다.

3) 근본규범이론

이런 이유 때문에 법의 효력을 형이상학적 속성으로 해석하지 않을 수 없는 것일까? 니콜라이 하르트만의 존재론을 지지하는 법철학자들만이 이 물음에 대해 긍정적으로 대답하는 것이 아니다. 순수법학의 주장자들도 법학은 형이상학적 전제가 없이는 살아남을 수 없다고 명시적으로 주장한다. 즉, '당위(Sollen)'라는 요소는 형이상학이 없이는 정당화할 수 없다고 한다.[23) 이러한 입장표명은 특히 중대한 비중을 갖는다. 왜냐하면 순수법학(Reine Rechtslehre) 자체가 법에 관한 사고를 인식론적으로 의심스러운 모든 요소로부터 해방시키는 것을 목표로 설정하기 때문이다. 이와 같은 목표설정을 표방하며 등장한 법이론마저도 형이상학적 전제를 원용하지 않을 수 없다면, 결국 형이상학적 전제는 결코 포기할 수 없다는 결론에 도달하게 된다. 그렇기 때문에 나는 법학의 형이상학적 전제라는 문제에 관한 순수법학의 입장을 조금 더 자세히 다루고자 한다.

---

22) 이런 식으로 이해되는 사실적 효력의 개념에 대해 반대하는 입장으로는 *Albert*, Rechtswissenschaft(각주 18), S. 20. 알버트는 바우어만(M. Baurmann)을 인용한다.

23) *Rudolf Thienel*, Rechtswissenschaft ohne Sollen?, in: Wissenschaft, Religion und Recht. Hans Albert zum 85. Geburtstag, 2006, S. 415ff.

형이상학을 인정한다는 고백은 오늘날의 순수법학 주창자들뿐만 아니라, 그 창시자의 저작들의 몇몇 곳에서도 발견된다. 즉, 1928년의 저작 「자연법과 법실증주의의 철학적 기초」에서 켈젠(H. Kelsen)은 근본규범을 "법에 대한 인식이 가능하기 위해 없어서는 안 될" 최소한의 형이상학이라고 표현한다.[24] 그리하여 같은 텍스트에서 켈젠은 근본규범의 효력양태에 관하여, "근본규범은 마치 자연법 규범과 같이" 효력을 갖는다고 말한다.[25] 근본규범을 통해 정립되는 무모순의 질서를 전제함으로써 법학은 이미 순수한 실증주의의 경계를 벗어난다는 것이다.[26] 다른 곳에서 켈젠은 법의 당위로서의 성격이라는 전제가 궁극적으로는 '거의 직관적인 본질직관'에 뿌리박고 있다고 표현한다.[27]

이 인용문은 실제로 순수법학을 형이상학적으로 근거짓는 입장을 선택한 켈젠 지지자들에게 강력한 논거를 제공한다. 물론 켈젠의 다른 저작들로부터 이와는 다른 견해들을 끄집어낼 수 있다. 예를 들어 근본규범을 실정법질서의 객관적 효력을 위한 선험논리적 전제로 해석하는 경우[28]를 들 수 있다. 나는 여기서 서로 다른 견해로 여겨지는 켈젠의 인용문들을 대비시키는 것을 포기하고, 그보다는 켈젠의 저작들에서 '형이상학적 전제'가 갖는 위상을 더 자세히 밝히도록 하

24) *Hans Kelsen*, Die philosophischen Grundlagen des Naturrechts und des Rechtspositivismus, 1928, S. 66.

25) *Kelsen*, a.a.O.

26) *Kelsen*, a.a.O.

27) *Hans Kelsen*, Die Rechtswissenschaft als Norm- oder Kulturwissenschaft, in: Schmollers Jahrbuch für Gesetzgebung, Verwaltung und Volkswirtschaft im Deutschen Reich, 40(1916), S. 95ff.(인용은 Die Wiener rechtstheoretische Schule, 1968, Bd. 1, S. 37ff.에 재수록된 이 논문의 S. 79에 따름).

28) *Hans Kelsen*, Reine Rechtslehre, 2. Aufl. 1960, S. 204ff.

겠다. 그 이후에 비로소 켈젠의 법이론에 실제로 '형이상학적 전제'가 깔려 있는지를 더 명확하게 파악할 수 있을 것이다.

내가 아는 한, 켈젠은 그의 저작 어느 곳에서도 실천철학적 의미에서의 법의 구속력을 정당화하려는 목적에서 실정법 이전의 전제를 원용하지 않았다. 즉, 효력을 갖는 법질서에 복종해야 할 도덕적 의무 또는 특수한 법적 의무를 정당화하기 위해 형이상학적 전제를 끌어들이지 않았다.[29] 그의 저작의 여러 곳에서 켈젠은 근본규범을 그와 같이 해석하는 것을 명시적으로 거부한다. 근본규범은 윤리적-정치적 기능을 갖는 것이 아니라, 인식론적 기능을 가질 뿐이다.[30] 근본규범은 제정된 규범 전체를 객관적으로 효력을 갖는 법규범들의 무모순적 체계로 해석하는 것을 가능하게 할 뿐이다. 이 점에서 근본규범은 법을 효력을 갖는 규범체계로 이해할 수 있는 가능성의 조건이며, 따라서 객관적으로 효력을 갖는 규범들의 체계로서의 법질서를 다루는 법학의 전제조건이다.

---

29) 켈젠의 이론에서 규범의 효력(구속력이라는 의미에서의)이 이를 준수하라는 도덕적 의무라고 해석하려는 시도(예컨대 Joseph Raz)에 대한 비판으로는 *Stanley L. Paulson*, Der Normativismus Hans Kelsens, Juristenzeitung(JZ) 2006, S. 529ff. 및 *Eugenio Bulygin*, Das Problem der Geltung bei Kelsen, in: St.L. Paulson/M. Stolleis(Hrsg.), Hans Kelsen. Staatsrechtslehrer und Rechtstheoretiker des 20. Jahrhundert, 2005, S. 80ff. 참고. 켈젠은 "인간의 행동에 관련된 규범이 '효력을 갖는다'는 말은 그 규범이 구속력이 있다는 것, 다시 말해 인간은 이 규범에 의해 확정된 방식으로 행동해야만(soll) 한다는 것을 뜻한다(Reine Rechtslehre, 2. Aufl. 1960, S. 196)"고 말하고 있는데, 여기서의 당위는 효력의 개념을 설명하기 위한 의미를 가질 뿐, 실천철학적 의미에서의 규범의 구속력을 의미하지 않는다고 이해해야 한다. 조금 극단적으로 표현하자면, 효력을 가진 규범을 준수하는 인간이 이를 준수하지 않는 인간보다 어떤 의미에서든 '더 좋은' 인간인 것은 아니라는 게 켈젠의 주장이다.

30) 이에 관해서는 예컨대 *Kelsen*, Reine Rechtslehre, 2. Aufl. 1960, S. 225 참고.

이런 의미의 법효력을 정당화하기 위해 '형이상학적' 전제를 원용해야만 하는 것일까? 이 물음에 대한 대답은 물론 '형이상학'의 개념을 어떻게 이해하느냐에 달려 있다. 만일 경험할 수 있는 것과 순수한 분석적 연관성을 넘어서는 모든 것을 형이상학의 영역에 속한다고 보게 되면, 근본규범을 법체계에 끌어들이는 것은 사실상 형이상학적 전제를 포함한다. 하지만 그렇게 보아야 할 이유가 없고, 형이상학의 개념을 그런 식으로 넓게 파악하는 것은 오히려 혼란을 유발한다. 그와 같이 넓은 형이상학 개념은 특정한 인식조건을 의식적으로 인정하는 것과 이미 주어져 있는 이념적 인식대상을 전제하는 것을 모두 배제해버리기 때문에 오히려 혼란을 유발한다. 조금은 막연하게 표현하자면, 선험성(Transzendenz)과 초월성(Transzendentalität)을 구별하지 않음으로 인해 발생하는 혼란이다. 그렇기 때문에 나는 형이상학의 개념을 이념적 실체의 존재를 전제하고, 그러한 실체가 인간의 구성의 산물이 아니라, 그 자체 인식의 대상이라고 보는 것에만 국한시키자고 제안한다. 이러한 구별에 따른다면 근본규범은 당연히 구성적 성격을 갖고 있기 때문에 형이상학에 해당하지 않는다. 즉, 근본규범의 존재는 마치 신의 창조질서에 대한 믿음과 같이 어떤 믿음의 대상이 아니라, 단지 근본규범이 존재한다고 전제할 수 있을 뿐이다. 그리하여 근본규범을 통해 법의 객관적 효력을 전제하는 것은 해석의 성격을 갖지, 결코 존재주장의 성격을 갖지 않는다.[31] 그러므로 순수법학의 체계에서 근본규범은 선험논리적 전제일 뿐, 형이상학적 전제가 아니다.

그렇다면 이를 통해 법효력의 문제가 인식론적으로 아무런 문제가 없는 방식으로 해결되는 것일까? 나는 그렇지 않다고 생각한다. 왜냐하면 선험논리적 근본규범을 전제함으로써 정당화될 수 있는 '당위'

31) 이에 관해서는 *Kelsen*, Reine Rechtslehre, 2. Aufl. 1960, S. 218의 각주 참고.

는 논리적 카테고리일 뿐, 실천철학의 카테고리가 아니다. 이 점은 내가 이미 앞에서 언급한 바 있다. 다시 말하지만, 켈젠의 당위는 호소적 의미를 갖고 있지 않다. 근본규범은 존재사실에 대한 사유형식에 대립되는 당위적인 것에 대한 사유형식이라는 의미의 규범성을 구성한다. 따라서 근본규범은 시민이나 법관에게 도덕적 또는 특수한 법적 의미에서 특정한 행위를 해야 할 의무를 부과하지 않는다.[32] 그러므로 법의 실천적 구속력을 정당화하고자 하는 법철학은 순수법학의 선험논리적 입장을 넘어서야만 한다.

(4) 해결을 위한 제안: 제도적 사실로서의 법효력

결국 구속력을 갖는 법이라는 생각을 형이상학적 전제에 기초하도록 하거나 아니면 법효력을 단순한 사실로 축소시키는 가능성밖에 없는 것일까? 나는 그렇지 않다고 생각한다. 법효력에 대한 규범적-관념적 해석과 이에 대한 사회학적-사실적 해석 가운데 어느 하나를 선택해야 한다는 식의 사고는 단견이다. 왜냐하면 법은 당위라는 의미를 갖는 사회적 사실이기 때문이다. 따라서 법은 단순한 규범성만으로 이해할 수 없고, 그렇다고 단순한 사실로 이해할 수도 없다.[33] 이 점은 법철학의 전통에서도 늘 강조되는 측면이다.[34] 하지만 현대

32) 같은 의미에서 근본규범을 이해하는 *Stanley L. Paulson*, Der Normativismus Hans Kelsens, Juristenzeitung(JZ) 2006, S. 529ff. 폴슨은 켈젠의 선험논리적 논증이 '양태적(modal)' 규범성만을 정당화할 뿐, '내용적' 규범성을 정당화하지는 않는다고 한다.

33) 이에 관해 자세히는 *Ulfrid Neumann*, Rechtswissenschaft als säkulare Theologie. Anmerkungen zu einem wissenschaftstheoretischen Topos des Kritischen Rationalismus, in: Wissenschaft, Religion und Recht. Hans Albert zum 85. Geburtstag, 2006, S. 401ff.(본서의 439면 이하) 참고.

언어철학이 제도적 사실에 관한 이론(Theorie der institutionellen Tatsache)[35]을 통해 인식론적으로 의심스러운 전제가 없이 사실성과 규범성의 관계를 분명하게 규정하고, 형이상학적 전제 없이 존재와 당위 사이의 간격을 극복할 수 있게 해주는 모델을 비로소 제공하게 되었다. 이 이론은 인식과는 관계없는, 자연적인 사실(facta bruta)의 세계가 존재한다고 인정[36]하는 점에서는 실재론(현실주의)의 입장에 기초하지만, 인간의 생활세계에는 나무, 집, 강 등 뿐만 아니라, 의회, 게임, 훈장 등도 존재한다는 사정을 감안하고 있다.

제도적 사실은 이미 주어져 있는 자연적 사실과는 달리 규칙을 통해 구성되며, 이 규칙에 기초하여 특정한 자연적 사실을 제도적 사실로 해석한다. 그리하여 인간들이 집단적으로 손을 드는 행위를 의회의 결의로 해석하고, 금속조각을 전달하는 행위를 훈장수여로 해석하게 된다. 이러한 구성적 규칙[37]의 '효력'이 문제된다면, 이 효력문제는 간단하게 해결할 수 있다.[38] 즉, 이 규칙의 효력은 제도적 사실

---

34) 예컨대 라드브루흐는 법학이 (그 대상의 측면에서는) 문화과학이지만, (그 방법의 측면에서는) 규범과학에 속한다고 한다[이에 관한 자세한 내용은 *Neumann*, Wissenschaftstheorie(각주 19), S. 42ff. 참고].

35) 이에 관한 기본적인 내용은 *John R. Searle*, Sprechakte. Ein sprachphilosophischer Essay, 1977(영어원본은 1969년), S. 78ff.; *ders.*, Die Konstruktion der gesellschaftlichen Wirklichkeit. Zur Ontologie sozialer Tatsachen, 1997(영어원본은 1995년) 참고. 법이론에서 제도주의를 취하고 있는 입장으로는 *Neil MacCormick/Ota Weinberger*, Grundlagen des institutionalistischen Rechtspositivismus, 1985 참고.

36) 이 점을 강조하고 있는 *Searle,* Konstruktion(각주 35), Kap. 7(S. 159ff.) 참고.

37) 구성적 규칙과 규제적(regulativ) 규칙의 구별에 관해서는 *Searle*, Sprechakte(각주 35), S. 54ff.; *ders.*, Konstruktion(각주 35), S. 54ff. 참고. 또한 *John Rawls*, Zwei Regelbegriffe, in: O. Höffe(Hrsg.), Einführung in die utilitaristische Ethik, 2. Aufl. 1992, S. 125ff.(영어원본은 1955년) 참고.

38) 기스버트-슈트드니치키(Gizbert-Studnicki) 교수는 나의 이 강연에 뒤이은

의 구조로부터 도출된다. 이 점은 게임규칙의 효력을 고찰해보면 매우 뚜렷해진다. 장기를 둘 때, '초'나 '한'이 상대방의 공격을 더 이상 피할 수 없는 쪽이 그 판을 지게 된다는 규칙을 인정하지 않고서는 장기 게임을 할 수 없다. 이 규칙의 효력은 결코 똑같은 형태의 행동이라는 단순한 사실성으로 축소될 수 없고, 또한 어떤 형이상학적 전제조건을 가정함으로써 정당화될 수도 없다. 이 규칙은 장기 게임의 개념 자체가 이 규칙을 통해 정의되기 때문에 효력을 갖는다. 게임을 하는 두 사람이 만일 어느 한 사람이 모든 모형들을 다 잃을 때에만 '장기 게임' 한 판이 끝난다는 규칙을 따르게 되면, 이 두 사람은 장기판의 모형들을 사용할 뿐, 장기를 두는 것은 아니다. 보편적으로 표현하자면, 규칙의 효력은 제도적 사실의 범위 내에서는 전혀 문제가 되지 않는다. 왜냐하면 규칙 자체가 제도적 사실을 구성하기 때문이다.

이러한 규칙을 무시할 수 있다는 문제가 특수한 의미로 제기되는 것도 이와 관련이 있다. 즉, 결정적인 측면은 규칙을 위반해서는 안 된다는 점이 아니라, 관련되는 사회적 제도의 영역을 떠나지 않는 한, 규칙을 위반할 수 없다는 점이다. 다시 장기를 보기로 들자면, '포'로 상대방의 '포'를 넘겨 진전시킨다면, 그 사람은 장기를 두는 것이 아니다. 물론 장기를 두면서 '포'로 상대방 '포'를 넘겨서는 안 된다고 표현할 수도 있다. 하지만 여기서 '안 된다'는 사람은 다른 사람을 해쳐서는 안 된다고 확인하는 맥락과는 다른 의미를 갖는다. 사람은 얼마

토론에서 규제적 규칙에 대해서는 효력의 문제가 특별한 방식으로 제기된다는 타당한 지적을 했다. 물론 법적 규칙의 효력과 관련해서는 하나의 규칙을 법적 규칙으로(다시 말해 지금 여기에 존재하는 법체계의 구성부분으로) 규정하는 것만으로 이미 일단은 이 규범이 효력을 갖는다고 보는 결정이 내려졌다고 논증할 수 있다. 왜냐하면 법은 자신의 구속력을 통해서도 개념을 정의할 수 있기 때문이다.

든지 다른 사람을 해칠 수 있다(다만 그렇게 해서는 안 될 뿐이다). 하지만 장기 모형들의 진행방식에 대한 규칙들을 준수하지 않고서는 장기를 둘 수 없다.

내가 장기 게임을 보기로 든 이유는 제도적 사실에 대한 이론을 끌어들임으로써 형이상학적 해석형태를 원용하지 않고서도 특정한 규칙의 구속력을 정당화할 수 있음을 보여주기 위해서였다. 왜냐하면 어느 누구도 장기 게임규칙의 효력에 대한 주장을 형이상학의 혐의가 있는 대상으로 삼지는 않을 것이기 때문이다. 그 배후에 자리 잡고 있는 테제는 당연히 법의 규칙 역시 장기 게임의 규칙과 사정이 비슷하다는 테제이다.[39] 실제로 법질서 역시 효력을 갖는 법의 체계를 개념정의하고, 이 점에서 이미 개념정의상(per definitionem) 구속력을 갖는 규칙들의 복합체로 이해할 수 있다. 따라서 다음과 같이 말해도 무방하다. 즉, 법의 효력은 법의 개념, 다시 말해 사회적 제도로서의 성질로부터 도출되며, 이는 마치 장기 게임의 구속력이 이 규칙들이 장기 게임의 개념을 정의한다는 점에서 도출되는 것과 마찬가지이다.

그렇지만 법과 게임 규칙 사이에는 중요한 차이가 있다. 장기를 두는 두 사람이 예를 들어 어느 한 사람이 장기모형 모두를 잃을 때까지 계속 두어야 한다는 식으로 장기 규칙을 무시하는 경우, 두 사람에게 그건 잘못이라고 누군가가 얘기한다면 이 두 사람은 얼마든지 "우리는 장기를 두는 것이 아니라, 우리가 '강도장기'라고 부르는 다른 게임을 하는 중이야!"라고 대답할 수 있다. 이에 반해 어느 유한회사의 대표이사들인 A와 B가 지속적으로 유한회사법을 위반한 경우,

---

39) 법규칙과 게임규칙의 유사성에 대한 적절한 서술은 *Gregorio Robles*, Las Reglas del Derecho y las Reglas de los Juegos, Ansayo de Teoria analitica del Derecho, Palma de Mallorca 1984(독일어판, 「법규칙과 게임규칙」, 1987) 참고.

그 위반사실을 지적하는 사람에 대해 "우리는 유한회사가 아니라, AB 회사야!"라고 대답할 수는 없다. 그래서도 법규칙의 효력은 장기게임의 규칙보다 훨씬 더 강한 의미의 정당화가 이루어져야 한다. 과연 법을 둘러싼 '게임'을 하고 있는지 여부를 시민들 스스로 ―그리고 당연히 법관들 스스로― 에게 맡길 수는 없다. 법은 일종의 '강제게임'이다. 즉, 어느 누구도 자신을 법의 규칙 바깥에 서있게 할 수는 없다.

이와 같이 더 강한 형태의 규칙효력 역시 제도적 사실에 관한 이론의 범위 내에서 정당화할 수 있다. 이에 관한 가장 유명한 보기는 약속의 규범적 효력에 관한 논의가 제공한다. 약속을 하게 되면, 이를 지키지 않는 것을 정당화하는 특별한 사정이 없는 한, 그 약속은 구속력을 갖는다는 사실이 곧 약속의 논리에 속한다. "A는 동료 B를 대신하여 강의를 하겠다고 약속했다"는 사실을 확인하면, 이로부터 사정변경원칙(calusula rebus sic stantibus)을 감안한다는 전제하에 "A는 B 대신 강의할 의무가 있다"는 확인을 논리적으로 도출할 수 있다.

나는 특히 존 서얼(John Searle)이 제안하는 이러한 추론[40]이 비판을 받았다는 사실[41]을 숨길 생각이 전혀 없다. 극단적 방법이원론을 지지하는 사람들은 이러한 추론이 존재로부터는 결코 당위가 도출될

40) 기본적인 내용은 Searle, Sprechakte(각주 35), S. 88ff. 참고. 제도적 사실에 관한 이론은 *Searle*, The Construction of Social Reality, New York 1995(독일어판: Die Konstruktion der gesellschaftlichen Wirklichkeit. Zur Ontologie sozialer Tatsachen, Reinbeck bei Hamburg, 1997)을 통해 더욱 정밀하게 구성되었다. 서얼과 그의 언어행위이론이 법이론, 특히 법적 논증이론에서 갖는 전반적 의미에 관해서는 *Andrzej Grabowski*, Judicial Argumentation and Pragmatics, Krakau 1999 참고.

41) 명확하고도 전체를 개관하고 있는 서술로는 *Eike von Savigny*, Die Philosophie der normalen Sprache. Eine kritische Einführung in die "ordinary language philosophy", 1969, S. 208ff. 참고.

수 없다는 원칙을 위협한다고 본다. 즉, 약속이라는 사실은 이 이원론적 원칙에 따르면 약속을 지켜야 할 의무를 정당화할 수 없다. 하지만 이와 관련해서는 특정한 명제를 표현한다는 자연적 사실과 약속이라는 제도적 사실을 구별해야 한다. 실제로 아무런 규범적 전제도 추가하지 않으면 A가 B에게 "내일 강의를 내가 대신한다"고 말한 표현으로부터 어떠한 의무도 도출되지 않는다. 그것은 농담일 수도 있고 B에게 은연중에 협박을 하는 것일 수도 있다. 하지만 이 표현을 약속으로 해석한다면, 이로부터 일단은 그에 상응하는 행위를 해야 할 의무를 도출해낼 수 있다. 그 이유는 약속이라는 제도 자체가 약속한 사람에 대한 규범적 구속을 통해 개념정의가 되기 때문이다.

이러한 논증은 존재로부터 당위를 도출하는 것의 금지가 보편적으로 타당한 것이 아니라, 제한적으로만 타당하다는 주장을 포함한다. 즉, 이 금지는 자연적 사실(facta bruta)에 대해서는 타당하지만, 제도적 사실에 대해서는 타당하지 않다. 이른바 필연적인 논리법칙을 원용하여 이 점을 부정하는 사람은 제도적 사실의 구조 및 논증의 통제에서 논리학이 행하는 역할 가운데 어느 하나를 오해하거나,[42] 두 가지 모두를 오해한 것이다. 그 근거를 여기서는 간략하게만 제시하겠다.

논리학의 과제는 하나의 특정한 주장으로부터 어떠한 주장들이 도출되고, 어떠한 주장들이 이와 결합하거나 결합하지 않는지를 결정하는 논증규칙들을 재구성하고 형식화하는 것이다. 따라서 결코 자연적이고, 이미 주어져 있는 논리학체계가 존재하지 않는다. 이 점을 타르스키(Tarski)와 루카지비츠(Lukasiewicz)의 고향에서 특별히 강조할 필요는 없을 것이다. 오히려 논리학이 특정한 영역에 따라 얼마든

42) 법적 논증에서 논리학이 갖는 의미를 학문이론적 성찰에 기초하여 서술하고 있는 문헌으로는 *Jerzy Stelmach/Bartosz Brozek*, Methods of Legal Reasoning, Dordrecht 2006, S. 17ff. 참고.

지 다룰 수 있는 논증의 규칙에 지향되어야 한다.[43] 논증규칙은 자연적 사실의 영역에서만 존재로부터 당위를 도출하는 것을 금지할 뿐, 제도적 사실의 영역에서는 그렇지 않다. "나는 내 동료에게 약속을 했기 때문에 대신 강의를 해야 한다"는 논증은 논리적으로 완벽하게 정확하다. 그 이유는 약속이라는 사회적 제도 속에 이미 구속력이라는 규범적 요소가 함께 들어가 있기 때문이다.

'법'이라는 제도적 사실에 대해서도 마찬가지로 말할 수 있다.[44] 하나의 행위를 법제정 행위로 해석한다는 것은 제정된 법이 원칙적으로 구속력을 갖는다는 전제, 즉 그 규범적 효력과 필연적으로 결합된다. 이러한 전제는 규범들에 대해 표결을 한 인간집단이 의회로 해석되고, 특정한 개인이 텍스트에 서명을 하는 행위를 대통령에 의한 법률인준으로 해석된다는 사회적 사실에 부합한다. 법제정과 관련된 이 모든 제도들은 그와 관련된 기준이 되는 제정법의 규칙들이 원칙적으로 효력을 갖는다고 전제할 때에만 의미를 갖는다(더 정확하게는 존재하게 된다. 왜냐하면 이 모든 제도들 역시 법규범을 통해 구성된 결과이기 때문이다). 따라서 법의 효력은 법이라는 제도적 사실의 한 요소이고, 그 자체 약속은 원칙적으로 약속한 대로 행위할 의무를 부과한다는 규칙의 효력만큼이나 전혀 문제가 없다.

이 맥락에서 나는 한 가지 관점을 다시 한 번 강조하고자 한다. 즉, 법은 규범적 결과를 내포하는 제도적 사실로서 전적으로 사회적 존재일 뿐이다. 법의 이념적 존재를 전제하는 것은 인식론적으로 타당

---

43) 이에 관해 자세히는 *Ulfrid Neumann*, Juristische Argumentationslehre, 1986, S. 30ff. 참고.

44) 제도주의적 법이론에 관해서는 *MacCormick/Weinberger*, Grundlagen des institutionalistischen Rechtspositivismus(각주 35), 1985 참고. 이에 관해서는 또한 *Dirk W. Ruiter*, Institutionelle Rechtstatsachen. Rechtliche Ermächtigungen und ihre Wirkungen, 1995(영어본 1993년)도 참고.

할 수 없을 뿐만 아니라, 법의 구속력을 정당화할 때에도 전혀 소용이 없다. 따라서 법의 구속력을 정당화하기 위해 형이상학에 의존할 이유가 없다.

물론 법을 제도적 사실로 해석한다고 해서 법의 효력에 대한 '최종적 정당화(Letztbegründung)'가 이루어지는 것은 아니다. 여전히 2중적 의미의 상대성이 남아 있다. 첫째, 한 사회에서 효력을 갖는 법을 구성하는 규칙들은 당연히 시간적 변화와 문화적 제약에 구속된다. 신정주의(Theokratie) 체제에서의 '인식규칙(rule of recognition; 하트)'은 의회민주주의에서와는 다른 효력기준과 관련을 맺는다. 둘째, 제도적 사실은 집단적 해석도식에 기초하며, 특정한 개인에게 이 해석도식을 받아들이라고 강요할 수 없다. 확신에 가득 찬 왕정주의자가 민주적으로 제정된 법을 구속력을 갖는 법으로 승인하지 않는 것은 그의 자유에 속한다. 물론 이 말은 왕정주의자에게 별로 도움이 되지 않는다. 왜냐하면 제도는 집단적 해석도식에 비추어 그 개념이 정의되기 때문이다. 이러한 해석도식을 거부하는 사람은 자신의 관점을 다른 사람들도 확신할 수 있게 만들지 않는 한, 이미 패자의 지위에 있다.

(5) 법효력의 기준들에 관한 결론

법의 효력을 '법'이라는 사회적 제도의 요소로 이해하면, 법효력의 기준들, 즉 실정법에 법효력을 인정하기 위한 요건에 대한 물음과 관련해서는 두 가지 결론이 도출된다. 나는 이 글을 마감하기 전에 이 두 가지 결론에 대해 간략히 설명하고자 한다.

첫 번째 결론: 법을 제도적 사실로 이해하면, 법효력의 기준에 대한 물음은 일단 경험적 물음이 된다. 내가 보기에는 하트가 이 점을 매우 명확하고 적절하게 분석했다.[45] 따라서 특정한 사회에서의 법

이 실증주의적으로 해석되고 다루어지는지 아니면 자연법적으로 해석되고 다루어지는지를 확인하기만 하면 된다. 물론 그것만으로 법관이나 법철학자의 과제가 끝나지는 않는다. 법사회학자는 특정한 사회에서 실증주의적 법이해 또는 자연법적 법이해가 지배하는지를 확인하는 것에 만족할 수 있다. 이에 반해 법관은 해결하기 어려운 사례(hard case)와 관련해서는 그 자신이 과연 실증주의적 입장에서 출발해야 하는지 아니면 법도덕주의적 입장에서 출발해야 하는지를 스스로 결정해야 한다. 설령 그가 이 결정과 관련하여 사회의 지배적인 ―법실증주의적 또는 법도덕주의적― 견해에 따르기로 결정한 경우에도 이 결정 자체로부터 해방되지는 못한다. 왜냐하면 지배적인 견해를 따르는 결정 역시 그 자신이 내려야 할 결정이기 때문이다. 이러한 결정을 통해 법관은 결코 법체계에 대한 사실언명을 하는 것이 아니라, 법체계를 특정한 방식으로 해석하자는 제안을 하는 셈이다. 이 점은 법에 대한 실증주의적 이해와 법도덕주의적 이해 가운데 하나를 선택하는 법철학자의 경우에도 마찬가지이다. 법철학자 역시 법체계에 대해 사실언명을 하는 것이 아니라, 법원이 형식적으로 정확하게 제정되었지만, 현저하게 부정의한 법률을 어떻게 다루어야만 하는가(sollen)에 대해 제안을 한다.

이러한 고찰방식이 옳다면, 이로부터 과거의 부정의한 법질서를 법적으로 처리하는 실천적 문제에 관련된 두 번째 결론이 도출된다. 즉, 제도적 사실로서의 법이 사회적 사실이고 법도덕주의의 입장은 단지 법질서를 특정한 방식으로 다루어야 한다는 제안이라면, 법도

45) 인식규칙은 "… 법원, 행정공무원, 사인들이 일정한 기준의 도움을 빌려 무엇이 법인지를 확인할 때에 서로 조합되는 상당히 복잡한 실천으로서만 존재할 뿐이다. 인식규칙의 존재는 이와 같은 방식의 사실성 속에 있다(*Hart*, Der Begriff des Rechts, Frankfurt/Main 1973, S. 155; 영어원본 The Concept of Law, Oxford 1961)."

덕주의적 입장은 과거의 법질서에 적용할 수 없다.[46] 왜냐하면 과거의 법질서에서 이루어진 과거의 처리방식에 대해 제안을 하려고 하는 것은 무의미하기 때문이다. 다시 말해 과거의 법질서에서 효력을 갖는다고 인정되던 법규범들로부터 법도덕주의의 관점에서 사후적으로(ex post) 그 효력을 박탈하는 것은 불가능하다. 즉, 그 당시에 효력을 갖는다고 승인되던 법률이 자연법에 위반되기 때문에 이미 그 당시에도 '실제로는' 효력을 갖는 법이 아니었다고 논증할 수는 없다. 왜냐하면 법은 제도적 사실로서 단지 사회적 존재일 뿐, 이념적 존재가 아니기 때문이다. 물론 과거의 법을 도덕적 관점에서 비판할 수는 있다(이는 현재 효력을 갖는 법에 대해서도 마찬가지이다). 하지만 이러한 비판은 과거 당시에 효력을 가졌던 법의 존재에 소급적인 작용을 미치지 않는다. 구체적으로 말하자면, 과거의 법질서에서 저질러졌고, 또한 이 과거의 법질서에서 제정되고 적용되던 법에 따르면 합법적이었던 행위를 오늘날에 처벌하려면, 이는 오로지 형법규범의 소급효금지를 제한하는 방식을 통해서만 가능하다. 행위가 '실제로는' 이미 그 당시에도 가벌성이 있었다는 논증은 불가능하다. 소급효금지를 부분적으로 배제하는 것은 도저히 참을 수 없는 인권침해를 처벌하기 위한 경우일 때에만 정당화될 수 있다. 이러한 소급효금지의 제한은 도덕적 및 정치적으로 정당화해야 하지, 법철학을 동원하여 이를 은폐할 수는 없다.

46) 이에 관한 자세한 내용은 *Ulfrid Neumann*, Rechtspositivismus, Rechtrealismus und Rechtsmoralismus in der Diskussion um die strafrechtliche Bewältigung politischer Systemwechsel, in: Prittwitz u.a.(Hrsg.), Festschrift für Klaus Lüderssen, 2002, S. 109ff.(본서의 231면 이하) 참고.

Ⅲ

법학의 학문이론과 학문사

17. 법이론과 일반 학문이론

(1)

베르너 마이호퍼(Werner Maihofer)와 함께 편집한 논문집 「법이론」(Rechtstheorie)[1]에 실은 짤막하지만, 매우 근원적인 내용을 담고 있는 논문에서 귄터 야(Günther Jahr)는 법이론의 성격을 '국지적 일반 학문이론'으로 규정하고, 법이론의 언명들은 "법도그마틱이 제시하는 '1차적 언명들'에 대한 학문이론적 메타언명"을 특징으로 한다고 쓰고 있다.[2] 이러한 맥락에서 일반 학문이론의 프로그램, 문제제기 및 그 결론들이 법학에서는 어떠한 의미를 갖는지를 검토하는 작업은 앞서

1) *G. Jahr/W. Maihofer*(Hrsg.), Rechtstheorie. Beiträge zur Grundlagendiskussion, 1971.

2) *G. Jahr*, Zum Verhältnis von Rechtstheorie und Rechtsdogmatik, in: Rechtstheorie(각주 1), S. 303ff., 310f.

언급한 논문집 자체에서든 여타의 법이론적 논의에서든 한편에서는 비판이론(Kritische Theorie)에 의해, 다른 한편에서는 분석적 학문이론(analytische Wissenschaftstheorie)에 의해 이루어지고 있다.[3] 이 점에서 법이론의 논의는 1970년대 초반에 철학과 일반 학문이론에서 형성된 진영[4]을 그대로 반영하고 있다. 특정한 학문이론(또는 메타 학문이론)을 선택하는 문제를 올바른 신앙의 문제가 아니라, 이론의 역량이라는 기준에 지향된 결정으로 여기는 사람은 두 진영 사이의 평화로운 공존을 옹호하고, 각 이론이 갖는 가치를 자신이 속한 학문이론 진영의 당원증이 아니라, 특수한 법학적 문제를 분석할 때 성과가 있는지 여부에 따라 판단하는 성향을 지니는 것이 바람직하다. 이런 의미에서 아래에서는 최근 법학문헌에서 놀라울 정도로 각광을 받고 있는 어느 학문이론적 설명모델이 어떠한 법이론적 역량을 갖고 있는지를 검토하고자 한다. 이 모델은 바로 연역적-법칙적(deuktiv-nomlogisch) 설명모델이다. 이 모델이 일반 학문이론에서는 이미 조사(弔辭)의 대상이 되는[5] 바로 그 시점에 법이론에서는 엄청난 승리를 거두었다

---

3) 두 입장들의 관계 및 여러 이론들을 이 입장들의 관점에서 '편제'하는 문제에 관해서는 위 논문집의 서론(*J. Klüver/J.-M. Priester/J. Schmidt/F.O. Wolf*, S. 1ff., S.9/10) 참고. 이 밖에도 분석적 진영에 관해서는 *von Savigny*, in: E. von Savigny u.a., Juristische Dogmatik und Wissenschaftstheorie, 1976; *H.J. Koch/H. Rüßmann*, Juristische Begründungslehre, 1982; *Th. Schlapp*, Theorienstrukturen und Rechtsdogmatik. Ansätze zu einer strukturalistischen Sicht juristischer Theoriebildung, 1989 참고. 비판이론을 법이론에 수용하는 문제에 관해서는 *Arthur Kaufmann*, Einleitung zu dems.(Hrsg.), Rechtstheorie. Ansätze zu einem kritischen Rechtsverständnis, 1971, S. 1ff. 참고.

4) 대표적으로는 *Th. W. Adorno* u.a., Der Positivismusstreit in der deutschen Soziologie, 1972 참고.

5) 이에 관해서는 예컨대 *G. Schurz*, Einleitung: 40 Jahre nach Hempel/Oppenheim, in: ders.(Hrsg.), Erklären und Verstehen in der Wissenschaft,

는 사실이 이 모델에 대한 공정한 판단을 흐리게 해서는 안 된다. 아래에서는 연역적-법칙적 설명모델이 안고 있는 커다란 난점과는 관계없이 그리고 하나의 설명모델을 규범적 정당화에 이용할 때 추가로 등장하는 일반적인 문제점에도 불구하고, 연역적-법칙적 도식이 법이론에서 발휘할 수 있는 역량은 상당히 크다는 점을 밝히겠다. 이 점은 특히 이 모델과 연관된 귀납과 반증의 경우에도 그대로 해당된다.

(2)

연역적-법칙적 도식에서 결론은 이 결론이 일반적 법칙성에 바탕하고 있다는 점을 통해 설명된다. 더 자세히 말하자면, 결론의 '근거'에 대한 물음은 결론에 해당하는 명제가 사안과 관련된 특수한 단칭적 사정을 서술하고 있는 명제들(A1, A2 … Ak)과 설명의 기초가 되는 일반법칙을 표현하고 있는 명제들(G1, G2 … Gr)로부터 논리적으로 도출된다는 식으로 대답된다. 이를 도식화하면 설명은 다음과 같은 구조를 갖는다.

A1, A2 … Ak	설명항(Explanans)
G1, G2 … Gr	
E	피설명항(Explanadum)[6]

가장 단순한 경우에 피설명항(피설명항의 명제)은 하나의 법칙과 하나의 특수한 사정으로부터 도출될 수 있다.

1988, S. 11ff. 참고.

6) *C. G. Hempel*, Aspekte wissenschaftlicher Erklärung, 1977, S. 5ff.

〈 보기 〉

a는 태양계 S의 행성이다
모든 행성은 태양계의 중심 태양 주위를 타원형으로 돈다
a는 S 주위를 타원형으로 돈다

연역적-법칙적 설명에서는 피설명항이 설명항으로부터 논리적으로 도출되기 때문에 논리적 추론관계를 적절한 논리계산으로 서술할 수도 있다. 술어논리계산에서는 일반법칙을 전건으로 삼아 다음과 같은 추론관계를 표시한다.7)

$$\begin{array}{l} \wedge x\ (Px \rightarrow Ex) \\ \quad Pa \\ \hline \qquad\quad Ea \end{array}$$

이러한 서술형태는 명백히 법적 삼단논법에 대한 술어논리적 재구성과 매우 유사하다. 다음가 같은 보기를 들어보자.

$$\begin{array}{l} \wedge x\ (Mx \rightarrow Sx) \\ \quad Ma \\ \hline \qquad\quad Sa \end{array}$$

이 도식을 읽으면 다음과 같다.

모든 사례 x에 대하여, 만일 x가 살인자라면 x는 처벌되어야 한다.

---

7) 동일한 서술은 예컨대 *R. Carnap*, Einführung in die Philosophie der Naturwissenschaft, 1969, S. 15에도 나와 있다.

a는 살인자이다.
a는 처벌되어야 한다.

학문이론적으로 흥미로운 측면은 이 두 도식의 술어논리적 재구성이 동일한 형태를 갖는다는 점에 착안하여, 술어논리로 재구성된 연역적-법칙적 도식에서 피설명항의 도출이 곧 피설명항에 대한 설명이 되는 것과 마찬가지로 술어논리로 재구성된 법적 삼단논법에서 법률효과를 도출하는 것은 이 법률효과에 대한 정당화가 된다고 주장[8)]하기도 한다는 사실이다. 연역적-법칙적 도식으로부터 벗어나 화용론적(pragmatisch) 설명모델로 점차 전환하는 경향을 보이고 있는 최근의 일반 학문이론의 특징[9)]을 감안한다면, 양자의 동일성은 오히려 부정적인 측면에서 파악해야 한다. 즉, 논리적 전칭명제와 단칭적인 사실에 대한 서술로부터 피설명항이 논리적으로 도출되지 않는 것과 마찬가지로, 법률효과의 연역은 법률효과에 대한 정당화를 제공하지 않는다고 말이다. 과연 어느 쪽이 옳은지 그리고 두 모델들의 유사성은 그저 피상적인 전제에 불과한 것인지는 두 모델이 직면하고 있는 반론에 대한 논의에 비추어 검토할 수 있다. 일단 비판을 받는 측면에서도 양자는 놀라울 정도로 일치한다.

1) 이 점은 일단 헴펠(Hempel)과 오펜하임(Oppenheim)의 연역적-법

---

8) 이러한 의미로 주장하는 *Horak*, Zur rechtstheoretischen Problematik der juristischen Begründung von Entscheidungen, in: R. Sprung/B. König (Hrsg.), Die Entscheidungsbegründung in europäischen Verfahrensrechten und im Verfahren vor internationalen Gerichten, 1974, S. 1ff., S. 17 참고.

9) 이에 관해서는 예컨대 *W. Stegmüller*, Begründung, Kausalität; Probleme und Resultate der Wissenschaftstheorie der Analytischen Philosophie, Bd. 1, 2. Aufl. 1983, S. VII, 1ff., 940ff. 참고.

칙적 모델에 대해 제기되는 비판, 즉 적절한 새로운 정보를 추가하면 결론이 타당하지 않게 만든다는 비판[10]에 비추어 볼 때에도 그렇다. 앞에서 보기로 든 행성운행과 관련하여, 행성운행을 케플러의 제1법칙을 통해 설명할 때, 행성의 궤도가 다른 천체에 의해서도 영향을 받는다는 새로운 전제를 추가하면, 논증은 정확하지 않게 된다.

그리하여

$\wedge x\ (Px \rightarrow Ex)$

Pa

Ea(a의 운행궤도는 S와 동일하지 않는 천체로부터 영향을 받는다.)

라는 전제들에 기초하여 Ea가 논리적으로 도출되지만, 행성 a가 태양을 중심으로 타원형 궤도로 운행을 한다는 주장은 다른 천체의 영향을 중립화하는 반작용이 행성에 영향을 미치지 않는 한, 거짓이다. 이 점은 켄필드(Canfield)와 레러(Lehrer)가 이용하는 보기의 경우에도 마찬가지이다. 즉, 섬유의 장력과 이 섬유에 장력을 초과하는 무게를 가했다는 사실부터 —예컨대 섬유에 가해진 무게를 자석을 통해 중립화한다면— 곧바로 섬유가 찢어진다는 결론을 도출할 수 없다.[11]

단칭의 법률효과명령을 연역적-법칙적으로 정당화할 때에도 똑같은 문제가 발생한다. 앞의 보기에서 Sa를 전칭명제와 a가 살인자라는 사실을 통해 정당화하는 것은, 만일 a가 행위시점에 책임무능력 상태에 있었다는 정보를 추가하게 되면, 타당성이 없다.[12] 만일

---

10) *J. Canfield/K. Lehrer*, A Note on Prediction and Deduction, in: Philosophy of Science 28(1961), S. 204ff.[인용은 Stegmüller, Begründung, Kausalität (각주 9), S. 181ff.에 따름].

11) 이 보기에 관해서는 *K.R. Popper*, Logik der Forschung, 8. Aufl. 1984, S. 31ff. 참고.

¬Scha("a는 행위시점에 책임무능력 상태가 아니었다")는 전제를 추가하면, 이 사례에서 a는 명백히 처벌될 수 없음에도 불구하고 Sa는 논리적으로 도출할 수 있다.

이 두 가지 경우는 논리학의 문제가 아니라, 학문이론적 문제에 해당한다. 추론 자체는 논리적으로 정확하지만, 결론은 변용된 도식에서 거짓이 되기 때문에, 논리적으로 보면 최소한 하나의 전제는 거짓이다. 원래의 두 전제들 가운데 어느 것을 포기할 것인지는 학문이론적으로 대답해야 한다. 연역적-법칙적 설명의 영역과 관련하여 슈테그뮐러(Stegmüller)는 전건(Antecedens)의 조건에서 실마리를 찾는다. 즉, 섬유의 보기에서 섬유에 매달린 물건의 무게가 자석을 통해 중립화된다면, 섬유에 물건의 힘이 가해진다는 조건 자체가 충족되어 있지 않다고 한다. 이와는 달리 법칙가설을 예외조건을 통해 확장하는 대안의 가능성은 슈테그뮐러가 명시적으로 거부한다. 즉, 그와 같은 대안은 생각할 수 있는 모든 예외들이 확장된 법칙가설을 통해 사전에 포착될 수 있을 때에만 성공할 수 있는데, 이러한 완벽성조건이 충족되어 있는지를 확인할 수 있는 방법은 원칙적으로 존재하지 않는다고 한다.

이러한 해결방법은 슈테그뮐러가 사용하고 있는 보기와 관련해서는 충분히 설득력을 갖는다. 하지만 이 방법이 연역적-법칙적 설명과 관련된 모든 사례에서 설득력 있는 해결을 가져다줄지는 의문이다. 예를 들어 행성에 대한 보기에서 태양 주위를 돌긴 하지만, 동시에 다른 천체의 영향을 받는 물체는 행성이 아니라는 주장을 인정하는 것을 주저하게 된다. 아무튼 연역적-법칙적 설명모델과 관련하여 이러한 문제를 어떤 식으로 처리할 것인지에 관계없이 슈테그뮐러의

12) 이에 관해서는 *Ulfrid Neumann*, Juristische Logik, in: A. Kaufmann/W. Hassemer, Einführung in Rechtsphilosophie und Rechtstheorie der Gegenwart, 5. Aufl. 1989, S. 256ff., 265f. 참고.

해결방법을 연역적-법칙적 결정정당화에 대입할 수 없다는 사실만은 분명하다. a가 살인을 저질렀다는 사실, 즉 a가 살인자라는 사실은 a가 책임무능력자라는 사실을 통해서도 의심의 대상이 되지 않는다. 따라서 연역적-법칙적 도식을 법학의 영역에서 '적용'할 때에는 슈테그뮐러가 명시적으로 거부한, 법칙가설의 변용만이 대안이 될 수 있다. 그렇지만 예외가 존재하지 않는 것을 소극적 조건으로 법칙가설테제에 포함시키는 해결책[13]은 속임수일 뿐이다. 왜냐하면 다음의 공식

$$\wedge x(Mx \wedge \neg Ax \rightarrow Sx)$$

에서 $\neg Ax$("x에 대한 예외가 존재하지 않는다")는 법칙가설테제의 표현에 추가할 수 없는, 다른 언어적 구성단계에 있는 표현이다.[14] 따라서 개개의 예외사례를 법률의 조건에 해당하는 표현에 포함시키고, 공리화된(axiomatisiert) 법영역들의 형식화에 국한시킴으로써 완벽성을 보장하는 방법밖에는 다른 대안이 없다.[15] 이로써 사안서술과 (개별) 법규범으로부터 단칭의 법률효과를 도출하는 것('법적 삼단논법')을 형식화하는 것은 배제된다.

2) 일반 학문이론과 법이론에서의 논의가 놀라울 정도로 일치하는

---

13) 이에 관해서는 *R. Alexy*, Die logische Analyse juristischer Entscheidung, in: W. Hassemer/A. Kaufmann/U. Neumann(Hrsg.), Argumentation und Recht, ARSP-Beiheft Nr. 14, 1980, S. 181ff., 202f. 참고.

14) 이에 관해서는 *U. Neumann*, Zur Problematik der Rekonstruktion von juristischen Argumentationen im Prädikatenkalkül, in: Loccumer Protolkolle 31(1980), S. 128ff. 참고.

15) 이에 관해서는 *J. Rödig*, Axiomatisierbarkeit juristischer Systeme, in: ders., Schriften zur juristischen Logik, hrsg. von E. Bund u.a., 1980, S. 81 참고.

현상은 피설명항의 연역적-법칙적 도출이 갖는 설명가치 또는 정당화가치에 대한 물음에서도 확인된다. 즉, 일반 학문이론에서 일부의 견해는 헴펠과 오펜하임의 도식에서 결론의 연역적 도출이 피설명항을 설명해준다는 사실 자체를 반박한다. 즉, 설명항의 전칭명제들은 사실상 개별 사건들에 대한 요약적 서술일 뿐, 개별 사건에 대한 설명이 아니라고 한다.[16] 이와 똑같은 의미에서 연역적-법칙적 도식에 따라 법적 정당화를 재구성하는 것에 대해서도 "모든 살인자는 처벌되어야 한다"는 전칭명제는 단칭명제를 정당화하는 것이 아니라, 단지 단칭명제를 주장할 뿐이라는 반론이 제기된다. 즉, 전칭명제 $\wedge x (Mx \rightarrow Sx)$는 이미 단칭함축 $Ma \wedge Sa$를 포함하고 있기 때문에, 전칭명제는 살인자 a가 처벌되어야 한다는 주장에 대한 정당화를 제공하지 않는다는 것이다.[17] 이러한 논증에서는 한 명제의 연역과 이 명제에 대한 근거제시나 정당화는 별개의 것이라고 전제한다.[18]

법적 결정의 정당화와 관련하여 연역적-법칙적 모델을 주장하는 사람들은 이러한 전제를 명시적으로 거부한다.[19] 물론 누구나 당당한 입장을 취하면서, "피고인은 유죄판결을 받아야 하기 때문에, 유죄판결을 받아야 한다"는 명제를 정당화로 인정해야 한다는 식으로 정당화의 개념을 규정할 자유가 있다. 그러나 법적 논증을 적절하게

---

16) 이 점을 명확하게 밝히고 있는 *D. W. Theobald*, Grundzüge der Wissenschaftsphilosophie, 1973, S. 107 참고. 또한 *G. H. von Wright*, Erklären und Verstehen, 1974, S. 27도 참고.

17) *U. Neumann*, Juristische Argumentationslehre, 1986, S. 18ff.

18) 이 점을 분명하게 강조하고 있는 *E. von Savigny*, Topik und Axiomatik: eine verfehlte Alternative, ARSP 59(1973), S. 249ff. 참고: 연역은 "결코 근거제시나 정당화가 아니다."

19) *H. J. Koch*, Deduktive Entscheidungsbegründung, in: O. Behrens/M. Dießelhorst/R. Dreier(Hrsg.), Rechtsdogmatik und praktische Vernunft, 1990, S. 69ff., 88f.; *D. Buchwald*, Der Begriff der rationalen juristischen Begründung. Zur Theorie der juristischen Vernunft, 1990, S. 287ff.

재구성한다는 목적에 그와 같은 정당화개념은 아무런 소용이 없다. "p이기 때문에 p이다($p \rightarrow p$; $p \vdash p$)"는 구조를 가진 주장에 관한 한, 연역적-법칙적 모델의 주장자들도 이 점을 부정하지 않는다.[20] 하지만 법적 삼단논법에서 결론을 연역하는 문제와 관련해서는, 비록 연역적-법칙적 도식에서 논증은 동어반복(Tautologie)이라는 점을 인정할지라도 사정이 다르다고 한다.[21] 하지만 무슨 이유에서 ($p \rightarrow p$)의 경우에는 동어반복적 논증을 정당화로 이용해야만 하고, 연역적-법칙적 도식의 경우에는 정당화로 인정해야만 하는지를 알 수 없다. 그리고 동어반복적 논증을 순환논리라고 표현하는 것이 왜 허용되지 않는지도 알 수 없다.[22] 이와 관련해서는 전제의 진리성이 결론의 진

---

20) *H. Rüßmann*, Normative Begründungsmöglichkeiten jenseits der Gesetzesbindung(1992년 함부르크에서 열린 세계법철학회 독일지부 정기학술대회 강연 초고).

21) *Koch*(각주 19), S. 89: "구체적 법률효과명령에 대한 연역적 정당화는 … 결코 동어반복이 아니다. 동어반복적인 것, 다시 말해 논리적으로 타당한 것은 전제와 결론으로 구성되는 전체 논거이다. 이에 반해 구체적인 법률효과명령은 논리적으로 타당한 것이 아니라, 추론이 타당하고 또한 전체가 참 또는 타당할 때에만 타당하다." 후반부의 내용은 너무나도 당연한 얘기이다. 우리가 앞에서 든 보기에서 'Sa'라는 표현은 당연히 논리적으로 타당하지 않다. 그러나 정당화항(전제)과 피정당화항(결론) 모두를 포괄하는 (코호가 동어반복이 아니라고 주장하는) 연역적 정당화가 전제와 결론으로 구성되는 ―당연히 동어반복적인!― '전체 논거'와 어떤 이유에서 다른지는 수수께끼가 아닐 수 없다. 전제는 결코 논리적 진리를 표현하지 않는다는 단순한 통찰을 뜻하는 것은 분명 아닌 것 같다. 이 점은 동어반복적 논증($p \rightarrow p$)에 당연히 해당되는 얘기이다.

22) *Koch*(각주 19), S. 89에서도 불확실하다: "전통적으로 전제들이 이 전제들에 의해 뒷받침되는 결론을 정당한 것으로 전제하고 있는 논거를 … 순환논거라고 부른다. 이는 연역추론에는 해당하지 않는다. 연역추론에서는 전제가 결과를 포함한다." 하지만 전제가 결론을 포함한다는 것은 동시에 전제의 진리성이 결론(추론된 것)의 진리성을 전제한다는 뜻이다. "모든 살인자는 처벌되어야 한다"는 주장은 "살인자 A는 처벌되어야 한다"는 주

리성을 논리적으로 전제한다는 사실을 지적하는 것만으로 충분하다. 즉, 살인자 A가 처벌되지 말아야 한다면, 모든 살인자가 처벌되어야 한다는 주장은 맞지 않다. 경험과학의 영역에서도 마찬가지이다. 즉, 까마귀 A가 검지 않다면, 모든 까마귀는 검다는 주장은 맞지 않다. 그렇기 때문에 전제는 이 전제를 통해 정당화되는 결론('까마귀 B는 검다' 또는 '살인자 A는 처벌되어야 한다')을 포함한다.[23] 바로 이 지점에서

장을 포함한다. 따라서 "살인자 A는 처벌되어야 한다"는 주장의 진리성(정당성)은 "모든 살인자는 처벌되어야 한다"는 주장의 진리성의 전제이다.

23) 술어논리로 재구성된 법적 삼단논법이 순환논법이라는 비난에 대해 쿨렌(L. Kuhlen)은 매우 흥미로운 반론을 펼친다. 그에 따르면 전제로부터 결론으로 넘어갈 때뿐만 아니라, 결론으로부터 전제로 넘어갈 때에도 순환논법이 존재한다고 한다. 하지만 이 점은 법적 결정에 대한 삼단논법에는 해당하지 않는다고 한다. 왜냐하면 예를 들어 "a는 처벌되어야 한다"는 결론으로부터 전제로 역추론을 하지는 않기 때문이라는 것이다[*Kuhlen*, Regel und Fall in der juristischen Methodenlehre, in: M. Herberger/U, Neumann/H. Rüßmann(Hrsg.), Generalisierung und Individualisierung im Rechtsdenekn, ARSP-Beiheft Nr. 45(1992), S. 101ff.]. 내 생각으로는 순환성이라는 개념을 쿨렌과 같이 좁게 잡는 것은 얼마든지 가능하지만, 결코 적절하지 않다고 보인다. 왜냐하면 그로 인해 $(p \rightarrow p)$라는 논증은, 만일 전제에 논리적으로 참이 아닌, 임의의 주장 q를 추가하게 되면$(p \wedge q \rightarrow p)$, 순환적 성격을 상실할 것이기 때문이다. 이렇게 되면 결론의 정당화와는 전혀 관계가 없는 ―왜냐하면 결론 p는 어차피 전제 p로부터 필연적으로 도출되기 때문에― 주장을 통해 전제를 강화함으로써 동어반복적 논증으로부터 순환논증의 성격을 없앨 수 있을 것이다. 이는 결코 만족스러운 결과가 아니다. "모든 살인자는 처벌되어야 한다"는 전제가 A의 가벌성에 대한 정당화를 모든 사람에게 "매우 흥미로운 새로운 정보"를 제공하고 "완전히 새로운 논의가능성"을 부여한다는, 쿨렌의 또 다른 논거(a.a.O)는 타당하긴 하지만, 그 자체가 이미 논리적 추론이 수행하는 정당화의 질은 그의 주장에서 전제되어 있지 않다는 것을 보여준다. 왜냐하면 논리적으로 볼 때, $Ma \rightarrow Sa$라는 주장은 전칭명제 x $(Mx \rightarrow Sx)$에 이미 포함되어 있는 주장 $Ma \rightarrow Sa$을 통해 필연적으로 정당화되기 때문이다. 살인자 b, c, d …, n도 처벌받아야 한다는 정보는 $Ma \rightarrow Sa$의 논리적 추론에서는 아무 의미가

논증과 연역 사이에 존재하는 차이가 밝혀진다. 연역추론은 등가적인 논리적 전환을 포함한다.[24] 따라서 연역추론은 하나의 주장에 담겨진 정보내용을 명시적으로 밝힌다. 이에 반해 논증은 진보적이다. 즉, 논증은 등가적인 논리적 전환에 기초하지 않는다.[25] 이 점을 다음과 같이 표현할 수도 있다. 연역적 정당화는 언제나 자기정당화의 구조를 갖는다. 이런 의미에서 하나의 명제에 대한 가장 강하고, 가장 확실한 형태의 정당화인 논리적 추론은 동시에 가장 약한 형태의 정당화이다.

3) 연역적-법칙적 도식이 갖는 설명 및 정당화역량에 대해 이러한 비판을 가한다고 해서 자연법칙은 사실의 설명에서, 법적 규칙은 법률효과의 결정에서 중요한 역할을 한다는 사실까지 반박하는 것은 아니다. 하지만 앞에서 행한 비판에 비추어 볼 때, 자연법칙 또는 법적 규칙을 술어논리로 재구성하는 것에 대한 대안 및 법칙과 규칙을 연역적 논증도식의 전제로 해석하는 것에 대한 대안을 모색할 필요가 있다는 점은 분명하다.

a) 헴펠-오펜하임 도식에서 전제인 일반명제를 보편적 조건문으로 설명하게 되면, 연역적-법칙적 도출에게만 설명가치를 부여할 수 있게 되는 전제조건을 등한시하게 된다. 즉, 보편적 전제로는 법칙에 준하는 언명만이 고려될 뿐, 우연적인 언명은 고려되지 않는다.[26] 이

없지만, 실천적인 법적 논증에서는 극도로 흥미로운 정보이다(이 점에 관한 한은 쿨렌에 동의할 수 있다).

24) 여기에는 약화시키는(예컨대 대소추론) 논리적 전환도 포함된다.

25) 이 맥락에서 '전환(Transformation)'이라는 용어를 사용하는 것의 문제점에 대해서는 *A. Peczenik*, Grundlagen der juristischen Argumentation, 1983, S. 6의 각주 4 참고.

26) 이에 관해서는 *Hempel*, Aspekte wissenschaftlicher Erklärung(각주 6), S.

점은 헴펠이 제시한 보기를 통해 분명하게 밝힐 수 있다. 특정한 학교에서 특정 연도에 입학한 모든 학생들이 금발머리라면, 이 사실은 보편적 조건문의 형태로 표현할 수 있다. 이 명제와 이 학교 학생 쿠노 마이어(Kuno Meyer)가 해당 연도에 입학했다는 사실로부터 마이어가 금발머리라는 결론이 도출된다. 그러나 마이어가 이 학교에 그 연도에 입학했다는 사실은 그가 금발이라는 것을 설명하지 않는다. 이에 반해 마이어의 두 부모가 금발이라는 사실은 금발 부모에게서 태어난 아이들은 모두 금발이라는, 사실에 반하여 전제된 법칙과 결합시키면 마이어의 머리색깔을 설명한다.[27] 보편적인 조건문을 이런 또는 저런 카테고리로 귀속시키기 위한 기준은 가상의(irreal) 조건문 또는 가설적(subjunktiv)[28] 조건문의 구성이다.[29] 예를 들어 "피터의 부모 모두가 금발이라면, 피터 역시 금발이다"는 명제는 앞에서 말한 전제조건하에서는 타당하다. 이에 반해 "피터가 고려초등학교 6학년 학생이라면, 그는 금발이다"는 명제는 그렇지 않다. 앞의 경우에는 법칙 또는 법칙에 유사한 언명인 반면, 뒤의 경우에는 단칭적인 사안에 대한 설명의 기초로 삼을 수 없는 우연적 보편성에 대한 언명일 뿐이다.

이 점에서도 설명모델의 문제는 매우 구체적인 측면에서까지 법적

7ff.; *Stegmüller,* Erklärung, Begründung, Kausalität(각주 9), S. 319ff.; *von Wright*, Erklären und Verstehen(각주 16), S. 27ff., 42ff. 참고.

27) 이는 헴펠이 제시한 보기에 해당하지 않는다.

28) 가상적 경우와는 달리 가설적인 경우에는 서술되는 사안의 실제 존재 여부를 따지지 않는다. 이에 관해서는 *Stegmüller*, Erklärung, Begründung, Kausalität(각주 9), S. 330의 각주 6 참고.

29) 특히 굿맨(N. Goodman)에 의해 학문적 논의가 시작된 이 기준에 관해서는 *Hempel*(각주 26), S. 9ff.; *Stegmüller*, Erklärung, Begründung, Kausalität(각주 9), S. 329ff.; *von Wright*, Erklären und Verstehen(각주 16), S. 32, 47 참고.

결정에 대한 정당화의 문제와 매우 유사하다는 점이 드러난다. A 부인에 대해 선고된 사형을 집행하지 말라는 지시가 내려졌다면, "A가 여성이기 때문에"라는 정당화는 여러 가지 방법으로 전칭명제에 연결시킬 수 있다. 사면권자가 모든 여성 사형수들을 개별적으로 사면한다면, "사형을 선고받은 모든 여성들에 대해서는 사형이 집행되어서는 안 된다"는 명제는 "A 부인에 대해서는 사형이 집행되어서는 안 된다"는 명제보다 더 높은 정당화가치를 갖지 않는다. 이 경우 "유죄판결을 받은 B가 여성이라면, 사형을 집행하지 않아야 할 것이다"는 가상적/가설적 조건문은 거짓이다. 이에 반해 해당하는 법질서에 여성에게 선고된 사형판결은 집행되어서는 안 된다는 규칙이 존재할 때에는 사정이 다르다.[30)] 이 경우에는 "유죄판결을 받은 B가 여성이라면, 사형을 집행하지 않아야 할 것이다"는 주장은 참이다. 그러한 규칙의 존재를 지적하는 것은 사실상 A 부인에게 선고된 사형을 집행하지 말아야 한다는 사실에 대한 정당화이다. 이와 같이 법적 규율의 영역에서 전칭명제는 필연적 일반성을 갖는 게 전형적이다.[31)]

술어논리적 서술에서는 일반적 전제의 필연적 일반성이라는 전제조건이 제대로 표현되지 않기 때문에 학문이론[32)]과 법이론 문헌[33)]에서는 술어논리계산에서는 등장하지 않는 새로운 연산자(Operator)를

30) 이 보기는 *G.P. Fletscher*, Utilitarismus und Prinzipiendenken im Strafrecht, ZStW 101(1989), S. 803ff.에 따른 것이다.

31) 하지만 이른바 '집합처분(Sammelverfügung)'의 경우에는 그렇지 않다. '일반처분(Allgemeinverfügung)'과 '집합처분'의 차이에 비추어 보면, 우연적 일반성을 갖는 법적 전칭명제와 필연적 일반성을 갖는 법적 전칭명제 사이의 차이를 뚜렷이 밝힐 수 있다.

32) 대표적으로는 *Popper*, Logik der Forschung(각주 11), S. 388; *von Wright*, Erklären und Verstehen(각주 16), S. 47 참고.

33) *Koch/Trapp*, Richterlicher Innovationsbegriff und Begründbarkeit, in: J. Harenburg/A. Podlech/B. Schlink(Hrsg.), Rechtlicher Wandel durch richterliche Entscheidung, 1980, S. 83ff., 91.

도입하자고 제안한다.

예를 들어 코호(H.J. Koch)와 트랍(W. Trapp)은 법규범을 다음과 같은 형식으로 서술한다.

$$\wedge x(Tx \curvearrowright O[Rx])$$

이 공식은 "x가 구성요건 T를 충족한다면, 법률효과 R가 명령된다"라고 읽는다.[34)]

법규범을 이런 식으로 재구성하면, 이 형식은 실제로 사안과 단칭의 법률효과 사이의 결합에 대한 근거제시가 된다. 왜냐하면 이 형식은 더 이상 살인자 a가 —다른 모든 살인자와 마찬가지로— 처벌되어야 한다는 주장을 반복하는 것이 아니라, 구성요건의 실현과 처벌 사이에 필연적 연관성이 존재한다는 점을 표현하고 있기 때문이다. 물론 법규범에 대한 이러한 재구성이 결정정당화에 대한 연역적-법칙적 도식에 편입되지는 않는다. 왜냐하면 논리계산에서는 즉흥적으로(ad hoc) 도입한 기능사(Funktor)를 사용하여 연산을 하는 것이 불가능하기 때문이다. 더 나아가 전칭명제를 필연적 일반성으로 해석하면 논증의 구조 전체도 변경된다. 왜냐하면 모든 살인자는 처벌되어야 한다는 규칙의 존재는 행위자의 '속성'과 처벌 사이에 연역적-법칙적 도식에서는 표현되지 않는 인과적 결합을 수립하기 때문이다. 행위자는 그가 살인자라면 처벌되는 것이 아니라, 그가 살인을 저질렀기 때문에 처벌된다. 법규범은 이 '때문에'에 대한 근거를 제공한다. 즉, 형법 제211조가 존재하기 때문에, a가 행한 살인은 그에게 종신형을 선고할 근거가 된다. 연역적-법칙적 재구성에서 두 개의 전제들이 함께 '결론'을 정당화하는 경우, 실제로는 다음과 같은 훨씬 더 세분화

34) *Koch/Trapp*(각주 33).

된 논증구조에 따른다.[35]

a는 살인자이다 ——┬—— a는 … 로 처벌받아야 한다

모든 살인자는 … 로 처벌받아야 한다

(3) 귀납, 보편화 그리고 반증

지금까지 밝힌, 일반 학문이론과 법이론 사이의 유사점들은 연역적 설명 또는 결과(결정)의 정당화의 문제에 해당하는 것이었다. 양자 사이의 유사성은 서술적 전칭명제와 규범적 전칭명제에 대한 귀납(Induktion)적 정당화에서도 계속된다. 법학에서는 (윤리학에서와 마찬가지로) 보편화가능성 원칙이 자연과학에서의 귀납원칙과 같은 역할을 한다는 사실은 법이론 문헌에서 여러 가지 방식으로 강조되고 있다.[36] 이러한 사실을 확인한다면, 법적 규칙형성과 관련하여 자연과

---

35) 이른바 툴민(Toulmin)의 도식(*St. E. Toulmin*, The Use of argumet, 1964, S. 99)으로 —여기서는 간략하게만 서술한— 법적 논증을 재구성하는 것에 관해서는 *U. Neumann*, Rechtsontologie und juristische Argumentation, 1979, S. 14 참고. *H.J. Koch/H. Rüßmann*, Juristische Begründungslehre, S. 60에서 이 재구성방법에 가한 비판에 관해서는 *U. Neumann*, Juristische Argumentationslehre, 1986, S. 25ff. 참고. 최근에 *Buchwald*(각주 19)가 툴민의 도식 및 이 도식을 법이론에 수용하는 것에 대해 비판한 내용 역시 설득력이 없다. 부흐발트의 비판은 기본적으로 그가 법적 논증이 반드시 규칙과 관련을 맺는다는 타당한 사실의 확인을 법적 논증은 반드시 '전칭한량이 이루어진 조건문'으로부터 연역하는 형태라는 잘못된 주장과 동일시(S. 290)한 탓에 행해진 비판일 뿐이다.

학에서 단칭명제를 일반화하는 것과 법학에서 일반화하는 것 사이에는 중대한 차이가 있다는 사실에 주목하게 된다. 이러한 차이는 귀납의 기초와 보편화의 기초에 따른 차이에 해당한다. 일반 학문이론에서는 다수의 단칭적 사건들로부터 일반법칙을 추론할 때, 귀납추론이 토대로 삼는 개개의 사건의 수가 많으면 많을수록 더 높은 정당성을 갖는다.[37] 따라서 단 하나의 관찰명제는 일반적 가설의 토대가 되기 어렵다. 이에 반해 법의 영역에서는 단 하나의 법적 사례에 대해 충분한 근거가 있는 결정이 내려졌다는 사실로부터 필연적으로 그에 상응하는 규칙을 추론해낼 수 있다.[38] 이러한 추론이 필연적인 이유는 이 추론이 '그 자체로' 존재하는 법규범에 대한 존재주장을 포함하고 있는 것이 아니라, 단지 하나의 결정에 대한 근거제시라는 개념으로부터 귀결되는 당연한 내용을 명시적으로 밝히는 것일 뿐이기 때문이다.[39] 정당성주장[40]과 함께 하나의 법적 사건을 특정한 방식으

36) 이에 관해서는 예컨대 *A. Peczenik*, Grundlagen der juristischen Argumentation, 1983, S. 145; *Arthur Kaufmann*, Generalisierung und Individualisierung im Rechtsdenekn, in: ARSP-Beiheft Nr. 45, 1992, S. 77ff., 91 참고. 귀납의 문제와 성찰적 평형(롤스)의 문제 사이의 유사성에 대해서는 *Buchwald*(각주 19), S. 132에 제시된 문헌을 참고. 귀납원칙과 도덕철학에서의 보편화가능성 원칙의 유사성에 관해서는 *Habermas*, Diskursethik — Notizen zu einem Begründungsprogramm, in: ders., Moralbewußtsein und kommunikatives Handeln, 1983, S. 53ff., 73 참고. 도덕철학에서의 보편화가능성의 문제에 대해서는 *G. Meggle*, Zur Universalisierbarkeitsproblem in der Moralphilosophie, in: ARSP-Beiheft Nr. 45, 1992, S. 143ff.도 참고.

37) 이에 관한 자세한 내용은 *W. Stegmüller*, Probleme und Resultate der Wissenschaftstheorie und der Analytischen Philosophie, Bd. IV/2, S. 76ff. 참고. 법이론 문헌 가운데는 *R. Wittmann*, Induktive Logik und Jurisprudenz, in: Rechtstheorie 9(1978), S. 43ff. 참고.

38) 이 점에 관해서는 *A. Peczenik*(각주 36), S. 145 참고.

39) 이에 관한 기본적인 내용은 *R. Alexy*, Theorie der juristischen Argumen-

로 결정한 사람은 이를 통해 모든 중요한 관점에 비추어 자신이 결정을 내린 사건과 일치하는 사건에서는 누구나 자신과 마찬가지로 결정해야 한다고 주장하는 것이 된다.[41] 만일 단칭의 결정으로부터 규칙을 추론하는 것을 귀납이라고 칭한다면, 법의 영역에서는 앞에서 말했듯이 경험과학과는 반대되는 규범적 전제조건에서 출발한다는 사실에 비추어 볼 때, 법적 논증과 관련하여 필연적인 귀납추론을 인정해야 할 것이다.

경험과학적 '귀납'과 법학적 '귀납' 사이의 이러한 비대칭성은 자연과학과 법학에서 반증(Falsifikation)의 구조가 다르다는 사정과도 밀접한 관련이 있다.[42] 즉, 법도그마틱의 규칙은 자연과학적 가설[43]과는 달리 단칭의 사례에 관련된 기초명제를 통해 반증되는 것이 아니라, 특정한 사례집단에 관련된 규칙을 통해서만 반증될 수 있다.[44] 예를

---

tation, 2. Aufl. 1991, S. 91ff., 352 참고.

40) 이 전제조건은 개별사례(개별사례에 대한 결정)로부터 규칙을 추론해내는 것은 오로지 특정한 규범적 전제에 기초해서만 가능하다는 점을 분명히 보여준다. 즉, '내가 원하면, 나는 명령한다(sic volo, sic iubeo)'가 법관의 결정에 관한 원칙이 되는 권위적인 문화에서는 규칙과 개별사례의 결정 사이의 연관성은 해체되고 만다.

41) 일반적으로 결정을 정당화하는 규칙은 구체적 사례와 관계없이 표현할 수 있다. '사례에 구속'되는 규칙과 그렇지 않는 규칙 사이의 구별에 관해서는 *Kuhlen*(각주 23) 참고.

42) 양 분과 사이의 일치점에 대해서는 *E. von Savigny*, Übereinstimmende Merkmale in der Struktur strafrechtsdogmatischer und empirischer Argumentation, in: U. Neumann/J. Rahlf/E. v. Savigny, Juristische Dogmatik und Wissenschaftstheorie, 1976, S. 120ff. 참고.

43) 법학에서는 반증을 하는 사례평가에 대해 보편화가능성을 요구한다는 점은 자연과학에서 동일한 실험을 재생할 수 있어야 한다는 요구와 유사하다. 이에 관해서는 *von Savigny*(각주 42), S. 133 참고.

44) 법학에서 반증이 갖는 여타의 특수성에 관해 자세히는 *U. Neumann*, Juristische Argumentationslehre, 1986, S. 39ff. 참고.

들어 "모든 까마귀는 검다"라는 명제는 단 하나의 흰 까마귀가 등장하는 것만으로 반증되는 반면, "모든 까마귀는 자연보호 대상이다"는 명제는 자연보호의 대상이 되지 않은 까마귀 한 마리가 등장한다고 해서 반증되지는 않는다. 만일 "까마귀는 자연보호의 대상이다"라는 명제를 포기하거나 제한할 근거가 있다면, 이러한 근거는 단칭사례가 아니라, 특정한 사례집단과 관련을 맺는다. 그렇기 때문에 법도그마틱의 명제를 심사할 때에는 실제로 있는 사례집단과 단지 가능성이 있을 뿐인 사례 모두 똑같은 역할을 한다. 정당화적 긴급피난이라는 형법상의 제도를 인정해야 하는지 여부는 어느 여성이 임신으로 인해 자살을 기도할 위험에 처하게 되는 사건이 실제로 존재하는지 여부에 의존하지 않는다[물론 이 사건은 실제로 존재했고, 1927년에 제국법원(RGSt 61, 242)이 정당화적 긴급피난이라는 제도를 수립하게 된 계기였다]. 법학에서는 자연과학에서와는 달리 특정한 상황의 존재 때문이 아니라, 그러한 상황의 구조 때문에 (규범)가설을 수정하지 않을 수 없게 된다.

18. 1945년 이후 독일의 법철학

(1) 규범적 확실성을 향한 탐색

1) 자연법 르네상스

"근대 과학의 대로에서 멀리 떨어진 한적한 구석에서나마 자연법은 오늘날에도 여전히 푸른빛을 발하고 있다."[1] 이는 1909년에 라드브루흐가 썩 잘 알려지지 않았던, 가톨릭 자연법에 관한 한 저작[2]을 언급한 구절이다. 자연법이 처한 당시의 상황을 감안한다면, 라드브루흐는 충분히 그렇게 얘기할 수 있었다. 그러나 그로부터 40년이 지난 후 자연법, 특히 가톨릭 자연법은 가장 중요한 도로를 점령했을 뿐만 아니라, 아무도 그 전진을 막을 수 없다고 여겨질 만큼 상황은 완전히 변해 버렸다. 그리하여 라드브루흐마저도 모든 실정법은 무조건적 구속력을 갖는다는 자신의 테제[3]를 수정[4]하지 않을 수 없었

1) Gustav Radbruch-Gesamtausgabe, hrsg. von *Arthur Kaufmann*, 1987ff., Bd. 1 (Rechtsphilosophie I), S. 523.

2) *Cathrein*, Recht, Naturrecht und positives Recht, 2. Aufl. 1909.

으며, 법실증주의는 민족사회주의라는 경험을 통해 이미 잘못된 이론임이 입증된 것이나 마찬가지라고 생각하는 대표적인 학자가 되었다.[5] 이러한 자연법의 부활은 완전히 뜻밖의 것이었고, 사상사적으로 어떠한 일관된 맥락도 가지고 있지 않았다.[6] 이는 분명히 민족사회주의가 지배했던 시대에 법과 사법이 정치에 의해 기형화되었다는 우연한 역사적 경험과 밀접한 연관성이 있다. 그러나 이 양자 사이의 연관성에 대한 통찰에도 불구하고, 자연법적 입장 자체가 역사적 상대성을 갖는다는 인식에는 도달하지 못했다. 여하튼 양자의 연관성에 대한 지배적인 해석은 법실증주의가 거의 경험적으로 반박된 것이나 마찬가지라는 주장을 통해 가장 잘 묘사된다. 따라서 단지 자연법 모델의 '진리성'에 대한 통찰만이 역사적 원인을 갖고 있다고 여겨졌을 뿐, 이 모델 자체가 역사성을 갖는다고 생각하지는 않았다.

이러한 해석은 두 가지 관점에서 문제를 단순화한 데 기인한다. 첫째, 민족사회주의 지배체계가 확립되게 된 역사적, 경제적, 발전사적 요소들을 전혀 고려하지 않고, 그 대신 하나의 법이론 모델(법실증주의)에게 이 지배체계의 특정한 영역, 즉 법영역에 대한 책임을 무조건 전가시켰다. 둘째, 나치의 법이데올로기가 구조적으로 정의의 문제에 무관심한 법실증주의에 기인한다고 보는 단순화의 오류를 범했

3) *Radbruch*, Rechtsphilosophie, 3. Aufl. 1932, S. 182.

4) *Radbruch*, Gesetzliches Unrecht und übergesetzliches Recht(1946), in: Gustav Radbruch- Gesamtausgabe(각주1), S. 83-93.

5) *Arthur Kaufmann*, Naturrecht und Geschichtlichkeit(1957), in: ders., Rechtsphilosophie im Wandel. Stationen eines Weges, 2. Aufl. 1984, S. 1ff.(S.3); 비슷한 견해로는 *M.E. Schmitt*, Recht und Vernunft, 1955, S. 122 참고.

6) 이에 관해서는 *W. Rosenbaum*, Naturrecht und positives Recht. Rechtssoziologische Untersuchungen zum Einfluß der Naturrechtslehre auf die Praxis in Deutschland seit Beginn des 19. Jahrhunderts, 1972, S. 348의 각주 1.

다. 어쨌든 "법실증주의는 … '법률은 법률이다'라는 그 확신으로 말미암아 독일의 법조계로 하여금 자의적이고 범죄적인 내용의 법률에 대해 아무런 저항도 하지 못하게 만들었다"[7]라는 라드브루흐의 진단은 1950년대 초반의 법철학적 논의의 신조였으며, 이에 대해 반론을 제기하는 사람은 극히 일부에 불과했다. 이처럼 법실증주의에게 책임을 귀속시키는 것이 과연 정당한지에 대해서는 이 글에서 구체적으로 논의할 수 없다.

그러나 오늘날의 관점에서 이러한 책임귀속은 상당히 회의적으로 여겨지고 있다.[8] 즉 법실증주의는 나치 법사상의 기본모형이 아니었으며, 법을 나치 이데올로기에 따라 변형시킨 것은 법질서 전반에 걸쳐 볼 때, 결코 혁명적 입법의 소산이 아니라, 당시의 현행법을 자의적으로 해석한 결과였다.[9] 법실증주의에게 책임을 묻기 어려운 것과 마찬가지로, 자연법이 나치하의 제3제국에서는 트로이의 목마와 같은 역할을 했다는 확인[10] 또한 이와 같은 일반적인 형태의 주장만으로는 결코 수긍할 수 없다.[11] 하지만 민족사회주의의 공식적 법이데

---

7) *Radbruch*, Gesetzliches Unrecht und übergesetzliches Recht(각주 4), S. 88. 이러한 라드브루흐의 주장과 같은 입장에 있는 *H. Schorn*, Der Richter im Dritten Reich, 1963; *H. Weinkauff*, Die deutsche Justiz und der Nationalsozialismus, 1968; *G. Stadmüller*, Das Naturrecht im Lichte der geschichtlichen Erfahrung, 1948, S. 31 참고.

8) 이에 관해서는 특히 *Ingeborg Maus*, Juristische Methodik und Justizfunktion im Nationalsozialismus, in: H. Rottleuthner(Hrsg.), Recht, Rechtsphilosophie und Nationalsozialismus, ARSP-Beiheft Nr, 8(1983), S. 173ff, 178ff. 참고.

9) *Rüthers*, Die unbegrenzte Auslegung. Zum Wandel der Privatrechtsordnung im Nationalsozialismus, 1968, 2. Aufl. 1973.

10) *Thieme*, Das Naturrecht und die europäische Privatrechtsgeschichte, 1947, S. 49.

11) *A. Langner*, Der Gedanke des Naturrechts seit Weimar und in der

올로기는, 비록 내용적으로는 전통적 자연법체계와 상반됨에도 불구하고, 방법적으로 볼 때 실증주의의 관점보다는 '자연법적' 사고에 더 가깝다.

하여튼 '자연법'과 '법실증주의'라는 두 개의 양극단으로 규정되는 병렬체계를 나치 이데올로기를 청산하기 위한 당시의 법철학적 논의의 준거로 선택한 것은 여러 가지 측면에서 강력한 영향력을 발휘했다. 즉, 법실증주의와 자연법 사이의 대립은 구체적 문제들을 일도양단 식으로 판단할 때에는 언제나 원용되었다. 예컨대, 권위주의적 법이해와 자유주의적 법이해, 집단 중심의 법이해와 개인 중심의 법이해 또는 특수성을 강조하는 법이해와 보편주의적 법이해 등은 모두 법실증주의 대 자연법이라는 도식에 따라 이해되었다. 그러나 '국가사회주의 법에서의 공동선(Gemeinwohl) 규정의 기능'[12] 또는 '자유주의의 위기로서 파시즘'[13] 등과 같이 자연법적 사고와 민족사회주의의 연관성을 법철학의 영역에서 논의의 주제로 삼게 되기까지는 상당한 시간을 기다려야 했다. 이렇게 된 데에는 1945년 직후의 사법이 직면해 있던 법철학적 물음들이 나치 시대 법의 구속력의 문제에만 집중되어 있었음에 반해, 법체계의 근본을 이루는 실질적 법원칙의 내용에 관한 물음들은 뒷전으로 밀리게 되었다는 사실이 상당히 중요한 원인으로 작용했을 것이다. 이처럼 법원칙에 대한 내용적인 논의를 등한시하고 법효력의 문제에만 집중함으로써 다음과 같은 결과를 초래했다. 즉, 한편으로는 예전의 법철학적 입장들을 그대로 받아들이는 놀라울 정도의 일관성을 보이는가 하면, 다른 한편으로

Rechtsprechung der Bundesrepublik, 1959, S. 82.

12) *M. Stolleis*, Gemeinwohlformeln im nationalsozialistischen Recht, 1974.

13) *G. Stratenweeth*, Faschismus als Krise des Liberalismus?, in: H. Rottleuthner(Hrsg.), Recht, Rechtsphilosophie und Nationalsozialismus(각주 8), S. 36ff.

는 문제제기를 존재론화(Ontologisierung)하여, 법의 내용을 어떻게 규범적으로 구별할 것인가의 물음은 접어둔 채, 규범이라는 존재 자체의 문제를 중시하게 되었다. 이에 관해서는 좀 더 자세한 설명이 필요하다.

1945년 이후의 법철학이 민족사회주의 법이데올로기에 대항하는 확고한 전선을 형성했다는 사실을 감안해 볼 때, 1970년대 중반까지도 '공동선(Gemeinwohl)'의 문제에 대한 상세한 논의가 없었을 뿐만 아니라, 심지어 공동선이 정의에 내재하는 척도를 제공한다든가[14] 공동선은 어떠한 개인적 복리보다 우선한다[15]고 다시 선포할 수 있었다는 사실은 매우 놀라운 일이다. 이러한 사고는 법을 전체주의적 타락으로부터 방어하기 위한 방법을 —극소수의 예외[16]가 있긴 하지만— 개인의 권리를 강화함으로써가 아니라, '윤리적' 인격으로서의 개인이 구속되는, 이미 주어져 있는 질서(vorgegebene Ordnung)라는 모델에서 찾고자 했다.

이미 주어져 있는 질서라는 사고모델은 요청되는 규범과 가치의 존재론적 토대를 그러한 규범과 가치 자체의 내용이나 영향력에 대한 논의보다 훨씬 중요하게 여기는 당시의 자연법사상에 기반을 제공했다. 실정화에 앞선 정당한 법의 규준들을 밝혀내는 문제가 실천이성의 문제가 아니라, 초월적 질서에 대한 인식의 문제로 다루어졌기 때문에, 구체적 법규칙과 법원칙을 규범적으로 어떻게 정당화할 수 있는가를 논의할 여지는 거의 없었다. 따라서 법철학적 문제는 존재와 당위 이원론을 극복하는 것이었을 뿐, 합리적이고 정의로운 법질서를 보장할 수 있는 확고한 법원칙들을 획득하는 것이 아니었다.

---

14) *W. Sauer*, Die Gerechtigkeit, 1959, S. 31, 73ff.

15) *J. Barion*, Recht, Staat und Gesellschaft, 1949, S. 112.

16) 예컨대 *H. Coing*, Die oberste Grundsätze des Rechts. Ein Versuch zur Neubegründung des Naturrechts, 1947, insb. S. 64ff. 참고.

바로 그렇기 때문에 규범적 존재질서 또는 규범적으로 의미 있는 존재질서라는 개념이 탐구의 대상이었다. 이를 위해 한편에서는 목적에 지향된 창조질서라는 기독교 교리가, 다른 한편에서는 인간의 가치관과는 무관한 이상적인 가치의 왕국이 있다는 실질적 가치철학(막스 쉘러 Max Scheler, 니콜라이 하르트만 Nicolai Hartmann)의 사상이 원용되었다.

이러한 자연법논의는 1945년 이후 정치적 가톨릭주의가 강화[17]되고 연방법원의 판결이 당시 법원장이었던 바인카우프(H. Weinkauff)의 기독교신앙에 의해 세계관적으로 규정[18]되는 시대배경에 편승하고 있었고, 그래서 요세프 푹스(Josef Fuchs),[19] 요세프 푼크(Josef Funk),[20] 요하네스 메쓰너(Johannes Messner)[21] 등의 저작으로 대표되는 토마스주의 자연법론이 논의의 핵심을 차지했다. 이 저작들의 특징은, 비록 구체적으로는 강도가 다르긴 하지만, 그들이 주장하는 자연법적 통찰을 정치의 영역으로 전환시켜 관철하려는 의지가 너무나도 명백하게 드러나고 있다는 사실이다. 심지어 "가톨릭 윤리학자, 가톨릭 경제인, 가톨릭 정치인은 단순한 인간적 권세에 앞서는 고차적인 권위에 근거하고 있고, 강한 소명의식을 갖고 그들의 과업을 수행한다고 맹세하며, 그 이유는 그들이야말로 불확실하게 사고하는

---

17) 이에 관해서는 예컨대 *F. Wieacker*, Privatrechtsgeschichte der Neuzeit, 2. Aufl. 1967, S. 601. 참고.

18) *H. Weinkauff*, Das Naturrecht in evangelischer Sicht, in: Zeitwende, 23(1951/52), S. 95-102; *ders.*, Der Naturrechtsgedanke in der Rechtsprechung des Bundesgerichtshofs, NJW 1960, S. 1689-1696.

19) *J. Fuchs S. J.*, Lex naturae. Zur Theologie des Naturrechts, 1955.

20) *J. Funk SVD*, Primat des Naturrechts. Die Transzendenz des Naturrechts gegenüber dem positiven Recht, 1952.

21) *J. Messner*, Das Naturrecht. Handbuch der Gesellschaftsethik, Staatsethik und Wirtschaftsethik, 1950, 7. Aufl. 1984.

인간의 혼돈이 없이 확실한 진리를 인식"[22]하기 때문이라고 말할 만큼 정치적 의지를 분명하게 드러내고 있다.

물론 이러한 논의에서 자연법이 갖는 영향력이나 규율의 강도는 다양하게 규정되었다. 즉, 자연법은 '몇 개의 보편적 규범들'만을 내용으로 한다는 소극적인 견해[23]가 있었는가 하면, "삶의 대부분의 문제는, 그것이 개인적인 것이든 공적인 것이든, 자연법적으로 해결할 수 있다"[24]는 적극적인 주장도 있었다. 그러나 방법적으로 보면, 가톨릭 자연법론의 모든 입장은 신학적 전제를 바탕으로 하는 확고한 공통의 영역에 기반을 두고 있었다. 왜냐하면 목적론적 자연해석과 창조질서를 결합시키는 토마스주의를 인정한다면, 그 자체 구속력을 갖는 가치질서까지 포괄하는 존재질서에 대한 이념은 필연적 결론일 수밖에 없기 때문이다.

이에 반해 프로테스탄트 신학과 그 영향을 받은 법사상의 영역에서는 자연법의 문제에 대한 논의가 형성되기 어려웠다. 물론 에밀 브루너(Emil Brunner)는 정의에 관한 자신의 저작[25]에서 토마스주의에 기초한 저작들에 상응하는 자연법론을 구상했지만, 이 또한 창조질서에 대한 아리스토텔레스주의적, 목적론적 해석(즉 토마스주의)에 기초하여 상당히 높은 추상도를 가진 규율들에 관한 프로테스탄트 자연법론을 전개한 것에 불과했다. 더욱이 브루너의 이론은 원죄를 범한 인간은 법의 일부분조차도 인식할 수 없다는 루터주의적 전통에 뿌리박은 반론을 견뎌낼 수 없었다. 브루너의 자연법 낙관주의와 어

---

22) *J. Funk*, Lex naturae, S. 153.

23) *H. Rommen*, Die ewige Wiederkehr des Naturrechts, 2. Aufl. 1947, S. 251.

24) *J. Fuchs*, Lex naturae, S. 153.

25) *E. Brunner*, Die Gerechtigkeit. Eine Lehre von den Grundgesetzen der Gesellschaftsordnung, 1943.

떠한 형태의 자연법도 철저히 부정하는 정반대의 입장[26]사이에서 여러 가지 견해가 뒤엉켜 있었다는 사실에 비추어 볼 때, 1945년 이후의 '프로테스탄트적 자연법 논의를 거의 혼란에 가까운 다양성'으로 규정[27]한 것은 올바른 판단이다.

종교적 신앙에 구속되지 않고서 자연법적 규율들을 초월적으로 정당화하고 동시에 실정법의 구속력을 정당화하기 위해 도입된 착안점은 막스 셸러(M. Scheler)와 니콜라이 하르트만(N. Hartmann)의 실질적 가치철학이었다. 셸러와 하르트만은 아르투어 카우프만(Arthur Kaufmann),[28] 에리히 페히너(Erich Fechner)[29] 그리고 어느 정도 비판적 거리를 유지하고 있긴 하지만 하인리히 헨켈(Heinrich Henkel)[30] 등에 의해서도 원용된 바 있다. 그러나 셸러와 하르트만의 이론을 원용하여 윤리적으로 객관적인 인식이 가능하다는 견해[31]를 주장하고, 이러한 토대 위에서 법의 최고원칙들을 도출하려고 시도한 사람은 그 누구보다도 헬무트 코잉(Helmut Coing)이었다.[32] 코잉은, 주로 이미 주어져 있는 질서라는 관점에 초점을 맞추려는 종교적 색채의 자연법론과는 달리, 개인의 권리를 우선적으로 강조하고 사형을 법이념에 모순되는 제도라고 비난할 만큼 진취적인 입장을 취했다.[33] 그러

---

26) *K. Barth*, Rechtfertigung und Recht, 4. Aufl. 1948.

27) *F. Wieacker*, Privatrechtsgeschichte der Neuzeit, 2. Aufl. 1967, S. 601.

28) *Arthur Kaufmann*, Gedanken zur Überwindung des rechtsphilosophischen Relativismus, ARSP 46(1960), S. 553ff., in: ders., Rechtsphilosophie im Wandel. Stationen eines Weges, 2. Aufl. 1984, S. 51ff.

29) *E. Fechner*, Rechtsphilosophie, Soziologie und Metaphysik des Rechts, 1956. S. 156ff. 여기서 페히너는 객관적 가치를 제시할 수 있는가의 문제를 주제로 삼아 상세한 논증을 펼치고 있다.

30) *H. Henkel*, Einführung in die Rechtsphilosophie, 2. Aufl. 1977(1. Aufl. 1964), S. 21, 177f., 550f.

31) *H. Coing*, Grundzüge der Rechtsphilosophie, 1950, S. 108.

32) *H. Coing*, Die obersten Grundsätze des Rechts, 1947.

나 여타의 법원칙들을 정당화하는 것과는 별개로, 과연 실질적 가치철학으로부터 내용적으로 특정한 법규칙 또는 법원칙을 실제로 도출할 수 있는가라는 물음은 코잉의 이론에서도 피할 수 없는 문제이다. 이에 대한 의문은 특히 한스 벨첼(Hans Welzel)에 의해 표명되었는데,[34] 그는 ―요즘의 표현을 빌리자면― 가치들 상호간의 갈등을 해소할 수 있는 모순해결규칙(Kollisionsregel)이 없다는 점을 설득력 있게 지적하고 있다. 이렇게 볼 때, 자연법론이 실질적 가치철학으로부터 얻어낸 소득은 거의 없었다고 할 수 있다. 더욱이 법철학의 관점에서 매력적으로 여겨졌던 측면, 즉 의식주체와는 독립된, '그 자체 존재하는 가치의 왕국'이 있다는 이념[35]마저도 인식론적 비판에 의해 무력한 것으로 입증됐다. 그렇기 때문에 특정한 법원칙들을 우선시킬 필요성에 대한 실질적 근거를 쉘러와 하르트만의 저작에서는 결코 끌어낼 수 없었다.

법효력의 문제를 정신적 존재의 철학(Philosophie des geistigen Seins)[36]을 끌어들여 해결하려는 다각도에 걸친 시도[37] 또한 만족스러운 결론을 얻어내지 못했다. 코잉은 법과 정신적 존재 사이에 연역적 추론관계를 설정하고, 이 점을 아주 명확하고 섬세한 필치로 서술하고 있다. "다시 말해 법질서는 '정신적 존재'이며, 더욱이 '객관화된' 정신적 존재이다. 즉, 법질서는 하나의 텍스트에 표현된 정신적 내용이다 … 따라서 법이 구속력 있는 질서, 즉 '당위'라는 사실은 정신적 존재로서의 법의 특성에 속한다. 이 점은 마치 어떤 윤리적

33) *H. Coing*, Grundzüge der Rechtsphilosophie, 1950, S. 214.

34) *H. Welzel*, Naturrecht und materiale Gerechtigkeit, 3. Aufl. 1962, S. 222ff.

35) *N. Hartmann*, Ethik, 2. Aufl. 1935, S. 140.

36) *H. Henkel*, Einführung in die Rechtsphilosophie, 2. Aufl. 1977, S. 550ff.; *Coing*, Grundzüge der Rechtsphilosophie, 3. Aufl. 1976, S. 288.

37) *N. Hartmann*, Das Problem des geistigen Seins, 3. Aufl. 1962.

가치를 실현해야 한다는 요청이 이 윤리적 가치의 본질에 속하는 것과 마찬가지이다."[38] 그러나 코잉과 같이 정신적 존재를 규범화하는 것은 니콜라이 하르트만의 철학과 법의 효력에 대한 하르트만 철학의 입장을 확대해석하여 그 본래 의도를 넘어선 것이다.[39] 어쨌든 법효력의 근거를 정신적 존재의 철학에서 찾으려는 시도는, 실증주의적 사고를 비판함에도 불구하고 어떻게든 실정법의 원칙적 구속력을 정당화하려는 1945년 이후 자연법 논의의 특징적인 경향 —민주적 법치국가에서는 실정법의 정당성이 추정[40]된다고 말하든, 제정법의 이념적 효력을 전제하든, 또는 단순히 정당한 권한이 있는 관헌에게는 복종해야 한다는 자연법적 의무[41]를 주장하든— 에 부합하는 것이었다.

2) 자연법적 입장에 대한 비판과 세분화

강한 열정을 가지고 등장했고 또한 이제 막 성립된 국가(독일 연방공화국)의 필요에 부응했던 자연법적 입장을 비판한다는 것은 그 당시로서는 매우 어려운 일이었다. 물론 에버스(H.U. Evers)와 같이, 법의 기능이 법적 안정성을 보장하는 데 있음을 지적하고, 따라서 법관은 부도덕한 법률에도 구속될 수밖에 없음을 주장하면서, 법관의 법과 법률에 대한 구속에 관한 규정(기본법 제20조 제3항)을 자연법적으로 해석하는 것을 비판한 경우도 있다.[42] 그러나 에버스와 같이 법이

---

38) *Coing*, Grundzüge der Rechtsphilosophie, S. 288.

39) 이에 관해서는 *U. Neumann*, Neuere Schriften zu Rechtsphilosophie und Rechtstheorie, Philosophische Rundschau 28(1981), S. 189ff., 191ff. 참고.

40) *Enneccerus/Nipperdey*, Allgemeiner Teil des Bürgerlichen Rechts, 1. Halbband, 1959, S. 223.

41) *J. Barion*, Recht, Staat und Gesellschaft, 1949, S. 34.

42) *H. U. Evers*, Der Richter und das unsittliche Gesetz, 1956; *ders.*, Zum unkritischen Naturrechtsbewußtsein in der Rechtsprechung der

도덕에 뿌리박고 있음을 원칙적으로 승인하는 완화된 법실증주의에 동의하는 목소리는 거의 없었다.

이에 반해, 실증주의적 입장에 구속되지 않고서 자연법사상이 특히 판례에서 과잉상태에 있음을 경고[43]하고 연방법원이 세계관적으로 일방적인 방향으로 나가는 것에 저항[44]하는 목소리는 상당히 많았다. 즉, 법을 종교적 또는 세계관적 토대를 가진 윤리적 가치를 공동체 생활에서 실현하기 위한 수단으로 해석할 경우, 자유적이고 법치국가적인 법사상에 위기가 초래된다는 점이 지적되었다.[45] 한스 벨첼은 거대한 구상을 갖고 행해진, 법이념사에 관한 그의 저작 「자연법과 실질적 정의」[46]의 끝부분에서 다음과 같은 판단으로 이 문제를 요약하고 있다.

"자연법론자들은 자신들이 특정한 가치표상에 따라 이미 사물 속에 심어 놓은 바로 그것을 나중에 다시 사물로부터 끄집어내어 '자연적인 것' 또는 '반자연적인 것'이라고 말한다."[47] 벨첼에 따르면, 모든 자연법적 논증은 "그 실질적 근거가 충분할 때에만 증명력을 가질 뿐이며, '자연'을 원용한다고 해서 그 증명력이 강화되는 것은 결코 아니다"[48]고 한다. 그렇기 때문에 자연을 원용하는 것은 '투쟁수단, 즉 공격 또는 방어를 위한 무기'일 뿐이며, 따라서 '모든 자연법론은 이

Gegenwart, JZ 1961, S. 241ff.

43) *P. Schneider*, Naturrechtliche Strömungen in deutscher Rechtsprechung, ARSP 42(1956), S. 98ff.; *Weischedel*, Recht und Ethik. Zur Anwendung ethischer Prinzipien in der Rechtsprechung, 1956, 2. Aufl., 1959; *F. Wieacker*, Rechtsprechung und Sittengesetz, JZ 1961, S. 337ff.

44) *H. Simon*, Katholisierung des Rechts?, 1962; *W. Weischedel*, Rechtsprechung und Sittengesetz, JZ 1961, S. 337ff.

45) *F. Wieacker*, Privatrechtsgeschichte der Neuzeit, 2. Aufl. 1967, S. 608ff.

46) *H. Welzel*, Naturrecht und materiale Gerechtigkeit, 1951; 4. Aufl. 1962.

47) *H, Welzel*, Naturrecht und materiale Gerechtigkeit, 4. Aufl. 1962, S. 241.

48) *Welzel*, a.a.O., S. 249.

데올로기'[49]라는 것이다. 벨첼의 입장에서 자연법에 남아 있는 내용은 무조건적 구속력을 갖는다는 이념, 사회윤리적 행위의 (규범적) '법칙성'에 관한 사상 그리고 규범적 구속력을 가진 '사물논리적 구조'가 존재한다는 전제일 뿐이다. 그리하여 이 연구의 마지막 부분에서 벨첼은 '사물의 본성(Natur der Sache)'이라는 이름으로 경험적 실재의 영역에서 법을 존재론적으로 정당화하려고 시도하는 새로운 발전경향을 암시하고 있다.

자연법론의 지지자와 동조자들의 진영 내부에서도 1945년 직후의 자신에 찬 자연법낙관주의 이후의 논의는 좀 더 유보적인 태도와 세분화된 입장을 나타내기 시작했다. '자연법과 역사성(Naturrecht und Geschichtlichkeit)'[50]의 관계를 주제로 삼게 됨으로써, 이제 종교적 자연법체계와 실질적 가치윤리를 직접 원용하는 것[51]은 더 이상 허용되지 않았다. 가톨릭 자연법론에 의해 이루어졌던 시도, 즉 불변적으로 여겨지는 지도적 법원칙을 포괄하는 1차적인 자연법과 이러한 법원칙을 역사적 상황에 적용시킨 2차적인 법규칙들을 구별함으로써 불변의 자연법이라는 이념을 고수하고자 했던 시도[52]는 성공하지 못했다. 왜냐하면 그러한 구별을 따를 경우, 한편으로는 기본적인 원칙들의 내용이 공허하게 될 뿐만 아니라, 다른 한편 가변적인 법원칙들이 초시간적인 것으로 파악될 위험이 도사리고 있기 때문이다. 그리하여 불변의 자연법과 초시간적인 가치왕국 대신에 '가변적 자연

49) *Welzel*, a.a.O., S. 243.

50) 이는 1957년에 발표된 아르투어 카우프만의 논문 제목이다.

51) 이러한 관점에 관해서는 *F. Wieacker*, Privatrechtsgeschichte der Neuzeit, 2. Aufl. 1967, S. 593ff. 참고.

52) *A. Verdroß*, Was ist Recht? Die Krise des Rechtspostivismus und das Naturrecht, in: Wort und Wahrheit, Monatsschrift für Religion und Kultur, 8(1953), S. 587ff.[W. Maihofer (Hrsg.), Naturrecht oder Rechtspositivismus?, 1962, 309ff.에 재수록].

법'[53]이라는 이념이 등장했는데, 이는 실존철학의 영향을 받은 에리히 페히너의 '생성하는 자연법(werdendes Naturrecht)'에 관한 기획에서 절정에 이르게 된다. "내용이 가변적인 자연법에서는 인간이 결정적인 역할을 하며, 그것이 존재하기 위해서는 인간의 적극적 시도가 있어야만 한다. 그러나 가변적 자연법은 그 근원에서는 주관적이지만, 그 목표는 객관적이다."[54] 이러한 구상은 자연법사상을 극단의 한계선상에 놓이게 만들었다. 즉, 이미 확립되어 있던 토마스주의적 자연법론이나 이성법적 자연법론과 페히너의 자연법론은 단지 정당한 법이 존재 가능하다는 생각에서만 공통점을 찾을 수 있을 뿐이다.

결론적으로 말하면, 1945년 이후 수없이 선포되었던 자연법 르네상스는 진정한 의미의 르네상스가 아니었고, 더욱이 자연법의 르네상스도 아니었다. 그것은 어떠한 이념사적 매개도 없었기 때문에 결코 르네상스가 아니다. 당시의 자연법논의는 두 가지 관점의 문제, 즉 나치에 의해 행해진 자의적 지배를 청산하는 문제와, 새롭게 성립했고 또한 성립과정에 있던 국가를 안정된 기반 위에 올려놓는 문제에 대한 그 당시의 법철학적 대답이었을 뿐이다. 또한 1945년 이후의 자연법 르네상스는 종교적, 특히 토마스주의적 자연법이라는 하나의 자연법에 일방적으로 구속되었기 때문에 결코 자연법 자체의 르네상스라고 말할 수 없다. 과거의 이성법적 전통은 코잉이나 라드브루흐 그리고 사회비판적 경향을 가진 에른스트 블로흐(Ernst Bloch)와 같은 극히 소수의 몇몇 사람에 의해 받아들여졌을 뿐이다. 이성법은 대부분의 경우 토마스주의적 자연법에 비해 부차적인 것으로 규정되었

53) *J. David*, Wandelbares Naturrecht?, in: Orientierung 20(1956), S. 171ff.[W. Maihofer (Hrsg.), Naturrecht oder Rechtspositivismus?, 1962, S. 480ff.에 재수록].

54) *E. Fechner*, Rechtsphilosophie, Soziologie und Metaphysik des Rechts, 1956, S. 261.

다.[55] 계몽주의와 데카르트의 회의적 정신은 마르치춰(R. Marcic)에 의해 '반사회적' 유형과 은밀히 결합하는 것이라고 비난받았다.[56] 또한 여기서 자세히 논의할 수는 없지만, 1945년 이후 특히 엠게(C.A. Emge)의 연구에 의해 대표되었고 그 이후에도 독자적 발전단계를 거쳤던 독일 관념론의 법철학[57]도 이성을 절대화한다는 심판을 받았다.[58] 당시의 연방법원 판결을 살펴보면, 설령 실질적 가치 철학의 개념('미리 주어져 있는 가치질서')을 사용한 경우[59]에도, 사실은 기독교적 자연법이 그 배경을 이루고 있음을 알 수 있다. 이 점은 당시의 법원장이었던 바인카우프의 증언에서도 분명히 드러난다. 이 기독교적 자연법은 "가치질서 및 이로부터 파생되는 당위의 명백한 구속력은 신의 명령에 기초한다"[60]는 사고의 형태로 나타났다. 이런 이유 때문

55) 대표적으로는 *G. Stadtmüller*, Das Naturrecht im Lichte der geschichtlichen Erfahrung, 1948.

56) *R. Marcic*, Vom Gesetzesstaat zum Richterstaat, 1957, S. 53.

* 마르치춰의 비판대상은 근대철학의 인식론적 주관주의이다. 즉, 근대철학은 인식주체의 의식만을 주제로 삼기 때문에 오로지 자아에 집중되어 있을 뿐, 타인이나 사물과 같은 외부세계와 직접 관련을 맺지 않는다는 것이다. '반사회적 유형'이라는 표현은 이러한 맥락에서 이해할 수 있다. 그러나 마르치춰는 이러한 주관주의가 정치적으로는 인간의 자유와 평등의 표현이라는 사실을 간과하고 있다(옮긴이).

57) 칸트의 법철학에 관해서는 *K. Kühl*, Rehabilitierung und Aktualisierung des kantischen Vernunftsrechts, in: R. Alexy/R. Dreier/U. Neumann (Hrsg.), Rechts- und Sozialphilosophie in Deutschland heute, ARSP-Beiheft Nr. 44, 1991, S. 212-221; *W. Naucke*, ZStW 97(1985), S. 542ff. 참고. 헤겔의 법철학에 관해서는 *W. Schild*, Rechtswissenschaft oder Jurisprudenz. Bemerkungen zu den Schwierigkeiten der Juristen mit Hegels Rechtsphilosophie, in: ARSP-Beiheft Nr. 44, 1991, S. 328-336 참고.

58) 마르치춰는 이러한 심판을 내리고, "이런 의미에서 민족사회주의와 공산주의에 대한 정신사적 책임을 헤겔에게 지우는 것은 옳다"고 결론짓는다(앞의 책, S. 56).

59) 예컨대 BGHSt 6, 46, 52.

에 초실정적 법원칙의 핵심영역이 갖는 구속력의 근거를 기독교 자연법이 아니라, 문명국가의 법질서에서 보편적으로 타당하다는 사실에서 찾고자 했던 몇몇 판결[61]의 신중한 견해는 격렬한 비난의 대상이 되었다.[62] 기독교 자연법의 맹목적인 확신은 "우리 민족과 우리의 법률가들은 자연법사상을 이해할 수 있는 능력이 없고", "과학이라는 미신에 빠져 가치감정이 결여되어 있다"는 비난에서 뿐만 아니라, 이러한 무능력을 '법학교육의 개혁'과 '법관 선발방식의 혁신'을 통해 방지할 수 있다는 노골적인 언급[63]에서도 분명하게 드러나 있다.

연방법원의 판결을 주제의 측면에서 고찰해 보면, 가족, 사회, 국가의 '자연법적' 질서에 관한 판결이 다수를 점하고 있음을 알 수 있다. 이는 연방법원이 자연법을 하나의 제도로 이해하고 있었다는 사실과도 합치한다. 즉 "자연법적 견해에 의하면 … 인간 상호간의 외부적, 사회적 관계는 사물이나 기본적인 사회적 시설에 비해, 궁극적이고 객관적이며 또한 그 자체로서 타당하고 그 윤곽을 파악할 수 있는 법적 규율"이라는 특징을 갖는다고 한다.[64] 이와 같은 사고방식은 종교적, 특히 가톨릭의 도덕철학과 사회철학을 구체화하는 과정에서는 법질서가 갖는 권위적 측면을 강조하는 형태로 나타난다. 이 점은 연방법원이 내린 두 개의 대표적 판결에서 뚜렷하게 드러난다. 즉, 별거 중인 부인이 자살을 기도했음에도 의사를 부르지 않는 등 적극적 구조행위를 하지 않은 남편과 관련하여, 그의 행위는 타인에 대한

60) *H. Weinkauff*, Der Naturrechtsgedanke in der Rechtsprechung des Bundesgeirichtshofes, NJW 1960, S. 1689ff.[W. Maihofer(Hrsg.), Naturrecht oder Rechtspositivismus?, 1962, S. 559ff.에 재수록].

61) BGHSt 2, 234, 237, 239; BGHSt 3, 357, 363.

62) *H. Weinkauff*(각주 60), S. 559.

63) *H. Weinkauff*(각주 60), S. 576.

64) *H. Weinkauff*(각주 60), S. 557.

구조의무를 규정한 독일 구형법 제330조c(현행 제323조c)에 위반된다는 판결(BGHSt 6, 147)과 딸이 약혼자와 동침하는 것을 허락한 과부의 행위가 매음매개죄의 구성요건에 해당한다는 판결(BGHSt 6, 46)에서는 자연법적 논증이 가벌성을 정당화하는 기능을 했다. 이에 반해 국가의 법규범을 비판하는 도구로서의 자연법의 기능은 완전히 뒷전으로 물러나 있었다. 자연법의 비판적 기능을 제거하여 이를 순화한 대표적인 보기는 일부의 문헌도 지지를 표명했던[65] 연방헌법재판소의 판결(BVerfGE 3, 231)이었다. 이 판결은 무모할 정도의 법철학적 논증을 통해 연방헌법재판소에게 위헌법률뿐만 아니라, 자연법에 반하는 법률까지도 '폐기할 수 있는 독점권'을 인정했다.[66]

3) 세속적 대안: 법의 실존철학 — 법형이상학과 법사회학 사이에서

하이데거, 야스퍼스, 사르트르의 인간실존에 대한 분석에 따르면, 법의 영역은 비본래성(Uneigentliches)의 영역으로 여겨진다.[67] 이처럼 법을 부차적인 것으로 취급하는 입장에 뚜렷이 반대하면서, 마이호퍼(W. Maihofer)는 하이데거 철학을 토대로 삼아 법에 관한 실존론적 존재론을 전개하려고 시도했다.[68] 마이호퍼에 따르면 인간의 삶은 자기존재(Selbstsein)일 뿐만 아니라, 이 자기존재와 마찬가지로 근원적인 '로서의 존재(Alssein)'라는 실존범주에 의해 규정된다고 한다. 그리하여 "세계 내의 현존재는 '로서의 존재' 가운데서의 자기존재"[69]라는 사고와 더불어 실존철학은 사회적 질서의 세계, 따라서 또

65) 예컨대 *Enneccerus/Nipperdey*, Allgemeiner Teil des Bürgerlichen Rechts, 1. Halbband, 1959, S. 223.

66) 이에 관해서는 *Rosenbaum*, Naturrecht und positives Recht, 1972, S. 356의 각주 74 참고.

67) 이에 관해서는 *W. Maihofer*, Recht und Sein, 1954, S. 17ff. 참고.

68) *W. Maihofer*, Recht und Sein, 1954; *ders.*, Vom Sinn menschlicher Ordnung, 1956.

한 법의 세계에로 들어갈 수 있게 된다고 한다. 이러한 사고에서 핵심적인 것은, 인간의 개인적 발현은 "존재필연적으로 세계에 의해 미리 규정된 특정한 사회적 형태 속에서 이루어지며," 인간은 이 사회적 형태 가운데 여러 가지 질서의 영역에 들어서게 되고, 따라서 당연히 법질서의 영역으로도 발을 들여 놓게 된다[70]는 확인이다. 그러므로 이러한 사회적 형태의 구조는 현존재 자신에 의해 규정되는 것이 아니라, 이미 주어져 있다. "현존재가 세계 내에서 존재할 수 있는 모든 형태는 '로서의 존재'의 형태로, 즉 세계에 의해 미리 지시되어 있는, '내용이 아직 채워져 있지 않은 형식(Leerform)'으로 이미 주어져 있다."[71] 그렇다면 한 개인이 태어날 때부터 특정한 사회적 역할을 부여받은 경우(예컨대 특정한 가족, 특정한 국가에 소속되는 것)가 아니라, 스스로 사회적 역할을 선택한 경우(예컨대 의사나 배우자로서의 역할)에조차도 사회적 형태 그 자체는 표준화되어 있는 셈이다. 하나의 사회적 역할을 떠맡게 되었다는 사실 자체는 그 역할담당자에 대한 특정한 행위기대의 근거가 되며, 그러한 행위기대는 '자연적' 또는 '이성적' 기대로서 규범적 의미를 지니게 된다. 이렇게 해서 자기존재의 실존적 자연권(existentielles Naturrecht)과 함께 '로서의 존재'의 제도적 자연법(institutionelles Naturrecht)이 '사물의 본성'(더 자세히 말하면 생활사실의 '본성')에 따른 법으로 등장하게 된다.

'로서의 존재'의 법철학은 로타 필립스(Lothar Philipps)에 의해 수용, 발전되었다.[72] '로서의 존재'의 법철학이 비판의 대상이 될 경우, 비판은 주로 하이데거 철학에 대한 마이호퍼의 해석이 안고 있는 문제점,[73] '로서의 존재'의 법철학을 실존철학에 귀속시킬 수 있는지에 대

69) Recht und Sein, 서문.

70) Recht und Sein, S. 83.

71) Recht und Sein, S. 115.

72) *L. Philipps*, Zur Ontologie der sozialen Rolle, 1963.

한 의문,[74] 법의 근거에 대한 물음(마이호퍼)을 존재의 근거에 대한 물음(하이데거)과 병행시키는 것이 불가능하다는 점[75] 그리고 삶의 역할에 관한 구조분석을 규범적으로 변형시키는 것이 타당한지에 대한 의문[76] 등에 초점을 맞추고 있다.

(2) 방법론과 법이론으로의 전환

1) 자연법이 남긴 영향

1945년 이후의 자연법 '르네상스'는 시대사적 상황에 힘입은 것이었다. 하지만 이 시대사적 상황 자체의 변화와 함께, 다시 말해서 "어떻게 그런 일이 일어날 수 있었는가?"라는 물음이 점차 퇴색하고, 1950년대를 지배했던 권위적 국가관이 약화되면서 존재론적이고 또한 부분적으로는 신학적 색채를 띠고 있었던 자연법의 기능과 정당성의 기초는 와해되지 않을 수 없었다. 당시의 자연법론은 혼자 힘으로 그 주장을 관철시키기에는 학문적 토대가 아주 박약했기 때문에, 그 적대자들의 강력한 반론에 굴복했다기보다는 시간의 흐름을 견뎌내지 못했다.[77] 체계적 또는 시대사적 관점에서 행해진 비판들[78]은

---

73) *R. Marcic*, Um eine Grundlegung des Rechts, in: Arthur Kaufmann(Hrsg.), Die ontologische Begründung des Rechts, 1965, S. 524-525.

74) *J. Tyssen*. Zur Rechtsphilosophie des Alsseins, in: Kaufmann(Hrsg.), Die ontologische Begründung des Rechts, 1965, S. 328-340.

75) *A. Kaufmann*, Die ontologische Struktur des Rechts, in: ders., Die ontologische Begründung des Rechts, 1965, S. 470-508, 490-492.

76) *G. Ellscheid*, Das Naturrechtsproblem. Eine systematische Orientierung, in: A. Kaufmann/W. Hassemer, Einführung in Rechtsphilosophie und Rechtstheorie der Gegenwart, 5. Aufl. 1989, S. 143ff., 201ff.

77) 오늘날의 관점에서 이루어지는 평가에 관해서는 *Arthur Kaufmann*, Die Naturrechtsrenaissance der ersten Nachkriegsjahre — und was daraus

자연법론의 종말을 증언했을 뿐, 결코 종말을 야기하지는 않았다. 예컨대 '존재법(Seinsrecht)'이나 존재론적으로 파악된 실질적 가치윤리에 관한 구상이 인식론적으로 전혀 근거가 없다는 진단[79]은 그 자체 자연법론의 와해에 많은 기여를 했지만, 단지 잘 알려진 사실을 다시 한 번 확인한 것에 불과했다. 1960년대 후반에도 여전히 일정한 영역을 확보하려고 노력했던 가톨릭 국가론과 자연법론의 몇몇 시도들은 전면적 부정에 부딪히지 않을 수 없었다. 예컨대 브레너(G. Brenner)가 구상한 국가모델과 사회모델[80]은 극단적인 신학적 논거(사물들도 "일정한 당위에 구속된다", S. 34)나 그의 정치적 태도(독재와 보충성원칙이 서로 합치할 수 있다는 주장, S. 80; 결사의 자유와 신문의 자유를 보편적 자연법원칙의 범위에서 배제한 점, S. 48)에 비추어 볼 때, 결코 동의를 얻지 못했다. 이 점은 쿤(H. Kuhn)의 철학적 국가론[81]의 경우에도 마찬가지이다. 쿤의 민주주의이론의 특징은, 오로지 '신의 복음'만이 국가에게 '정치적 진리'를 전달해 줄 수 있다(S. 301/2)든가 '유아기적 경외감'이 애국심의 한 요소를 이룬다는 주장(S. 73) 또는 민주주의는 무정부주의에 가깝다(S. 437f.)는 입장에서 잘 나타나 있다.

자연법론의 과잉상태가 해소된 이후에 진행된 독일연방공화국의 법철학적 논의에서 가장 결정적인 측면은, 존재론적이고 신학적인

---

geworden ist, in: M. Stolleis(Hrsg.), Die Bedeutung der Wörter, Festschrift für Sten Gagner zum 70. Geburtstag, 1991, S. 105-132; *K. Kühl,* Rückblick auf die Renaissance des Naturrechts nach dem 2. Weltkrieg, in: Freundesgabe A. Söllner, 1990, S. 331ff. 참고.

78) 대표적으로는 *A. Leinweber*, Gibt es ein Naturrecht?, 1965(Nachtrag 1970); *H. D. Schelauske*, Naturrechtsdiskussion in Deutschland. Ein Überblick über zwei Jahrzehnte 1945-1965, 1968; *W. Rosenbaum*, Naturrecht und positives Recht, 1972.

79) *Leinweber*(각주 78).

80) *G. Brenner*, Naturrecht und politische Ordnung, 1968.

81) *H. Kuhn*, Der Staat. Eine philosophische Darstellung, 1967.

자연법론을 반박함과 더불어 자연법론이 대답하고자 했던 물음 자체마저도 이미 해결된 것처럼 여겨졌다는 사실이다. 그러나 이 물음에 대한 자연법론의 대답은 단지 여러 가지 가능한 대답들 가운데 하나의 대답이었을 뿐이다. 존재론적이고 신학적인 경향의 자연법론이 부각되면서 정당한 질서의 기준이나 그러한 기준이 실정법의 구속력에 대해 갖는 의미의 문제는 사실상 뒷전으로 밀리고 말았다. 물론 부정당한 법이나 그 구속력의 문제가 당시의 자연법모델과는 관계없이, 라드브루흐의 후기 법철학 사상과 관련을 맺고 논의되기는 했지만,[82] 이러한 상황 자체를 변화시키지는 못했다, 또한 실질적 가치윤리나 세계의 존재론적 구조에 뿌리박은 당위론적 질서에 관한 사고를 배격하고, '공통의 인간적 토대' 위에서 근본적 가치("일정한 행위를 마땅히 해야 한다는 당위"의 의미에서)를 확정하기 위한 핵심을 획득하려는 아주 상세한 연구[83]조차도 규범적 문제에 대한 논의에게 확실한 우선적 가치를 부여할 수는 없었다. 왜냐하면 전면에 나서 있던 문제는 전혀 다른 성질의 것이었기 때문이다.

2) 법학방법론과 법적 해석학

1945년 직후, 법개념에 관해서는 자연법적 입장이 지배하던 것과는 정반대로 거의 대부분의 법학방법론에서는 냉철한 실증주의가 지배하고 있었다.[84] 기존의 실증주의적 방법론에 대한 비판은 1950년

---

82) 대표적으로는 *Fritz von Hippel*, Die Perversion von Rechtsordnungen, 1955; *Erik Wolf*, Umbruch oder Entwicklung in Gustav Radbruchs Rechtsphilosophie?, ARSP 45(1959), S. 481-503; *A. Baratta*, Relativismus und Naturrecht im Denken Gustav Radbruchs, ARSP 45(1959), S. 505-537 참고.

83) *H. Ryffel*, Der Wertpluralismus unserer Zeit als philosophisches Problem, ARSP 42(1956), S. 305-328, 507-528.

84) 대표적으로는 *H. Bartholomeyczik*, Die Kunst der Gesetzesauslegung,

대 중반부터 시작되었다. 이러한 비판은 자연법적 모델에 기초한 것이 아니라, 한편으로는 법사학적 토대 위에서 이루어진 법적 논증에 대한 구조분석과, 다른 한편으로는 비교법적 자료를 광범위하게 검토하여 민법상의 규칙형성을 포괄적으로 재구성한 결과에 기초하고 있었다.

이념사를 중심으로 서술된 테오도르 피벡(Theodor Viehweg)의 저작 「문제중심론과 법학」(Topik und Jurisprudenz, 1953)은 방법론을 둘러싼 그 이후의 논쟁의 시발점이었다. 피벡의 문제중심론(Topik)은 명백한 동조세력[85]과 단호한 거부세력[86]이 거의 균형을 이룰 정도로 팽팽한 긴장을 불러일으켰다. 그러나 어떤 측면에서는 바로 이러한 팽팽한 긴장관계 때문에 개념적 대립 ―'체계사고(Systemdenken)' 대 '문제중심적 사고(Problemdenken)', '공리론(Axiomatik)' 대 '문제중심론'― 을 지나치게 강조한 나머지 사실상 필연적 근거를 찾기 어려운[87] 양극화가 법학의 기초적 논의에 자리 잡게 되는 결과를 낳았다. 피벡의 저작이 법철학적 논의의 전개과정에서 중요한 의미를 갖는 또 다른 측면은, 이 저작이 특히 법적 수사학(juristische Rhetorik), 법적 논증이론(Theorie der juristischen Argumentation), 언어비판적 법이론의 발전에 결정적 자극이 되었다는 점이다.[88]

피벡의 저작은 법사학적 관점을 토대로 하고 있고, 체계적 측면에서는 테제들만을 중심으로 하기 때문에 상당히 추상적인 단계에 머

1951. 이러한 불일치성을 적절히 지적하는 입장으로는 *G. Less*, Vom Wesen und Wert des Richterrechts, 1955, S. 6 참고.

85) 대표적으로는 *H. Coing*, ARSP 41(1954/55), S. 436-444.

86) 대표적으로는 *U. Diederichsen*, NJW 1966, S. 697-705.

87) 예컨대 *E. v. Savigny*, Topik und Axiomatik: Eine verfehlte Alternative, ARSP 59(1973), S. 249-254.

88) 이에 관해 자세히는 *U. Neumann*, Juristische Argumentationslehre, 1986, S. 54ff.

물러 있다. 이와는 달리 에써(J. Esser)의 「사법에 대한 법관의 법형성에서 원칙과 규범」(Grundsatz und Norm in der richterlichen Fortbildung des Privatrechts, 1956)의 출발점은 피벡의 저작과 거의 동일하지만, 대륙법계와 영미법계의 도그마틱에서 등장하는 다양한 자료에 대한 분석에 기초하고 있다. 특히 에써의 이 저작은 법이론적인 테제나 방법론적 요청을 단순히 서술하고 있는 것이 아니라, 법질서의 내재적 구성원칙을 재구성하려는 목적에서 출발한다. 에써의 「원칙과 규범」에서 법이론은 그 경험적 측면이 강조된다. 다시 말해서 에써가 의미하는 법이론은 분석적, 구성적 분과가 아니라, 경험적 소재(예컨대 구체적 판결)를 재구성하는 분과이다. 이 저작이 그 이후의 방법론에 얼마나 많은 성과를 가져왔는지에 대해서는 여기서 자세히 언급할 수 없다. 그 가운데 특히 실제 현실에 가까운 법원이론(法源理論 Rechtsquellenlehre; 단순히 법률조항 또는 선결례만이 아니라, 법질서를 구성하는 법원칙도 고려된다는 점) 그리고 제정법체계와 판례법체계 사이의 차이를 상대적으로 해석한 점이 중요한 성과라 할 수 있다.

앞서 언급한 두 개의 저작과 더불어 독일 연방공화국의 법철학적 논의는 법학방법론과 그 법이론적 기초가 우위를 점하는 단계로 넘어가게 된다. 이 두 저작에 연결된 수많은 발전경향들의 공통분모는 법적 결정이 창조적 성격을 갖는다는 인식이었다. 법률은 판결을 단지 부분적으로만 규정할 뿐이라는, 이러한 인식으로부터 판결의 구조를 자세히 분석하고 '정당한' 판결의 기준을 형성하려는 시도가 이루어졌다.

분석적인 경향의 법이론은 문제를 언어이론적으로 엄밀하게 구체화 하려는 과제에 집중[89]한 반면, 법적 해석학(juristische Hermeneutik)

---

89) 대표적으로는 *H. J. Koch*, Der unbestimmte Rechtsbegriff im Verwaltungsrecht, in: ders.(Hrsg.), Juristische Methodenlehre und analytische Philosophie, 1976, S. 186-213.

은 법률텍스트가 다의적이라는 현상을 '이해(Verstehen)'에 관한 일반 이론을 통해 생산적으로 파악하고자 했다. 그리하여 관점을 법률과 그에 대한 기술적 해석규칙에 제한시켰던 전통적 방법론은 한편으로는 생활사실을, 다른 한편으로는 해석자의 주관성을 함께 고려하는 법적 해석학에 의해 붕괴되었다. '대전제(법률)와 생활사실 사이의 끝없는 시각의 왕래(Hin- und Herwandern des Blickes zwischen Obersatz und Lebenssachverhalt)'라는 엥기쉬(K. Engisch)의 법적용론[90]은 (유형화된) 생활사실과 (구체화된) 법규칙이 쌍방적으로 구성되는 동적인 과정을 상세히 분석[91]하려는 법적 해석학의 슬로건이었다. 텍스트이해에 대한 이론을 뛰어 넘어 상황이해(szenisches Verstehen)까지도 포함하는 이론[92]이 등장한 것은 법적 해석학이 지속적으로 발전을 거듭한 결과이다. 이러한 발전 가운데 규범과 사실의 관계를 해석학적으로 재구성하는 데 철학적 바탕을 마련한 것은 법의 존재론적 구조에 관한 아르투어 카우프만(Arthur Kaufmann)의 분석이었다. 그에 따르면 추상적 규범이 아니라, 구체적인 결정이 비로소 '진정한 의미의 현실'로서의 자격을 갖는다고 한다.[93]

이해의 주체도 이해과정을 구성하는 의미를 갖는다는 통찰[94]은 이

---

90) *K. Engisch*, Logische Studien zur Gesetzesanwendung, 3. Aufl. 1963, S. 15.

91) 대표적으로는 *W. Hassemer*, Tatbestand und Typus. Untersuchungen zur strafrechtlichen Hermeneutik, 1968. 법적 해석학에 대한 요약적 설명으로는 *Arthur Kaufmann*, Durch Naturrecht und Rechtspositivismus zur juristischen Hermeneutik, JZ 1975, S. 337ff. 참고.

92) *W. Hassemer*, Einführung in die Grundlagen des Strafrechts, 1981, S. 113ff.(2. Aufl. 1990).

93) *Arthur Kaufmann*, Die ontologische Struktur des Rechts, 1962, in: ders., Rechtsphilosophie im Wandel, 2. Aufl. 1984, S. 102-129, 128: "구체적인 결정에서 비로소 … 법은 그 존재적 구체성을 획득하며, 바로 그때 비로소 진정한 의미의 현실이 된다."

미 철학적 해석학이 밝혀낸 것이다. 이러한 통찰은 부분적으로는 '선판단(Vorurteil)'의 기능을 분석한 가다머의 철학에 의존하여 법적 '선이해(Vorverständnis)'에 관한 이론[95]으로 다듬어졌다. 이 이론은 한편에서는 법적 선이해의 초월적 기능을 강조하는 입장[96]으로, 다른 한편에서는 법적 선이해가 역사적 및 사회적으로 규정된다는 사실을 강조하는 입장[97]으로 나타났다. 어쨌든 포섭모델(Subsumtios- modell)의 결정론적 사고가 무너진 이후, '정당한' 이해나 '정당한' 결정의 기준에 관한 물음은, 적어도 그것이 결코 대답할 수 없는 물음으로 거부되지 않는 한, 법률구속을 넘어선 영역의 기준을 가지고 대답할 수밖에 없었다. 그래서 '사물의 본성'론[98]이나 프리드리히 뮐러(Friedrich Müller)의 규범모델은 규범적 의미가 있는 존재구조에서 그러한 기준을 찾고자 했다. 특히 뮐러는 '규범영역(Normbereich)'[99]과 '규범프로그램(Normprogramm)'을 구별하고, 전자는 '법규범이 현실과 관련을 맺는 근본구조'로서 법률텍스트 자체를 의미하는 후자와 함께 법규범을 구성하는 부분이라고 주장했다. 이와는 별개로 법적 논

94) *Gadamer*, Wahrheit und Methode, 3. Aufl. 1975; 법철학의 영역에서는 예컨대 *Arthur Kaufmann*, Rechtspositivismus und Naturrecht in erkenntnistheoretischer Sicht(1961), in: ders., Rechtsphilosophie im Wandel, 2. Aufl. 1984, S. 69-99, 97 참고(여기서는 딜타이 Dilthey를 원용하고 있다).

95) 기본적인 문헌으로는 *J. Esser*, Vorverständnis und Methodenwahl, 1970(2. Aufl. 1972) 참고.

96) "(법률)텍스트는, 그것이 합리성과 공평성이라는 의지(선이해)와 결합할 때에만 올바르게 해석될 수 있다(*Kriele*, Theorie der Rechtsgewinnung, 2. Aufl. 1976, 169면)"는 주장.

97) 이데올로기 비판적 측면을 강조하는 *F. Müller*, Juristische Methodik, 4. Aufl. 1990, S. 163f. 참고.

98) *Arthur Kaufmann*, Analogie und Natur der Sache(1965), 2. Aufl. 1982.

99) *Friedrich Müller*, Strukturierende Rechtslehre, 1984, S. 251.

증과 도덕적 논증을 밀접히 연결시키는 이성법적 사고[100]를 통해, 또는 '공동체 내의 지배적 법에토스'[101]에서 정당한 결정의 기준을 찾으려는 시도도 있었다. 하지만 이러한 시도들에서도 법률적 정당성기준과 비법률적 정당성기준의 관계에 대한 문제는 ―부분적으로는 헌법적 논거들과 함께 논의되기도 했지만― 여전히 해명되지 않았다. 오로지 전통적인 해석방법이 '동기형성력'을 갖는가, 즉 전통적 해석방법이 정당한 판결획득에 규준이 되는가를 둘러싸고 격렬한 논쟁이 이루어졌을 뿐이다.

3) 법철학에서 법이론으로

자연법 논의가 사라져 가고 법학방법론의 문제가 논의의 중심에 서게 되자, 법학의 기초적 논의의 관심방향은 가치론적 문제제기에서 분석적 문제제기로 옮겨가는 경향을 드러냈다. 이러한 발전경향의 외적 증거는 1970년대 초반에 두 개의 새로운 잡지[102]와 「법이론」이라는 제목을 단 두 권의 논문집[103]의 출간으로 나타났다. 물론 법이론이라는 개념이 정확히 어떠한 대상영역과 연구관심을 지칭하는지[104]에 관해서는 견해가 일치하지 않았을 뿐만 아니라, 법철학에 대한 경계설정[105] 역시 모호한 채로 남아 있었다. 하지만 법이론이 전

---

100) *M. Kriele*, Theorie der Rechtsgewinnung, 1967(2. Aufl. 1976).

101) *R. Zippelius*, Wertungsproblem im System der Grundrechte, 1962. S. 131ff.

102) Rechtstheorie. Zeitschrift für Logik, Methodenlehre, Kybernetik und Soziologie des Rechts, 1970ff.; Jahrbuch für Rechtssoziologie und Rechtstheorie, 1970ff.

103) Rechtstheorie. Ansätze zu einem kritischen Rechtsverständnis(hrsg. v. *Arthur Kaufmann*), 1971; Rechtstheorie. Beiträge zur Grundlagendiskussion(hrsg. v. *G. Jahr* u. *W. Maihofer*), 1971.

104) 이 물음에 관해서는 *G. Ellscheid*, Zur Forschungsidee der Rechtstheorie, in: A. Kaufmann(Hrsg.), Rechtstheorie(각주103), S. 5-17 참고.

통적인 법철학의 규범적 문제제기와는 상당한 거리를 두고 있고, 그 학문적 관심이 형식논리적 또는 사회과학적 분석을 끌어들여, 법학의 개별 도그마틱 분과나 (모든 도그마틱 분과에 공통되는) 메타도그마틱 분과에서 이루어지는 논의를 더욱 합리화하는 데 기여하고자 했다는 점에서는 의견이 일치했다. 이러한 인식관심에서 출발한 법이론을 크게 두 개의 경향으로 유형화하면, '법논리학', '언어철학' 그리고 '법학의 학문이론(Wissenschaftstheorie)'을 중심으로 하는 형식적, 분석적 경향의 법이론과 이데올로기비판적 입장에 선 법이론으로 구별할 수 있다.

a) 중립적 법이론

형식적 · 분석적 경향의 법이론은 법의 미시적 구조와 거시적 구조(규범의 구조와 법질서의 구조)를 분석하기 위해 주로 논리학, 학문이론, 언어학, 체계이론, 법사회학의 도움을 빌렸으며,[106] 따라서 법학이 이러한 개별분과와 결합할 수 있는 길을 열거나 기존의 결합을 강화하고자 노력했다.[107] 연구의 중심은 특히 법논리학, 언어철학, 법학의 학문이론의 영역에서 형성되었으며, 뒤의 두 분과, 특히 언어철학은 비판적 법이론에서도 원용되었다.[108]

---

105) 이에 관해서는 *J. Schmidt*, Die Neutralität der Rechtstheorie gegenüber der Rechtsphilosophie. Zwölf Thesen, in: Rechtstheorie 2(1971), S. 95-99; *H. Rottleuthner*, Rechtstheorie und Rechtssoziologie, 1981 참고.

106) 이 개별분과들이 법이론 연구에 중요한 의미를 갖는다는 사실을 지적하고 있는, 잡지 「법이론」의 창간사(Rechtstheorie, Bd. 1, 1970, S. 2)는 이 점을 잘 보여주고 있다.

107) 예컨대 그림(*D. Grimm*)이 편집한 두 권의 논문집 「법학과 인접과학」(Rechtswissenschaft und Nachbarwissenschaft, Bd. 1, 1973, 2. Aufl. 1976; Bd. 2, 1976)에서는 각 문제영역마다 법학자의 글에 해당하는 인접분야 학자의 글을 함께 게재함으로써 이러한 구상을 실천하고 있다.

108) 이에 관해서는 아래의 392면 이하 참고.

가. 법논리학

법논리학의 선구자인 칼 엥기쉬(K. Engisch)[109]와 울리히 클룩(Ulrich Klug)[110]의 연구와는 뚜렷한 시간적 간격이 있는 1960년대 중반부터 '법/법학과 논리학'이라는 주제에 대한 포괄적인 논의가 전개되기 시작했다. 이 논의에서는 법규칙 자체의 논리적 구조와 법적 추론 또는 법적 논증의 논리적 구조에 관한 물음이 중심적으로 다루어졌다.

논리학의 체계를 법의 일반적 구조이론에 적용하려는 시도 가운데 대표적인 보기는 로타 필립스(L. Philipps)의 연구라 할 수 있다.[111] 필립스는, 논리체계를 존재론적으로 해석하는 버틀란드 러셀(B. Russell)의 철학[112]과 아르투어 카우프만의 법이론[113]과 마찬가지로, 선택된 논리체계와 그 논리체계를 선택할 때 전제된 법질서 모델 사이에 형태의 동일성이 있다고 진단했다. 즉, 참 · 거짓의 두 가지 가치만을 인정하는 고전논리학(2치논리학)은 그 자체 존재하는 완결된 세계가 있다는 존재론을 기초로 하기 때문에, 고전논리학을 법에 적용시키는 것은 곧 모든 행위가 법적으로 규율되어 있는 완결된 법질서를 모델로 삼는 것과 같다고 한다. 이에 반해, 어떤 행위에 대해서는 법적 규율이 존재하지 않을 수도 있고, 따라서 하나의 법명제(Rechtssatz)가 타당하지 않다는 사실로부터 곧바로 그 법명제의 부정명제가 타당하다고 추론할 수 없는 개방적인 법질서에 대해서는, 예컨대 직관주의

---

109) *K. Engisch*, Logische Studien zur Gesetzesanwendung, 1943(3. Aufl. 1963).

110) *U. Klug*, Juristische Logik, 1951, 4. Aufl. 1982.

111) *L. Philipps*, Sinn und Struktur der Normlogik, ARSP 52(1966), S. 195-219; *ders.*, Rechtliche Regelung und formale Logik, ARSP 50(1964), S. 317-329.

112) *B. Russell*, Probleme der Philosophie, 5. Aufl. 1973, S. 78면.

113) *A. Kaufmann*, Rechtspositivismus und Naturrecht in erkenntnistheoretischer Sicht(1961), in: ders., Rechtsphilosophie im Wandel. Stationen eines Weges, 2. Aufl. 1984, S. 78.

논리체계(intuitionistisches Logiksystem)와 같이 배중률(Satz vom ausgeschlossenen Dritten: '참'과 '거짓' 이외의 제3의 진리값이 없다는 논리규칙)이 적용되지 않는 논리체계가 대응한다고 한다. 필립스의 연구 이외에도 법도그마틱의 기본적인 사고형태를 분석한 위르겐 뢰디히(Jürgen Rödig)의 연구[114]도 법의 논리적 구조에 관한 이론에 속한다.

법적 추론의 논리적 구조에 관한 논의는 법규범과 규범적 추론의 형식화(Formalisierung)를 위해 별개의 규범논리계산을 필요로 하는가[115] 또는 고전적 논리계산의 도구(명제논리와 술어논리)를 그대로 사용할 수 있는가[116]의 문제에 집중되었다. 전자의 견해와 같이 독자적인 규범논리계산을 개발해야 한다는 주장은 여러 가지 논리체계를 형성시키는 결과를 가져왔다. 이들 체계는 한편으로는 그 연역적 추론연관을 너무 강하게 구성하여 도저히 받아들일 수 없는 결론마저도 추론이 가능한 경우(이른바 규범논리의 역설)를, 다른 한편으로는 연역적 추론연관이 너무 약해서 논리적 공식화라고 볼 수 없는 경우를 극복해 가면서 다양한 성과를 거두었다. 이에 반해 후자의 견해, 즉 고전논리를 규범논리에 원용할 수 있다고 주장하는 사람들은 법의 부분영역을 형식화 · 공리화하여 술어논리가 법적 규율들을 설명하는 데에도 현실적으로 유용하다는 사실을 입증하고자 했다.[117]

---

114) *J. Rödig*, Die Denkform der Alternative in der Jurisprudenz, 1969.

115) 특히 *O. Weinberger*, Rechtslogik, 1970, S. 189ff.(2. Aufl. 1989, S. 218ff.); *ders.*, Kann man das normlogische Folgerungssystem philosophisch begründen?, ARSP 65(1979), S. 161-186 참고.

116) 특히 *J. Rödig*, Über die Notwendigkeit einer besonderen Logik der Normen, in: Jahrbuch für Rechtssoziologie und Rechtstheorie Bd. 2, 1972, S. 163-185 참고.

117) *J. Rödig*, Axiomatisierbarkeit juristischer Systeme, in: A, Kaufmann (Hrsg.), EDV und Recht. Möglichkeiten und Probleme, 1973, S. 49-90. 이에 관해서는 또한 *E.v. Savigny*, Zur Rolle der deduktiv- axiomatischen Methode in der Rechtswissenschaft, in: G. Jahr/W. Maihofer(Hrsg.),

법논리학의 비약적인 발전은 법학방법론과 법적 논증이론의 영역에서 '법적 삼단논법'이 시대에 알맞은 형태를 띠고 부활하는 결과를 낳았다. 에써의 원칙적 비판[118]과 그 이후 여러 측면에서 입증된 확고한 비판[119]에 의해 법적 삼단논법에 따른 판결발견[120]은 더 이상 살아남을 수 없는 사고로 여겨졌다. 그러나 이러한 사고는 판결을 연역적으로 정당화하는 모델[121]에 의해 되살아났다. 이 모델은 더 이상 유일하게 정당한 판결이 있다는 사고에 필연적으로 구속될 필요가 없었다. 물론 이러한 완화된 형태의 법적 삼단논법 모델도 또한 삼단논법을 하나의 논증유형으로 오해하고 있다는 반론을 받았다.[122] 즉, 논리적 전환(법률이라는 보편명제로부터 구체적 판결이라는 단칭명제를 추론하는 것)은 단지 하나의 명제에 담겨진 묵시적인 내용을 명시적으로 밝히는 동어반복(Tautologie)에 불과할 뿐, 하나의 명제를 독자적 방법으로 정당화하는 것은 아니다.[123] 이와 같은 문제점에도 불구하고 논리계산이 법적 논증의 경험적 구조를 명확히 하는 데 유용한 도구라

Rechtstheorie, 1971, S. 315-351 참고.

118) *J. Esser*, Grundsatz und Norm in der richterlichen Fortbildung des Privatrechts, 1956(4. Aufl. 1990); *ders.*, Vorverständnis und Methodenwahl in der Rechtsfindung. Rationalitätsgrundlagen richterlicher Entscheidungspraxis, 1970, 2. Aufl. 1972.

119) *Arthur Kaufmann*, Freirechtsbewegung — lebendig oder tot? Ein Beitrag zur Rechtstheorie und Methodenlehre, 1965. in: ders. Rechtsphilosophie im Wandel, 2. Aufl. 1984, S. 231-249, 240; *D. Simon*, Die Unabhängigkeit des Richters, 1975, S. 68ff.

120) *Forsthoff*, Die Umbildung des Verfassungsgesetzes(1959). in: ders., Rechtsstaat im Wandel, 2. Aufl. 1975, S. 130-153, 135.

121) *R. Alexy*, Theorie der juristischen Argumentation, 1978(2. Aufl. 1991), S. 73ff.; *H.J. Koch/H. Rüßmann*, Juristische Begründungslehre, 1982, S. 48ff.

122) *Ch. Perelman*, Juristische Logik als Argumentationslehre, 1979, S. 154.

123) *U. Neumann*, Juristische Argumentationslehre. 1986, S. 16ff.

는 사실에 대해서는 실제로 어떠한 이의도 있을 수 없다. 논리적 추론연관과 법적 논증의 규칙이 어떠한 관계에 있는가 하는 문제에 관해서는, 이미 제시되어 있는 여러 가지 논리체제들 가운데 하나의 체계를 그때그때의 적합성을 기준으로 선택할 수 있고 또한 그렇게 해야만 한다는 인식이 점차 중요하게 여겨졌다.[124] 예컨대 "거짓인 명제로부터 도출된 모든 명제는 참이다(ex falso quodlibet)"와 같이 직관적으로 설득력이 없는 정리(Theorem)는 이 정리 자체를 포함하지 않는 (최소한의 논리규칙만을 갖고 있는) 논리계산체계를 선택함으로써 해결될 수 있었다.

나. 언어철학

'법과 언어'라는 테마는, 1940년대에 이루어진 될레(H. Dölle)의 연구[125]나 노이만-두에스베르크(H. Neumann-Duesberg)의 연구[126]가 별다른 반향을 불러일으키지 못한 이후, 1960년대 중반에 가서야 다시 논의되기 시작했다. 법과 언어에 관한 새로운 논의는 문제중심론에 연결[127]되거나 해석학과의 관련[128]하에 이루어지는가 하면, 분석철학을 법학에 수용[129]하면서 또는 법학을 인접과학에 개방하면서 이

---

124) 논증이론 전반에 관해서는 *C. F. Gethmann*(Hrsg.), Theorie des wissenschaftlichen Argumentierens, 1980; 법적 논증이론에 관해서는 *U. Neumann*, Juristische Argumentationslehre, 1986, S. 30ff. 참고.

125) *H. Dölle*, Vom Stil der Rechtssprache, 1949.

126) *H. Neumann-Duesberg*, Sprache im Recht, 1949.

127) *D. Horn*, Rechtssprache und Kommunikation, 1966; *H. Rodingen*, Ansätze zu einer sprachkritischen Rechtstheorie, ARSP 58(1972), S. 161-183; *T.-M. Seibert*, Von Sprachgegenständen zur Sprache von juristischen Gegenständen, ARSP 58(1972), S. 43-52.

128) *Arthur Kaufmann*, Die Geschichtlichkeit des Rechts im Lichte der Hermeneutik, 1969, in: ders., Beiträge zur juristischen Hermeneutik, 1984, S. 25-52.

루어지기도 했다. 하지만 논의의 강도에 비추어 볼 때, 법이론의 '언어학적 전환(linguistic turn)'이 이루어졌다는 말이 설득력을 갖기는 어려울 것 같다. 어쨌든 이 논의에서는 주제를 포괄적으로 다루면서[130] 개별적으로는 강조점을 서로 달리하는 언어철학적-법철학적 분석들과 함께, 특히 법률언어의 구체화와 이러한 구체화가 어느 정도까지 가능한가의 문제, 그리고 법률언어의 사회적, 이데올로기적 기능에 대한 문제가 논의의 방향을 규정했다.

언어이론을 문장구조론(Syntaktik), 의미론(Semantik), 화용론(Pragmatik)으로 구분하는 입장에서 출발하면, 법률언어의 구체화 문제를 다루는 연구는 구문론과 의미론에, 법률언어의 기능문제를 다루는 연구는 화용론에 속한다고 말할 수 있다. 약간 과장해서 말한다면, 첫 번째 경향은 법률구속의 보장에 대한 법치국가적 관심[131]을 바탕으로 불확실한 법률규정의 구조를 분석하고 그러한 규정들을 구체화하는데 주력하는 반면, 두 번째 경향은 법률언어의 구체화는 허상이며 마치 법률언어가 지칭하는 대상이 실제로 존재하는 것처럼 착각하고 구사하는 경직된 언어사용에 불과하다는 점을 폭로하는 목표를 갖고 있었다.

첫 번째 경향을 대표하는 것으로는 코호(H. J. Koch)와 뤼스만(H. Rüßmann)의 연구[132]와 여러 학파가 함께 참여한 공동연구집단 '법률

129) 예컨대 *H. Eckmann*, Rechtspositivismus und Sprachanalytische Philosophie. Der Begriff des Rechts in der Rechtstheorie H. L. A. Harts, 1969.

130) 예컨대 *Els Oksaar*, Sprache als Problem und Werkzeug des Juristen, ARSP 5(1967), S. 91-132.

131) 대표적으로는 *H. J. Koch*, Das Postulat der Gesetzesbindung im Lichte sprachphilosophischer Überlegungen, ARSP 61(1975), S. 25-41.

132) *H.J. Koch*, Der unbestimmte Rechtsbegriff im Verwaltungsrecht, in: ders.(Hrsg.), Juristische Methodenlehre und analytische Philosophie, 1976, S. 186-213; *H.J. Koch/H. Rüßmann*, Juristische Begründungslehre,

언어에 대한 분석(Analyse der juristischen Sprache)'을 들 수 있다. 코호와 뤼스만은 개념의 외연(Extension)과 내포(Intension)에 대한 구별 및 개념적용의 긍정적, 부정적, 중립적 '경우(Kadidaten)'에 관한 모델을 기초로 법개념의 구체화의 문제를 언어이론적 성찰이 거의 없는 연구들에 비해 훨씬 더 엄밀하게 구성할 수 있었다.[133] '법률언어에 대한 분석'이라는 연구집단도 또한 법률언어를 구체화하는 목표를 가지고 법률텍스트를 언어학과 술어논리를 통해 분석하려는 가치 있고도 힘든 노력을 기울였다.[134] 이 연구는 특히 그 당시에 독자적인 분과로 발전하기 시작한 법정보학(Rechtsinformatik)[135]과 밀접한 관계를 맺고 있었다. 물론 법정보학은 1970년대 초반에 형성된 법적 결정이

1982.

133) 코호와 뤼스만이 언어철학적 연구를 수용하는 방식이 잘못되었음을 지적하는 디트리히 부쎄(Dietrich Busse)의 비판[*D. Busse*, Was ist die Bedeutung eines Gesetzestextes?, in: Fredrich Müller(Hrsg.), Untersuchungen zur Rechtslinguistik, 1989, S. 93-148, 97f.]은 이러한 업적에는 해당하지 않는다고 생각한다.

134) Interdisziplinäre Arbeitsgruppe "Analyse der juristischen Sprache": 1. Heft. "Logische Struktur von Normensystemen? - am Beispiel der Rechtsordnung"(hrsg. v. *D. Rave, H. Brinckmann, K. Grimmer*), 1971; 2. Heft: "Paraphrasen juristischer Texte"(hrsg. v. *D. Rave, H. Brinckmann, K. Grimmer*), 1971; 3. Heft: "Syntax und Semantik juristischer Texte"(hrsg. v. *D. Rave, H. Brinckmann, K. Grimmer*), 1974; 4. Heft: "Rechtstheorie und Linguistik"(hrsg. v. *H. Brinckmann, K. Grimmer*), 1974. *A. Podlech*, Rechtslinguistik, in: D. Grimm(Hrsg.), Rechtswissenschaft und Nachbarwissenschaften, Bd. 2, 1976, S. 105-116과 *H. Reiner*, Sprachwissenschaft und Rechtstheorie, in: Grimm(Hrsg.), a.a.O., S. 117-142도 이 연구집단을 통해 성립된 문헌이다.

135) *F. Haft*, Elektronische Datenverarbeitung im Recht, 1970; *Arthur Kaufmann*(Hrsg.), EDV und Recht - Möglichkeiten und Probleme, 1973; *S. Simitis*, Informationskrise des Rechts und Datenverarbeitung, 1970; *ders.*, Rechtliche Anwendungsmöglichkeiten kybernetischer Systeme, 1966.

론(juristische Entscheidungstheorie)과 관계를 맺기도 했다.[136)]

다른 한편, 언어철학적 분석은 법학적 사고와 논증이 존재론을 묵시적으로 포함하고 있음을 비판하는 데에도 유용하게 이용되었다. 법도그마틱을 언어이론적 입장에서 비판하는 출발점은, 무반성적인 언어관이 법률언어에 대한 경직된 이해를 불러일으키고, 이로 인해 법적 논증에서 가치평가적으로 결코 입증할 수 없는 비약이 발생한다는 혐의이다.[137)] 예컨대 '소유권'과 같은 개념을 기능적 개념이 아니라, 이 개념의 대상이 실재하는 실질적 개념으로 해석하는 존재론적, 서술적(평가적에 반대되는 의미에서) 언어관이 주류를 이루고 있다는 진단[138)]은 개별적인 분석을 통해 검토되고 구체화되었다.[139)] 특히 후버트 로딩겐(Hubert Rodingen)은 언어비판적 인식을 언어이론에 기초한 사회비판으로 확장시켰다.[140)] 또한 법도그마틱의 본질주의적 개념관에 대한 비판은 문제중심론(Topik)적 법학이 법수사학(Rechtsrhetorik)으로 발전하는 결정적 계기가 되었다. 법수사학은 기

---

136) *W. Kilian*, Juristische Entscheidung und elektronische Datenverarbeitung, 1974; *B. Schlink*, Inwieweit sind juristische Entscheidungen mit entscheidungstheoretischen Modellen theoretisch zu erfassen und praktisch zu bewältigen?, in: Jahrbuch für Rechtssoziologie und Rechtstheorie, Bd. 2(1972), S. 322-346.

137) *D. Horn*, Rechtssprache und Kommunikation, 1966; *H. Rodingen*, Ansätze zu einer sprachkritischen Rechtstheorie, ARSP 58(1972), S. 161-183; *T.-M. Seibert*, Von Sprachgegenständen zur Sprache von juristischen Gegenständen, ARSP 58(1972), S. 43-52; *U. Neumann*, Rechtsontologie und juristische Argumentation, 1979.

138) *D. Horn*, Rechtswissenschaft und Kommunikationstheorie, ARSP 53(1967), S. 573-590.

139) *T.-M. Seibert,* Kritik des Larenzschen Sprachgebrauch, in: Th. Vieweg/F. Rotter(Hrsg.), Recht und Sprache, ARSP-Beiheft Nr. 9(1977), S. 69-78.

140) *H. Rodingen*, Pragmatik der Argumentation. Was Gesetze anrichten und was rechtens ist, 1977.

호와 대상의 관계(의미론)와 기호와 기호의 관계(문장구조론)에 더 이상 주목하지 않고, 화자(Sprecher)와 다른 화자, 화자와 기호, 화자와 대상의 관계로 시각을 돌렸다.[141]

다. 법학의 학문이론

법철학에서 법이론으로의 전환은 규범적 관점이 분석적 관점에 의해 해체되는 결과를 가져왔을 뿐만 아니라, 연구의 대상영역 자체의 변화를 초래했다. 즉, 연구관심이 법질서의 현실적 또는 가상적 현상을 대상으로 하는 것이 아니라, 그러한 현상을 연구하는 법학 자체의 구조나 방법론을 대상으로 삼는 중심이동이 발생했다. 이러한 배경 속에서 법학의 학문이론은 학문적 관심의 핵심적인 자리를 차지했다. 일부에서는 법이론 자체가 법도그마틱에 대한 메타이론(Metatheorie)의 기능을 갖고, 따라서 '국지적 일반 학문이론(regionale Allgemeine Wissenschaftstheorie)'의 기능을 한다고 주장하기도 했다.[142] 물론 개별적인 연구가 갖는 인식관심이나 각각의 학문이론적 배경의 측면에서는 현격한 차이가 있었다.

법학이 과연 학문인가 그리고 법학을 다른 경험과학과 비교할 수 있는가라는 물음은 특히 아이케 폰 사비니(Eike v. Savigny)와 그의 자극을 받은 연구에 의해 깊이 있게 다루어졌다.[143] 폰 사비니는 비판

---

141) *O. Ballweg*, Rechtsphilosophie als Grundlagenforschung der Rechtswissenschaft und der Jurisprudenz, in: Jahrbuch für Rechtssoziologie und Rechtstheorie Bd. 2, 1972, S. 43-49; *ders.*, Phronetik, Semiotik und Rhetorik, in: Ballweg/Seibert, Rhetorische Rechtstheorie, 1972, S. 27-71. 최근의 문헌으로는 *K. Sobota*, Sachlichkeit. Rhetorische Kunst der Juristen, 1990.

142) *G. Jahr*, Zum Verhältnis von Rechtstheorie und Rechtsdogmatik, in: G. Jahr/W. Maihofer(Hrsg.), Rechtstheorie. Beiträge zur Grundlagendiskussion, 1971, S. 303-311.

적 합리주의(칼 포퍼, K. Popper)의 학문이론을 기초로, 가설검증의 구조의 측면에서 경험과학과 법학은 본질적으로 일치한다고 진단한다. 예컨대 독일 형법학은 학문이론적으로 보면 가치가설의 체계로서, 개개의 가치가설은 기초명제(Basissatz)로서 기능하는 가치판단(경험과학에서의 관찰명제에 상응)에 의해 반증될 수 있다고 한다. 이 밖에도 법학에서 이론적 개념의 기능,[144] 도그마틱에서 '학설'의 의미,[145] 법적 결정에 대한 정당화 구조[146] 등의 문제와 관련하여 일반 학문이론의 연구성과를 빌려오기도 했다.

법학과 경험과학 사이에 일정한 일치점을 확인할 수 있고, 따라서 학문에 관한 '통일모델'을 형성하여 법학을 보편적 구속력을 갖는 학문 개념에 편입시켜야 하는지 아니면 법학은 정신과학으로서 원칙적으로 다른 학문모델에 구속되는지는 분석적 학문이론과 해석학 사이

---

143) *E. v. Savigny*, Die Überprüfbarkeit der Strafrechtssätze, 1967; *U. Neumann/J. Rahlf/E. v. Savigny*, Juristische Dogmatik und Wissenschaftstheorie, 1976.

144) *U. Neumann*, Rechtsontologie und juristische Argumentation, 1979; *K. Volk*, Strafrechtsdogmatik. Theorie und Wirklichkeit, in: Bockelmann-Festschrift, 1979, S. 75-87; *U. Neumann*, Wissenshaftstheorie der Rechtswissenschaft, in: A. Kaufmann/W.Hassemer (Hrsg.), Einführung in Rechtsphilosophie und Rechtstheorie der Gegenwart, 1977, S. 174-187(5. Aufl. 1989, S. 375-391).

145) *A. Wagner*, Die Theorie in der Rechtswissenschaft, JuS 1963, S. 458-465; *A. Podlech*, Rechtstheoretische Bedingungen einer Methodenlehre juristischer Dogmatik, in: Jahrbuch für Rechtssoziologie und Rechtstheorie, Bd. 2, 1972, S. 491-502.

146) 구체적 사건을 일반적 법칙성으로부터 설명하는, 이른바 헴펠-오펜하임 도식(Hempel-Oppenheim-Schema)을 구체적 결정을 정당화하는 법학에 원용할 수 있는가에 관해서는 *U. Neumann*, Rechtstheorie und allgemeine Wissenschaftstheorie, in: Vestigia iuris, Festschrift für G. Jahr, 1993, S. 157-168(본서의 337면 이하) 참고.

에 벌어진 격렬한 논쟁의 대상이었다.[147] 비판적 합리주의 진영은, 해석학적으로 획득된 언명이 객관성을 갖는다는 믿음을 거부하며,[148] 법적 해석학에서 말하는 '정당성사고'를 부정한다.[149] 그러나 법적 해석학에 대한 비판적 합리주의의 이러한 비판은 해석학적 진영 가운데 일부의 입장에만 해당할 뿐이다.[150] 문제의 중심은 오히려 다른 데 있다. 비판적 합리주의는 과거의 분석들과 마찬가지로, 법학이 순수한 인식적 활동(kognitive Leistung)이라고 생각한다.[151] 바로 이러한 이데올로기에 대한 반론은 분석적 과학이론이 법학의 근본분과가 되기에는 불만족스러운 것이라는 점을 분명히 보여준다. 왜냐하면 법도그마틱의 규칙형성은 의문의 여지없이 실천과 관련을 맺고 있을 뿐만 아니라, 법도그마틱이 결정을 위한 대안들을 찾아내려는 노력이라는 점에서 이미 법도그마틱은 실천과학이라는 사실이 명백해지기 때문이다. 따라서 법도그마틱이 결정 대안들을 단순히 서술[152]하는 데 국한되는 것이 아니라, 특정한 행위가능성을 선택하는 것이라면, 법도그마틱은 (진리성이 아닌) 실천적 정당성이라는 기준을 지향할 수밖에 없다. 그렇다면 법도그마틱은 선택된 대안을 어떠한 방식으로 정당화할 것인가라는 문제를 다루어야 한다. 가치평가를

147) 이에 관해서는 *R. Dreier*, Zum Selbstverständnis der Jurisprudenz als Wissenschaft, in: Rechtstheorie 2(1971), S. 37-54.

148) *P. Schwerdtner*, Rechtswissenschaft und Kritischer Rationalismus, in: Rechtstheorie 2(1971), S. 67-94, S. 224-244(S. 85).

149) *P. Schwerdtner*(각주 148), S. 237.

150) 예컨대 해석학적 입장의 대표적인 학자라 할 수 있는 카우프만은 '유일하게 정당한 결정'이라는 전제에 명백히 반대하고 있다. *Arthur Kaufmann*, Recht und Sprache(1983), in: ders., Beiträge zur juristischen Hermeneutik, 1984, S. 101-118.

151) *P. Schwerdtner*(각주 148).

152) 이런 의미에서 한스 알버트(*H. Albert*, Traktat über rationale Praxis, 1978)는 법도그마틱이 서술적 학문에 그쳐야 한다고 명백히 주장한다.

결과에 대한 고려(Folgenerwägung)를 통해 정당화하자는 제안[153]은 하나의 가능한 방법이다. 어쨌든 법학의 학문성을 의심하고, 문제되는 행위에 대한 분석을 해당 사회과학에게 의뢰하는 것은 법학을 '행위과학'으로 해석할 때에만 가능하다.

b) 이데올로기비판적 법이론

바로 이러한 의미에서 법학의 과학성에 대한 의문과 그에 따른 이데올로기비판적 입장의 강화[154]는 하나의 행위로서의 법적용을 '규칙준수'와 해석학의 측면에서뿐만 아니라, 특히 행태과학, 심리분석, 역할이론의 문제제기에 비추어서도 연구하는 결과를 낳았다. 그래서 법관의 행위에 관한 사회과학적 이론들은 —주로 비판적 의도에서— 특히 독일의 법관들이 어떠한 계층에 속하고 있고, 법관경력에 어떠한 특징이 드러나 있는가를 탐구했다.[155] 뤼디거 라우트만(Rüdiger Lautmann)은 자신이 직접 법정에 참여하여 관찰한 것을 토대로 이른바 일관된 논증의 전략(Strategie konsonanten Argumentierens)을 밝혀냈다. 즉 법관들은 사실문제에서든 법률문제에서든 일단 선택된 기존의 입장을 고수하고 이를 확증하려고 할 뿐, 그 입장 자체에 대한 끊임없는 검증과 통제라는 학문적 태도는 무시한다는 것이다.[156]

---

153) *Schwerdtner*(각주 148), S. 241; *A. Podlech*, Wertungen und Werte in Recht, AöR(1970), S. 185-223; *H. Rüßmann*, Zur Einführung: Die Begründung von Werturteilen, JuS 1975, S. 352-358.

154) *H. Rottleuthenr*, Richterliches Handeln. Zur Kritik der juristischen Dogmatik, 1973, 서문.

155) 대표적으로는 *W. Kaupen*, Die Hüter von Recht und Ordnung. Die soziale Herkunft, Erziehung und Ausbildung der deutschen Juristen — eine soziologische Analyse, 1969; *K. D. Opp/R. Peuckert*, Ideologie und Fakten in der Rechtsprechung, 1971. 또한 미국의 경우에 대한 *M. Weiss*, Die Theorie der richterlichen Entscheidungstätigkeit in den Vereinigten Staaten von Amerika, 1971도 참고.

가. 법학과 사회과학

'법학과 사회과학'이라는 개념대비 자체는 이미 과학적(즉 사회과학적) 관점과 (기형적인) 법학적 관점을 구별하려는 의도를 포함하고 있다. 따라서 이러한 개념대비는 바로 법학에 대한 이데올로기비판적 반론의 핵심을 보여주고 있다. 비판의 요지에 따르면, 법학은 그 규범적 관점으로 말미암아 사회현실을 제대로 파악하지 못할 뿐만 아니라, 심지어 왜곡을 일삼기도 한다고 한다.[157] 또한 법학은 법의 정치적 도구화를 은폐하고,[158] 법규의 형성과 적용에서 법 외적 요소가 갖는 의미를 무시한다고 한다. 이와 같은 결함을 제거하고 법실무와 법학의 합리성을 향상시키기 위해 두 가지 관점에서 사회과학과의 협력이 제시되었다. 첫째, 근거가 박약한 법적 일상이론(Alltagstheorie)들을 사회과학적으로 확증된 인식으로 대체한다면, 사실확인의 단계에서뿐만 아니라, 목적지향적 판결을 내리려는 법관이 목적-수단의 관계를 분석하는 단계에서도 더 높은 수준의 기술적 합리성을 기대할 수 있다. 둘째, 법이 사회에 의존하고 있고 따라서 사회적 기능을 갖는다는 사실과 법집행자들의 결정권한을 반성적으로 고찰한다면, 법에 대한 더욱 적절한 이해와 법적 결정에 대한 더욱 분명한 인식에 도달할 수 있다.

이러한 목표설정과, 특히 이를 법학교육에 통합시키는 문제를 둘러싸고 1970년대 초반 이후 격렬한 논쟁이 벌어졌다.[159] 이를 찬성

156) *R. Lautmann*, Justiz — die stille Gewalt. Teilnehmende Beobachtung und entscheidungssoziologische Analyse, 1972.

157) 대표적으로 *K.D. Opp*, Soziologie im Recht, 1973.

158) *H. Rottleuthner*, Richterliches Handeln. Zur Kritik der juristischen Dogmatik, 1973, 서문.

159) 법학교육에 사회과학적 기초교육을 포함시키려는 이른바 '비스바덴 모델(헤센주 법학교육안)'에 관해서는, 코잉(*Coing*, JuS 1973, S. 794-799)과 뤼더센(*Lüderssen*, JuS 1974, S. 131-135) 사이의 논쟁을 참고.

하는 쪽과 반대하는 쪽이 서로에게 갖는 정치적 혐의를 배제하고 실질적인 논증을 위해 노력했던 부분들만을 중심으로 하면, 다음과 같이 전체상을 그려 볼 수 있다.

실제로 어떠한 논란의 대상도 되지 않았고 또한 그 이후의 수많은 개별연구에 의해 입증되었듯이,[160] 예컨대 '아동의 행복(Kindeswohl)'[161]을 고려하는 경우처럼, 결과에 지향된 판결에서 사회과학적 인식을 판결절차에 끌어들여야 할 필요성은 자명한 것이었다. 또한 사회과학이 그 당시 발전되기 시작했던 입법학(Gesetzgebungslehre)에도 중요한 의미를 갖는다는 사실에 대해서도 의견이 일치했다.[162] 격렬한 논쟁은 법적 결정이 얼마만큼 '사회과학적'으로 조종되어야 하는가의 문제 그리고 그 경우 법관의 법률구속에 어떠한 영향을 미칠 것인가의 문제를 둘러싸고 벌어졌다.

첫 번째 문제는 법도그마틱의 규칙형성과 법관의 판결에서 결과고려가 미치는 영향에 관한 문제와 일치한다.[163] 루만(N. Luhmann)의 강력한 테제에 따르면, 법적 결정의 결과에 관한 고려는 법도그마틱에서 학설을 수정하는 기능(Korrektivfunktion)을 갖는다[164]고 한다.

---

160) 대표적으로는 *F. Jost*, Soziologische Feststellungen in der Rechtsprechung des Bundesgerichthofs in Zivilsachen, 1979.

161) *S. Simitis u.a.*, Kindeswohl. Eine interdisziplinäre Untersuchung über seine Verwirklichung in der vormundschaftsgerichtlichen Praxis, 1979; *O. Zenz*, Kindesmißhandlung und Kindesrechte. Erfahrungswissen, Normstruktur, Entscheidungsrationalität, 1981.

162) *W. Naucke*, Über die juristische Relevanz der Sozialwissenschaften, 1972 (여기서 나우케는 사회과학이 법학에서 갖는 의미에 대해 '회의적 동조자'의 입장에 서있다).

163) *T. Wälde*, Juristische Folgenorientierung, 1979; *W. Hassemer*, Über die Berücksichtigung von Folgen bei der Auslegung der Strafgesetze, in: Festschrift für H. Coing, 1982, S. 493-524; *G. Lübbe-Wolff*, Rechtsfolgen und Realfolgen, 1981.

즉, 법도그마틱의 범위 내에서 사회현실에 적합한 개념수정이 제한적으로 가능하다는 것이다. 이와는 달리, 법학이 '과도한 규범주의'로부터 벗어나 사회의 욕구를 법도그마틱에 적극적으로 수용해야 하며, 따라서 법학과 사회과학의 협력이 구체적 단계에서도 이루어져야 한다고 주장하는 '사회대응적 도그마틱(responsive Dogmatik)'[165]이라는 개념은 루만의 테제에서 한 걸음 더 나아간 주장이다. 이러한 논의의 배후에는 법의 기능이 일차적으로 기대안정화인가 아니면 행위조종인가를 둘러싼 논쟁이 자리 잡고 있었다. 그렇기 때문에 법관의 역할에 관한 헌법규정에 대한 물음도 이 논쟁과 관련을 맺었다. 예컨대 "법관은 자신의 활동을 인간세계에 대한 정치적, 사회적 형성으로 파악해야 한다"[166]는 요구는 '오로지 특정한 세계관과 그에 따른 목표에만 구속당한 채 사회생활을 제멋대로 형성하고 변형시키는 자'라는 (나쁜 의미의) 규범적 법률가상을 정립하는 것으로 여겨졌고,[167] 따라서 이러한 법률가상은 법률구속의 원칙을 부정한다는 반박을 받았다.[168] 학문의 성격과 관련해서는, 법학을 사회과학으로 이해하여 이를 일관된 제도화의 틀에 집어넣을 수 있는지 아니면 법학자들이 강조해 마지않는 존재와 당위, 규범적 관점과 경험적 관점의

164) *N. Luhmann*, Rechtssystem und Rechtsdogmatik, 1974.

165) *G. Teubner*, Folgenkontrolle und responsive Dogmatik, in: Rechtstheorie 6(1975), S. 179-204.

166) Einstufige Juristenausbildung in Hessen. Bericht und Modellentwurf der Hessischen Reformkommission für eine einstufige Juristenausbildung. Vorgelegt im August 1973 - Wiesbadener Modell, hrsg. vom Hess. Minister der Justiz, 1973, S. 12.

167) *H. Coing*, JuS 1973, S. 797. 이에 반대하는 *K. Lüderssen*, JuS 1974, S. 131.

168) *H. Coing*, JuS 1973, S. 797. 비슷한 우려를 표명하는 입장으로는 예컨대 *A. Heldrich*, Das Trojanische Pferd vor der Zitadelle des Rechts? Überlegungen zur Einbeziehung der Sozialwissenschaften in die juristische Ausbildung, JuS 1974, S. 281-288도 참고.

이원론[169] 때문에 양 분과 사이의 협력은 제한적인 영역에서만 가능한지도 논란의 대상이었다.

나. '정치적 법이론'

법학의 천박한 성찰수준에 대한 비판은 루돌프 비트횔터(R. Wiethölter)의 '정치적 법이론'[170]이라는 구상에서 더욱 강화되고 급진적 면모를 갖추게 되었다. 그의 정치적 법이론은 매우 포괄적이며, 특히 '기존의 법문화'에 대해 비판을 가했다.[171] 비트횔터에 따르면, 학문이론과 사회이론에 연결되지 않는 법학[172] 그리고 사회현실과의 관계나 자신의 행위지침의 성격을 성찰하지 않는 법[173]은 "정치적, 경제적, 사회적 지배가 법의 지배로 전환하는 것을 정당화하는 구실을 할 뿐"이라고 한다. 왜냐하면 "모든 형태의 지배는 언제나 법적 형태로 가장할 수 있기 때문"[174]이라는 것이다. 그렇기 때문에 '해방적, 자유적, 사회적 민주화'[175]의 전제는 법의 '탈신비화'이며, 이는 법이 정치적 속성을 갖고 있으며 판결이 법관의 이해관계에 구속된다는 사실을 성찰함으로써 이루어진다고 한다.

---

169) 방어적인 입장에서 이원론을 옹호하는 *N. Achterberg*, Gedanken zur Einführung rechtssoziologischer Lehrveranstaltungen in den Rechtsunterricht, JZ 1970, S. 281-283; *R. Lange*, Konstanz und die Rechtswissenschaft, JZ 1965, S. 737-739.

170) *R. Wiethölter*, Rechtswissenschaft, 1968; *ders.*, Recht und Politik. Bemerkungen zu Peter Schwerdtners Kritik, ZRP 1969, S. 155-158.

171) *R. Wiethölter*, Rechtswissenschaft, 1968, S. 10.

172) *R. Wiethölter*, ZRP 1969, S. 156.

173) *R. Wiethölter*, Rechtswissenschaft, 1968, S. 10.

174) *R. Wiethölter*, ZRP 1969, S. 156.

175) *R. Wiethölter*, ZRP 1969, S. 156.

다. 법비판으로서 마르크스주의 법이론

비트횔터의 정치적 법이론은 그 목표설정이나 이데올로기비판적 출발점에 비추어 볼 때, 1960년대 말부터 해방적 관심을 가지고 행해진 법의 이데올로기비판에 마르크스의 법비판을 원용하려는 시도[176]와 관련을 맺고 있었다. 물론 1950년대와 1960년대 초반에도 공산주의 국가와의 이데올로기적 대결을 위해 이용된 '사회주의 법연구'의 형태로 마르크스주의 법이론과 사회주의 법이론을 다룬 적이 있었다.[177] 그러나 1960년대 후반부터는 동서의 긴장완화에 힘입어 마르크스의 법사상과 '마르크스주의' 법이론이 공산주의와 사회주의 국가질서와 법질서를 구성하고 있다는 현실을 인정하고,[178] 따라서 이에 대한 물음이 별다른 편견 없이 제기될 수 있었다. 마르크스주의 법이론에 관해서는 비록 개개의 입장 사이에 커다란 차이가 있긴 하지만,[179] '유물론적 법이론의 교조주의'와는 달리, 마르크스를 직접 원용하고 비판이론(하버마스)의 문제인식을 끌어들여 해방적 관심을 가지고 비판적 법이론의 관점을 발전시키려는 경향이 지배적이었다.[180] 물론 이 출발점 자체가 아무런 논란의 대상도 되지 않았던 것

176) *W. Maihofer*, Demokratie im Sozialismus. Recht und Staat im Denken des jungen Marx, 1968.

177) 이에 관해서는 *N. Reich*(Hrsg.), Marxistische und sozialistische Rechtstheorie, 1972, 서론 참고.

178) 예컨대 *N. Reich*(각주 177) 참고.

179) 예컨대 뢰머(*P. Römer*, Rechtliche Grundlagen der Politik. Zur Bedeutung einer politischen Rechtslehre, in: Demokratie und Recht, 1973, S. 232-238)와 네그트[*O. Negt*, 10 Thesen zur marxistischen Rechtstheorie, in: H. Rottleuthner(Hrsg.), Probleme der marxistischen Rechtstheorie, 1975, S. 10-71] 사이의 논쟁을 참고.

180) *W. Paul*, Marxistische Rechtstheorie als Kritik des Rechts. Intention, Aporien und Folgen des Rechtsdenkens von Karl Marx — eine kritische Rekonstruktion, 1974; *D. Böhler*, Rechtstheorie als kritische Reflexion, in:

은 아니다. 예컨대 마르크스주의의 '인간주의적, 해방적' 부분과 그 '경제적, 유물론적' 부분을 분리하는 것은 마르크스주의의 탈정치화를 조장한다는 반론이 있었고, 법과 국가가 '고사(Absterben)'한다는 이론과 사회주의적 질서를 확립하려는 국가주의적 사고 사이에는 모순이 있다는 네그트(O. Negt) 등의 지적은 '급진좌파의 법허무주의'와 '무정부주의적 반공산주의'로 낙인찍히기도 했다.[181]

(3) 규범적 차원의 재획득

1) 형이상학 없는 법윤리학

존재론적 자연법에 대한 불신과 더불어 '정당한 법'에 대한 물음을 가치나 초시간적 법원칙이 이념적으로 존재한다는 단순한 주장으로 대답할 수 있는 가능성은 차단되고 말았다.[182] 정당한 법에 대한 물음 자체를 포기하지 않는 한, 대안은 하나밖에 없었다. 즉, 가치의 문제를 천상에서 지상으로 끌고 내려와 행위결과가 바람직한가의 문제[183] 또는 행위가 승인된 사회적 평가와 합치하는가의 문제[184]로

G. Jahr/W. Maihofer(Hrsg.), Rechtstheorie. Beitrage zur Grundlagendiskussion, 1971, S. 62-120; *ders.*, Zu einer historisch-dialektischen Rekonstruktion des bürgerlichen Rechts - Probleme einer Rechts- und Sozialphilosophie nach Marx, in: H. Rottleuthner(Hrsg.), Probleme der marxistischen Rechtstheorie, 1975, S. 92-158.

181) *J.J. Hagen*, Probleme der marxistischen Rechtstheorie, ARSP 63(1977), S. 129-135.

182) 그럼에도 칼 라렌츠(Karl Larenz)는 일정한 보편적 법원칙들은 특정한 문화권에 따라 상대적이긴 하지만, 그 문화권 자체 내에서는 초시간적인 이념적 타당성을 갖는다는 상대적 절대주의를 여전히 주장했다(*K. Larenz*, Richtiges Recht, 1979).

183) 가치평가는 오로지 행위결과의 관점에서만 고려될 수 있다는 주장에 관해

논의하는 것이다. 이러한 대안은 결코 가치판단에 관한 합리적 논의의 포기를 의미하지는 않지만,[185] 가치평가의 '최종적 정당화(Letztbegründung)'에 대한 요구를 포기했음을 의미한다.[186] 이러한 배경에서 기본법의 객관적 가치질서에 관한 이론을 통해 가치철학을 세속화, 실정화하려고 했던 연방헌법재판소의 입장은 상당한 비판을 받았다.[187] 이에 반해, 법체계를 사회과학적으로 분석하는 헌법이론에 기초하여 사법실무의 정당성기준을 밝히려는 시도[188]는 규범성을 사회비판적으로 정당화하는 입장으로 남아 있었다. 이러한 입장은 참여자의 합의를 이론적 출발점으로 삼았기 때문에, 민주주의원칙에 의해 구성된 체계에서는 당연히 법적용자와 수범자 사이의 합의가 판결의 정당성기준으로 여겨질 수밖에 없다는 결론에 도달했다.

독일 법철학이 상대주의의 안전성을 포기하고 규범적 문제제기에

서는 *A. Podlech*, Wertungen und Wert im Recht(각주 153); *P. Schwerdtner*(각주 148), S. 241; *G. Teubner*(각주 165), S. 182 참고.

184) 예컨대 *R. Zippelius*, Wertungsprobleme im System der Grundrechte, 1962.

185) 이에 관해서는 특히 *M. Kriele*(각주 100) 참고.

186) 대표적으로는 *D. Suhr*, Die kognitiv-praktische Situation. Fundamentierungsprobleme in praktischer Philosophie, Sozialtechnik und Jurisprudenz, 1977.

187) 대표적으로는 *E. W. Böckenförde*, Kritik der Wertbegründung des Rechts, in: Festschrift für Robert Spaemann, 1987, S. 1-21; *H. Goerlich*, Wertordnung und Grundgesetz. Kritik einer Argumentationsfigur des Bundesverfassungsgerichts, 1973; *A, Podlech*(각주 153); *R. Eckertz*, Die Kriegsdienstverweigerung aus Gewissensgründen als Grundproblem des Rechts. Zur Überwindung des Dezisionismus im demokratischen Rechtsstaat, 1986. 또한 이에 관해서는 *R. Alexy*, Theorie der Grundrechte, 1986, S. 125도 참고.

188) *F. Kübler*, Über die praktischen Aufgabe zeitgemäßer Privatrechtstheorie, 1975.

집중하게 된 데에는 두 가지 측면에서 외부의 자극이 작용했다. 첫째, 학문분과의 측면에서 일반 철학의 발전, 특히 위르겐 하버마스(Jürgen Habermas)의 논의이론(Diskurstheorie)으로부터, 둘째, 지리적 측면에서 영미의 법철학과 사회철학의 논의, 특히 로날드 드워킨(Ronald Dworkin)[189]과 존 롤즈(John Rawls)[190]의 저작으로부터 커다란 자극을 받았다. 규범적 문제에 관한 매우 섬세하고 다양한 논의의 중심을 형성하고 있는 테마는, 규범을 정당화할 수 있는가의 문제, 법실증주의와 법도덕주의(자연법) 사이의 논쟁, 정의로운 사회제도에 대한 물음 등이다.

2) 법적 논의이론

정당한 법의 기준에 대한 물음이 다시 법철학의 연구대상이 됨으로써 주제의 측면에서는 전통적 자연법론에 연결되었다. 하지만 방법의 측면에서는 전통적 자연법론과 어떠한 연관성도 찾아볼 수 없다. 물론 규범도 진리의 대상이라는 주장(하버마스)과 같이 전통적 자연법론처럼 강한 규범적 요구를 제기하는 이론이 등장했지만,[191] 양자 사이에는 어떠한 방법적 공통성도 존재하지 않는다. 하버마스의 이론에 대해서는 약간의 설명이 필요하다. 규범적 문제와 관련하여, 진리에 대한 일치설(Korrespondenztheorie; 진리는 인식과 대상의 일치라는 입장)의 해석에 따른다면, 이미 주어져 있는 규범으로 구성된 자연법체계를 상정하지 않을 수 없다. 그러나 하버마스가 기초한 진리의

189) *R. Dworkin*, Talking Rights Seriously, 1978(독일어판: Bürgerrechte ernstgenommen, 1984).

190) *J. Rawls*, A Theory of Justice, 1971(독일어판: Eine Theorie der Gerechtigkeit, 1975).

191) *J. Habermas*, Wahrheitstheorien, in: H. Fahrenbach(Hrsg.), Wirklichkeit und Reflexion. Festschrift für Walter Schulz zum 60. Geburtstag, 1973, S. 211-265.

합의설(Konsensustheorie)에 따른다면 그와 같은 자연법체계를 반드시 상정해야 할 필요는 없다. '진리'를 하나의 언명이 타당하다는 주장(Geltungsanspruch)으로 이해한다면, 하나의 언명은 그것이 상호주관적으로 입증될 수 있다고 밝혀지면 곧 진리이다. 그렇다면 언명 – 그것이 사실을 확인하는(konstativ) 것이든 규범적인 것이든– 이 진리성을 갖기 위한 조건은 다른 모든 사람들의 잠재적인 동의이다. 그러나 이 '잠재적' 동의라는 기준 자체는 이미 규범적 요소를 포함하고 있다. 왜냐하면 합의에 도달할 수 있다는 가정이 실현될 수 있는 조건이 처음부터 존재하고 있는 것은 아니기 때문이다. 이러한 규범적 요소는 '이상적 대화상황'이라는 사고모델에서 분명하게 드러나 있다. 즉, 하나의 언명의 진리성을 표현하는 이성적 합의는 "오로지 이상적 대화상황을 끌어들이는 궁극적 단계에서야 비로소 기만적인 합의와 구별될 수 있다."[192] 이상적 대화상황은 대화가 외부의 우연한 영향에 좌우되지 않고 또한 의사소통 자체 내에서 어떠한 강제도 없어야 한다는 전제조건하에서만 실현될 수 있다. 바로 이러한 전제조건이 충족되었을 때, 더 좋은 논거가 승리할 수 있는 길이 보장된다. 그렇기 때문에 이성적 합의에 관한 절차적 이론은 동시에 논증이론이기도 하다. 왜냐하면 하나의 결정을 정당화하는 논거의 수준이라는 실질적(절차적에 대비되는 의미에서) 관점도 정당한 결정의 기준으로 파악되기 때문이다.[193]

로버트 알렉시(Robert Alexy)의 「법적 논증이론」[194]은 하버마스의

---

192) *J. Habermas*(각주 191), S. 257.

193) *J. Habermas*(각주 191), S. 240("더 좋은 근거가 필연적으로 승리한다는, 독특한 의미의 강제 없는 강제").

194) *R. Alexy*, Theorie der juristischen Argumentation, 1977(2. Aufl. 1991). 하버마스 자신의 법이론적 사고에 관해서는 그의 최근 저작 Faktizität und Geltung, 1992 참고.

실천적 논의에 관한 이론에 기초하고 있다. 알렉시는 법적 논의를 일반적인 실천적 논의의 특수한 경우로 파악한다. 알렉시에 따르면, 법학적 논의는 정당성주장과 함께 실천적인 문제를 논의하기 때문에 명백히 실천적 논의이며, 다만 법적 논의에서는 실천적 논의의 규칙들이 부분적으로 변형되기 때문에 특수한 경우라고 한다.[195] 그러므로 법학은 실천이성이 작용하는 학문분과이며, 진리성을 가진 언명을 서술해야 한다는 요구가 법학에서도 원칙적으로 실현될 수 있다는 것이다.

알렉시의 「법적 논증이론」은 에써의 「원칙과 규범」(Grundsatz und Norm)이후 가장 커다란 논쟁을 불러일으킨 저작이다. 논쟁은 그의 특수경우 테제[196]와 그의 이론의 토대인 일반적 실천적 논의이론을 둘러싸고 벌어졌다. 후자의 논쟁점과 관련해서는 특히 (가치를 인식할 수 있다는) 인지주의적(kognitivistisch) 입장의 문제점[197] 그리고 윤리적 이론을 절차적으로 구성할 수 있는가 하는 의문[198]이 제기되었다.

---

195) 규범을 실천적으로 적용할 때에 규범을 정당화할 때와는 다른 관점들이 논의의 대상이 되어야 하는가, 즉 '(규범)정당화논의(Begründungsdiskurse)'와 '(규범)적용논의(Anwendungsdiskurse)'를 구별해야 하는가에 관해서는 *Klaus Günther*, Der Sinn für Angemessenheit. Anwendungsdiskurse in Moral und Recht, 1988 참고.

196) 대표적으로는 *U. Neumann*, Juristische Argumentationslehre 1986, S. 84f.의 비판과 이에 대한 알렉시의 재비판(*R. Alexy*, Theorie der juristischen Argumentation, 2. Aufl. 1991, S. 426f.) 참고.

197) 대표적으로는 *R. Weimar*, Rechtserkenntnis und erkenntniskritische Rechtswissenschaft, in: Theorie der Norm. Festgabe für Ota Weinberger zum 65. Geburtstag, 1984, S. 69-102(S. 99ff.); *O. Weinberger*, Logische Analyse als Basis der juristischen Argumentation, in: W. Krawietz/R. Alexy(Hrsg.), Metatheorie juristischer Argumentation, 1983, S. 159-232(S. 194) 참고.

198) 대표적으로는 *E. Tugendhat*, Zur Entwicklung von methodischen Begründungsstrukturen im modernen Recht, in: W. Hassemer/A.

이에 관한 자세한 설명은 나의 다른 저작[199]을 참고하기 바란다.

3) 법실증주의와 법도덕주의

2차 세계대전 직후의 자연법논의는 거의 대부분 존재론의 기치를 내걸고 이루어졌다. 이와는 달리 법실증주의적 입장과 법도덕주의적(자연법적) 입장 사이에 벌어지고 있는 최근의 논쟁은 이미 주어져 있는 규범의 존재가 아니라, 법개념을 어떻게 구성하는 것이 적절한가를 문제 삼는다.[200] 양 입장의 논쟁에서 핵심을 이루고 있는 두개의 논거 가운데, 첫 번째의 '불법논거(Unrechtsargument)'는 법윤리적 성격을, 두 번째의 '원칙논거(Prinzipienargument)'는 법이론적-방법론적 성격을 띠고 있다. 이른바 라드브루흐의 공식(Radbruchsche Formel)[201]에 연결되어 있고, 부분적으로는 하트(H.L.A. Hart)의 이론[202]을 반박하면서 전개된 '불법논거'의 주장은 이렇다. 즉, 만일 법관이 도덕적으로 비난받아 마땅할 법률에 직면해서도 법과 도덕의 엄격한 분리라는 실증주의의 테제를 고수해야 한다면, 도저히 참을 수 없는 결과

Kaufmann/U. Neumann(Hrsg.), Argumentation und Recht, ARSP-Beiheft Nr. 14(1980), S. 1-20 참고.

199) *U. Neumann*, Juristische Argumentationslehre 1986, S. 78-95.

200) 법도덕주의의 입장에 서 있는 *R. Dreier*, Der Begriff des Rechts, NJW 1986, S. 890-896과 법실증주의의 입장에 서 있는 *N. Hoerster*, Zur Verteidigung des Rechtspositivismus, NJW 1986, S. 2480-2482 참고. 또한 법이 다시 도덕화하는 경향에 대해 민주주의의 관점에서 커다란 우려를 표명하는 *I. Maus*, Die Trennung von Recht und Moral als Begrenzung des Rechts, in: Rechtstheorie(1989), S. 191-220도 참고.

201) *G. Radbruch*, Gesetzliches Unrecht und übergesetzliches Recht(1946), in: Gustav Radbruch Gesamtausgabe(hrsg. v. Arthur Kaufmann), 1987ff., Bd. 3, S. 83-93.

202) *H.L.A. Hart*, Der Positivismus und die Trennung von Recht und Moral, in: ders., Recht und Moral, 1971, S. 14-57.

를 야기한다는 것이다.[203] 따라서 불법논거는 법과 법률이 일치한다는 실증주의 테제의 한 구성부분인 "모든 법률은 구속력 있는 법이다"는 주장에 의문을 표명한다. 이에 반해 이른바 '원칙논거'는 오로지 법률만이 구속력 있는 법의 근거가 된다는 주장을 반박한다. 원칙논거는 특히 법원칙의 기능과 구조에 관한 드워킨의 분석[204]에 의존하고 있다. 드워킨의 분석에 따르면, 법원이 실제로 행하는 논증과 판결에서 일반적 법원칙이 중요한 의미를 갖는다는 사실을 결코 반박할 수 없다고 한다. 원칙논거는 바로 이러한 사실로부터, 법실무에 지향된 법개념을 구성한다면 법을 실정법률에 국한시키는 것은 불가능하다고 결론짓는다.[205] 이에 대항하는 실증주의적 입장은 '제도주의적 법실증주의(institutionalistischer Rechtspositivismus)'[206]라는 이름으로 등장했다. 이에 따르면, 법생활을 함께 규정하는 법원칙도 또한 법의 현실, 즉 실정법에 속한다고 한다. 그렇기 때문에 제도주의적 법실증주의는 법실무로부터 특정한 법개념이 아니라, 실정법의 특정한 내용을 도출해 낸다. 그리하여 부도덕한 법률이 적용되지 않는다는 사실은 "현행 법질서가 부도덕한 법률은 효력을 갖지 않는다는 규범까지 포함"[207]하고 있음을 표현하는 것에 불과하다고 한다. 이러한 논쟁은 원칙적으로 경험적 판단을 거칠 수밖에 없는 물음으로 귀

---

203) *R. Dreier*, Der Begriff des Rechts, NJW 1986, S. 890-896 ; *F. Bydlinski*, Juristische Methodenlehre und Rechtsbegriff, 1982, S. 277ff.

204) *R. Dworkin*(각주 189). 더 자세하게는 *R. Alexy*, Zum Begriff des Rechtsprinzips, in: Rechtstheorie, Beiheft 1(1979), S.59-87; *ders.*, Theorie der Grundrechte, 1985, S. 71ff. 참고.

205) *R. Dreier*(각주 200); *F. Bydlinski*(각주 203).

206) *N. MacCormick/O. Weinberger*, Grundlagen des Institutionalistischen Rechtspositivismus, 1985.

207) *N. Hoerster*, Die rechtsphilosophische Lehre vom Rechtsbegriff, JuS 1987, S. 181-188.

착한다. 즉, 법원이 (하나의 법질서 내에서) 승인된 법원칙 자체를 원용하는지 아니면 정당한 법에 관한 초실정적 기준을 원용하는지에 대한 경험적 판단이 이루어져야만 법실무에 지향된 법개념의 구성이 가능하다.[208]

4) 정의이론

1945년 이후 독일의 법철학에서 정의의 문제와 자연법의 문제는 밀접하게 결합되어 있었다.[209] 그 결과 자연법논의에 대한 관심이 사라지면서 정의의 문제도 또한 뒷전으로 물러났다. 정의의 문제를 다루지 않을 수 없는 법철학 교과서들에서도 주로 잘 알려져 있는 '고전적' 입장만 서술되었고, 정의에 관한 단행본은 거의 찾아보기 어려울 정도였다.[210] 더욱이 정의에 관한 논의는 자연법에 얽매여 있었고 또한 추상도가 높은 규율들에만 집중되었기 때문에 이데올로기비판적 반격을 받기 쉬웠다. 에른스트 토피치(Ernst Topitsch)에 따르면, "각자에게 그의 것을(Jedem das Seine)"이라는 고전적 정의원칙이 유태인 수용소의 정문에 걸려 있었다는 사실은 '순수한 논리적 관점에서 볼 때' 결코 우연이 아니라고 한다.[211] 물론 이러한 주장에 대해 격렬한 비난이 쏟아지기는 했지만, 어느 누구도 이 주장 자체를 반박하지는 못했다. 정의론을 미리 주어져 있는 규범이나 가치에 대한 적절한 인식

---

208) *U. Neumann*, Positivistische Rechtsquellenlehre und naturrechtliche Methode. Zum Alltagsnaturrecht in der juristischen Argumentation. in: R. Dreier(Hrsg.), Rechtspositivismus und Werkzeug des Rechts, ARSP-Beiheft Nr. 37(1990), S. 141-151.

209) 대표적으로는 *H. Coing*, Grundzüge der Rechtsphilosophie, 1950, S. 151ff.(5. Aufl. 1993, S. 198ff.)

210) 예컨대 *Larenz*, Richtiges Recht. Grundzüge einer Rechtsethik, 1979는 그 예외에 속한다.

211) *E. Topitsch*, Die Menschenrechte, JZ 1963, S. 1-7, 3.

을 둘러싼 논쟁으로 해석하는 한, 형이상학적 전제로부터 벗어나 정의로운 사회규범과 정의로운 사회제도의 기준에 대한 물음을 시대에 맞게 논의할 수 없다.

독일 법철학에서 정의의 문제가 다시 진지한 학문적 탐구의 주제로 확립된 것은, 국제적인 논의에서 이 문제가 논증이론과 사회이론의 측면에서 실천철학의 대상으로 되살아난 이후였다. 초기의 중요한 자극은 페를만(Ch. Perelman)의 저작들이었다. 그의 연구는 정의의 문제[212]에서 가치판단을 정당화하는 문제를 거쳐 법적 논증이론[213]으로 발전했다. 하지만 결정적 전환은 존 롤즈의 저작[214]이 번역 · 수용되면서 시작되었다. 롤즈의 저작은 철학과 법학을 포괄하는 광범한 논의를 불러일으켰다.[215] 자연법의 문제와 정의의 문제가 탈신비화함으로써 법과 도덕의 관계에 대한 물음도 새롭게 제기될 수 있었다.[216] 특히 특정한 형벌구성요건의 정당성문제를 중심으로 발전된 분과인 '법윤리학(Rechtsethik)'[217]이나 법규범의 도덕적 구속력과는

---

212) *Ch. Perelman*, De la Justice(독일어판: Über die Gerechtigkeit, 1967, S. 9-84); *ders.*, Fünf Vorlesungen über die Gerechtigkeit, 1979.

213) *Ch. Perelman*, Logik und Argumentation, 1979.

214) *J. Rawls*, A Theory of Justice, 1971(독일어판: Eine Theorie der Gerechtigkeit, 1975).

215) 대표적으로는 *O. Höffe*(Hrsg.), Über J. Rawls Theorie der Gerechtigkeit, 1977; *ders.*, Politische Gerechtigkeit. Grundlegung einer kritischen Philosophie von Staat und Recht, 1987; *ders.*, Kategorische Rechtsprinzipien. Eine Kontrapunkt der Moderne, 1990.

216) 대표적으로는 *H. Jung/H. Müller-Dietz/U. Neumann*(Hrsg.), Recht und Moral. Beiträge zu einer Standortbestimmung, 1991.

217) 대표적으로는 *N. Hoerster*, Abtreibung im säkularen Staat. Argumente gegen den § 218, 1991; 법윤리학에 대한 요약적 설명으로는 *U. Neumann*, Moralphilosophie und Strafrechtsdogmatik, in: R. Alexy/R. Dreier/U. Neumann(Hrsg.), Rechts- und Sozialphilosophie in Deutschland heute, ARSP-Beiheft Nr. 44(1991), S. 248-259 참고.

별개로 특수한 법적 구속력을 인정해야 하는가[218]를 둘러싼 논의도 이러한 맥락에 속한다.

이와 같이 고전적 의미의 법철학적 문제의식에서 출발하는 규범적 이론과는 반대로, 니클라스 루만(Niklas Luhmann)의 체계이론[219]에 기초한 법이론적-법사회학적 모델은 전통적인 규범적 테마들을 메타이론의 차원에서 다루고, 따라서 그 정치적 의미를 탈색시킨다. 이 모델의 특징은 예컨대 정의를 법체계가 적절한 복잡성을 갖춘 상태로 해석[220]하는 입장에서 잘 나타나 있다. 또한 기본적으로는 루만의 입장에 연결되어 있지만, 하버마스의 논의이론의 요소도 포함하고 있는 토이브너(Gunter Teubner)의 법모델[221]도 일차적으로는 분석적 성격을 갖고 있다. 이러한 분석적 성격은 법경제학 이론[222]과, 아직 초기단계에 있긴 하지만, 미국의 '비판법학운동(Critical Legal Studies-Bewegung)'에 연결된 논의[223]에서도 나타나 있다.

---

218) 이를 부정하는 입장으로는 예컨대 *W. Enderlein*, Abwägung in Recht und Moral, 1992, S. 293ff. 참고.

219) *N. Luhmann*, Rechtssoziologie, 1972(3. Aufl. 1987); *ders.*, Ausdifferenzierung des Rechts, 1981.

220) *N. Luhmann*, Gerechtigkeit in den Rechtssystemen der modernen Gesellschaft, in: Rechtstheorie 4(1973), S. 131-167. 이에 대한 비판으로는 예컨대 *R. Dreier*, Zu Luhmanns systemtheoretischer Neuformulierung des Gerechtigkeitsproblems, in: Rechtstheorie 5(1974), S. 189-200 참고.

221) *G. Teubner*, Recht als autopoietisches System, 1989.

222) 대표적으로는 *P. Behrens*, Die ökonomischen Grundlagen des Rechts. Politische Ökonomie als rationale Jurisprudenz, 1986(여기서 베렌스는 법의 경제적 분석이, 그 주장자들의 자기이해에 따르면, 규범적 차원도 갖고 있다는 점을 지적하고 있다. S. 40ff.).

223) *Joerges/Trubek*(Hrsg.), Critical Legal Thought: An American-German Debate, 1989.

19. 한스 켈젠과 구스타프 라드브루흐에서 법학의 학문이론. 두 가지 '신칸트주의'의 관점

(1) 서론: 순수법학과 신칸트학파

1) 양 면 성

켈젠(Kelsen)의 순수법학과 신칸트학파 철학의 관계는 얼핏 보기에는 혼란스러울 정도로 이중적이다. 순수법학은 일단 존재와 당위를 엄격히 분리(방법이원주의)한다는 학문이론적 토대에 비추어 볼 때에는 의심의 여지없이 신칸트주의에 속한다. 또한 켈젠은 예컨대 서술적 고찰방식과 규범적 고찰방식의 구별과 같이 방법이원주의의 입장과 관련된 여타의 학문이론적 구별들도 신칸트주의 철학의 이론적 무기고에서 끄집어내 사용한다.[1)]

---

1) *Hans Kelsen*, Hauptprobleme der Staatsrechtslehre, 2. Aufl. 1923, S. 4ff. [여기서 켈젠은 빈델반트 (Windelband)를 원용한다]. 이에 관해서는 *Stanley L. Paulson*, Zwei Wiener Welten und ein Anknüpfungspunkt: Carnaps Aufbau, Kelsens Reine Rechtslehre und das Streben nach Objektivität, in: Logischer Empirismus und Reine Rechtslehre. Beziehungen zwischen dem

다른 한편 켈젠은 신칸트주의 법철학 가운데 가장 섬세하게 구성된 기획에 해당하는 구스타프 라드브루흐(Gustav Radbruch)의 「법철학원론(1914)」과 에밀 라스크(Emil Lask)의 「법철학(1905)」에 대해서는 신칸트주의의 방법적 전제들을 목표점으로 잡고 근본적인 비판을 가한다.

1916년에 '규범과학 또는 문화과학으로서의 법학'이라는 제목으로 발표한 논문[2]에서 켈젠은 특히 법학을 문화과학으로 이해하는 에밀

Wiener Kreis und der Hans Kelsen-Schule, hrsg. von Clemens Jabloner und Friedrich Stadler, Wien/New York 2001, S. 137, 142 참고. 신칸트주의가 순수법학에 미친 영향을 얼마나 높게 평가할 수 있는가라는 —여전히 논란이 많은— 물음에 대해서는 예컨대 *Horst Dreier*, Rechtslehre, Staatssoziologie und Demokratietheorie bei Hans Kelsen, Baden-Baden 1986, S. 33의 각주 40; *Carsten Heidemann*, Geltung und Sollen: Einige (neu-)kantianische Elemente der Reinen Rechtslehre Hans Kelsens, in: Neukantianismus und Rechtsphilosophie, hrsg. von Robert Alexy u.a., Baden-Baden 2002, S. 203ff. 참고. 또한 *Stanley L. Paulson*, Konstruktivismus, Methodendualismus und Zurechnung im Frühwerk Hans Kelsens, AöR 124(1999), S. 631ff.와 *ders.*(Hrsg.), Die Rolle des Neukantianismus in der Reinen Rechtslehre, 1988에 실린 논문들을 참고. 신칸트주의가 켈젠에게 미친 영향에 대한 물음을 켈젠의 저작 전체의 발달사에 비추어 상대화해야 할 필요성에 관해서는 예컨대 *Stanley L. Paulson*, Four Phases in Hans Kelsen's Legal Theory?, Reflections on a Periodization, in: Oxford Journal of Legal Studies 18(1998), S. 153ff. 참고. 신칸트주의적 법정당화의 맥락에서 특히 '근본규범'이 갖는 의미에 관해서는 *Wolfgang Kersting*, Neukantianische Rechtsbegründung. Rechtsbegriff und richtiges Recht bei Cohen, Stammler und Kelsen, in: Neukantianismus und Rechtsphilosophie, hrsg. von Robert Alexy u.a. Baden-Baden 2002, S. 23, 58ff. 참고.

2) *Hans Kelsen*, Die Rechtswissenschaft als Norm- oder Kulturwissenschaft, in: Schmollers Jarbuch für Gesetzgebung, Verwaltung und Volkswirtschaft im Deutschen Reich 40(1916), S. 95-151(Die Wiener Rechtstheoretische Schule, 1968, Bd. 1, S.37-93에 재수록). 이 논문은 아래에서 초판본의 페이

라스크, 구스타프 라드브루흐 그리고 하인리히 리커트의 입장을 반박한다. 법은 존재의 영역이 아니라, 당위의 영역에 속하기 때문에 법학은 순수한 규범과학이라는 것이 켈젠의 논거이다. 켈젠의 비판이 지향하고 있는 방향을 보더라도 그가 신칸트주의자와 투쟁하기 위하여 신칸트주의자의 무기를 사용하고 있음을 분명히 알 수 있다.[3)]

나는 아래에서 켈젠의 견해와 그가 비판하는 입장 사이의 공통점과 차이점을 재구성해 보도록 하겠다. 이와 관련해서는 특히 구스타프 라드브루흐와의 논쟁[4)]을 주로 다루도록 한다. 라드브루흐는 앞에서 언급한 세 명의 신칸트주의자들 가운데 켈젠이 가장 뚜렷하게 비판하는 학자이긴 하지만, 켈젠의 학문모델에 가장 가깝다고 볼 수 있다. 다만 신칸트주의라는 공통의 전제에 기초하고 있는 두 사람 가운데 누가 더 타당한 이론을 제시했고, 누가 더 일관된 신칸트주의자인가라는 물음은 여기서 다루지 않겠다. 그보다는 어떤 방식과 어느 정도로 그리고 어떤 측면에서 신칸트주의의 입장을 끌어들이고 있는가라는 물음이 1차적인 의미를 갖는다. 그렇기 때문에 '마르부르크 학파(코헨 Cohen, 나토르프 Natorp)'와 '하이델베르크 학파(서남독학파; 라스크, 리커트)'를 대비시키는 것은 이하의 고려에서 중요한 의미를 갖

지만을 기재하여 인용한다.

3) 그 때문에 랄프 드라이어(Ralf Dreier)는 라스크, 라드브루흐, 리커트와 켈젠의 논쟁을 '서로 다른 신칸트주의적 경향들 내부에서의 논쟁'이라고 표현한다[*Ralf Dreier*, Gustav Radbruch, Hans Kelsen, Carl Schmitt, in: H. Haller(Hrsg.), Festschrift für Günther Winkler, Wien 1997, S. 193, 199]. 켈젠이 1916년의 이 논문에서는 자신이 신칸트주의의 영향을 받고 있다는 점을 충분히 의식하지 못하고 있었다고 강조하는 *Stanley L. Paulson*, Zwei Welten(각주 1), S. 137, 143 참고.

4) 리커트의 자연과학 모델에 대한 켈젠의 반박을 논의의 중심으로 삼고 있는 *Yumi Saito*, Reine Rechtslehre. — Oder: Rechtswissenschaft als Normwissenschaft, ARSP 89(2003), S. 87ff. 참고.

지 않는다. 물론 켈젠의 비판이 하이델베르크 학파의 대표자들이 법학(그리고 '문화과학' 전체)을 이해하는 방식을 대상으로 하고 있다는 점은 분명하다.[5] 또한 나의 논의는 순수법학과 신칸트주의의 관계에 대한 물음을 켈젠의 전체 저작에 비추어 상대화하려는 것이 아니다.[6] 오히려 나는 의도적으로 켈젠의 초기저작만을 대상으로 '순간

---

5) 켈젠이 문화과학을 지향하는 하이델베르크 학파보다는 법학을 '정신과학의 수학(코헨)'으로 이해하는 마르부르크 학파에 더 가까웠다는, 특히 헤르만 헬러(*Hermann Heller*, Die Krise des Staatsgedankens, 1926, in: ders., Gesammelte Schriften, Bd. 2, S. 5ff.)가 표방했고 오랜 기간에 걸쳐 통설로 여겨졌던 견해는 최근 들어 흔들리기 시작했다[이에 관해서는 예컨대 *Hans Jörg Sandkühler*, "Natur" des Rechts und Relativismus im Recht, in: Neukantianismus und Rechtsphilosophie(각주 1), S. 127, 138 참고]. 오히려 그 관계를 거꾸로 보기도 한다[*Stanley L. Paulson*, Faktum/ Wert-Distinktion: Zwei-Welten-Lehre und immanenter Sinn. Hans Kelsen als Neukantianer, in: Neukantianismus und Rechtsphilosophie(각주 1), S. 223, 233ff.]. 전통적인 고찰방식에 대한 이러한 수정은 순수법학의 방법적 및 개념적 토대[이에 관해서는 *Carsten Heidemann*, Geltung und Sollen. Einige (neu-)kantianische Elemente der Reinen Rechtslehre Hans Kelsens, in: Neukantianismus und Rechtsphilosophie(각주 1), S. 203, 206ff. 참고]와 관련해서도 타당성을 갖는다. 이에 반해 법학의 학문이론적 구상의 측면에서는 헤르만 헬러의 전통적인 견해를 고수해야 할 것으로 보인다. 다른 한편 라드브루흐를 하이델베르크 학파에 속하는 것으로 보는 데에는 어떠한 이견도 있을 수 없다. 라드브루흐가 특히 라스크에 매우 가까웠다는 점에 관한 최근의 연구로는 *Georg Mohr*, Kultur und Recht: Wie kann eine Theorie der Rechtskultur vom Neukantianismus lernen?, in: Neukantianismus und Rechtsphilosophie(각주 1), S. 111, 112; *Gerhard Sprenger*, Die Wertlehre des Badener Neukantianismus und ihre Ausstrahlungen in die Rechtsphilosophie, a.a.O., S. 157, 165ff. 참고. 이에 반대하는 입장으로는 *Hanno Durth*, Der Kampf gegen das Unrecht. Gustav Radbruchs Theorie eines Kulturverfassungsrechts, Baden-Baden 2001, S. 3 참고.

6) 이에 관해서는 *Stanley L. Paulson*, Four Phases(각주 1) 참고. 또한 *Carsten*

포착'을 하는 데 아래의 논의를 국한시키겠다. 그리하여 아래의 논의는 법학을 순수한 규범과학에 귀속시키는 켈젠의 논거와 법학을 문화과학에 귀속시키는 라드브루흐와 라스크의 논거가 갖는 설득력 여부를 대상으로 삼는다. 이를 통해 양 입장의 차이가 대부분은 신칸트주의자라면 누구나 기본적으로 인정했던 방법이원주의 원칙의 영향권을 둘러싼 논쟁에 기인했다는 사실을 밝히겠다. 이 점에서 한쪽(리커트, 라스크, 라드브루흐)이 혹시 이단인지 의심스러울 정도로 정통 신칸트주의에서 벗어난 것인지 아니면 다른 쪽(켈젠)이 마치 사악한 규문관처럼 제멋대로 교리에 대한 자신의 해석을 정통교단의 보편타당한 기준으로 격상시켰는지를 물어볼 수 있다.

2) 공 통 점

켈젠의 입장과 그가 공격하는 '하이델베르크' 학파의 입장 사이의 차이는 양자의 본질적 공통점을 배경으로 삼을 때에 제대로 파악할 수 있다. 양자의 공통점은 체계적 관점에서 볼 때 ―이론의 발생사적 관점에서까지 반드시 그런 것은 아니지만― 칸트철학이라는 공동의 유산에 해당한다.

a) 방법일원주의의 거부

가장 먼저 언급해야 할 공통점은 존재와 당위의 엄격한 분리, 즉 방법일원주의의 거부이다. 방법일원주의의 거부라는 소극적 표현이 아니라, 방법이원주의 원칙에 대한 공동의 신념이라는 적극적 표현을 사용해야 할 것인지는 방법이원주의와 라드브루흐나 칸토로비츠(H. Kantorowicz)가 표방했던 방법삼원주의[7] 사이의 관계를 어떻게 규

Heidemann, Norm als Tatsache. Zur Normentheorie Hans Kelsens, Baden-Baden 1997, S. 19; *Yumi Saito*, Reine Rechtslehre(각주 4), S. 88/89의 각주 4도 참고.

정하느냐에 달려 있다. 학문들의 체계와 관련하여 방법일원주의의 거부는 존재과학과 당위과학을 원칙적으로 구별하는 것을 뜻하고, 법학의 영역에서는 법도그마틱과 법의 사회이론을 구별하는 것을 뜻한다.[8] 물론 이러한 개괄적 공통성의 테두리 내에서 다시 학문 전체의 분류와 법학 내부의 분과들의 분류와 관련해서는 커다란 차이점이 드러난다.[9]

b) 법현실주의의 거부

하이델베르크 학파의 법철학과 그 비판자인 켈젠의 또 다른 본질적 공통점은 경험적 분과의 모델에 따른 구조를 가진 통일과학에 대한 구상을 거부한다는 점이다. 이에 따라 법학의 영역에서는 법현실주의(Rechtsrealismus), 즉 법을 경험적 현상으로 축소시키려는 입장을 거부한다.[10] 법현실주의에 대한 칸토로비츠의 날카로운 비판[11]은

---

7) *Hermann Kantorowicz*, Staatsauffassungen(1925), in: ders., Rechtswissenschaft und Soziologie. Ausgewählte Schriften zur Wissenschaftslehre, hrsg. von Thomas Würtenberger, Heidelberg 1962, S. 69, 80 (칸토로비츠는 켈젠의 이원주의와 자신의 삼원주의를 뚜렷이 구별한다); *Gustav Radbruch*, Rechtsphilosophie(S. Aufl. 1932), Gustav Radbruch Gesamtausgabe(GRGA), Bd. 2, S. 230의 각주 2, 261.

8) 이에 관해서는 예컨대 *Gustav Radbruch*, Grundzüge der Rechtsphilosophie, 1914, S. 185(GRGA, Bd. 2, S. 175f.) 참고.

9) 이에 관해서는 아래의 3) 참고.

10) 이에 대한 순수법학의 입장은 예컨대 *Hans Kelsen*, Eine "Realistische" und die Reine Rechtslehre, ÖZöR 10(1959), S. 1ff. 참고. 순수법학과 법현실주의의 관계에 대한 섬세한 서술로는 *Michael Pawlik*, Die Reine Rechtslehre und die Rechtstheorie H.L.A. Harts. Ein kritischer Vergleich, Berlin 1993, S. 37f. 참고.

11) *Hermann Kantorowicz*, Some rationalism about realism(1934); Rationalistische Bemerkungen über Realismus, in: ders., Rechtswissenschaft und Soziologie(각주 7), S. 101ff.

하이델베르크 학파의 신칸트주의의 입장을 대표한다. 라스크와 라드브루흐 역시 같은 입장이었다.[12)]

경험과학적 특성을 갖는 것처럼 보이는 법개념에 대한 경험주의적 해석을 비판한 것 역시 양자의 공통점이다. 이미 스텐리 폴슨(Stanley Paulson)은 코헨과 켈젠이 '의사(Wille)'라는 법개념을 매우 비슷하게 해석했다는 점을 지적한 바 있다.[13)] 라드브루흐는 켈젠의 저작 「법학적 방법과 사회학적 방법의 경계에 관하여」에 대한 서평에서 켈젠에 전적으로 동의하면서, 켈젠과 마찬가지로 법적 의미에서 무엇인가가 '의욕되었다는 것'은 곧 그 귀속가능성이라고 확인한다.[14)] 이와 관련하여 라드브루흐는 라스크를 원용할 수 있었다. 라스크는 1905년의 법철학에서 이미 당시에 만연되어 있던, 형법상의 심리주의(Psychologismus)에 반대하면서 법개념의 목적론적 특성을 지적하고 심리학적 개념을 법적으로 처리하는 과정에 대한 분석을 주장했다.[15)]

c) 방법을 통한 실재의 구성

끝으로 실재를 어떤 주어져 있는 것으로 이해하는 것이 아니라, 개념적 종합의 산물로 이해하는 인식론적 입장에서도 양자는 공통점을 갖고 있다.[16)] 이 측면에 관한 한, 켈젠 스스로도 자신의 견해가 코헨과 일치[17)]할 뿐만 아니라, 라스크와도 일치[18)]한다는 점을 강조한다.

---

12) *Gustav Radbruch*, Hermann Kantorowicz †, GRGA, Bd. 16, S. 75, 78f.

13) *Stanley L. Paulson*, Einleitung, in: Die Rolle des Neukantianismus(각주 1), S. 11.

14) Radbruch, GRGA, Bd. 1, S. 519.

15) *Emil Lask*, Rechtsphilosophie(1905), in: Ders., Gesammelte Schriften, hrsg. von Eugen Herrigel, Tübingen 1923, Bd. 1, S. 275, S. 316ff.

16) *Emil Lask*, Rechtsphilosophie(각주 15), S. 308; *Heinrich Rickert*, Der Gegenstand der Erkenntnis, 4./5. Aufl. 1921, S. 314ff.

그리하여 신칸트학파에서는 일반 학문이론이 철학에서 특별한 지위를 갖게 되고,[19] 법학의 학문이론이 법의 철학에서 특별한 의미를 갖게 된다. 그러나 앞으로 우리가 보게 되듯이, 인식론의 '코페르니쿠스적 전환'과 관련된 이 지점에서 켈젠은 하이델베르크 학파가 방법이 실재를 구성한다는 원칙을 법과 법학의 영역에서 철저히 관철시키지 못했다고 비판함으로써 켈젠이 신칸트주의보다 더욱 칸트적이 되었기 때문에 양자 사이의 차이가 드러나게 된다.

3) 차 이 점

켈젠과 하이델베르크 신칸트주의자들 사이의 차이점은 법학에 관한 라드브루흐의 학문이론적 모델에 대한 켈젠의 비판에 비추어 구체적으로 서술하도록 한다. 일단은 한 가지 차이점만을 지적한다.

핵심적인 쟁점은 법이 존재과학적 고찰의 대상이 될 수도 있는가 아니면 전적으로 당위의 영역에만 속하고, 따라서 규범과학의 전속적 관할영역에 속하는가라는 물음이다. 이 물음에 대해 켈젠은 법학의 학문이론에 관한 그의 논문이 발간된 초창기에만 하더라도 규범과학의 전속관할권을 옹호하는 의미로 대답을 했다. 그에 따라 켈젠은 법과 국가의 규범적 의미와 함께 현실적이고 사회학적인 의미까지 인정하는 것을 철저히 거부한다.[20]

---

17) *Hans Kelsen*, Hauptprobleme der Staatsrechtslehre, 2. Aufl. 1923, S. XVII.

18) *Hans Kelsen*, Rechtswissenschaft(각주 2), S. 124.

19) 이에 관해서는 예컨대 *Horst Dreier*, Rechtslehre(각주 1), S. 70[드라이어는 이와 관련하여 헤르만 뤼베(H. Lübbe)와 헬무트 플레스너(H. Plessner)를 지적한다].

20) 옐리네크(G. Jellinek)의 '양면설'을 거부하는 켈젠의 입장에 관해서는 *Kelsen*, Vorwort zur 2. Aufl. der "Hauptprobleme der Staatsrechtslehre"(각주 1), S. XX 참고. 옐리네크의 양면설을 거부한다는 점에서는 *Hermann Kantorowicz*, Staatsauffassungen(각주 7), S. 69ff.도 동의한다. 이 점과 관

이 점에서 켈젠의 방법이원주의는 법학과 법학의 대상과 관련하여 '방법독점주의(Methodenmonopolismus)'가 된다. 즉, 법에 대해서는 각각의 인식관심에 따라 존재과학적 또는 규범과학적 관점이 적절한 것이 아니라, 오로지 규범과학적 관점만이 적절하다고 한다. 이렇게 되면 단순히 법학이 사회학적 고찰을 관할한다는 생각뿐만 아니라, 법사회학이 독자적 학문분과가 될 가능성 자체까지 거부되지 않을 수 없다.[21] 켈젠이 그의 후기저작에서 체계적으로 다루게 되는, 존재와 당위 사이에 다리를 놓는 과제와 관련해서도 건축설계도는 이미 규범과학적 분과에 의해 마련되어 있다. 왜냐하면 근본규범의 모델에서 법질서의 실효성은 법이 효력을 갖기 위한 근거가 아니라, 단지 하나의 조건에 불과하기 때문이다.[22]

법을 오로지 당위의 영역으로만 축소시키는 이러한 규범적 환원주의와는 반대로 하이델베르크 학파의 신칸트주의는 법의 규범적 차원을 부정하지 않으면서, 법의 사회적, '문화적' 존재도 법학의 대상영역에서 일정한 공간을 차지할 수 있도록 노력한다. 특히 빈델반트와 리커트가 섬세하게 구성한, 가치관련적 분과로서의 문화과학이라는 모델은 그러한 공간을 마련해준다. 그리하여 자연과학의 가치맹목적

련하여 방법이 대상을 구성한다는 원칙에 기초한 켈젠의 '신칸트주의적' 논증에 대한 비판으로는 *Stanley L. Paulson*, Konstruktivismus(각주 1), S. 631, 639의 각주 38 참고. 라드브루흐와 라스크에 대한 켈젠의 비슷한 비판에 관해서는 아래의 (3)-3 참고.

21) 이 문제를 둘러싸고 켈젠과 에어리히(E. Ehrlich) 사이에 벌어진 논쟁은 *Hans Kelsen/Eugen Ehrlich*, Rechtssoziologie und Rechtswissenschaft. Eine Kontroverse(1915/17). Mit einer Einführung von Klaus Lüderssen, Baden-Baden 2003에 기록되어 있다. 이 논쟁에 대한 명쾌한 설명은 *Hubert Rottleuthner*, Rechtstheorie und Rechtssoziologie, 1981, S. 31ff. 참고.

22) 이에 관해서는 *Hans Kelsen*, Reine Rechtslehre, 2. Aufl. 1960, S. 219 참고.

고찰방식과 논리학, 윤리학, 미학 등에 해당하는 가치철학의 가치평가적 고찰방식[23]과는 별개로 그 대상을 가치와 관련시키고, 이를 가치의 기체(基體, Substrat), 즉 가치가 붙어 있는 실재로 구성하는 문화과학의 관점도 학문의 영역에서 한 자리를 차지하게 된다.[24]

(2) 문화과학으로서의 법학(라드브루흐)

1) 하이델베르크 학파의 관점에서 바라본 법학

가치관련적 문화과학의 독자성을 인정하게 되면, 법의 영역에서는 법학 역시 전면적으로 또는 특정한 관점에서 문화과학으로 해석할 수 있는 가능성이 열린다. 왜냐하면 미학의 관련점이 미(美)이듯이, 법학의 관련점 ―따라서 법의 관련점도― 은 법이념이라고 선언할 수 있게 된다.[25] 법학의 위상을 이렇게 정리하는 것은 리커트의 학문체계에 기초하여 이루어진다. 리커트의 학문체계는 자연과학과 문화과학을 대비시키는 것을 특징으로 한다.[26] 법학을 문화과학으로 이해하는 입장은 리커트 본인뿐만 아니라, 라스크와 ―제한적이긴 하지만― 라드브루흐에서도 등장한다. 이에 반해 역시 리커트의 학문

---

23) 이에 관해서는 *Gustav Radbruch*, Rechtsphilosophie(3. Aufl.), GRGA, Bd. 2, S. 222 참고.

24) *Radbruch*, a.a.O.

25) *Radbruch*, a.a.O.

26) *Heinrich Rickert*, Die Grenzen der naturwissenschatlichen Begriffsbildung, 5. Aufl. 1929; *ders.*, Kulturwissenschaft und Naturwissenschaft, Tübingen, 6./7. Aufl. 1926. 켈젠은 「문화과학과 자연과학」 제3판(1915)을 인용하고, 「자연과학적 개념구성의 한계」와 관련해서도 제3판(1915)을 인용하고 있지만 제3판에는 켈젠이 인용하고 있는 98면 각주 1에는 해당하는 내용이 없다. 아마도 1913년에 출간된 제2판을 인용한 것 같다.

체계를 신봉하는 칸토로비츠는 법도그마틱을 리커트의 학문체계 바깥에 있는 분과로 규정한다. 그렇다고 해서 칸토로비츠가 법도그마틱을 켈젠과 같이 주어져 있는 규범을 단지 인식하고 이해해야 하는 규범과학[27]으로 본 것은 아니다. 그는 법도그마틱을 독자적으로 가치를 평가하고 규범을 정립하는 분과로 보고,[28] 이에 반해 법사회학은 리커트의 구별에 따른 문화과학에 해당한다고 보았다.

'자연'과 '문화'라는 구별기준에 비추어 학문체계를 구조화하는 작업은 이 작업이 모든 학문을 망라하여 완벽한 체계를 구성하는 것이 아닌 한, 법학을 문화과학에 귀속시킬 가능성을 마련할 뿐이지, 그 필연성까지 요구하지는 못한다. 어떠한 경우든 좁은 의미의 법학에 해당하는 법도그마틱의 성격을 순수한 문화과학으로 규정하는 것은 적어도 법률가의 관점에서는 생소한 일이다. 왜냐하면 자연과학과 문화과학의 구별은 경험적 존재과학에 관련된 것이기 때문이다.[29] 하지만 법도그마티커의 활동은 '법현실'에 대한 탐구에 국한되지 않는다(적어도 켈젠과는 반대로 법을 현실의 영역에 귀속시킬 수 있다는 전제하에서는). 다른 한편 법도그마티커의 활동은 실정적인 제정법으로서 그 사회적 존재와 사회적 현실을 인정하지 않을 수 없는 특정한 규범상태와 관련을 맺는다. 따라서 법도그마틱으로서의 법학을 특정한 관점에서는 문화과학으로 그리고 다른 관점에서는 훨씬 더 정확하게 그 의미를 규정해야 할 규범과학으로 귀속시켜야 하지 않는가라는 물음을 제기할 수 있다.

라드브루흐는 1914년에 출간된 그의 「법철학원론」에서 법학과 관

---

27) *Hans Kelsen*, Rechtswissenschaft(각주 2), S. 97.

28) *Hermann Kantorowicz*, Rechtswissenschaft und Soziologie(1911), in: ders., Rechtswissenschaft und Soziologie(각주 7), S. 117, 134, 139.

29) *Heinrich Rickert*, Kulturwissenschaft und Naturwissenschaft, 6./7. Aufl. 1926, S. 17.

련하여 그와 같은 복합적 모델을 기획한다.[30] 이에 따르면 법학은 한편으로는 문화과학이라고 한다(S. 184f.). 이 점에서는 라드브루흐의 견해와 리커트, 라스크의 견해가 일치한다. 하지만 다른 한편에서 법학은 그 방법의 측면에 비추어 볼 때, 규범과학과 구별되지 않으며, 그 이유는 법학이 현행법에 대한 규범적 해석을 과제로 삼고 있기 때문이라고 한다(S. 197). 따라서 법학은 "그 대상은 경험적인 문화과학이지만, 방법은 규범과학의 방법을 이용한다"고 말한다(S. 186).

2) 규범과학으로서의 법학(방법의 측면)

이미 이 지점에서 다음과 같은 사실을 강조할 필요가 있다. 즉, 다른 곳에서는 법학을 규범과학으로 이해하는 옐리네크와 칸토로비치의 견해를 명시적으로 반대하고 있는(S. 184) 라드브루흐가 이 맥락에서 규범과학의 개념을 켈젠과는 다른 의미로 사용하고 있다는 사실이다. 왜냐하면 켈젠에게 규범과학은 규범을 "인식하고 이해할 뿐, 결코 규범을 창조하지 않는다"[31]는 특징을 갖고 있는 반면, 라드브루흐에서는 법학이 법률을 구체화하고, 이 점에서 규범을 형성하는 기능을 갖기 때문이다(S. 204). 물론 법학의 방법을 규범과학의 방법으로 이해하는 라드브루흐는 법도그마틱이 법적 명령이라는 사실이 아니라, 이 사실의 의미인 규범을 다룬다는 사실에 초점을 맞추고 있기 때문에, 규범과학으로서의 법학에 대한 라드브루흐의 이해는 대상영역과도 관련이 있다(S. 186). 하지만 이 점으로부터 라드브루흐가 규범과학의 개념을 이 분과가 규범을 그 대상영역으로 삼고 있다는 사실을 통해 정의할 것이라는 결론을 도출할 수는 없다. 그런 식의 결론은 법학이 그 대상에 비추어 볼 때에 문화과학이라는 주장에 반할

30) *Gustav Radbruch*, Grundzüge der Rechtsphilosophie, GRGA, Bd. 2, S. 9ff. 이 책의 인용면수는 앞으로 1914년 판본에 따른다.

31) *Hans Kelsen*, Rechtswissenschaft(각주 2), S. 97.

뿐만 아니라, 라드브루흐가 법학의 규범과학적 방법이라는 테제에 대해 설명하고 있는 내용에도 반한다. 이 테제는 문헌학적 해석과 법도그마틱적 해석의 차이에 비추어 설명된다. 즉, 문헌학적 해석은 단지 이미 생각된 것을 나중에 다시 생각하는 것임에 반해, 법학적 해석은 창조적이어서, "법률 자체의 상당부분이 법학의 해석활동에 의한 성과물(S. 205)"이라고 말한다. 그리고 '정당한 법'에 관한 이론으로서의 법학이 그 대상의 측면에서도 규범과학으로 볼 수 있는지를 라드브루흐가 고려하는 경우(S. 207)에도 규범과학으로서의 법학에 대한 켈젠의 모델과 단지 외관상으로만 비슷하게 보일 뿐이다. 왜냐하면 켈젠은 규범과학의 기능을 '실정'법, 즉 권위를 통해 제정된 법에 국한(1916, S. 97)시키고 있기 때문이다.

3) 문화과학으로서의 법학(대상의 측면)

라드브루흐가 법학을 문화과학에 편입시키는 것은 그가 전제하는 법개념의 구조(S. 184)에 따른 것이다. 그의 법개념은 선험적 개념으로 도입되며(S. 30), 이 선험적 개념이 대상영역의 구조를 결정할 뿐만 아니라, 대상영역 자체를 비로소 구성한다(S. 33). 따라서 법개념은 선험적 성격을 갖는다. 즉, 법개념은 "주어져 있는 사실들이 비로소 인식의 대상이 되게 만드는(S. 34)" 카테고리 가운데 하나를 지칭한다. 이러한 법개념의 관점에서 비로소 예컨대 알아듣기 어려운 목소리들, 손을 드는 행위, 큰소리로 숫자를 외치는 행위 등의 카오스가 의회의 표결이라는 하나의 그림으로 형태를 갖추게 된다(S. 34).

라드브루흐가 말하는 법개념은 경험에 근거하지 않음에도 불구하고, 실정법은 존재의 모습이고, 따라서 법학은 경험과학이다. 법학을 이런 식으로 편제하는 배경은 켈젠의 경우와 마찬가지로 —물론 결론은 정반대이지만— 존재/당위 이원론이다. 라드브루흐 역시 켈젠과 마찬가지로 이 이원론을 서로 다른 고찰방식들의 대립으로 해석한다. 그리하여 "하나의 동일한 사실로부터 두 가지 세계상을 형성하는 이원적 고찰방식(S. 35)", 즉 존재와 당위, 실재와 가치, 자연과 목적의 이원론에서 출발한다.

그러나 이러한 근원적 이원주의는 법의 위치를 확인하는 데에는 충분하지 않다. 왜냐하면 법은 자연의 영역에 속하지 않을 뿐만 아니라, 실정법으로서의 법 또한 오로지 가치와 목적의 왕국에 자리 잡게 할 수는 없기 때문이다. 법의 고향은 오히려 제3의 영역,[32] 즉 "사실에 대한 '가치관련적' 행동(S. 38)"인 문화의 왕국이다. 신칸트학파의 문화철학적 경향에 속하는 다른 학자들과 마찬가지로 라드브루흐도 가치관련적 행동과 가치평가적 행동 사이의 차이를 강조한다. 즉, 문화는 덕성만이 아니라, 패륜도 포함하여, "덕성과 패륜을 가르는 일은 문화사학자가 관할할 영역이 아니다(S. 38)."

가치관련적 방법이 자연과 가치 및 목적의 왕국 사이에 제3의 영역을 구성함에도 불구하고, 이 방법은 존재와 당위의 이원론을 해체하는 것이 아니라, 단지 존재영역을 구별하고 구별기준을 섬세하게 만들 뿐이다. 왜냐하면 문화 전체가 그렇듯이 법도 자연적 사실은 아니지만, 존재형상, 즉 실재의 구성부분이기 때문이다. "문화현상은 그것을 판단의 대상으로 만들 수 있고, 또한 그것이 가치와 반가치의 어떤 기체(基體)인 한, 하나의 존재형상이며 … 법은 법가치, 즉 법이념에게 기체와 전시장으로 기여하는 존재형상이다(S. 39)." 따라서 가치관련적 방법을 끌어들인 결과로서의 '가치삼원주의(Methodentrialismus)'는 가치이원주의에 대립되는 것이 아니라, 가치이원주의의 한 형태가 된다.[33]

---

32) 가치를 초월하는, 종교적 행동의 영역(*Radbruch,* a.a.O., S. 36-38)은 여기서는 배제하기로 하자.

33) *Gustav Radbruch*, Rechtsphilosophie(3. Aufl. 1932), GRGA, Bd. 2, S. 230의 각주 2.

4) 대상과 방법의 관계: 라드브루흐의 해결방안

라드브루흐가 법학의 문화과학으로서의 성격을 정당화하면서 모든 중요한 관점에서 추종했던 리커트와 라스크와는 달리 라드브루흐에게는 법학의 규범과학적 방법에 관한 그의 테제로 말미암아 존재와 당위, 존재형상으로서의 법과 법학의 규범정립(규범구체화)적 기능 사이에 다리를 놓아야 하는 과제가 제기된다. 이 다리 놓기는 사실로서의 명령과 당위로서의 규범 사이에 존재하는 관계를 통해 이루어져야 한다. 라드브루흐가 다른 곳에서 켈젠의 규범주의적 관점에 반론을 제기하고 있듯이, '법규범'은 규범적 의미내용을 갖고 있긴 하지만, 그럼에도 규범이 아니라, 명령이며, 당위(Sollen)가 아니라 의욕(Wollen)이라고 한다.[34] 이에 따라 실정법은 '명령들의 총체(S. 63)'로 이해된다. 그 결과 법학은 사실상의 법적 명령을 다룬다는 점에서 사실과학이다. 그러나 법학은 이와 동시에 명령의 의미를 다루어야 하고, "모든 명령의 의미는 규범"이기 때문에, 법학은 그 방법에 비추어 볼 때에는 규범과학으로 규정해야 한다(S. 161). 여기서 주목해야 할 것은 라드브루흐가 이 맥락에서도 실정법을 문화의 영역과 해석된 세계, 즉 —오늘날 식으로 표현하자면— '제도적 사실'에 귀속시킴에도 불구하고, 여기서는 '자연적 사실'로서의 명령["시간적, 공간적으로 규정되고, 인과적으로 야기되는 존재형상, 지금 여기에서 울려 퍼지는 소리의 연쇄…(S. 62)"]을 원용하고 있다는 점이다. 그러므로 명령에서 규범으로 옮겨가는 것은 법효력의 규칙, 즉 명령을 구속력을 갖는 규범으로 해석하는 규칙을 통해서가 아니라, 단지 명령이라는 사실과 명령의 내용, 즉 당위로서만 표현될 수 있는 객관적(!) 의미 사이에 존재하는 필연적 연관성(S. 161)을 통해서만 이루어진다. 바로 이 점을 켈젠이 방법이원주의 원칙에 대한 위반이라고 보았다는 사실[자세히는 아래의

---

34) *Gustav Radbruch*, Rezension zu Kelsen, Rechtsgeschichte gegen Rechtsphilosophie? Eine Erwiderung, 1928, GRGA, Bd. 1, S. 545.

(3)-1)]은 특별히 강조할 필요가 없을 것이다.

(3) 순수한 규범과학으로서의 법학(켈젠)

켈젠은 법학에 관한 라드브루흐의 학문이론 모델에 상세한 비판을 가한다(S. 140ff.). 켈젠은 하이델베르크 신칸트학파의 학문체계론 전반과 관련하여 이미 리커트(S. 98ff.)와 라스크(S. 122ff.)에 대항하여 제기한 반론의 상당부분을 라드브루흐에 대한 비판에서도 원용한다. 켈젠의 반론은 특히 가치관련적 방법과 가치평가적 방법의 관계(2), 방법의 대상 구성적 기능(3) 및 하이델베르크 신칸트학파가 발전시킨 학문체계론(4)에 관련되어 있다. 하이델베르크 신칸트학파 전반에 걸친 반론과는 별개로 법학의 규범과학적 방법과 존재과학적 대상을 결합시키려고 했던 라드브루흐에게 특유한 시도 역시 비판의 대상이 된다(1).

1) 규범과학 대 문화과학

켈젠은 라드브루흐가 법개념을 선험적 개념으로 도입하면서도 이와 동시에 ―법학의 대상영역으로서의― 법을 경험적 사실로 이해한다는 점에서 법학의 학문이론적 모델에 관한 라드브루흐 이론이 모순된다고 생각한다. "법학은 경험과학을 대상으로 해야 한다는 라드브루흐 연구의 결론에 주목한다면, 그의 연구의 출발점이 되었던 전제, 즉 법의 개념 ―이 개념이 곧 법학의 대상을 구성한다― 은 경험에 기초할 수 없고, 오로지 선험적으로 연역되어야 한다는 전제는 도대체 무슨 뜻인지 이해할 수가 없다(S. 140)." 켈젠은 이 비판을 상세히 설명하고 있지 않기 때문에, 과연 이 비판이 얼마나 타당한지는 정확히 판단하기 어렵다. 그렇지만 어쨌든 다음과 같은 반론은 가능하다. 예를 들어 인과관계라는 개념을 선험적 개념으로 도입한다고 해서, 그 때문에 인과과학의 경험과학적 성격에 의문을 제기해야 하는 것은 아니다. 다시 말해 경험적 현실의 영역이 선험적 개념을 통해 독자적인 영역으로 구성되는 것이 반드시 모순인 것은 아니다.

이에 반해 법학에 대한 라드브루흐의 이해를 둘러싼 켈젠의 또 다른 반론은 앞의 반론에 비해 훨씬 더 큰 무게감을 갖고 있다고 보인다. 즉, 명령과 규범 사이의 결합은 명령이라는 단순한 사실로부터 법학의 방법을 구성하는 규범적 '당위'에 도달하는 길이 없기 때문에 결코 존재과학과 규범과학 사이에 다리를 놓을 수 없다는 비판(S. 149ff.)은 상당히 설득력이 있다. 왜냐하면 라드브루흐는 명령을 규범적 사실로 이해하는 것이 아니라 —만일 규범적 사실로 이해한다면 명령의 내용에 대해 얼마든지 토론이 가능하다— 원초적 사실(factum brutum), 즉 심리적 또는 물리적('소리의 연쇄') 사실로 이해하고 있기 때문이다. 당연히 이러한 사실이 —라드브루흐의 생각(S. 63)과는 반대로— 어떤 작용을 의욕한다(Wirken-Wollen)는 식으로 해석될 수는 없다. 그렇기 때문에 '실재'로서의 법은 자연의 영역에 속한다고 보고(소리의 연쇄로서의 명령), 법학의 규범적 고찰의 대상으로서의 법은 당위의 영역에 속한다고 본다면 과연 문화과학의 대상으로서의 법은 어떻게 구성되어야 하는지의 문제가 여전히 남아 있다. 라드브루흐의 구상에서 전혀 해결되지 않은 이 문제는 라스크의 경우에는 학문 이전에 독자적인 법적 영역이 구성되어 있다는 모델을 통해 해결된다. 이에 관해서는 나중에 다시 설명하도록 한다.

2) 가치관련적 방법과 가치평가적 방법

켈젠은 이미 리커트에 대해 그랬던 것처럼 라드브루흐에 대해서도 가치관련적 절차와 가치평가적 절차를 구별할 수 없다는 비판을 가하고, 이를 통해 문화과학적 분과의 독립성을 인정하기 위한 방법적 토대 자체에 의문을 제기한다. 리커트의 경우 가치관련성은 자연과 문화를 구별하는 기준일 뿐만 아니라, 본질적인 것과 비본질적인 것을 구별하는 기준이기도 하다. 그렇다면 가치관련적 방법과 가치평가적 방법의 경계는 더 이상 뚜렷하게 확인할 수 없다는 것이 켈젠의 비판이다(1916, S. 111. 비슷한 비판으로는 S. 100, 101, 102, 128). 신칸트학파의 문화철학적 경향에 대해 여러 번에 걸쳐 제기되었던 이 반론은 적어도 리커트에 대한 켈젠의 비판과 관련해서는 타당하다. 켈젠이 상세히 입증하고 있듯이, 리커트는 문화과학과 그 대상영역을 구성하는 기준으로서의 가치관련과 문화과학적 연구가 의미를 갖게 되는 기준으로서의 가치관련을 항상 뚜렷하게 구별하지는 않는다. 그렇지만 결정적인 물음은 과연 이러한 구별 자체가 가능한가이다. 이 문제는 리커트에 대한 명확한 비판만으로는 대답되지 않는다. 그리고 문화영역을 구성하는 기준으로서 문화가치(Kulturwert)라는 이중적 기준이 아니라, 명백히 문화의의(Kulturbedeutung)라는 기준을 도입하고 있는 라스크의 경우에는 켈젠의 반론이 타당하지 않다.[35] 법학과 관련하여 켈젠의 반론은 전반적으로 제한적인 범위에서만 타당성을 갖는다. 왜냐하면 법학에서는 대상을 그 비중, 즉 그 '본질성'에 따라 구성하는 것은 애당초 고려의 대상이 될 수 없기 때문이다. 역사학의 경우에는 역사를 어떤 '본질적인 것'에 국한시킬 수도 있을지 모른다. 하지만 법학에서 본질적인 것에만 국한시킨다는 원칙은 연구의 실제에서 필요한 원칙이 될 수 있을지언정, 결코 대상을 구성하는 기준이 될 수는 없다.

이 밖에도 가치관련과 가치평가의 분리를 공격하면서 켈젠은 양자를 구별하는 실마리가 될 수 있는, 라드브루흐의 논거 하나를 감안하

---

35) 켈젠은 존재/당위의 분리에 기초하여 문화과학의 위치를 파악할 때 중요한 의미를 갖는 이 구별을 인정하지 않는다. 이에 관해서는 *Hans Kelsen*, Rechtswissenschaft(각주 2), S. 127-131 참고.

고 있지 않는 것 같다. 켈젠은 먼저 문화사적 고찰이 문화의 '미덕'뿐만 아니라, 문화의 '패륜'까지도 포괄하기 때문에 결코 가치평가적 성격을 갖지 않는다는 논증에 대해 타당한 반론을 제기한다. 그 이유는 패륜의 확인 역시 미덕의 주장과 마찬가지로 가치평가이기 때문이라고 한다(S. 142). 켈젠의 이 반론은 분명 타당하지만, 과연 라드브루흐가 켈젠이 반론의 대상으로 삼는 논증을 펼쳤는지는 일단은 의심스럽다. 켈젠이 이 맥락에서 상당히 길게 인용하고 있는, 라드브루흐의 「법철학원론」에 나온 구절은 다음과 같다. "사실로부터 문화를 벗겨내는 고찰방식은 분명 가치평가적 고찰방식이 아니다. 한 민족 또는 한 시대의 문화는 —그것이 예컨대 문화사의 대상을 형성하는 경우에서 보듯이— 그 민족, 그 시대의 미덕, 통찰력 그리고 고상하고 품격 높은 것뿐만 아니라, 패륜, 착오 그리고 저열하고 혐오스러운 것까지 포괄하며, 더욱이 문화사학자가 가치평가를 통해 이것과 저것으로 심판하듯 나눌 권한도 없다.(S. 38)" 라드브루흐의 논증은 문화사적 고찰방식에 '패륜'까지 포함된다는 점이 아니라, 다른 측면에 비중을 두고 있다. 즉, 결정적인 측면은 문화사로부터 미덕과 통찰력을 패륜과 착오로부터 '심판하듯 나눌' 권한을 박탈하고 있다는 점이다. 라드브루흐에 의하면 문화과학은 객체, 즉 있을 수 있는 가치평가의 대상과 관련될 뿐, 스스로 가치평가를 수행하지 않는다. 따라서 켈젠이 인용하고 있는 라드브루흐의 문장은 가치관련적 고찰방식이 주어져 있는 사실들 가운데 "가치개념에 포섭될 수 있는(S. 38)" 구성부분들만을 추출한다는 식으로 이해해야 한다.

따라서 켈젠이 "라드브루흐에서는 '가치관련'이 객관적 가치판단과 하등의 차이도 없다(S. 142)"는 자신의 주장을 "'가치평가'를 가치개념에 포섭한다는 것 말고 도대체 무슨 뜻이란 말인가?(S. 142)"라는 수사학적 물음으로 정당화하는 것은 문제가 있다. 왜냐하면 그러한 가치평가를 행한다는 것은 문화과학의 과제가 아니기 때문이다. 물론 켈젠의 용어에 따르면 객관적 가치평가와 가치관련은 구별되지 않는다. 객관적 가치평가 역시 가치관련을 통해 개념정의가 이루어지기 때문이다. "하나의 사실을 객관적으로 타당한 가치, 즉 가치평가를 하는 사람의 희망이나 의욕과는 관계없거나 관계가 없는 것으로 전제하는 규범이나 당위에 관련을 맺게 만들면, 이는 곧 객관적 '가치평가'이다(S. 114)." 여기서 '사실'과 가치가 주어져 있다면(또는 주어져 있다고 생각한다면), 구체적 가치평가는 저절로 이루어진다[이 점에서 켈젠은 가치평가를 '논리적 작동'이라고 부른다(S. 114)]. 그러나 라드브루흐나 하이델베르크 신칸트주의자들이 가치관련이라고 말할 때 이 개념은 포섭이 가능한 척도가 아니라, 가치평가의 차원을 목표로 한다는 의미로만 사용될 뿐이다. 나팔 부는 천사를 그린 바로크 회화도 미(美)의 측면에서 평가될 수 있다는 확인은 이 회화가 아름답다고 평가되어야 하는가라는 물음과는 무관하다.

그렇지만 가치맹목적이지도 않고, 스스로 가치평가를 하지 않으면서 단지 가치를 관련시키는(이에 관해서는 Radbruch, S. 38 참고) 문화과학의 가능성을 둘러싼 이 논쟁의 다른 지점에서는 라드브루흐뿐만 아니라, 이러한 학문모델을 주장하는 다른 하이델베르크 신칸트주의자들보다 켈젠이 옳다고 보아야 한다. 무엇보다 실재와 가치(또는 가치평가) 사이의 관계는 이 모델에서 전혀 뚜렷한 윤곽이 없는 채로 남아 있다. 이는 켈젠이 적절히 비판하고 있듯이, 하이델베르크 학파의 문화철학에서 '가치', '의의', '의미'가 서로 어떠한 관계에 있는지가 극히 불확실하다는 사정 때문이다. 실재와 가치의 관계에 관련된 또 다른 측면은 학문적 방법이 대상을 구성하는 기능을 갖는다는 원칙이 어느 정도까지 타당한가라는 문제에 관한 것이다.

3) 방법의 대상 구성적 기능

법학을 가치관련적 문화과학으로 해석하는 것 —따라서 존재과학이 아니라, 규범과학으로 해석하는 것— 에 대한 켈젠의 반론의 핵심은 방법의 대상 구성적 기능, 즉 실재와 가치의 관계에 대한 통찰의 의미와 관련되어 있다. 라드브루흐뿐만 아니라, 라스크도 법을 가치와 관련된 현실, 즉 정의라는 가치의 기체를 형성하는 존재형상으로 이해한다.[36] 실재와 가치를 그런 식으로 결합시킬 가능성을 켈젠은 반박한다. 하지만 가치가 붙어 있는 대상이라는 형상이 존재론적 의미를 갖는다는 켈젠의 반박[37]은 부차적인 의미만을 갖는다. 이런 식의 표현은 단지 비유로만 이해해야 할 뿐이고, 가치관련은 오로지 가치를 관련시키는 활동으로부터만 나타난다는 점에 대해서는 논쟁을 할 필요가 없다.[38] 결정적인 물음은 오히려 법을 실재이자 동시에 가치평가의 대상으로 이해할 수 있는가이다. 이 물음은 법학을 가치와 관련된 문화적 현실로서의 법을 학문적 고찰의 대상으로 삼는 분과로 이해할 수 있는 토대를 겨냥한다. 켈젠은 이 물음에 대해 부정적으로 대답한다. '실재'와 '가치'는 형식적으로 완전히 다른 두 가지 고찰방식의 결과이기 때문에 실재는 평가될 수 없다는 것이다(S. 115). 켈젠의 말을 그대로 옮기면 다음과 같다. "내가 무엇인가를 평가하는 한, 나는 그것을 실재로서, 다시 말해 존재하는 것으로 생각해서는 안 된다." 켈젠처럼 방법이원주의와 신칸트학파의 인식론적 전환을 극단적으로 관철시키게 되면, 법학을 문화과학으로 해석할 가능성뿐만 아니라, 문화과학이라는 모델 자체마저도 그 토대를 박탈당하지

---

36) *Gustav Radbruch*, Grundzüge der Rechtsphilosophie, 1916, S. 38f.(= GRGA, Bd. 2, S. 53f.); *Emil Lask*, Rechtsphilosphie(각주 15), S. 271. 이에 관해서는 *Hans Kelsen*, Rechtswissenschaft(각주 2), S. 123, 144 참고.

37) 실재를 실재에 '붙어 있는 초경험적 가치의 공연장 또는 기체'라고 표현하는 라스크에 대한 반론으로는 *Kelsen*, Rechtswissenschaft(각주 2), S. 123 참고.

38) *Kelsen*, Rechtswissenschaft(각주 2), S. 103도 이 점을 명시적으로 확인하고 있다.

않을 수 없다.[39]

켈젠이 이러한 비판을 통해 신칸트주의의 인식론적 출발점을 신칸트주의보다 더 일관되게 관철한 것인지 아니면 그의 비판은 방법이원주의와 인식의 대상 구성적 기능이라는 모델을 지나치게 과장한 것인지의 문제는 여기서 결정을 내릴 수 없다. 왜냐하면 켈젠은 신칸트주의를 그 대표자들에게 대항하여 방어하려는 의도를 갖고 있지 않기 때문이다. 따라서 중요한 것은 법학에 대한 적절한 해석과 법학의 학문이론적 및 인식론적 전제조건에 관련된 실질적 문제이다. 이와 관련하여 결정적인 물음은 '가치'의 구성과 '실재'를 같은 등급에 있고, 따라서 엄격한 대안관계에 있는 구성절차로 이해해야 하는가 아니면 실재의 구성이 가치고찰에 우선할 수 있는가이다. 이 물음에 대해 켈젠처럼 첫 번째의 의미로 대답을 하게 되면, 서로 다른 직관형식을 통해 한 번은 실재로, 다른 한 번은 가치로 구성될 수 있는 기체에 대한 문제가 제기된다.

이와 관련하여 켈젠은 라드브루흐도 사용하는 '존재사실(Gegebenheit)'이라는 개념을 원용하여(S. 96),[40] 이 기체에 대해 언어는 아직 아무런 특수한 표현을 갖고 있지 않고, 철학은 확실한 개념을 만들지 않았다고 한다(S. 124). 이에 대해 「주권의 문제」에서는 "그 자체 아무런 구별도 이루어지지 않았고 이러한 추상성으로는 전혀 상상할 수 없는" 이 기체 때문에 "사실상의 사건을 평가하고, 특별한 경우에는 법적으로 판단할 수 있다"고 말한다.[41] 이에 반해 특정한 실재가 가

39) 라드브루흐에 대한 이러한 비판은 이미 에어리히의 법사회학에 대한 켈젠의 서평[*Hans Kelsen/Eugen Ehrlich*, Rechtssoziologie(각주 21), S. 3, 5의 각주 2 참고]에도 등장한다.

40) 이에 관해서는 *Carsten Heidemann*, Die Norm als Tatsache(각주 6), S. 65 참고.

41) *Hans Kelsen*, Das Problem der Souveränität, 1920, S. 99의 각주 1.

치가 있는가 아니면 가치에 반하는가라는 물음은 존재와 당위, 실재와 가치 사이의 원칙적 이원주의를 전제할 때에는 아무런 의미도 없다고 한다.

이와 같이 추상적 사실을 실재와 가치에 공통된 기체로 파악하는 모델은 가능한 구상이긴 하지만, 문화과학으로서의 법학의 가능성에 대한 켈젠의 비판을 뒷받침하기 위해 매우 유용한 구상이라고 볼 수는 없다. 왜냐하면 이 구상은 가치평가를 할 수 있는 '실재'가 가능하다는 것을 보여주는 구상으로 읽힐 수도 있고, 동시에 그것이 불가능하다는 것을 보여주는 구상으로도 읽힐 수 있기 때문이다. 그렇기 때문에 앞의 인용문은 존재/당위 이원론에도 불구하고 사실상의 사건에 대한 평가가 왜 가능한가에 대해 근거를 제시하고 있다. 즉, 존재의 내용과 당위의 내용이 일치하기 때문이다. 이는 아무런 구별도 이루어지지 않은 이 기체 때문에 사실상의 사건에 대한 가치평가가 가능하다고 하는 켈젠의 논증과 정확히 일치한다. 기체에 '붙어 있는' 가치라는 표현에서 그 비유적 내용을 빼버리면, 켈젠의 모델과 하이델베르크 학파의 모델 사이에는 실재에 대한 직접적 가치평가관련과 간접적 가치평가관련의 차이만이 남아 있을 뿐이다.

방법의 대상 구성적 기능의 원칙 및 이 원칙을 인정할 때 수반되는 '코페르니쿠스적 전환'이 하이델베르크 학파 법철학의 대표자 한 사람에 의해 법학에 대한 이해에 커다란 영향을 미칠 정도로 명백히 상대화되고 있는 측면에 대해서는 켈젠은 흥미롭게도 자세히 다루고 있지 않다. 라스크에 따르면 문화과학의 대상은 학문적 고찰을 통한 두 번째 단계에서 비로소 (함께) 구성된다고 한다. 즉, 문화과학의 대상으로서의 재료는 직접적으로 주어져 있는 실재가 아니라, 학문 이전에 이미 처리되어 있고, 문화의미와 관련을 맺는 세계라고 하면서, 이러한 대상의 위상을 라스크는 '반제품(Halbfabrikat)'이라는 이해하기 쉬운 개념으로 표현하고 있다.[42] 이로써 문화과학적 사실이 갖는 의미의 차원은 대상영역 자체로 옮겨가고, 이 차원은 상당부분은 학문적 처리의 대상에서 벗어나게 된다. 라스크의 이러한 입장에 대해서는 뒤에서 다시 다루도록 하겠다.

4) 학문체계론

실재와 가치, 존재와 당위의 이원론을 엄격히 지향했던 이 시기의 켈젠[43]으로서는 학문체계와 관련해서도 규범과학과 실재과학의 대립에 집중했고, 따라서 자연과학과 문화과학의 차이를 엄격하게 구성하고자 했다. 규범과학은 통일적인 관점에 따라 규범들 사이의 질서를 형성하는 과제를 담당한다. 그리하여 법학뿐만 아니라, 윤리학과 문법도 이러한 규범과학에 속한다고 한다(S. 96f.). 따라서 규범을 정립하는 일은 학문의 과제에 속하지 않고, 관련된 권위를 통해 해결될 문제이다. 도덕의 영역에서는 신 또는 양심이 그러한 권위를 갖는다(S. 97). 실재과학은 인과과학과 동일하게 취급되고, 자연과 사회적 실재 사이의 차이는 무시된다. 이러한 체계에서는 방법적 독자성을 갖는 문화과학이 차지할 자리가 남아 있지 않다. 켈젠의 체계론에 따라 법학처럼 규범과학에 속하게 되지 않는 한, 문화과학은 인과과학에 속해야 한다. 그렇기 때문에 켈젠은 법이 존재형상이긴 하지만, 결코 자연적 사실이 아니라는, 라드브루흐와 여타의 하이델베르크학파 철학자들의 견해를 반복해서 비판한다(S. 99, 144). 순수법학의 제2판(1960)에서도 여전히 인간의 사실적 공동생활로 이해되는 사회는 자연의 구성부분으로 생각될 수 있기 때문에 자연과 사회를 대비시키는 것이 아무런 전제도 없이 가능하지는 않다고 주장한다.[44]

---

42) *Emil Lask*, Rechtsphilosophie(각주 15), S. 309.

43) "존재와 당위 사이의 대립은 인식체계의 기초이자, 학문에 대한 기본적 분류가 되어야 한다[*Hans Kelsen*, Rechtswissenschaft(각주 2), S. 95]."

44) *Hans Kelsen*, Reine Rechtslehre, 2. Aufl. 1960, S. 2. 또한 규범과학과 인과

이 역시 하나의 가능한 관점이다. 공통점과 차이점은 중요성의 기준과 이론적 체계의 문제이지, 결코 이미 주어져 있는 대상영역의 구조가 아니기 때문이다. 그렇기 때문에 문화과학의 방법적 독자성을 무시했다고 켈젠을 비판하는 사람은 학문의 분류와 관련하여 다른 중요성 기준을 토대로 삼을 뿐이지, 자신이 이와 관련된 유일하게 가능한 중요성 기준을 토대로 삼고 있다고 주장할 수 없다. 이 점은 켈젠에 대해서도 마찬가지이다. 즉, 문화과학에 대한 켈젠의 비판 역시 유일하게 가능한 중요성 기준을 토대로 삼고 있다고 주장할 수 없다. 그렇기 때문에 학문체계론과 관련된 설득력 있는 비판은 내재적 비판으로서만 가능하다. 이 측면에서 결정적인 것은 법학을 순수한 규범과학으로 축소시키는 켈젠의 모델이 순수법학을 구성하고 있는 다른 요소들과 과연 합치할 수 있는가이다.

5) 규범주의와 실증주의

이 물음은 순수법학이 주장하는 것처럼 순수한 규범과학의 틀 속에서 과연 실정법에 대한 이론을 수행할 수 있는가의 문제를 목표로 삼는다. 적어도 형식적으로는 법의 실정성과 관련을 맺게 되면 그것은 이미 사회적 사실에 초점을 맞추는 것이고, 따라서 당위의 영역에 국한시키는 입장을 뛰어넘는 것이라는 반론이 당연히 제기될 수 있다.[45]

과학의 이원주의에 대한 S. 78f.의 설명도 참고.

45) 라드브루흐는 순수법학이 "실증주의와 그 정반대에 해당하는 것처럼 보이는 '규범논리적' 당위이론과 교묘히 결합시킨 독특한 이론"이라고 한다(*Gustav Radbruch*, Rechtsphilosophie, 3. Aufl. 1932, GRGA, Bd. 2, S. 253). 최근의 문헌에서 이 점을 지적하고 있는 경우로는 무엇보다 *Ralf Dreier*, Sein und Sollen. Bemerkungen zur Rechtslehre Hans Kelsens(1972), in: ders., Recht —Moral— Ideologie. Studien zur Rechtstheorie, Frankfurt/Main 1981, S. 217, 224f. 참고.

이런 의미에서 라스크와 라드브루흐 모두 법학은 자연법체계와 관련해서만 철학적 규범과학과 방법적으로 조화를 이룰 수 있다고 주장한다.[46] 여기서 말하는 '자연법체계'는 제정법질서가 아니라, 모든 이상적 법질서를 뜻하는 것으로 이해해야 한다.[47] 왜냐하면 예컨대 미래의 법질서에 대한 기획과 같이 가설적으로 전제된 법규범들의 체계도 순수한 규범과학의 대상으로 생각할 수 있기 때문이다. 이에 반해 사회적 사실로서의 제정법에 초점을 맞추게 되면 규범과학의 순수성이 훼손될 위험이 있다.

켈젠이 '근본규범(Grundnorm)'을 도입함으로써 규범주의와 실증주의 사이의 간극을 충분한 안정성을 갖는 구성을 동원하여 극복했는지는 오늘날에도 여전히 논쟁의 대상이고,[48] 이에 대해서는 여기에서 논의할 수 없다. 하이델베르크 학파 신칸트주의자들과 논쟁을 할 때에 켈젠은 다른 방어전략을 선택했다. 물론 이 때에도 이미 근본규범에 관한 훗날의 모델이 암시되어 있었다.[49] "군주의 명령이나 국가의 법률이 (사람들이 흔히 말하듯이) 왜 준수되어야 하는가, 왜 그것들이 규범인가라는 물음, 간단히 표현하자면 구체적 법질서의 효력이 어디에 기초해야 하는가라는 물음에 대한 대답은 다시 당위를 통해서만 이루어질 수 있다. 그리고 더 이상 도출이 될 수 없는 최상의 규범은 '너는 군주의 명령 또는 국가의 법률에 복종해야 한다'는 당위이다(S. 134)." 하지만 다른 논증이 더 중요한 기능을 한다. 즉, 켈젠은 실증주의의 개념에서 제정성이라는 의미의 실정성이라는 요소를 제거하고, 실증주의를 오로지 법과 도덕의 분리를 통해서만 개념을 정

46) *Emil Lask*, Rechtsphilosophie(각주 15), S. 282, 315; *Gustav Radbruch*, Grundzüge der Rechtsphilosophie, 1914, S. 207(=GRGA, Bd. 2, S. 196).

47) 라드브루흐는 '(유일하게) 정당한 법'이라는 표현을 사용한다.

48) 이에 대한 상세한 서술은 *Horst Dreier*, Rechtslehre(각주 1), S. 27ff. 참고.

49) 이에 관해서는 *Horst Dreier*, Rechtslehre(각주 1), S. 75f. 참고.

의한다.[50] 그리하여 법의 실정성은 통상적인 견해와는 반대로 법의 제정성이라는 사실이 아니라, 도덕으로부터의 독립성을 뜻한다고 하며, 따라서 실정법의 본질은 자연법에 반대된다는 것이라고 한다.[51]

이는 얼마든지 가능한 수세적 방어이긴 하지만, 곧바로 다음과 같은 반론을 유발한다. 즉, 자연법과 —도덕으로부터 자유로운— '실정(positiv)'법의 대립 또한 오로지 구체적으로 주어져 있는 법질서와 관련해서만 가능하다는 반론을 유발한다. 다시 말해, 켈젠의 실증주의적 견해에서는 법규범이 설령 도덕에 반하는 경우일지라도 그 타당성(Gültigkeit)에는 아무런 문제가 없다는 사실이 중요하다면, 효력(Geltung)과 동일시할 수 있는 이 타당성[52]은 미리 전제되어야 하고, 그래야만 실증주의적 모델이 대답하고자 하는 물음 자체가 제기될 수 있다. 그렇기 때문에 켈젠은 다른 지점에서도 구체적 법질서가 효력을 갖는 근거에 대한 물음에서 벗어날 수 없다. 하지만 이 물음에 대해 켈젠은 거의 대답을 거부한다고 보이는 방식에 가깝게 대답할 뿐이다. 물론 이 시기에도 이미 앞에서 언급했듯이 훗날에 전개된 근본규범모델이 어느 정도 작용을 하고 있다. 즉, 설령 법을 특정한 권위에 의해 정립된 규범이라고 지칭할지라도 법효력의 근거는 입법행위라고 표현되는 사실상의 과정이 아니라, 국가의 법률을 준수해야 한다고 말하는 규범에서만 찾을 수 있다고 한다(S. 133/134). 이 맥락에서 켈젠은 다시 한 번 법의 당위로서의 성격이 '경험적 권위'에 근거해야 하고, 따라서 법의 당위적 성격은 공동체의 의지를 통한 명령

---

50) 이에 관한 자세한 내용은 *Kelsen*, Das Problem der Souveränität, 1920, S. 85ff. 참고.

51) 이 점에 관해서는 예컨대 *Stanley L. Paulson*, Konstruktivismus(각주 1), S. 631, 654 참고.

52) 켈젠은 법규범과 도덕규범의 '효력'에 대해서도 같은 의미로 이해한다. 이에 관해서는 a.a.O. 참고.

에서 그 형식적 근거를 찾게 된다고 하는 라스크의 견해를 격렬하게 비판한다(S. 135). 다른 곳에서도 그렇듯이 여기에서도 켈젠은 방법이원주의라는 신칸트주의의 원칙을 하이델베르크 학파의 신칸트주의자들에 대한 대항무기로 삼는다. 즉, 라스크와는 반대로 존재와 당위의 분리라는 원칙에 따라 당위는 그 '형식적 근거'를 결코 경험적 사실에서 찾을 수 없다고 한다(S. 135). 그러나 이것만으로는 법의 효력근거에 대해 단지 소극적으로 대답한 것에 불과하다. 켈젠은 법효력의 근거에 대해 적극적으로 대답하기를 거부하면서, 그 이유는 이 물음에 대해서는 대답이 있을 수 없거나, 국가의 법률 또는 군주의 명령에 복종해야 한다고 명령하는 '법규(Rechtssatz)'를 형식적으로 가정하는 '사이비 대답'이 있을 뿐이기 때문이라고 한다.

(4) 방법이원주의의 타당성범위

켈젠과 하이델베르크 신칸트주의자들 사이의 핵심적인 차이점은 방법이원주의에 대한 해석의 차이에서 드러난다. 즉, 이 원칙 자체에 대한 승인 여부의 차이가 아니라, 이에 대한 해석의 차이다. 왜냐하면 하이델베르크 신칸트주의자들 역시 이 원칙을 무조건적으로 신봉하기 때문이다. 이미 확인한 바와 같이 방법삼원주의는 방법이원주의의 파괴가 아니라, 이에 대한 보충으로 이해해야 한다.[53] 당위를 정당화하기 위해 존재를 원용하는 경우 —앞에서 인용했던, 켈젠이 반박하는 라스크의 논증처럼— 에도 방법이원주의 원칙을 유보한다고 말하지 않는다. 따라서 서로 대립하는 당사자들은 이 원칙의 의미를 —따라서 원칙 자체도— 서로 다르게 이해할 뿐이다. 이 원칙에

53) *Gustav Radbruch*, Rechtsphilosophie(3. Aufl.), GRGA, Bd. 2, S. 230의 각주 2.

대한 '올바른' 이해가 무엇인가를 묻는 것은 '원래의' 신칸트주의적 해석이 무엇인가를 묻는 것만큼이나 대답하기 어려운 물음이다. 따라서 양자 사이의 논쟁을 평가할 때에는 각 입장의 일관성과 설득력이 중요할 뿐이다. 설득력의 관점, 즉 인식론적 모델이 구체적 삶에 가깝다는 관점에서 나는 앞에서 언급했던 라스크의 이론을 다시 한 번 다루고자 한다. 라스크의 이론은 방법이원주의와 방법이 대상을 구성한다는 원칙이 지배하는 학문체계 내에서 문화과학 및 ―라드브루흐도 표방하는― 문화과학으로 해석된 법학이 가능할 수 있는 공간을 마련해주고, 이를 통해 켈젠처럼 방법이원주의를 극단적으로 과장하는 것에 반대되는 입장을 취하고 있다.[54]

자연과 당위 사이의 제3의 영역을 거부하는 켈젠의 입장은 방법이원주의를 법적 세계상과 관련해서도 극단적 이원주의로 확대하게 만든다. 헤르만 헬러의 표현을 빌리자면, "한쪽에는 그저 인과적 설명을 통해 포착할 수 있고, 의미와는 완전히 동떨어져 있는 존재로 넘쳐나는, 무시해야 마땅한 영역, 즉 아무런 연관성도 없는 감각적 현실들이 자연주의적으로 미쳐 날뛰는 세계가 있고 … 다른 한편에는 어떠한 방식으로도 이해할 수 없는 연관성을 통해 결합된 채 … 필연적으로 내용이 없어야 할, 이념적 당위의 세계가 있다."[55] 방법이원

54) 라스크의 법철학에 관한 최근의 문헌으로는 *Georg Mohr*, Rechtskultur(각주 5), S. 111ff.; *Stefan Nachtsheim*, Zwischen Naturrecht und Historismus. Kritische Rechtsphilosophie und Bedeutungsdifferenzierung bei Emil Lask, in: Neukantianismus und Rechtsphilosophie(각주 1), S. 301ff. 참고. 또한 *Konrad Hobe*, Emil Lask. Eine Untersuchung seines Denkens, Diss. phil. Heidelberg, 1968; *ders.*, Emil Lasks Rechtsphilosophie, ARSP 59(1973), S. 221ff.; *Tercio Sampaio Ferraz*, Die Zweidimensionalität des Rechts als Voraussetzung für den Methodendualismus von Emil Lask, Meisenheim am Glan 1970도 참고.

55) *Hermann Heller*, Die Krise der Staatslehre(1926), in: ders., Gesammelte Schriften, Bd. 2, 1992, S. 516.

주의를 이질적인 관점이 완벽하게 분리된다는 식으로 이해하며, 이 이질적인 관점들에게 각각의 학문분과를 귀속시켜서, 각 분과가 역시 완전히 분리되어 있다고 이해하고 또한 학문적 방법이 대상을 구성하는 기능을 갖는다는 원칙을 무조건적으로 고수한다면 이와 같은 극단적 이원주의는 불가피하다. 이 경우 (켈젠이 의미하는) '자연'과 '당위'의 대안은 서로가 서로를 배제하는 배타적 대안이다. 이는 법과 관련해서는 다음과 같은 것을 의미한다. 즉, 법은 규범과학적 관점에서 규범적 현상, 즉 당위로 여겨지거나 아니면 법은 —존재과학적 고찰에 따라— 다수의 행위나 텍스트 따위로 분리되어 —헬러가 말하듯이— "감각적 현실들이 자연주의적으로 미쳐 날뛰는 세계"에 불과할 뿐이다.

켈젠의 학문이론적 전제(방법이원주의, 방법의 대상 구성적 기능)를 원칙적으로 인정한다는 전제하에 법에 대한 사회적 경험에 상반되는 이러한 불만족스러운 결론을 피하면서 법을 사회적 및 문화적 현실로 고찰할 수 있는 여지를 창출할 가능성은 학문 이전에 구성되어 있는 대상영역으로서의 법을 인정하는 것이다. 이러한 대상영역은 그 자체 법학의 규범과학적 또는 존재과학적 성격과는 관련이 없다. 이 가능성이 바로 앞에서 언급했던 라스크의 이론에 합치한다. 라스크의 이론은 법을 포함한 문화적 영역 전반과 관련하여 학문적 고찰방식의 대상 구성적 기능보다는 학문 이전의 개념구성이 갖는 의미를 강조한다.[56] 다시 말해 법을 사회현실의 독자적 영역으로 이해하는 사회적 지각은 법학이 이에 대해 학문적으로 이해하는 것에 앞서 있다. "법영역을 분리하고, 더 나아가 법영역을 마치 현실적으로 분리되어 있는 삶의 힘으로 가정하는 것은 이미 학문 이전의 의식을 통해 이루어진다."[57]

---

56) *Hermann Heller*(각주 55), S. 19도 이에 동의한다.

57) *Emil Lask*, Rechtsphilosophie(각주 15), S. 311. 이러한 출발점의 개념논리

더 나아가 라스크는 법의 사회이론이 이미 "구체적 총체성으로부터 추상적인 것을 분리했다(S. 311/312)"고 확인하고 있는데, 그렇다면 법의 사회이론은 오로지 학문 이전의 고찰방식에만 해당한다. 이 점은 우리가 이러한 "사회과학적으로 사고된 법을 … 그럼에도 실재에 투사시켜 마치 실재인 것처럼 생각한다(S. 312)"는 확인 역시 마찬가지이다. 이는 곧 법을 자연적 존재가 아니라, 사회적 존재의 독자적 영역으로 구성하는 일은 법학에 대한 학문적 처리방식이나 법의 학문이론적 위치를 결정하는 것과는 별개의 문제라는 것을 뜻한다. 법학을 규범과학으로 보는 켈젠의 해석(라스크는 이에 동조하지 않는다)이나 규범과학적 방법을 구사하는 분과로 보는 라드브루흐의 해석이나 모두 라스크의 모델에서는 (사회적, 문화적) 실재로서의 법에 대한 이해와 얼마든지 부합할 수 있고, 따라서 법을 존재과학의 대상으로 보는 분과와도 아무런 문제없이 합치할 수 있다.

적 결론(법과 관련하여 학문 이전의 개념구성과 학문적 개념구성을 원칙적으로 분리하지 않는 것)이 막스 베버의 사회학적 개념구성과 어떠한 관계가 있는지에 대해서는 *Bernahrd K. Quensel/Hubert Treiber*, Das "Ideal" konstruktiver Jurisprudenz als Methode. Zur "logischen Struktur" von Max Webers Idealtypik, Rechtstheorie 33(2002), S. 91ff., 98f. 참고. Carsten Heidemann, Geltung(각주 1)은 이와 관련하여 에밀 라스크의 입장과 프리츠 잔더(Fritz Sander)의 입장 사이에 유사점이 존재한다는 사실을 적절하게 지적하고 있다(S. 213ff.). 이와 관련된 켈젠과 잔더 사이의 논쟁은 *Stanley L. Paulson*(Hrsg.), Zur Rolle des Neukantianismus in der Rechtsphilosophie. Eine Debatte zwischen Sander und Kelsen, 1988에 실려 있다.

20. 세속적 신학으로서의 법학. 비판적 합리주의가 주장하는 학문이론적 논점 하나에 대한 언급

(1) 서 론

깊은 존경심을 담아 이 논문을 헌정하는 한스 알버트(Hans Albert)는 여러 연구들에서 법학과 신학 사이에는 방법론적 공통점이 있다고 지적하고 있다. 이 맥락에서 알버트는 규범적-도그마틱적 분과로서의 법학은 '인식의 계시모델'에 속한다고 한다.[1)] 즉, 신학에서와 마찬가지로 법학에서도 기본적으로는 단지 두 가지 종류의 문제만이 존재하는데, 하나는 결코 의심할 수 없는 권한을 가진 기관이 구속력 있는 규범으로 계시한 것을 확인(Identifikation)하는 문제이고, 다른 하나는 이를 적절하게 해석(Interpretation)하는 문제라고 한다.[2)]

---

1) *Hans Albert*, Traktat über rationale Praxis, 1978, S. 66, 70; *ders.*, Kritik der reinen Hermeneutik. Der Antirealismus und das Probelm des Verstehens, 1994, S. 167. 이에 관해서는 *E. Hilgendorf*, Hans Albert zur Einführung, 1997, S. 109f.도 참고.

2) *Albert*, Traktat(각주 1), S. 67.

알버트 스스로도 지적하듯이 법학과 신학을 유사한 분과로 여기는 것은 오랜 전통을 갖고 있다. 20세기의 논의에서 이와 관련된 가장 유명한 학자는 무엇보다 헤르만 칸토로비츠(Hermann Kantorowicz)이다. 칸토로비츠는 전통적인 법학은 방법론적으로 볼 때, '정통' 신학에 해당하고,[3] 자신이 표방하는 '자유법학'은 자유종교운동과 '본질적으로 일치'한다고 한다.[4] 칸토로비츠 이후에도 켈젠(H. Kelsen)[5]과 칼 슈미트(Carl Schmitt)[6]도 양 분과의 유사성을 강조했다.[7] 법학과 신학의 '가족유사성'은 때로는 분석적인 목적에서(켈젠과 슈미트), 때로는 비판적인 의도에서 주장된다. 칸토로비츠나 알버트의 경우에는 법학이 스스로에게 부담이 되는 가족의 끈에서 벗어나, 다른 더 좋은 길을 걸어야 한다는 요청과 함께 두 분과의 유사성을 문제 삼는다. 칸토로비츠에게 더 좋은 길은 '자유법학'이고, 알버트에게 더 좋은 길은 법학이 스스로를 사회기술적으로 이해하는 길이다.

법학과 신학의 비교가 결과적으로 어느 정도까지 타당한가라는 물음과는 관계없이 양자의 비교는 법학의 학문이론과 관련하여 문제를 인식하고 발견할 수 있다는 점에서 매우 흥미로운 작업이다. 왜냐하면 양 분과의 공통점과 차이점을 밝혀내는 작업을 거치면서 법학은

---

3) *Gnaeus Flavius*(*Hermann Kantorowicz*), Der Kampf um die Rechtswissenschaft, 1906, S. 34ff.

4) Kantorowicz, a.a.O., S. 38. '자유법운동(freirechtliche Bewegung)'이라는 표현은 칸토로비츠가 명백히 '자유종교운동(freireligiöse Bewegung)'의 개념과 비슷하도록 선택한 것이다.

5) *H. Kelsen*, Der soziologische und der juristische Staatsbegriff, 2. Aufl. 1928(1. Aufl. 1922), S. 219ff.; ders., Gott und Staat(1922/23), in: H. Kleckatsky(Hrsg.), Die Wiener rechtstheoretische Schule, Bd. 1, 1968, S. 171ff.; *ders.*, Reine Rechtslehre, 2. Aufl. 1960, S. 319.

6) *C. Schmitt*, Politische Theologie, 2. Aufl. 1934(1. Aufl. 1923), S. 49ff.

7) 최근의 문헌 가운데는 예컨대 *R. Lippold*, Recht und Ordnung. Statik und Dynamik der Rechtsordnung, 2000, S. 41ff. 참고.

자신의 방법적 도구를 분명하게 밝히려고 노력하지 않을 수 없기 때문이다. 아래의 논의는 그와 같은 노력을 하면서 한스 알버트가 남겨 놓은 발자취를 따라가는 일환이다.

(2) 신학과 법학에서 '인식의 계시모델'

1) 척도가 되는 계시의 확인

법학과 신학의 두 가지 공통점 가운데 첫 번째 공통점을 알버트는 양 분과 모두 기본적으로 척도가 되는 계시의 확인이라는 과제를 담당한다는 사실에서 찾는다. 이 점은 신학과 관련해서는 의문의 여지가 없고, 실정법에 대한 학문인 법학과 실정법이라는 조건하에서 이루어지는 실무의 활동에 대해서도 분명 타당한 이야기이다. 즉, 양 분과 모두 특정한 규범의 구속력이 규범을 정립하는 기관의 권위에 의존한다는 가정에서 출발한다는 공통점을 갖고 있다. 이러한 가정은 실증주의적 법사상과 의지중심주의(Voluntarismus)적 자연법의 특징에 해당한다.[8] 현대의 법률가에게 신은 곧 입법자이다.[9] 그렇지만 법규범의 구속력을 권위가 아니라, 실질적 정당성에 기초하도록 만들고자 하는 이성법의 기획에서는 그러한 가정이 전혀 통용될 수 없다. 오늘날 집중적으로 논의되고 있는 자연법적 사고인 법도덕주의의 입장도 법의 구속력을 가치평가에 결부시키지, 권위적인 정립에 결부시키지는 않는다. 그러나 아래의 논의가 유일한 대상으로 삼고 있는, 실정법에 관한 학문으로서의 법학과 관련해서는 신학과의 공

---

8) 알버트가 자연법사상을 비판할 때에는 이러한 자연법을 집중한다[Traktat (각주 1), S. 69ff.].

9) 신과 입법자의 비유에 관해서는 이미 *Kantorowicz*(각주 3), S. 35에서 등장한다.

통점을 결코 부정할 수 없다. 신학자는 신이 영혼을 불어넣은 텍스트의 내용을 묻듯이 법률가는 효력을 갖는 현행법의 내용을 묻는다.

그렇다면 규범적-도그마틱적 분과로서의 법학은 ―신학과 마찬가지로― '믿음의 복종'에 기초하는 것일까?[10] 물론 이 물음에 대한 대답은 '믿음의 복종'이라는 개념을 어떻게 이해하느냐에 달려 있다. 법학이 법률의 규율내용에 대한 주장들을 표현하는 한, 법학은 구속력을 전제한다는 점은 옳다. 법학이 때로는 특정한 법률이 (예컨대 헌법 또는 초실정적 법에 대한 위반을 이유로) 구속력이 없다고 주장하기도 한다는 사실은 이 점을 반증하는 것이 아니라, 오히려 다시 한 번 확인하는 것이다. 즉, 규범적-도그마틱적 분과로서의 법학은 원칙적으로 제정법에 대한 구속으로부터 출발한다는 점을 다시 확인시켜준다. 그렇기 때문에 신의 권위를 전제하는 신학과 분명히 유사성이 있다. 하지만 다른 측면에서는 본질적인 차이점도 존재한다.

a) 진리와 구속력

첫 번째 차이점은 구속의 근거, 즉 구속의 연원과 관련된다. "진리(강조는 필자)는 해당하는 문제를 해결할, 의심의 여지없는 권위를 갖춘 기관의 계시로부터 도출된다"[11]는 생각을 인식의 계시모델의 특징으로 파악한다면, 실정법에 대한 학문으로서의 법학은 설령 규범적-도그마틱적 분과일지라도 이러한 모델에 속하지 않는다. 왜냐하면 법학에서는 실정법의 진리(또는 정당성)이 아니라, 전적으로 그 구속력만이 중요하기 때문이다. 법의 구속력을 그 내용적 정당성과 분리하는 것이야말로 구속력이 있는 제정법에 대한 사유형식의 특성이다. 다시 말해 실정법은 그것이 법을 제정할 권한이 있다고 여겨지는 기관에 의해 제정되었기 때문에 구속력을 갖는 것이지, 그것이 정당하기(또는

10) *Albert*, Traktat(각주 1), S. 67은 이 물음을 긍정한다.

11) *Albert*, Traktat(각주 1), S. 66f.

정의롭거나 합목적적이기) 때문에 구속력을 갖는 것이 아니다.

이 점에서 역시 '실증주의적'이긴 하지만, 의지중심주의적인 자연법의 인식론적 전제는 법률실증주의의 인식론적 전제와는 근본적인 차이가 있다. 신이 제정한 법에 대해 그 내용이 부정당하다는 주장은 파렴치할 뿐만 아니라, 신의 지배라는 모델의 내재적 논리에 대한 위반이기도 하다.[12] 신이 그것이 선하기 때문에 선을 의욕했는지 아니면 신이 의욕했기 때문에 그것이 선한 것인지에 관계없이 어떠한 경우든 정당한 것과 명령한 것은 서로 일치한다. 이에 반해 국가가 제정한 법은 이 법의 구속력이 그것의 정당성과는 무관하게 제기되기 때문에 비로소 보편적 효력주장을 유지할 수 있다. 왜냐하면 현세의 법률의 실질적 정당성은 충분한 근거가 있다는 점을 얼마든지 의문의 대상으로 삼을 수 있기 때문이다. 정당성과 구속력의 이러한 차이는 상황에 따라서는 (제정법 자체의 기준에 비추어 보더라도) 내용이 부정당한 법적 행위도 구속력을 주장할 수 있을 정도(보기: 확정력을 갖는 오판)로 증폭되기도 한다. 그렇기 때문에 자신의 진리성을 주장하는 교회의 권위와는 달리 입법자는 자신의 법률의 준수를 요구하기 위해 결코 '무오류성'을 주장할 필요가 없다. 입법자의 법제정은 진리를 주장하는 것이 아니기 때문에, 세속의 입법자의 법제정권한을 인정하는 것은 현세의 주체들이 초월적 실체나 현세의 주체가 갖는 초월적 속성('정당한' 법을 제정할 초인적 능력)이 존재한다고 가정하는 믿음의 문제가 아니다.

b) 법효력의 문제

그렇지만 이 정도만으로는 법학이 형이상학적 가정을 완전히 포기

---

12) *Hoerster*, Zum Problem der absoluten Normgeltung, in: Staatsrecht in Theorie und Praxis. Festschrift für Robert Walter zum 60. Geburtstag, 1991, S. 255, 261f.는 이와는 다른 견해를 피력한다.

할 수 있다는 점이 밝혀지지 않는다. 왜냐하면 규범적-도그마틱적 분과로서의 법학은 이미 말한 것처럼 원칙적으로 자신이 대상으로 삼는 법질서가 구속력을 갖는다는 가정에서 출발하기 때문이다. 법의 '효력(Geltung)'이라는 이념은 구체적 결정을 위해 법률규정을 구체화하는 것을 과제로 삼는 법학에게 필수불가결한 요소이다. 법의 규범적(즉, 구속력을 정당화하는) 효력이라는 이념을 전제하게 되면 과연 법의 선험적 속성이 개입하게 되고, 그리하여 형이상학적 요소를 끌어들어야만 하는 것일까?

가. 형이상학적 대상으로서의 법효력

일부에서는 법의 효력을 그러한 의미로 이해하고 있다는 사실은 의심의 여지가 없다. 예를 들어 헨켈(H. Henkel)은 니콜라이 하르트만(Nicolai Hartmann)의 철학에 기초하여 법규범의 효력을 법규범이 객관적 정신의 구성부분으로서 갖고 있는 존재형식으로 해석한다.[13] "실정화를 통해 규범은 이 규범에 부여되는 생명, 즉 특수한 방식의 정신적 존재를 얻게 되고, 이 정신적 존재의 본질은 법규범으로서의 실존적 효력이다."[14] 즉, 규범적 효력은 '당위의 발효'로서 이러한 실존적 효력에 근거하고, 실존적 효력과 '불가분의 결합관계'에 있다고 한다.[15] 이와 같은 객관적 정신의 형이상학은 법의 구속력을 오로지 자율적 자기구속의 형태로만 승인하려고 하는 모델(라운 Rudolf Laun)이나 법의 효력을 법의 타당성에 대한 확신으로 정당화하려는 모델(옐리네크 Georg Jellinek)을 철저히 배격한다. "법규범이 실정화와 더불어 초주관적인 정신적 존재, 즉 개별 법복종자의 주관적 의식과정으로

13) *Heinrich Henkel*, Einführung in die Rechtsphilosophie, 2. Aufl. 1977, S. 543ff.

14) *Henkel*, Einführung in die Rechtsphilosophie(각주 11), S. 552.

15) *Henkel*, a.a.O., S. 554.

부터 독립하여 객관적 효력에 기초하는 정신적 존재를 획득하게 된다는 점을 분명하게 깨닫는다면, 자신이 구속되어 있다는 느낌에서 의무구속 자체를 추론하는 것은 명백히 잘못된 추론이다."[16] 이와 같이 실정법을 '이념적 존재'로 파악하는 모델들은 다른 법철학자들에게서도 발견된다.[17]

나. 사실로서의 법효력

이러한 형이상학적 전제의 위험을 피하기 위해 규범적 효력이라는 개념을 포기하고 이를 사실적 효력이라는 개념으로 대체하려고 시도할 수 있다. 이는 한스 알버트가 제안하는 해결방법이기도 하다.[18] 이런 식의 해결은 두 가지 장점이 있다. 첫째, 이러한 해결은 규범적-도그마틱적 방식으로 이루어지는 법학의 대상인 법이 적어도 사회적 사실로서도 이해되어야 한다는 점을 감안할 수 있게 된다. 순수법학의 진영에서 주장하듯이 법을 일방적으로 당위의 영역에만 귀속시키는 것은 설득력이 없기 때문이다.[19] 법학은 규범적-도그마틱적 분과이기에 당연히 특정한 지역에서 특정한 시기에 사실상으로 효력을 갖는 법과 관련을 맺는다.[20] 둘째, 이러한 해결은 효력개념이 형이상

---

16) *Henkel*, a.a.O., S. 556(옐리네크에 대한 비판). 라운에 대해서도 헨켈은 비슷하게 비판한다(S. 560).

17) 이에 관해서는 *Ulfrid Neumann*, Theorien der Rechtsgeltung, in: V. Gessner/W. Hassemer(Hrsg.), Gegenkultur und Recht, 1985, S. 21, 28ff. (본서의 111면 이하) 참고.

18) *Hans Albert*, Rechtswissenschaft als Realwissenschaft. Das Recht als soziale Tatsache und die Aufgabe der Jurisprudenz, 1993, S. 15, 19ff.

19) 이에 관해 자세히는 *Ulfrid Neumann*, Wissenschaftstheorie der Rechtswissenschaft bei Hans Kelsen und Gustav Radbruch. Zwei neukantianische Perspektiven, in: Stanley L. Paulson/M. Stolleis(Hrsg.), Hans Kelsen. Staatsrechtslehrer und Rechtstheoretiker des 20. Jahrhunderts, 205, S. 35ff., 54(본서의 408면 이하), 참고.

학적 요소로부터 해방될 수 있도록 보장한다. 왜냐하면 법의 사실적 효력은 이를 사회학적 대상으로 이해하는 한, 하나의 사회적 사실이기 때문이다. 여기서 사회적 사실로서의 효력개념을 행위규범의 준수정도에 따라서만 정의할 것인지(행위효력) 아니면 행위규범의 위반에 대한 제재의 빈도에 따라서도 정의할 것인지(제재효력)는 2차적인 문제일 뿐이다.

그러나 이런 의미의 사회적 대상으로 축소된 효력개념은 규범적-도그마틱적으로 이루어지는 법학의 기초로서는 불충분하다.[21] 자신의 결정을 효력을 갖는 현행법에 따라 내려야 하는 법관은 이 법률이 사실상 전반적으로 준수된다(또는 법률위반에 대해 전반적으로 제재가 부과된다)는 사실을 근거로 삼을 수는 없다. 법관에게는 법률이 준수되어야만 하는가 또는 법률이 사법부에 의해 적용되어야만 하는가라는 당위(Sollen)의 물음이 중요하다. 이 점은 자신의 직업을 법관의 결정을 준비하는 것으로 여기는 법학자에게도 마찬가지이다. 양자 모두 법체계의 규범적 프로그램을 지향해야지, 이 법체계의 규칙을 사실적으로 다루는 것을 지향해서는 안 된다. 이 점에 대해서는 이견이 있을 수 없으며, 그런 식으로 이해된 사실상의 효력이 방법이원주의의 주창자들에게는 존재로부터 당위가 도출될 수 없다는 사정 때문에 이미 아무런 의미가 없다는 점에서도 당연한 결론이다.

이런 이유 때문에 법의 효력을 형이상학적 속성으로 해석해야 하거나 아니면 법의 효력을 선험논리적으로 해석된 근본규범이라는 전제[22]를 거쳐 법학에 도입해야 하는 것일까? 또는 사실적 효력이라는

20) *Albert*, Rechtswissenschaft(각주 18), S. 15.

21) 이런 식으로 이해되는 사실적 효력의 개념에 대해 반대하는 입장으로는 *Albert*, Rechtswissenschaft(각주 18), S. 20. 알버트는 바우어만(M. Baurmann)을 인용한다.

22) 순수법학에 대한 알버트의 반박에 관해서는 *Albert*, Rechtswissenschaft(각

개념을 법학적 작업의 조건에 맞게 해석해야 하는 것일까? 이 물음에 대한 알버트의 대답은 후자의 방식이다. 즉, 법의 사실적 효력이라는 개념은 법학에게 충분한 기초를 제공해 준다고 하며, 다만 이 개념을 수범자나 사법시스템의 제재실무의 행동방식이 아니라 입법자의 의사에 관련시켜 해석해야 한다고 한다. 해당하는 구절은 다음과 같다.

> "해결책은 사실적 개념이라는 개념을 규범제정자의 의사와 관련을 시키고, 그리하여 당위(Sollen)를 의욕(Wollen)에 뿌리박게 하는 방법이다. 물론 여기서 말하는 의욕은 행위실효적이라는 특정한 의미의 의욕이다. 다시 말해 수범자가 해당하는 의욕을 충족할 근거를 갖고 있고, 이때 근거는 수범자의 의사형성에 인과적 의미를 가질 수 있다는 점에서 중요하다는 뜻이다. 따라서 이런 의미에서의 사실적 효력은 언제나 사회적 사실로 보아야 하며, 그렇기 때문에 이와 관련된 주장은 인식적 성격을 가지며 원칙적으로 참/거짓의 판단대상이 될 수 있는 진리성의 문제가 된다."[23)]

사실적 효력을 이와 같이 이해하게 되면 규범준수와 제재실무에 지향된 견해에 비해 판결과 법학에서 효력을 갖는 법을 확인하는 실제에 훨씬 더 가까이 다가서게 된다. 왜냐하면 실정법체계에서 효력을 갖는 현행법을 확인할 때 척도가 되는 법제정행위를 원용하는 것은 당연히 입법자의 의사를 원용하는 것이기 때문이다. 그렇지만 어

주 18), S. 29ff. 참고.

23) *Albert*, Rechtswissenschaft(각주 18), 20[알버트는 여기서 *Hoerster,* Zum Problem einer absoluten Normgeltung, in: H. Mayer(Hers.), Staatsrecht in Theorie und Praxis. Festschrift für Robert Walter zum 60. Geburtstag, 1991, S. 255ff.와 회르스터의 입장에 연결된 *M. Bauermann*, Der Markt der Tugend. Recht und Moral in der liberalen Gesellschaft, S. 54-64의 논증을 원용한다].

떠한 방법으로 당위를 의욕으로 전환할 수 있는가라는 물음이 남는다. 수범자가 해당하는 의욕을 충족할 근거를 가져야 한다는 알버트의 표현에 대해서는 두 가지 해석이 가능하다. 첫째, 예컨대 형벌이나 다른 불이익에 대한 두려움과 같이 수범자가 입법자의 의지를 따라야 할, 심리학적으로 이해할 수 있는 근거를 뜻할 수 있다. 둘째, 예컨대 민주적으로 정당화되는 입법자가 제정한 법률은 어쨌든 원칙적으로 준수해야 할 가치가 있다는 생각과 같이 규범준수에 대한 좋은 근거를 뜻할 수도 있다.

첫 번째 해석의 경우에는 논증이 사실적인 것의 영역에 머물러 있다. 즉, 실효적인 동기로서의 행위근거들 역시 사실의 영역에 속한다. 이러한 논증은 법규범의 '사실적 효력'이라는 개념에 대한 가능하고도 설득력 있는 설명이다. 그러나 이러한 논증은 특정한 법규범이 결정의 토대가 되어야 하는가(soll)를 결정해야 하는 법관과 법학자의 관점에 부합할 수는 없다. 단순히 사실을 원용하는 것만으로는 존재와 당위 사이에 다리를 놓을 수 없다(이 점은 비판적 합리주의가 지칠 줄 모르고 강조하고 있는 측면이다).

이에 반해 두 번째 해석은 좋은 근거라는 기준 때문에 존재와 당위 사이의 간격을 메울 수 있는 결합장치를 제공한다. 물론 이 해석이 그와 같은 역량을 발휘하는 이유는 오로지 좋은 근거를 원용한다는 것이 곧 규범적 관점을 취하는 것이기 때문이다. 그러므로 이러한 해석을 두고 법사회학에서처럼[24] 규범의 사실적 효력이라는 개념을 설명하는 것이라고 말하기를 주저하게 된다.

---

24) 이에 관해서는 *Albert*, Rechtswissenschaft(각주 18), S. 20.

다. 제도적 사실로서의 법

그렇다면 결국 법학에서 도저히 포기할 수 없는, 효력을 갖는 법이라는 사고는 형이상학적 전제나 근본규범이라는 전제에 기초하는 가능성밖에 없는 것일까? 나는 그렇지 않다고 생각한다. 법효력에 대한 규범적-관념적 해석과 이에 대한 사회학적-사실적 해석 가운데 어느 하나를 선택해야 한다는 식의 사고는 단견이다. 왜냐하면 법은 당위라는 의미를 갖는 사회적 사실이기 때문이다. 따라서 법은 단순한 규범성만으로 이해할 수 없고, 그렇다고 단순한 사실로 이해할 수도 없다. 이 점은 법철학의 전통에서도 늘 강조되는 측면이다.[25] 하지만 현대 언어철학이 제도적 사실에 관한 이론(Theorie der institutionellen Tatsache)[26]을 통해 인식론적으로 의심스러운 전제가 없이 사실성과 규범성의 관계를 분명하게 규정하고, 형이상학적 전제 없이 존재와 당위 사이의 간격을 극복할 수 있게 해주는 모델을 비로소 제공하게 되었다. 이 이론은 인식과는 관계없는, 자연적인 사실(facta bruta)의 세계가 존재한다고 인정[27]하는 점에서는 실재론의 입장에 기초하지만, 인간의 생활세계에는 나무, 집, 강 등뿐만 아니라 의회, 게임, 훈장 등도 존재한다는 사정을 감안하고 있다.

제도적 사실은 이미 주어져 있는 자연적 사실과는 달리 규칙을 통

---

25) 예컨대 라드브루흐는 법학이 (그 대상의 측면에서는) 문화과학이지만, (그 방법의 측면에서는) 규범과학에 속한다고 한다(이에 관한 자세한 내용은 *Neumann*, Wissenschaftstheorie[각주 19], S. 42ff. 참고).

26) 이에 관한 기본적인 내용은 *John R. Searle*, Sprechakte. Ein sprachphilosophischer Essay, 1977(영어원본은 1969년), S. 78ff.; *ders.*, Die Konstruktion der gesellschaftlichen Wirklichkeit. Zur Ontologie sozialer Tatsachen, 1997(영어원본은 1995년) 참고. 법이론에서 제도주의를 취하고 있는 입장으로는 *Neil MacCormick/Ota Weinberger*, Grund-lagen des institutionalistischen Rechtspositivismus, 1985 참고.

27) 이 점을 강조하고 있는 *Searle*, Konstruktion(각주 35), Kap. 7(S. 159ff.) 참고.

해 구성되며, 이 규칙에 기초하여 특정한 자연적 사실을 제도적 사실로 해석한다. 그리하여 인간들이 집단적으로 손을 드는 행위를 의회의 의결로 해석하고, 금속조각을 전달하는 행위를 훈장수여로 해석하게 된다. 이러한 구성적 규칙[28]의 '효력'이 문제된다면, 이 효력문제는 간단하게 해결할 수 있다. 즉, 이 규칙의 효력은 제도적 사실의 구조로부터 도출된다. 이 점은 게임규칙의 효력을 고찰해보면 매우 뚜렷해진다.[29] 장기를 둘 때, '초'나 '한'이 상대방의 공격을 더 이상 피할 수 없는 쪽이 그 판을 지게 된다는 규칙을 인정하지 않고서는 장기 게임을 할 수 없다. 이 규칙의 효력은 결코 똑같은 형태의 행동이라는 단순한 사실성으로 축소될 수 없고, 또한 어떤 형이상학적 전제조건을 가정함으로써 정당화될 수도 없다. 이 규칙은 장기 게임의 개념 자체가 이 규칙을 통해 정의되기 때문에 효력을 갖는다. 게임을 하는 두 사람이 만일 어느 한 사람이 모든 모형들을 다 잃을 때에만 '장기 게임' 한 판이 끝난다는 규칙을 따르게 되면, 이 두 사람은 장기판의 모형들을 사용할 뿐, 장기를 두는 것은 아니다. 이는 곧 구성적 규칙과 관련해서는 이 규칙의 효력에 대한 물음이 특수한 의미로 제기된다는 뜻이다. 결정적인 측면은 규칙을 위반해서는 안 된다는 점이 아니라, 관련되는 사회적 제도의 영역을 떠나지 않는 한, 규칙을 위반할 수 없다는 점이다. 그러므로 규칙의 효력에 대한 주장은 형이상학적 전제라는 위험에서 벗어난다. 왜냐하면 어느 누구도 장기 게임규

28) 구성적 규칙과 규제적(regulativ) 규칙의 구별에 관해서는 *Searle*, Sprechakte(각주 35), S. 54ff.; *ders.*, Konstruktion(각주 35), S. 54ff. 참고. 또한 *John Rawls*, Zwei Regelbegriffe, in: O. Höffe(Hrsg.), Einführung in die utilitaristische Ethik, 2. Aufl. 1992, S. 125ff.(영어원본은 1955년) 참고.

29) 법규칙과 게임규칙의 유사성에 대한 적절한 서술은 *Gregorio Robles*, Las Reglas del Derecho y las Reglas de los Juegos, Ansayo de Teoria analitica del Derecho, Palma de Mallorca 1984(독일어판, 「법규칙과 게임규칙」, 1987) 참고.

칙의 효력에 대한 주장을 형이상학의 혐의가 있는 대상으로 삼지는 않을 것이기 때문이다.

이에 반해 제도적 사실이라는 모델에서 규제적 규칙(regulative Regel), 즉 행위방식을 단순히 분류하는 데 그치지 않고, 특정한 행위방식을 명령 또는 금지하는 규칙의 효력을 정당화하는 것은 훨씬 더 어려운 문제이다. 이와 관련된 유명한 보기는 약속을 했다는 단순한 사실로부터 과연 이 약속을 지켜야 한다는 규범적 결론이 도출되는지를 둘러싸고 벌어지는 논의이다.[30] 이와 관련해서는 특정한 명제를 표현한다는 자연적 사실과 약속이라는 제도적 사실을 구별해야 한다. 실제로 아무런 규범적 전제도 추가하지 않으면 A가 B에게 "내일 저녁에 너를 방문하겠다"고 말한 표현으로부터 어떠한 의무도 도출되지 않는다. 그것은 그저 지나가는 말일 수도 있고, 농담일 수도 있고 B에게 은연중에 협박을 하는 것일 수도 있다. 하지만 이 표현을 약속으로 해석한다면, 이로부터 일단은 그에 상응하는 행위를 해야 할 의무를 도출해낼 수 있다. 그 이유는 약속이라는 제도 자체가 약속한 사람에 대한 규범적 구속을 통해 개념정의가 되기 때문이다.

'법'이라는 제도적 사실에 대해서도 마찬가지로 말할 수 있다. 하나의 행위를 법제정 행위로 해석한다는 것은 제정된 법이 원칙적으로 구속력을 갖는다는 전제, 즉 그 규범적 효력과 필연적으로 결합된다. 이러한 전제는 규범들에 대해 표결을 한 인간집단이 의회로 해석되고, 특정한 개인이 텍스트에 서명을 하는 행위를 대통령에 의한 법률인준으로 해석한다는 사회적 사실에 부합한다. 법제정과 관련된 이 모든 제도들은 그와 관련된 기준이 되는 제정법의 규칙들이 원칙적으로 효력을 갖는다고 전제할 때에만 의미를 갖는다(더 정확하게는 존재하게 된다. 왜냐하면 이 모든 제도들 역시 법규범을 통해 구성된 결과이기

30) 이에 대한 기본적 내용은 *Searle*, Sprechakte(각주 26), S. 88ff. 참고.

때문이다). 따라서 법의 효력은 법이라는 제도적 사실의 한 요소이고, 약속은 원칙적으로 장기 게임 규칙의 효력만큼이나 전혀 문제가 없다. 법은 규범적 결과를 내포하는 제도적 사실로서 전적으로 사회적 존재일 뿐이다. 법의 이념적 존재를 전제하는 것은 인식론적으로 타당할 수 없을 뿐만 아니라, 법의 구속력을 정당화할 때에도 전혀 소용이 없다.

물론 법을 제도적 사실로 해석한다고 해서 법의 효력에 대한 '최종적 정당화(Letztbegründung)'가 이루어지는 것은 아니다. 여전히 2중적 의미의 상대성이 남아 있다. 첫째, 한 사회에서 효력을 갖는 법을 구성하는 규칙들은 당연히 시간적 변화와 문화적 제약에 구속된다. 신정주의(Theokratie) 체제에서의 '인식규칙(rule of recognition; 하트)'은 의회민주주의에서와는 다른 효력기준과 관련을 맺는다. 둘째, 제도적 사실은 집단적 해석도식에 기초하며, 특정한 개인에게 이 해석도식을 받아들이라고 강요할 수 없다. 확신에 가득 찬 왕정주의자가 민주적으로 제정된 법을 구속력을 갖는 법으로 승인하지 않는 것은 그의 자유에 속한다. 이 궁극적 지점에서 등장하는 상대성을 염두에 두고서 법의 구속력이란 결국 '믿음의 복종'의 문제라고 말하고자 한다면, 그 또한 얼마든지 가능하다. 다만 여기서 문제되는 것은 결코 초경험적 대상의 존재를 가정한다는 의미의 '믿음'이 아니라, 법제정절차의 정당성에 대한 의식적 승인을 뜻한다. 그리고 이러한 정당성을 둘러싸고 합리적 논거를 가지고 토론할 수 있으며, 또한 민주적 헌법국가에서는 이러한 정당성과 관련된 좋은 근거들이 존재한다. 다시 말해, 법의 구속력에 대한 믿음은 토론이 가능한 가치평가이지, 결코 형이상학적 전제가 아니다. 그것은 '승인의 복종'이지, 신학적 의미를 함축하는 '믿음의 복종'이 아니다.

2) 해 석

비판적 합리주의가 법학과 신학의 유사점으로 파악하는 두 번째 측면은 구속력을 갖는다고 여겨지는 텍스트에 대한 해석이라는 측면이다. 이 점에 관한 한, 한스 알버트에게 전적으로 동의할 수 있다. 두 분과 모두 '전문가들에게 엄청난 범위의 형성의 자유'를 인정하기 때문이다.[31] 이 점에 대해서는 오늘날의 법이론 문헌에서도 거의 반론이 없다. 물론 일부 학자들의 특정한 표현방식에 비추어 볼 때, 해석이 단지 법규범의 주어져 있는 의미를 확인하는 작업이라고 파악하는 법이론적 입장이 여전히 존재한다고 볼 수 있는 경우가 있기는 하지만,[32] '해석'의 과제는 법률규범을 구체화하는 것이고, 따라서 해석은 단순한 재생산이 아니라, 생산으로서의 성격을 갖는다는 점에 대해서는 견해가 일치하고 있다.[33] '유일하게 정당한 결정'이라는 사고의 토대로서의 '유일하게 정당한 해석'이라는 사고는 오늘날의 법이론에서는 인식론적 모델로서는 이미 포기되었고, 단지 이 사고가 갖는 논증이론적 기능의 관점에서 어떤 반사실적 가정으로서만 진지한 논의의 대상이 되고 있다.[34] 또한 법학이나 신학에서 척도가 되는 계시의 배후에 있다고 주장하는 기관마저도 "자세히 관찰해 보면 허

---

31) *Albert*, Traktat(각주 1), S. 67; *ders.*, Kritik der reinen Hermeneutik(각주 1), S. 165; *ders.*, Rechtswissenschaft(각주 18), S. 29.

32) 법학방법론은 '법규범의 의미를 확인'하는 목표를 갖는다는 식의 표현은 예컨대 *Kramer*, Juristische Methodenlehre, 1988, S. 25에서 찾아볼 수 있다.

33) 이 점은 특히 법적 해석학[이에 관해서는 예컨대 *Arthur Kaufmann*, Durch Naturrecht und Rechtspositivismus zur juristischen Hermeneutik(1975), in: ders., Beiträge zur juristischen Hermeneutik, 1984, S. 79ff., 87]이 강조하는 측면이다.

34) 이러한 논의에 관련된 문헌들은 *U. Neumann*, Wahrheit im Recht. Zu Problematik und Legitimität einer fragwürdigen Denkform, 2004, S. 39ff. 참고.

구에 불과하다"[35]는 테제에 대해서도 동의해야 한다. '입법자'를 심리학적 현실로 해석되는 독자적인 의사를 가진 살아 있는 인물로 이해하는 한, 규범의 배후에 어떤 기관이 있다는 생각은 순전히 허구에 불과하다. 이런 의미에서 구체적 인간으로서의 입법자란, 여러 법이론 문헌도 강조하고 있듯이,[36] 허구일 뿐이다.

a) '입법자의 의사'라는 해석목표

그러나 '입법자'가 허구의 인물이 아니라, 구속력 있는 법규칙을 제정할 권한을 부여받았고, 이 입법자에 비해 법적용자는 단지 2차적인 의미의 법제정권한만을 갖는 제도로 이해되는 곳에서는, 법학과 신학의 유사성은 끝나게 된다.[37] 민주적 헌법국가에서 법관이 일반적 법규칙을 제정할 독자적 권한을 갖는다는 사고는 이물질과 같은 것이기 때문에, 법률의 하위에 있는 법규칙들을 표현하는 것을 '해석'이라고 부르고, 이 법규칙들은 원칙적으로 입법자의 권한범위에 속하지만, 예외적인 경우에는 법의 발전적 형성을 통해 입법자로부터 독립된 독자적 법형성권한을 명시적으로 주장할 수 있다고 보는 것이 일반적이고 법학방법론 역시 이러한 단계적 구별과정을 인정한다. 비록 법률의 해석이 법률에 이미 (숨겨져) 있던 것을 바깥으로 드러내는 것일 뿐이라는 사고는 허구에 불과하다는 사실을 이미 오래전부터 알고 있긴 하지만, 그럼에도 불구하고 앞에서 말한 구별과정은 원칙적으로 타당하다. 그리고 '주관적' 해석을 통해 법제정권한을 갖고 입법절차에 참여한 사람들의 생각을 지침으로 삼는 것 또한 원

---

35) *Albert*, Traktat(각주 1), S. 67.

36) 이에 관해서는 특히 *F. Müller*, Juristische Methodik, 7. Aufl. 1997, Rn. 433 참고.

37) 법관법의 법적 성격과 구속력을 둘러싼 논쟁에 관해서는 *J. Vogel*, Juristische Methodik, 1998, S. 83ff.에 제시된 문헌들을 참고.

칙적으로 정당하다. 왜냐하면 '입법자의 의사'는 허구적 구성이긴 하지만, 제도적 차원에서 '입법자의' 결정으로 해석되는 집단적 결정의 주체들이 규율과 관련하여 어떤 식으로 생각했고 또한 어떠한 목표를 갖고 있었는지는 확인할 수 있기 때문이다. 규율과 관련된 '입법자'의 생각과 목표는 법관의 규칙형성에서도 중요한 의미를 갖는다는 사실은 일반적 규칙의 제정이 1차적으로 입법단체의 과제에 속하는 권력분립 체계에도 부합한다.[38] 학문이론적 관점에서 보면 '해석'이라는 개념은 문제되는 법률텍스트의 성립에 책임이 있는 사람들의 규율의사를 탐구할 수 있는 절차에 적합한 개념이라고 보인다.[39]

b) '법률의 의사'라는 해석목표

이에 반해 법률의 '해석'이 '입법자'의 규율목표나 규율사고의 확인이라는 목표를 지향하지 않고, 이른바 법률의 의사에 지향되는 경우는 학문이론적으로나 민주주의이론의 측면에서 문제가 많다. '입법자의 의사'는 적어도 경험적으로 확인 가능한 대상에 축소시킬 수 있음에 반해, '법률의 의사'는 법학과 법실무가 법률을 보충하기 위해 형성한 규칙들에 대해 그것들이 마치 법률 자체에 의해 정당화되는 것 같은 외관을 부여하는 데 적합한 은유에 불과하다. 더욱 첨예하게 표현하자면, '법률의 의사'라는 허구는 법관이나 법학이 입법자의 의사를 의도적으로 무시하는 것을 정당화하는 데 기여할 뿐이다.

물론 그렇다고 해서 '법률의 의사'를 근거로 삼아 특정한 법규칙을 인정하기 위해(또는 경쟁하는 법규칙을 거부하기 위해) 제시되는 논거들

---

38) 이에 관해서는 *Müller*, Juristische Methodik(각주 36), Rn. 444 참고.

39) 해석의 개념을 이보다 더 넓은 의미로 이해하는 입장으로는 *Eike von Savigny*, Hypothesenbildung als Auslegung. Eine Detailanalyse, in: U. Neumann/J. Rahlf/E. v. Savigny, Juristische Dogmatik und Wissenschaftstheorie, 1976, S. 110ff. 참고.

은 허용되지 않는 논거들이라는 뜻은 아니다. 오히려 정반대이다. 즉, 이른바 '객관적' 해석에 속하는 고려들은 그 자체 높은 설득력을 갖고 있는 경우가 많다. 예를 들어 새로운 기술현상, 새로운 사회현상, 새로운 경제현상, 새로운 정치현상, 새로운 문화현상에 비추어 법률을 입법자가 의도했던 것과는 다른 방식으로 다루는 것이 더 의미가 있다는 생각이 더 높은 설득력이 있는 경우가 있다.[40] 다만 이 중요하고도 올바른 생각을 '객관적 해석'이라는 포장을 씌워 은폐해서는 안 된다. 객관적 해석은 사실상의 상태와 함께 법률의 규율내용도 자동적으로 변화한다는 잘못된 가정을 하고 있다. 기술변화와 사회변화는 현시점에서는 법률이 제정되던 시점과는 다른 방식으로 법률을 구체화해야 한다는 데 대한 하나의 논거일 뿐이다. 즉, 이 논거는 사법부와 법학이 의도적으로 내리는 결정을 위한 논거일 뿐, 법률의 의미에 영향을 미치는 독자적인 요인이 아니다. 법적 해석학의 개념을 빌리자면, 법률에 내재하는 '의미'가 변화한 것이 아니라, 다른 '선이해(Vorverständnis)'에 기초하여 법률텍스트를 이해하는 방식이 변화한 것이다.

상황의 변화라는 관점에 해당하는 내용은 법률의 객관적 해석에 속하는 해석기준들에 대해서도 해당된다. 즉, 이와 관련된 논거들 역시 법률을 정당하고, 합목적적이며 일관되게 다루는 것을 보장하기 위한 논거들이다. 이 논거들을 미리 법률 자체 속에 집어넣고 나서, 해석이라는 미명하에 이를 다시 끄집어내는 마술을 부려야 할 이유가 없다. 충분한 근거를 가진 법적 결정을 위해 필요한 규율체계는 결코 법률텍스트로부터만 획득될 수 없기 때문에 사법부와 법학은 법규칙의 재생산뿐만 아니라, 생산에 대해서도 책임을 부담하고, 스스로 그러한 책임을 부담하고 있다는 사실도 공개적으로 고백해야 」

---

40) 이에 관해 대표적으로는 *K. Engisch*, Einführung in das juristische Denken, 10. Aufl. 2005, S. 115 참고.

한다.

3) 방법다원주의

법이론 문헌에서 법학의 방법론적 도구와 신학의 방법론적 도구가 유사하다고 지적하는 세 번째 측면도 짧게나마 언급하도록 한다. 법이론 관련 문헌들의 진단에 따르면 양 분과에서는 해석자가 사용할 수 있는 논거형태들이 다양하기 때문에 해석자가 원하는 결론을 얼마든지 그럴듯하게 정당화할 수 있는 가능성이 상당히 높아진다고 한다. 칸토로비츠는 이 점을 다음과 같이 묘사한다.

> "신학자는 선한 자들의 행복은 신의 은총으로, 선한 자의 불행은 신의 시험으로, 악한 자의 불행은 신의 정의로, 악한 자의 행복은 도저히 헤아릴 수 없는 신의 뜻으로 능수능란하게 해석해 낸다. 이와 마찬가지로 법률가는 자신이 법률의 엄격한 적용을 원할 때에는 법률의 신성함을 원용하고, 법률을 느슨하게 적용하고자 할 때에는 형평을 끌어들이고 … 법률의 '법에 대한 의지'를 요구하는 바에 따라 때로는 제한적으로, 때로는 확장적으로 법률을 적용하며, 그렇게 하면서도 … 수많은 해석절차들 가운데 이 절차에 따르면 이 기준을 따라야만 하고 저 절차에 따르면 저 기준을 따라야 한다는 식으로 해당하는 기준을 제시하려고 노력하지 않아도 된다."[41)]

이 점에서 법학과 신학은 매우 비슷하고, 이러한 유사성은 얼마든지 확대될 수 있다. 왜냐하면 신학적 논증과 마찬가지로 법학적 논증도 권위논거(Autoritätsargument)와 실질논거(Sachargument) 사이의 긴장을 특징으로 삼고 있기 때문이다.[42)] 전형적인 권위논거는 예컨대

---

41) *Kantorowicz*, Kampf(각주 3), S. 36.

42) 이러한 관점(문헌적 근거와 이성적 근거)에서 탈무드의 해석과 법률해석

입법자의 의사를 원용하거나 법률문언을 내세우는 논거이고, 전형적인 실질논거는 특정한 규범이해에 따른 법규칙의 정의나 합리성 또는 이 규칙을 적용할 경우의 긍정적 결과 등이다. 끝으로 법학의 체계는 —신학교리의 체계와 마찬가지로— 일관성을 보장해야 하며, 예컨대 체계적 해석과 법질서의 통일성이라는 논거는 그러한 목표에 기여한다.

이러한 공통점은 신학과 법학 모두 행위규범을 일반화해야 하는 과제를 담당한다는 사정에 따른 결론이다. 물론 행위규범은 일정한 권위에 의존하면서 동시에 실천이성의 요구를 충족해야 한다. 다양한 논증도구를 사용하는 분과만이 이러한 이중적 구속에 걸맞은 구조를 형성할 수 있다.

법학의 기능에 비추어 필요한 논증의 탄력성이 동시에 자의성의 위험을 내포하고 있다는 것은 자명한 사실이다. 이러한 위험은 관련된 논거들의 위계질서를 확정하여 통제할 수 있을지도 모른다. 이런 의미에서 법이론 문헌에서는 법적 논거들의 위계질서를 제안한다. 이러한 제안에서는 주로 입법자의 의사나 법률문언과 같은 권위논거가 정점에 있는 것이 일반적이다.[43] 이와는 거꾸로 법학을 사회기술적으로 해석하는 알버트의 모델[44]은 법학의 중요한 기능 가운데 하나를 강조함으로써 법원의 특정한 판결실무가 야기하는 결과에 관련된 논거에 더 중요한 의미를 부여하는 방향으로 흐른다. 그러나 확고

사이에 유사성이 있다는 점을 명쾌하게 밝히고 있는 *W. Gast*, Zur Einübung der Ungewissheit, in: W. Hassemer/U. Neumann/A. Kaufmann(Hrsg.), Argumentation und Recht, ARSP-Beiheft Nr. 14(1980), S. 147 참고.

43) 대표적으로는 *R. Alexy*, Theorie der juristischen Argumentation, 3. Aufl. 1996, S. 303ff., 305 참고.

44) *Albert*, Traktat(각주 1), S. 75ff.; *ders.*, Kritik der reinen Hermeneutik(각주 1), S. 185ff.

한 위계질서를 가정하는 것은 동일한 유형의 논거일지라도 상이한 정당화맥락에 따라 완전히 다른 비중을 갖게 된다는 사실로 인해 실패하지 않을 수 없다. 결과논거(Folgenargument)를 보기로 들어보자. 특정한 법률해석의 결과는 극도로 다양한 정도로 바람직하거나 바람직하지 않을 수 있고, 따라서 결정의 결과에 비추어 법률문언을 좁게 또는 넓게 해석하거나 문언을 무시하는 정도 또한 극히 다양한 방식으로 정당화될 수 있다(따라서 법률문언이 결과논거에 저항하는 정도도 극히 다양할 수 있다). 다시 말해 논거들 사이에 확고한 위계질서가 있다는 생각은 하나의 법률규범을 해석(구체화)하면서 지금 여기에서 중요한 논거들을 개별적으로 결정해야 할 필연성 때문에 그 자체 실패하지 않을 수 없다.

(3) 법학과 신학: 가족유사성의 한계

신학과 법학의 친족관계에 대한 고찰 —물론 이 논문에서는 간략하게 서술할 수밖에 없었지만— 은 여러 가지 측면을 밝혀준다. 양분과 모두 그 구속력에 대해 원칙적으로 의문을 제기할 수 없는 텍스트에 관련되어 있고, '해석'이라는 방법을 통해 이 텍스트로부터 실천이성과 텍스트에 대한 구속을 동시에 충족하는 결론을 획득해야 할 과제를 맡고 있다. 이러한 목적에서 법학과 신학은 다양한 방법적 도구를 사용하고, 이 도구들의 도움으로 극도로 다양한 결론들을 정당화할 수 있게 된다.

하지만 이러한 방법론적 유사성이 법학도 신학처럼 존재론적인(형이상학적인) 전제에서 출발해야 한다는 것을 뜻하지는 않는다. 신학의 경우에는 이 학문이 단순한 문화과학 이상의 학문이 되고자 하는 한, 그러한 형이상학적 전제는 필수불가결한 전제이다. 특히 법의 효력은 합리적인 법학과 법이론에서는 결코 형이상학적인 사실이 아니라, 제도적 사실로서 사회현실의 (규범적으로 중요한 의미가 있는) 구성부분이다. 이와 마찬가지로 '입법자의 의사'와 '법률의 의사'와 같은 표현도 어떤 형이상학적 실체와 관련되는 것이 아니라, 특정한 유형의 논거들이 속하는 (썩 적절한 표현은 아니지만) 형상들일 뿐이다. 법률가가 ―신학자와 마찬가지로― 자신들의 방법적 도구를 이용하여 많은 것들을 정당화할 수 있다는 사실은 맞지만, 합목적성이나 체계합리성(사전에 확정되어 있는 규율시스템에 대한 구속)의 측면에서 여러 가지 결론들이 정당화될 수 있는 경우일지라도 법률가는 합리적인 논증이라는 강제를 통해 제한을 받는다(그렇기 때문에 법률가의 결정은 통제가 가능하다)는 점만은 확고부동한 사실이다.

출 처

I. 논리, 언어, 논증

1. *Juristische Fachsprache und Umgangssprache*, in: Günther Grewendorf (Hrsg.), Rechtskultur als Sprachkultur: zur forensischen Funktion der Sprachanalyse, Frankfurt am Main: Suhrkamp, 1992, S. 110-121.
2. *Zur Interpretation des forensischen Diskurses in der Rechtsphilosophie von Jürgen Habermas*, in: Werner Krawietz/ Gerhard Preyer(Hrsg.), System der Rechte, demokratischer Rechtsstaat und Diskurstheorie des Rechts nach Jürgen Habermas, in: Rechtstheorie 27(1996) Heft 3 (Habermas-Sonderheft), S. 415-426.
3. *Die Menschenwürde als Menschenbürde - oder wie man ein Recht gegen den Berechtigten wenden*, in: Matthias Kettner(Hrsg.), Biomedizin und Menschenwürde, Frankfurt am Main: Suhrkamp, 2004, S. 42-62.
4. *Ex falso numquam quodlibet! - Eine Skizze zum Verhältnis von Logik und Argumentation*, in: Bernd Schünemann/ Marie-Theres Tinnenfeld/ Roland Wittmann(Hrsg.), Gerechtigkeitswissenschaft — Kolloquium aus Anlass des 70. Geburtstages von Lothar Philipps, Berlin: Berliner Wissenschafts-Verlag, 2005, S. 117-124.
5. *Strategien ideologischer Begriffsbildung im Recht*, in: Rainer Maria Kiesow/ Regina Ogorek/ Spiros Simitis(Hrsg.), Summa. Dieter Simon zum 70. Geburtstag, Frankfurt am Main: Klostermann, 2005, S. 447-457.
6. *Wahrheit statt Autorität. Möglichkeit und Grenzen einer Legitimation durch Begründung im Recht*, in: Kent D. Lerch(Hrsg.), Die Sprache des Rechts, Bd. 2: Recht verhandeln. Argumentieren, Begründen und Entscheiden im Diskurs des Rechts, Berlin/ New York: de Gruyter, 2005, S. 369-384.

II. 법질서의 효력과 구조

7. *Theorien der Rechtsgeltung*, in: Volkmar Gessner/ Winfried Hassemer (Hrsg.), Gegenkultur und Recht, Baden-Baden: Nomos, 1985, S. 21-41.
8. *Die Moral des Rechts. Deontologische und konsequentialistische Argumentationen in Recht und Moral*, in: Jahrbuch für Recht und Ethik 2(1994), Themenschwerpunkt "Zurechnung von Verhalten", hrsg. von Sharon B. Byrd, Joachim Hruschka und Jan C. Joerden, Berlin: Duncker & Humblot, 1994, S. 91-94.
9. *Gerechtigkeit durch kompensierende Ungerechtigkeit — das Rechtsprinzip der "Negation der Negation" in Werken von Friedrich Dürrenmatt*, in: Heike Jung(Hrsg.), Das Recht und die schönen Künste. Heinz Müller-Dietz zum 65. Geburtstag, Baden-Baden: Nomos, 1998, S. 161-169.
10. *Die Geltung von Regeln, Prinzipien und Elementen,* in: Bernd Schilcher/ Peter Koller/ Bernd-Christian Funk(Hrsg.), Regeln, Prinzipien und Elemente im System des Rechts, Wien: Verlag Österreich, 2000, S. 115-127.
11. *Legitimationsprobleme bei Rechtsprechungsänderungen*, in: Kritische Vierteljahresschrift für Gesetzgebung und Rechtswissenschaft(KritV), Sonderheft Winfried Hassemer zum sechzigsten Geburtstag, 2000, S. 151-161.
12. *Zur Systemrelativität strafrechtsrelevanter sozialer Deutungs- musteram Beispiel der Strafbarkeit von Streiks und Blockadeaktionen*, in: Zeitschrift für gesamte Strafrechtswissenschaft(ZStW) 109(1997), S 1-16.
13. *Rechtspositivismus, Rechtsrealismus und Rechtsmoralismus in der Diskussion um die strafrechtliche Bewältigung politischer Systemwechsel*, in: Cornelius Prittwitz u.a.(Hrsg.), Festschrift für Klaus Lüderssen zum 70. Geburtstag am 2. Mai 2002, Baden-Baden: Nomos, 2002, S. 109-126.
14. *Zur Veränderung von Verantwortungsstrukturen unter den Bedingungen des wissenschaftlich-technischen Fortschritts*, in: Rechtstheorie 36(2005), S. 435-448.

15. *Ralf Dreiers Radbruch*, in: Robert Alexy(Hrsg.), Integratives Verstehen. Zur Rechtsphilosophie Ralf Dreiers, Tübingen: Mohr, 2005, S. 141–157.
16. *Das Problem der Rechtsgeltung*(polnisch), in: Panstwo i Prawo, Warschau: Wolters Kluwer Polska, Nr. 7/2007, S. 32-46.

III. 법학의 학문이론과 학문사

17. *Rechtstheorie und allgemeine Wissenschaftstheorie*, in: M. Martinek/ J. Schmidt/ E. Wadle(Hrsg.), Vestigia iuris. Festschrift für Günther Jahr zum 70. Geburtstag, Tübingen: Mohr, 1993, S. 157-168.
18. *Rechtsphilosophie in Deutschland seit 1945*, in: D. Simon(Hrsg.), Rechtswissenschaft in der Bonner Republik. Studien zur Wissenschaftsgeschichte der Jurisprudenz, Frankfurt am Main: Suhrkamp, 1994, S. 145-187.
19. *Wissenschaftstheorie der Rechtswissenschaft bei Hans Kelsen und Gustav Radbruch. Zwei "neukantianische" Perspektiven*, in: Stanley L. Paulson/ Michale Stolleis(Hrsg.), Hans Kelsen. Staatsrechtslehrer und Rechtstheoretiker des 20. Jahrhunderts, Tübingen: Mohr, 2005, S. 35-55.
20. *Rechtswissenschaft als säkulare Theologie. Zu einem wissenschaftstheoretischen Topos des Kritischen Rationalismus*, in: Eric Hilgendorf (Hrsg.), Wissenschaft, Religion und Recht. Hans Albert zum 85. Geburtstag am 8. Februar 2006, Berlin: Logos-Verlag, 2006, S. 401-414.

옮긴이 후기

최근 우리나라 법학의 가장 중요한 특성 가운데 하나는 판례의 위상이 과거와는 비교할 수 없을 정도로 중요하게 되었다는 사실이다. 사실상 '판례법국가'나 '판례실증주의'라고 불러도 좋을 만큼 판례에 대한 맹목적 추종이 강화되고 있다. 하지만 정작 판례가 실정법질서에서 어떠한 의미를 갖고 있고, 결정의 정당화라는 판례 본연의 속성이 무엇인지에 대한 성찰은 매우 빈약한 실정이다. 특히 실정법체계에 기초한 우리의 법질서에서 판례의 비중이 강화될 때에는 판례가 과연 실정법이라는 '구조'를 어떤 식으로 이해하고 있고, 판례가 구사하는 '논증'이 어떠한 규칙들에 의해 지배되는지에 대한 분석이 필요하다. 왜냐하면 법질서 또는 개개의 법률은 법에 관한 커뮤니케이션들의 연결가능성을 사전에 제한하고(이 점에서 법은 구조이다), 이러한 제한적 전제조건하에서 법률에 기초한 논거들과 법률 이외의 논거들을 동원한 법적 커뮤니케이션이 작동(이 점에서 법은 논증이다)하기 때문이다. 이와 같이 법을 구조와 논증의 관점에서 포착하는 것은 당연히 법철학과 법이론의 핵심적 논의대상이기도 하다. 법은 고정된 대상영역이 아니다. 법은 오히려 법에 관한 모든 커뮤니케이션의 총합일 뿐이며, 각각의 커뮤니케이션들의 발생과 상호결합은 언제나 법적 '논거'들의 지속적인 움직임으로 표출된다. 이와 같이 법을 역동적 관계로 이해한다면, 규범적 평가의 문제를 인식의 문제로 전환하는 장치인 법도그마틱이 전제하고 있는 평가와 인식 자체를 다시 문제삼는 것은 법철학과 법이론의 몫이다.

이러한 관점에서 이 책에 실려 있는, 법의 구조이론과 논증이론에 관한 글들은 일단 법도그마틱(여기에는 판례가 정립한 이론도 포함된다)이 전체 법질서 및 법질서를 둘러싼 원칙들을 고려하는 방식과 이에 대한 (법)철학적 성찰을 다루고 있다. 이와 함께 구조와 논증 자체가 역사적 궤적 속에서 형성, 변화한다는 사실을 (법)철학사의 측면에서 섬세하게 추적하는 글들도 있다. 상당부분 자연법과 법실증주의라는 인식적 틀에 사로잡혀 있는 우리 법철학의 입장에서는 시각을 한 차원 낮추어 훨씬 더 섬세한 분석방법을 통해 구체적인 법적 문제와 법철학적 이론 사이에 다리를 놓으려는 저자의 시도가 생소하게 느껴질 수도 있다. 저자가 기본적으로 분석철학의 정신적 자양분을 자신의 법철학의 토대로 삼고 있다는 사실도 규범적 사고를 앞세우는 우리 법철학의 스타일에 낯설게 느껴질 것이다. 그렇지만 노이만 교수의 법철학이 분석에만 국한되지는 않는다. 거의 모든 논문에서 드러나듯이 저자는 특정한 규범적 입장을 표방하고, 특히 하나의 '제도적 사실(institutionelle Tatsache)'로서의 법이 갖고 있는 규범적 성격을 감안하면서 분석을 행하고 있다. 이 점에서 이 책의 전체를 아우르는 철학적 기반은 '분석적 규범주의(analytischer Normativismus)'라고 불러도 무방할 듯하다.

독일어 원본에는 모두 19개의 논문이 실려 있다. 하지만 한국어판을 위해 형법해석의 체계상대성에 관한 12번 논문을 추가했다. 노이만 교수의 글로서는 비교적 친절(?)하다는 사정과 우리나라의 (노동)형법 현실과 직결되는 측면이 있어서 저자의 허락을 얻어 한국어판에 추가하게 되었다. 또한 논문 9와 18의 번역문은 이미 다른 지면을 통해 발표되었지만, 이 책을 출간하면서 다시 손을 보았다는 점도 밝혀둔다.

저자 노이만 교수는 옮긴이의 제도적, 학문적, 인간적 스승이다. '스승'이라는 단어가 불러일으키는 모든 연상작용을 한껏 동원할지라도 '스승의 은혜'를 낱낱이 설명할 수는 없으리라. 다만 이 책에 실린 논문들 그리고 그의 손을 거쳐 탄생한 다른 학문적 성과들은 나의 초라한 법철학 여정을 20년이 넘게 동반하고 있다는 말을 하고 싶다. 그 긴 세월 동안 스승이 내게 허용했던 정신적 자유에 대한 감사와 함께.

그 사이 나에게도 스승의 역할을 해야 할 제자들이 생겼다. 과연 내가 제자들에게 무엇을 해줄 수 있을지 자주 의심하곤 하지만, 이 책이 나오는 과정에서 커다란 힘이 되어 준 강영선 씨, 박석훈 씨, 이현석 씨에게 고마움을 전하고 싶다. 내가 좋은 스승이 될 수 있도록 만들어 달라는 철면피 같은 부탁도 함께 해두어야겠다.

임길남 상무님을 비롯한 세창출판사 여러 분들께 또 한 번 수고를 끼쳐드렸다. 감사할 따름이다.

2013년 어느 가을날 안암동 연구실에서

옮긴이

저자 / 역자 소개

지은이 **울프리드 노이만**(Ulfrid Neumann)은 1947년에 독일 헤센 주의 젤리겐슈타트(Seligenstadt)에서 태어나 튀빙엔 대학교와 뮌헨 대학교에서 철학과 법학을 공부했다. 1971년에 1차 사법시험, 1974년에 2차 사법시험에 합격했다. 1974년부터 스승인 아르투어 카우프만(Arthur Kaufmann) 교수가 소장으로 있던, 뮌헨 대학교의 법철학과 법정보학 연구소(Institut für Rechtsphilosophie und Rechtsinformatik)의 연구조교로 일했으며, 1978년에 박사학위를, 1983년에 교수자격을 취득했다. 1984부터 프랑크푸르트 대학교 법과대학 법철학 담당교수, 1987년부터 자브뤼켄 대학교 법과대학의 형법, 형사소송법, 법철학, 법사회학 담당교수, 그리고 1994년부터는 다시 프랑크푸르트 대학교 법과대학에서 형법, 형사소송법, 법철학, 법사회학 담당교수로 재직 중이다. 1998년부터 2006년까지 세계 법 및 사회철학학회(IVR) 독일지부 회장을 역임했으며, 2011년부터는 IVR의 회장을 맡고 있다. 1991년부터 1999년까지 독일학술재단(DFG)의 법철학과 사회철학 전문분과 평가위원을 맡기도 했다. 2009년 3월에 그리스 아테네 대학교에서 영예박사학위를 수여했다. 그는 「총체적 형법학잡지(ZStW)」와 북경에서 발간되는 「법철학과 법사회학 잡지(Archives for Legal Philosophy and Sociology of Law)」의 공동편집인이자, 「노모스 형법주석서(Nomos-Kommentar zum Straf- gesetzbuch)」의 책임편집인 및 공저자이기도 하다.
주요저작으로는 「법존재론과 법적 논증」(1979), 「형사정책의 새로운 이론」(1980, 울리히 슈로트와 공저; 한국어판, 배종대 옮김, 1994), 「귀속과 사전과책」(1985), 「법과 논증이론」(1986; 한국어판, 윤재왕 옮김, 2009), 「법에서의 진리」(2004) 등이 있고 기타 형법, 형사소송법, 법철학, 법이론, 법사회학에 관한 다수의 논문이 있다.

옮긴이 **윤재왕**은 1964년 광주에서 태어나 광주고등학교, 고려대학교 법학과와 철학과, 같은 학교 대학원 법학과를 졸업하고 독일 자브뤼켄 대학교와 프랑크푸르트 대학교에서 법학과 철학을 공부했으며, 프랑크푸르트 대학교 법과대학에서 지은이 노이만 교수의 지도로 박사학위를 취득했다. 법철학과 형법에 관련된 다수의 번역서와 논문들을 출간했다. 현재 고려대학교 법학전문대학원에서 법철학과 법사상사를 담당하고 있다.

구조와 논증으로서의 법

1판 1쇄 인쇄 2013년 11월 20일
1판 1쇄 발행 2013년 12월 1일

저 자 | 울프리드 노이만
역 자 | 윤재왕
발행인 | 이방원
발행처 | 세창출판사
신고번호 | 제300-1990-63호
주소 | 서울 서대문구 경기대로 88 냉천빌딩 4층
전화 | (02) 723-8660 팩스 | (02) 720-4579
http://www.sechangpub.co.kr
e-mail: sc1992@empal.com
ISBN 978-89-8411-439-5 93360

잘못된 책은 구입하신 서점에서 바꾸어 드립니다.

정가 36,000 원